湘学年鉴

（2015）

湖南省湘学研究院◎主编

中国社会科学出版社

图书在版编目(CIP)数据

湘学年鉴. 2015/湖南省湘学研究院主编. —北京：中国社会科学出版社，2016.12
ISBN 978-7-5161-9535-2

Ⅰ.①湘… Ⅱ.①湖… Ⅲ.①学术思想—思想史—研究—湖南—2015—年鉴
Ⅳ.①B2-54

中国版本图书馆 CIP 数据核字(2016)第 324991 号

出 版 人	赵剑英
责任编辑	王 茵
特约编辑	孙 萍
责任校对	胡新芳
责任印制	王 超

出 版	中国社会科学出版社
社 址	北京鼓楼西大街甲 158 号
邮 编	100720
网 址	http://www.csspw.cn
发 行 部	010-84083685
门 市 部	010-84029450
经 销	新华书店及其他书店

印 刷	北京君升印刷有限公司
装 订	廊坊市广阳区广增装订厂
版 次	2016 年 12 月第 1 版
印 次	2016 年 12 月第 1 次印刷

开 本	787×1092 1/16
印 张	19.5
插 页	2
字 数	339 千字
定 价	68.00 元

编辑说明

　　湖南省湘学研究院以弘扬湘学研究、推进文化强省为宗旨，意在整合省内外、国内外的研究力量开展湘学研究，以期达到宣传湖南形象、扩大湖南影响、培养湘学人才的目的。湖南省湘学研究院组织编辑《湘学年鉴》，旨在为学界提供比较详细的湘学研究成果及资讯。《湘学年鉴（2015）》编辑的主要内容和原则如下：

　　1. 本年鉴基本构架主要由三个部分（三编）组成：第一编，湘学研究报告，概述 2015 年度湘学研究的相关重要研究成果，分为湘学内涵与源流研究、湘学思想研究（上）、湘学思想研究（下）、湘学历史文化研究、湘学文学与艺术研究、湘学重要人物研究、湘学宗教与民俗研究、湘学史志文献研究以及湘学与当代湖南及中国发展研究九个部分。第二编，湘学研究成果选载，分为特载（湖南省湘学研究院湘学专版）、湘学研究成果选载（重要的湘学专题研究文章）、湘学重要人物研究选载（2015 年重大纪念周年湘学人物：胡耀邦、蔡和森、刘大年）。选载论文以尊重原文为原则，基本不作改动和调整。第三编，附录，包括湘学研究机构选介、湘学研究纪事、湘学研究院纪事、湘学研究著作和论文目录索引。

　　2. 由于有关湘学人物的研究成果极其丰硕，第一编"湘学重要人物研究"部分主要选取反映湘学人物重要思想、历史文化影响及其与湖湘文化关系的部分研究成果予以介绍。

　　3. 湘学研究机构，主要根据有关湘学研究基地提供的资料予以介绍。因一些湘学研究基地没能及时提供资料，仅介绍了部分机构。

　　4. 湘学研究纪事和湘学研究院纪事，均按时间先后顺序排列。

　　5. 论著目录索引，依据第一编《湘学研究报告》的内容进行划分和排列。

　　因水平有限，也因资料收集的局限，疏漏甚至不当之处在所难免，敬请学界同人和广大读者不吝赐正。

编辑组

2016 年 8 月 5 日

目　录

第一编　湘学研究报告

第二编　湘学研究成果选载

第三编　附录

第一编
湘学研究报告

一　湘学内涵与源流研究

湘学源远流长，包含的内容极为丰富。2015 年，湘学研究工作者在探讨湖湘文化的基础上揭示湘学的概念及含义，并通过研究湘学人物分析湘学的含义与源流。学者们从湘学与炎帝文化、屈子文化、周敦颐理学等关系方面探讨了湘学的源流，还有学者通过近代变革及革命分析了湘学的近代转型。

（一）湘学内涵研究

近几年来，学界关于湘学的概念、含义等有多种诠释，分别从学术、思想、文化等方面加以解释，有宏观、中观、微观的定义。2015 年，关于湘学概念和内涵的研究成果不多，主要基于湖湘文化的构建、历史人物对湘学的贡献的角度阐释湘学的内涵。

朱汉民在《湖湘文化的诠释与建构》中指出，湖湘文化是一个由各种文化要素组合起来的整体结构，它本身又由诸多子系统构成，其中最重要的两个子系统是湖湘学术系统和湖湘人格系统。而湖湘文化发展史本来就是一个文化诠释和历史建构的过程，从湖湘文化的渊源、形成、发展的历史过程来看，湖湘文化处于一个不断被承传、更新、丰富、重组的建构过程。同样，现代学者研究湖湘文化也是关于湖湘文化的历史建构。湖湘文化是一个结构性的文化系统，它本身又是由诸多子系统构成，包括湖湘学术、湖湘教育、湖湘文学、湖湘宗教等，每个子系统也是一个由不同要素、部分构成的整体。在诸多的子系统中，其中的学术体系与人格体系是区域文化系统中最重要的两个子系统。湖湘文化包括历史累积并且有湖湘地域特色的知识体系，中国学术史上称之为"湘学"。"湘学"作为一种地域性的知识传统，是中国传统学术（国学）的地域文化形态，因而它首先具有中国传统学术的一般性特点，而且这种学术形态的地位愈高，其体现中国传统学术特质则愈充分。与此同时，湘学作为一种地域性学术形态，势必受到该地域的其他文化因素，包括思想传统、学风积淀、士习民风的影响，最终形成湖湘学术的地域性特点。所以，湘学是一种既具有中华学术的普遍性又具有湖湘地域特殊性的学术形态。而且，这种地域性学术形态逐渐形成为一种具有稳定性的学术传统，可以将其称之为湘学传统。每一个历史时期的湘学人物、学派，可能因处不同时代、不同师承而具有不同的学术思想、知识形态，但是他们作为湘学人物，其不同学术形态背后却有着相同的学术旨趣。这种学术旨趣是区域文化价值体系在学术思想上的体现，它能够决定那些不同学术形态却有着相通的知识追求。湖湘文化还体现在经历史积淀而主体化的文化人格，尤其是体现为在民间社会和国家政权之间起沟通作用的士人群体的文化人格。① 朱汉民还指出，湘学学术旨趣形成，不仅体现湘学的地域化特征，同时也体现中华学术文化的一般性追求。中国传统学术旨趣往往体现为道、治、学的普遍追求，但是，不同地域的学术传统往往会表现出对道、治、学不同的学术宗旨、知识兴趣，从而体现出不同的学术旨趣。这样，湘学学者之所以形成对道、治、学相同的学术旨趣，不仅体现出湘学学统的地域化特色，同时也体现出追求道、治、学统一的中华学术文化的普遍性价值。②

高文在《山水文化格局视阈中的湖湘文化特质述略》一文中认为，由存在和历史的二维时空来看湖湘文化，湘学总体上呈现出一种典型的山水文化格局。湖湘山水文化格局主要包含了蛮夷文化、迁谪文化、书院文化、仙道文化等丰富的湖湘地域文化特质。③

锺兴永等人则指出，从湖湘文化信息态考量，屈原文化与湘文化、湘学的理论根基均为儒家思想。其精义一是"忧"，二是求索，三是经世致用。湘人自古就有勇于担当社会责任的勇气和霸气，体现出湘人较强的自觉性和责任感。所以，湘学并非局限于自宋以降的程朱理学，而是有长达数千年的湘文化积淀。屈原文化是中华优秀传统文化的重要内容，并在湘文化的历史建构中产生了重要影响，是当代湘学建设的重要资源。他忠君爱国、上下求索、忧国忧民的精神与高尚、不同乎流俗的人格，塑造了湘学的精、气、

① 朱汉民：《湖湘文化的诠释与建构》，《湖南大学学报》（社会科学版）2015 年第 6 期。
② 朱汉民：《湘学学统与学术旨趣》，《光明日报》2015 年 4 月 20 日。
③ 高文：《山水文化格局视阈中的湖湘文化特质述略》，《湖南工业大学学报》（社会科学版）2015 年第 3 期。

神。其主要精神则是对个人人格操守的坚持和位卑未敢忘忧国的情怀。湖湘的"经世"情怀，自屈原始，经贾谊传承与强化，深刻影响了历代湘人的思想感情与心理，不断沉淀为一种心怀天下的"经世情怀"。①

方红姣指出，梁启超是最早提出"湘学"概念并进一步研究湘学的学者。湘学内涵包括两个层面，一为民主政治，二为学理精神。梁启超肯定了船山思想是湘学在近代得以复兴的重要思想资源，湘军、维新变法运动是湘学复兴的外缘推动力。梁启超的湘学观有助于我们了解湘学在近代复兴的客观情形，对于今天的湘学研究的开展也具有重要意义。身为广东人的梁启超与湖南很有渊源，在维新变法中与谭嗣同等变法人士在湖南积极宣传变法；在论述中国近代学风之地域特色时，对湖南之学有细致的梳理。此外，《说方志》、《儒家哲学》等篇目中还有对湘学的特别阐释。作为具有鲜明湖南地域特色和历史传承的学术思想派别，"湘学"在古代被称为湖湘学、湖南学、湖南一派，最早由朱熹提出，是南宋时期差不多与朱熹同时的一个颇有影响的湖南地域思想学派，属于理学的一支。后《宋元学案》沿用朱子之称谓，以"湖湘学派"称之。"湘学"两字连用，明确作为一个有特定指称的概念，是19世纪末的事。从目前接触到的资料来看，湘学概念的最早使用，出现在《湘学报》以及当时著名报人和学者梁启超等人的文章、信件中。湘学的内涵，在梁启超看来，其实包含两个层面：一为民主政治的内涵，一为学理精神。这两个层面的内涵可从梁启超为《湘报》所作之序文中看出。与传统湘学相比，湘学的两个层面前者为广义的泛指，是梁启超时代的新内涵，后者为狭义的学术含义，它与传统湘学一脉相承。广义的泛指实是与当时的政治革新紧密相连，是倡扬民主的这一层面。在追溯近代湘学的兴起中，人们往往比较多地关注到叶德辉、杨毓麟、李肖聃等人，而几乎很少注意到梁启超。事实上，梁启超是最早提出湘学概念的学者，他对湘学有详尽的论述。他看到了船山学在湘学的近代复兴中的重要作用。同时也看到湘军、维新变革等政治外缘因素在湘学兴起中的推动作用，他的湘学观也即由这两个层面构成。梁启超不但有较完整的湘学观，而且还是近代湖南维新变法运动中的重要参与者。②

---

① 钟兴永、鲁涛、刘红麟：《屈学与湘学》，《云梦学刊》2015年第1期。
② 方红姣：《梁启超与近代湘学的兴起》，《湘潭大学学报》（哲学社会科学版）2015年第3期。

（二）湘学源流研究

远古的炎文化和舜文化是湘学形成的重要渊源，古老的湘楚文化是湘学萌芽和茁壮成长的温床；先秦与秦汉时期流寓湖湘的屈原和贾谊，他们流传千古的作品和精神是壮大湘学的重要思想文化养料。关于湘学起源的争论不断，有的学者认为湘学始于宋代理学家提出的学术思想，有的学者认为湘学始于屈原，有的认为湘学与湖湘文化一样源远流长。

陈书良著《湘学史略》，是湖南省文史馆主编的"湘学研究"丛书之一种，叙述了湘学的发展历程，评骘湘学的名家名作，探索湘学的嬗变规律，揭示湖南学术的未来走向。该书所谓湘学义界，系在李肖聃诸家的基础上，上溯至秦汉两晋隋唐，将宋以前的湖南学术称为古湘学阶段。在六朝时，湖南就以学术擅名，并有异于中原学术。该书认为，将宋以前较为漫长的湖南地域学术名之曰古湘学，应该说是于典有征的，湘学，应指广义的"湖湘地域之学"，具体指战国秦汉至清末在中华民族三千余年历史进程中，于湖湘大地滋生、传衍、发展，具有深深的湖湘地域烙印，并为外界基本认同的湖南学术。以时代为纲爬梳三千余年的湖南地区的学术发展，湘学可分为六个发展阶段：一是古湘学时期（屈贾开宗，柳刘嗣响）；二是湘学的肇始期（濂学开山，二程传承）；三是湘学的形成期（二胡奠基，张栻传扬）；四是湘学的缓滞期（船山蛰伏，湘学沉寂）；五是湘学的复兴期（湘皋导引，魏源躬行）；六是湘学的繁盛期（名家毕集，群贤会聚）。①

湖南省湘学研究院主编的《湘学普及读本》，从源远流长的湖湘之学的视角，谈论了湘学是什么、湘学有哪些主要思想、湘学有哪些精神特质与经世致用的杰出贡献、湘学在推动历史发展中的作用与走向未来的时代责任以及新时期如何弘大湘学五个方面。②

朱汉民梳理了炎帝与湘学的关系，认为湘学起源于远古炎帝文化时期。他在《"神农炎帝"与湖湘文化》一文中指出，"神农炎帝"是汉代成型的南方农神崇拜与北方的英雄崇拜的结合。"神农炎帝"与湖南关系密切，参与着从上古到中古、近古时期的湖湘文化历史建构过程。首先，从考古学材

---

① 陈书良：《湘学史略》，中华书局 2015 年版。
② 湖南省湘学研究院主编：《湘学普及读本》，湖南人民出版社 2015 年版。

料来看，"神农"能够产生于湖南或者长江流域，是以这里发达的农耕文明为物质基础的。其次，从新的考古学材料来看，神农产生于长江流域是以这里发达的农神崇拜的文化条件为基础的。如果不拘泥于具体的位置，而是将湖南、湖北的长江中游地区作为神农崇拜的发源地区，完全是没有问题的。可以把湖南、湖北为中心的长江流域地区新石器时期的农耕文明及其相关的宗教文化看成一个整体，包括道县玉蟾岩文化、澧县彭头山文化、洪江的高庙文化、皂市下层文化、澧水中下游大溪文化与屈家岭文化，可以证明这里有着相当久远的神农崇拜的文化渊源。这和历史文献记载的神农崇拜渊源于南方是一致的。① 炎帝陵庙不仅仅是一种政治设施，同时也是一种文化设施；祭祀炎帝不仅仅是一种政治活动，而且也是一种文化活动。由于湖南地区有着相当久远的神农崇拜的文化渊源，加之炎帝陵及其祭祀活动具有十分丰厚、复杂的文化内涵，故而对宋以后的湖湘文化建构产生了深远影响。"炎帝神农氏"是由先秦时期"炎帝"与"神农"两个不同传说人物构成。将"炎帝"与"神农"合一，其实不仅仅是北方的中原文化与南方的长江文化的结合，同时也是政治人物与宗教神祇的结合，是君主政治文明与农业物质文明的结合。"炎帝神农"合并之后，特别是宋朝以后炎帝陵建立于湖南，以及祭祀炎帝神农氏的活动在湖南开展，对湖湘文化的建构产生了深远影响。具有综合性文化象征的炎帝陵庙落户于向来是南蛮之地的湖南之后，会给湖湘文化建设、发展带来许多新的意义与价值。由于"炎帝神农氏"已经成为中华道统谱系的主要人物，是中华文化中的农耕文明、政治文明与精神文明的代表，故而对炎帝神农氏的"正祀"，既体现了湖湘地区的精英文化和通俗文化的融合，又体现了中华普遍文化对湖湘地域文化的历史影响，故而对湖湘地域的文化整合、文化建构均具有十分重要的意义。②

一些学者通过阐释湖湘文化的源流解读湘学。朱汉民认为，从湖湘文化的渊源、形成、发展的历史过程来看，湖湘文化处于一个不断被承传、更新、丰富、重组的建构过程。这个文化建构意义主要强调两点：其一，湖湘文化并不是一种不变的实体存在，并无先验的本质规定，它在历史长河中不断地通过创造、更新、传承、重组的方式而实现地域文化的建构。其二，每个历史阶段、每个社会群体，甚至于每个与湖湘文化相关的人，均可能是在自己的文化交互活动中，实现对湖湘文化的建构。③ 高文认为，湖湘文化的

---

① 朱汉民：《"神农炎帝"与湖湘文化》，《社会科学战线》2015 年第 6 期。
② 同上。
③ 朱汉民：《湖湘文化的诠释与建构》，《湖南大学学报》（社会科学版）2015 年第 6 期。

源流是：战国时期的荆楚文化、先秦以下的流贬制度、宋明理学思潮的传播、湖湘山水的地域特征及其相对的封闭性。[①]

　　锺兴永等人认为，湘学就是在湘域长期沉积的文化精粹和学术传统，而屈原是"湘"的最先表述者，是湘学中迁谪文学的开创者，也是湘学中忧文化、求索文化、独醒文化的精神始祖。屈原为湘文明作出了重大贡献，湘学的先驱与先烈无疑是屈原。屈学奠定了数千年湘学传统的基础。如屈原的"内美"与"修能"，与自宋以降的"内圣"与"外王"，便是方向一致的政治生活修养。因此，湘学形成于屈学，发展于汉唐迁谪文学，成熟于两宋程朱理学，而屈学奠定了千年湘学传统的基础。湘学价值态的发轫与发迹，均渗润着屈原文化信息态的基因，湘学的文源、文脉，是随着屈原文化信息的走向而清晰、而丰富、而完善和扩展的。求索精神是屈原留给湘人最宝贵的精神财富。正是由于这种求索精义，才有了湘学的本质特征，才有了近现代湘学人才群体和实现民族复兴的湘军、湘勇、湘学。以屈原为代表的湘楚文化，在文化内涵和文化形态方面都是存在较大差异的。楚文化的内涵从文化形态上讲是浪漫主义的；而湘文化的内涵则是现实主义的。接近的地方在于湘文化的爱国情操、经世致用等方面，这些特性与以屈原流放为代表的楚文化存在明显的传承关系，这种传承与差异也正好类似于生命科学的遗传与变异。[②]

　　罗山分析了湘学的地域性及屈原与湘学的文化渊源。与其他地域文化形态一样，湘学也具有中国传统文化的许多共性；但是湘学也具有较为突出的地域特色。构成这些特色的因素和历史源流有很多种，其中有来自于学术本身的偏重，如"经世致用"的精神；有来自于"民性"——南蛮精神的基因。此外，如果溯源追流，湘学中又有一种源于屈原的爱国精神。一是屈原爱国主义的独特性。屈原的精神气质在中国传统文化中是比较典型的，既有儒家仁学的价值观，又有湖湘血性的刚毅。后世的湘学吸取了来自屈原的精神动力和思想导向，既确立了爱国主义在湖湘文化中的地位，又使之表现出与其他地域文化不同的侧重和内涵。二是湘学中的屈子精神。可以说，屈原的精神已经深深地融入到湘学的血脉之中，既内化为湘学的学术理念，又发扬为湘人的爱国实践。因地域而产生的精神与文化渊源，使湘学学子往往更能与屈原之间产生共鸣。这样的共鸣往往或明或暗地出现在湖湘学人对屈原

---

　　① 高文：《山水文化格局视阈中的湖湘文化特质述略》，《湖南工业大学学报》（社会科学版）2015 年第 3 期。

　　② 锺兴永、鲁涛、刘红麟：《屈学与湘学》，《云梦学刊》2015 年第 1 期。

作品的研读、注释著作之中。不仅如此，历代湖湘书院也通过祭祀活动加强对屈原精神的宣扬与继承。湘学学子们力图构建一个由屈原开其端，由周敦颐、张栻、王船山、曾国藩承其绪的湖湘学脉，充分体现了湘学对屈原的重视和维护。①

胡正耀在《论濂学与湘学的关系》中指出，湘学源于濂学，古代中国学术发达，派别很多，而胡安国为湘学奠立了基础，胡安国、胡宏、张栻、朱熹等，虽然都是外省人，但他们传授的却是周敦颐的"濂学"为核心的学术。到明末清初，王夫之集各家之长，使得湘学更加成熟，因此周敦颐的"濂学"是"湘学"的源头，是合乎事实与逻辑的。"濂学"为"湘学"注入激励的机制，"濂学"具有如下特点：自力更生的观点，修养至圣的思想，内圣外王的主张。"濂学"的上述特点注入湘学，使得湘学极富如下的激励机制：能吃苦耐劳，如同骡子，能够负重远行；作风凌厉，锐志进取，敢为人先；经世致用，重视实践，关心天下大事。一些湖湘巨子，受到这些机制的影响，平时努力学习，积累知识，重视品德修养，不断磨炼意志，到了关键时刻，便挺身而出，起到扶大厦之将倾，挽狂澜于既倒的作用。②

陈安民、周欣在《湖湘学派对周敦颐的推尊考论——以南宋时期濂溪祠记为中心》中指出，周敦颐是宋明理学的开山鼻祖，也是湖湘学的奠基人。然而，周敦颐"道学宗主"地位并非一开始就为世人所公认，而是历经风波才得以最终确立。在这一过程中，张栻等湖湘学派学人的推尊，周敦颐所生之乡国及平生游宦之州县学请祠、立祠等一系列活动，对推重周敦颐的声誉并最终确立其历史地位起到了巨大推动作用。据统计，全国与周敦颐名号相关的书院、祠堂有一百多所。梳理"濂溪祠记"可以看出，自湖湘学派开创者胡安国"寻访濂溪遗事"后，胡宏开地方学术传统的先河，作《邵州州学记》，搜求、整理出版《通书》，说明周敦颐学术思想的重要地位。张栻将周敦颐提升至"道学宗主"地位，既要面对儒家内部势力的斗争，也要应对佛、道的挑战，这些斗争成为周敦颐学术地位提升的主要动力，亦是湖湘学学术旨趣确立的重要体现。此后，由周敦颐开启的理学，成为宋以后占统治地位的主流学术思想，标志着宋明理学学术地位的崛起。③

① 罗山：《屈原爱国精神及其对湘学的影响》，《云梦学刊》2015年第6期。
② 胡正耀：《论濂学与湘学的关系》，《湖南科技学院学报》2015年第3期。
③ 陈安民、周欣：《湖湘学派对周敦颐的推尊考论——以南宋时期濂溪祠记为中心》，《广西师范大学学报》（哲学社会科学版）2015年第4期。

（三）湘学近代转型研究

近代以来，湘学人才群体涌现，对近代中国社会产生了重大影响。有的学者指出，及至近代，随着中西文化的冲突和交融，湘学也向近代转型，推动了社会的发展。

湘学是近代地域学术文化的重要组成部分，其鲜明的特色与个性为世人所关注。张晶萍著《近代"湘学观"的形成与嬗变研究》，探讨了近代"湘学观"的形成与嬗变，也即近代以来有关湘学的认识是如何形成的，又是如何变化的，并从各方面分析这种变化产生的原因，以及这种变化对于湘学、湘人身份认同的影响。全书将近代对湘学的反思与总结当作一个学术文化现象，内嵌于近代社会变迁的广阔背景，结合具体的人、事、著述，来展开讨论，揭示地域学术文化发展中的主动建构现象及其作用。[1]

陈代湘、周接兵认为，鸦片战争前后激烈的文化冲突促使湘学向近代转型。从其转型的历史过程来看，首先是中国传统儒家文化内部的文化冲突，体现为湘学中的今文经学、理学和实学对传统文化内部各派别特别是乾嘉汉学、陆王心学的批判，这是推动湘学转型的内在因素。然后是西方文化冲突下湘学人物对西方文化的认识及应对，这是推动湘学转型的外在因素。转型后的湘学获得了与传统湘学截然不同的思想形态和历史使命，并开始在中国的近代化进程中发挥积极作用。湘学作为中国传统文化中重要的一支，在步入近代之际，同样面临着转型的问题，其转型过程同样伴随着激烈的文化冲突，这种文化冲突也包括两个方面：内在的文化冲突即湘学对传统文化的批判与变革和外来的文化冲突即开眼看世界带来的西方文化的冲击。湘学中的经学、理学和实学一方面抨击了乾嘉汉学的繁琐、宋学的空疏，从思想上将世人拉出书斋，回归到现实；另一方面提出了社会变革的要求，起到了从内部瓦解儒家思想束缚的作用。具体说来，这种瓦解作用体现在，今文经学从政治上动摇了汉学和宋学的根基；唐鉴、罗泽南等人批判汉学和陆王心学，从学理上动摇了汉学和陆王心学的根基；尽管曾国藩主观上试图以理学和礼学调和汉宋，旨在使正人立朝，昌明学术，进而醇化人心风俗，旨在团结儒家各派人士对抗太平天国，进而抵御西学的冲击，但客观上讲，他并没有完

---

① 张晶萍：《近代"湘学观"的形成与嬗变研究》，知识产权出版社 2015 年版。

全成功，因为今文古文之间、汉宋之间、理学和心学之间的门户之争依然存在。而儒家内部各派别的继续争席，最终的结果无疑是两败俱伤，或者多败俱伤，从而无法抵御西学的全面冲击。湘学作为近代中国社会变革的主导力量，它的近代转型过程基本上与整个中国传统文化的近代转型过程同步。在这一转型过程中，始终伴随着中与西、新与旧、传统与现代、先进与保守之间的矛盾和斗争，这种矛盾和斗争不仅体现在不同的思想派别和不同的思想人物之间，也在同一个思想人物身上体现出来。这些不同形态的矛盾和斗争共同推动了湘学的近代转型，也深刻影响了中国的近代化进程。①

陈代湘、周接兵在《走向共和：湘学在革命与立宪之间的历史抉择》中指出，20世纪初的中国，为了挽救危亡，清廷与民间有识之士都进行了积极的努力，形成了许多救国思潮。在众多思潮中，革命派所主张的排满革命与立宪派所主张的君主立宪无疑是影响最大的两种方案。湘学人物中，支持君主立宪的主要是杨度，支持民主共和的主要有陈天华、杨毓麟、章士钊等。如果说，杨度的言行是对清廷抱有一定的幻想，那么，革命党则始终反对君主立宪。无论是立宪派还是革命派，他们的思想主张对湘学的近代转型都产生了重要的影响。②

---

① 陈代湘、周接兵：《文化冲突与湘学的近代转型》，《湘潭大学学报》（哲学社会科学版）2015年第3期。
② 陈代湘、周接兵：《走向共和：湘学在革命与立宪之间的历史抉择》，《船山学刊》2015年第6期。

二 湘学思想研究（上）

湘学思想内涵丰富，包含政治思想、经济思想、军事外交思想、哲学思想、学术思想，等等。湘人历来关心国家和民族的命运，为中国社会的不断进步提供了丰富的思想源泉。

（一）湘学政治思想研究

2015 年，学界对自宋代以来各个时期的湘学政治思想作了探讨，其中，主要侧重于宋明理学家的政治思想、王船山的政治思想主张，并对近代以来湘学杰出人士的政治思想作了较为深入的探讨。

1. 明清湘学政治思想研究

受周敦颐理学思想影响的宋明理学家对国家和民族的兴亡非常关注。胡皓萌在《胡宏理学政治思想研究》中指出，胡宏的理学政治思想对后世学者产生了深刻的影响。胡宏是南宋著名理学家，以振兴道学为己任，著有《知言》、《皇王大纪》等。其中《知言》是他的代表著作，内容涵盖了哲学、政治、伦理、教育等各个方面，此书受到湖湘学派的尊崇，是本书研究胡宏理学政治思想的重要文献资料。虽然胡宏终身未踏入仕途，但是通过他的生平及学术著作、书信来往等资料可以看出他对国家存亡、民族复兴的深切关怀。胡宏通过其理学"性本论"思想，对国家治理提出了一系列的理论方针和政治改革措施，这其中凸显出他政治思想的理学特色。理学思想是他政治思想的重要基础，政治思想反映了其理学思想的基本内涵。胡宏理学政治思想产生的历史背景。胡宏理学政治思想的内涵反映出思想背后他强调内圣与外王统一、重视儒家道统以及经世务实的重要特征。①

王船山关于分配正义的论说是王船山政治思想中具有近代性因素的重要论说。王船山提出了"敬天地之产而秩以其分"的分配理念，并对传统的"均平"理论进行改造，认为"均平"并不是通力合作过集体制的生活，也不是实行"高抑下兄"的强制性平均分配原则，而是要遵循"絜矩之道"。由于船山视域中的"絜矩之道"包含生发出"公共理性"的可能性，凸显了分配正义中的"需要"原则，体现了完整的自由精神，因而是实现"均平"的重要原则，是通向分配正义的重要路径。②

2. 晚清湘学政治思想研究

魏源、曾国藩、左宗棠、郭嵩焘等人的政治思想在清代湘学政治思想中具有较强的代表性。

王向清、李浩淼分析了魏源《默觚·治篇》的政治哲学思想及当代价值，指出《默觚·学篇》体现了魏源有关天人之辨的哲学思考。《默觚·治篇》则反思当时社会存在的问题，形成了诸多合理的政治哲学观点，包括德义结合的儒家治国论，以变易史观为依据的改革之道，德才兼备、人尽其用的人才论。③

作为晚清洋务派领军人物的曾国藩，积极倡导以自强为目的的洋务事业，倡导学习西方先进科学技术，大力兴办以船政为主要内容的洋务事业，开启了中国近代工业化进程，并初步形成其近代海防思想。④

左宗棠在晚清军事、政治、经济发展等方面都发挥了重要作用，他在西北的施政实践推动了西北地区的发展。郝倩楠分析了左宗棠的荒政实践及其思想。晚清特殊的时代背景和自然灾害的频发，左宗棠青年时代家庭环境的熏陶，经世致用思潮的影响，及其多次担任地方官员所积累的救灾经验，使左宗棠逐渐形成了系统的荒政思想。作为清末重要的地方大员，左宗棠在荒政实践中，始终坚持"重农保民"的救荒理念。从灾前预防到灾中救济直至灾后生产重建，他都提出了具体的应对措施，比如通过兴修水利、储粮积谷、广植树木防治灾害，通过禁种罂粟、广兴屯垦等进行灾后生产重建等，

---

① 胡皓萌：《胡宏理学政治思想研究》，硕士学位论文，四川师范大学，2015 年。

② 彭传华：《王船山关于分配正义的论说》，《武汉大学学报》（人文科学版）2015 年第 4 期。

③ 王向清、李浩淼：《魏源〈默觚·治篇〉政治哲学思想及当代价值》，《湘潭大学学报》（哲学社会科学版）2015 年第 1 期。

④ 王明前：《曾国藩船政与海防思想评析》，《河南商业高等专科学校学报》2015 年第 2 期。

左宗棠在自己主管的辖区内将相关的荒政主张付诸实践，取得了良好的救灾效果。左宗棠在积极救灾的同时，亦对晚清的灾荒问题给予了极大的关注。针对频发的灾害所引起的严重灾荒，左宗棠突破了以往人们对灾荒成因的解释，从社会角度深刻地揭示了灾荒的产生，并在吸收中国传统救荒经验的基础上，运用西方科学技术和新事物，利用机器救荒、借用洋行贷款、通过举借外债等方式展开救灾活动。相对于消极怠政的官员，左宗棠的救荒思想与救荒措施确实值得肯定。[①]

郭嵩焘是晚清湖湘知识分子中的杰出代表人物，深受湖湘"经世致用"学风的影响，在同时代人物中，引领风气之先，对时代症结问题的认识、对西洋各国"富强之本"的观察和分析，是曾国藩、李鸿章等人所望尘莫及的，甚至在一定程度上颠覆了曾、李等人所发动的"洋务运动"之理论基础。周建刚探讨了郭嵩焘基于晚清世变的"富强论"和"民主观"。超越于时代而无人认可，这是郭嵩焘一生命运悲剧的根本原因。如果说对"富强"和"民主"的追求是中国近代文化史的主线，那么郭嵩焘就是最早触及这对主题并将两者进行有机结合的先知型人物。郭嵩焘固然是中国近代史上放眼世界、解放思想的先驱，但在他的思维世界中，原典儒学依然是重要的思想资源，孔孟儒学所倡导的"民贵君轻"的朴素民本主义观念构成了他的基本价值观。郭嵩焘是传统儒家文化所培育的精英知识分子，但他不仅没有"排外"倾向，反而能以传统文化为资源而吸纳西学，欣赏并推崇西方的近代民主观念。以郭嵩焘为例，似乎可以发现，中国传统文化，至少是坚持人道正义的原始孔孟儒学，与崇尚"民主"的现代政治文化，并不是截然对立的两极，而是有多种对话的机缘。[②]

3. 清末民初湘学政治思想研究

清末民初时期，湖南主张变革和革命的杰出人士不断涌现，他们或主张温和改良，或主张变革，或主张革命，但其基本的政治目的都是救国救民，为国家和民族的富强而奋斗。

在湖南维新运动舞台上，被誉为"浏阳二杰"的谭嗣同和唐才常无疑是主角。谭嗣同从形而上的仁学出发，对纲常名教、君主专制、封建经济进行了激烈抨击，在政治思想上为维新变法开辟了道路。唐才常则从历史和现

---

①　郝倩楠：《左宗棠的荒政实践及其思想》，硕士学位论文，宁夏大学，2015 年。

②　周建刚：《郭嵩焘基于晚清世变的"富强论"和"民主观"》，《求索》2015 年第 4 期。

实出发，通过中西制度和文化的比较对封建制度和封建文化进行了批判，并对西方民主制度进行了全面的阐述。① 自戊戌维新时期开始活跃于中国政治舞台的实业家熊希龄，对抗日战争也提出了自己的思想主张。陈任远在《试析熊希龄的抗日救亡思想》一文中指出，九一八事变发生后，熊希龄提出了抗日救亡的一系列思想主张，包括要求政府当局放弃不抵抗政策、实行民主政治、促成全国团结、争取国际支援、注重慈善求助等方面。这些主张的提出，是熊希龄长期以来所具有的救世抱负、雪耻情结作用的结果，也与他的独特政治经历有关。②

杨度，是清末民初大变局时期极富争议的人物，他因思想变化激烈而为人们所关注。宋麟分析了杨度的宪政思想及其转变。杨度于清末新政时所著《金铁主义说》及《君宪救国论》，反映了他作为一位深受儒家传统文化影响的近代知识分子和民族主义者，为挽救中国于危亡之中而选择的温和的救国方案。③ 高力克从寻求文明与富强的角度分析杨度的现代中国想象。中国的现代化运动肇端于西力东侵的民族危机，故中国问题始终不离"中西古今"四字。清末改革者的西方观和西方想象，构成了其现代化方案的蓝本。杨度的金铁主义揭示了西方的本质：文明与帝国的两面神。一面是自由民主的文明的国家秩序，一面是弱肉强食的野蛮的帝国主义国际秩序。西方是一个内部公理与外部强权的二元世界。古老中国的"天下"体系遇到西方殖民秩序的挑战，现代世界是经济与军事竞争的民族国家的世界，无富国强兵则国无以自存。而现代文明又以自由民主与工业化为基础，它是由专制而立宪、由农业而工业大转型的产物。金铁主义全面回应了西方文明的挑战：内政实行自由主义的宪政转型，顺应世界现代化的文明潮流；外交以富国强兵而提升国力，争存于强权主义的野蛮世界。杨度的金铁主义熔自由主义与国家主义于一炉，其西方观代表了清末立宪派知识分子对西方文明和现代世界的深刻认识。④

宋教仁，清末民初政治家、革命家。他的政治思想主张在辛亥革命时期有着重要的影响。曾长秋、高科指出宋教仁政治思想有着多重矛盾。宋教仁

---

① 陈代湘、周接兵：《冲决网罗：谭嗣同、唐才常向封建制度宣战及其对民主自由的追求》，《船山学刊》2015 年第 2 期。

② 陈任远：《试析熊希龄的抗日救亡思想》，《湖南大学学报》（社会科学版）2015 年第 2 期。

③ 宋麟：《从"金铁主义者"到筹安会"六君子"之首——浅析杨度的宪政思想及其转变》，《湘江青年法学》2015 年第 1 期。

④ 高力克：《寻求文明与富强：杨度的现代中国想象》，《南京大学学报》（哲学·人文科学·社会科学）2015 年第 2 期。

政治思想表现为理性思考与实干精神、武力破坏与政治建设、反清斗争与助清之举、政治理想与现实策略之间的矛盾统一。其政治思想的多重矛盾，皆渊源于地域文化、知识结构、时代潮流和自我认知的差异。对其多重矛盾的政治思想，应给予客观公正的评价。① 杨同营梳理了宋教仁的政党内阁思想与实践，认为宋教仁的政党内阁思想包含了宋教仁政治思想中最重要的政党政治思想和责任内阁制思想。宋教仁认为"政党内阁"与责任内阁制和政党政治是紧密联系的。内阁由议会中占多数席位的政党组织，由多数党的首领出任内阁总理；政党内阁与议会密不可分，前者由后者产生，并对后者负责。宋教仁是民初倡导政党内阁制的代表人物，其为了实现政党内阁的政治主张，积极改组国民党并致力于国会选举，最终国民党赢得第一届国会选举的胜利，成为议会多数党，并组织了政党内阁。② 万红霞阐释了宋教仁的民主宪政思想，以宋教仁的资产阶级民主共和思想为核心，对其独特的宪政思想体系作了探讨。作为资产阶级革命家，宋教仁在理论上较为成熟，他的宪政思想对中国的资产阶级民主革命有着积极的影响，但是他在实践中却很嫩弱，忽视中国的国情而终于失败。③

4. 湘籍无产阶级革命家政治思想研究

湘籍革命家群体对新民主主义革命作出了特殊的贡献，推动了马克思主义与中国实际的结合。无产阶级革命家政治思想鲜明，对新民主主义革命、马克思主义等理论作出了重要贡献。2015 年，对湘学政治思想的研究主要集中于李达、蔡和森、任弼时、胡耀邦、毛泽东等人。

2015 年，有关李达的学术研究成果非常丰富，包括李达的政治思想主张、哲学思想、学术贡献等。其中，关于李达政治思想研究的成果，主要侧重于李达对马克思主义理论、马克思主义中国化、统一战线、政治经济学、政治教育等方面的研究。李达（1890—1966），湖南零陵岚角山镇（今属永州市）人。中国共产党创始人之一，中共一大代表，历任湖南大学校长、武汉大学校长。在中国共产党的创立过程中，李达担任机关刊物《共产党》月刊的主编，为这份刊物的创办、管理和发行费尽心血。《共产党》月刊每

---

① 曾长秋、高科：《论宋教仁政治思想的多重矛盾》，《中南大学学报》（社会科学版）2015年第 6 期。

② 杨同营：《宋教仁的政党内阁思想与实践》，硕士学位论文，吉林大学，2015 年。

③ 万红霞：《试论宋教仁的民主宪政思想》，载《决策论坛——政用产学研一体化协同发展学术研讨会论文集》（上），2015 年。

期的"短言"体现了这一时期李达思考社会主义理论和共产主义运动的成果。不仅如此，将马克思主义的理论研究与政治宣传紧密结合在一起，是李达作为理论家和革命家的鲜明特点。[①] 李达对马克思主义中国化问题作了学理探析，是马克思主义中国化的重要理论前驱之一。在其毕生从事的马克思主义中国化理论事业中，李达反思和解决了马克思主义中国化所面临的一系列基本的理论难题。实现马克思主义中国化在理论上要解决的第一个前提性问题，就是普遍与特殊的关系问题，具体而言也就是马克思主义理论的普遍性与中国具体实际的特殊性之间的矛盾关系问题。这一问题不先行解决，马克思主义中国化的必要性与可能性就成问题。李达在自己的理论工作中，较早地反思和解决了这个前提性问题。[②] 宋镜明、吴向伟指出，1930 年前后，李达在白色恐怖中坚持研究和宣传马克思主义，对马克思主义中国化作出了重要贡献：翻译出版马克思主义著作，为马克思主义中国化提供了不可或缺的重要前提；注重理论联系实际，正确地回答了 1927 年大革命失败后中国向何处去的问题，反映了马克思主义中国化的历史趋向；适应中国抗战需要，写出中国第一部马克思主义哲学教科书《社会学大纲》，创立了中国特色的马克思主义哲学体系；撰写《经济学大纲》，全面而准确地阐述了马克思主义经济学原理，推动了马克思主义经济学在中国的传播。[③] 历任湖南大学校长、武汉大学校长的李达，思想政治教育理论与实践非常丰富。杨建兵、陈绍辉将李达的思想政治教育生涯分为六个阶段，分别介绍了在批驳与创立、建党与宣传、革命与形成、斗争与成熟、统战与深化、解说与捍卫各个时期，李达对马克思主义理论传播所作出的巨大贡献以及所积累的宝贵经验。[④] 罗红希探讨了李达的统一战线思想。李达虽然有过暂时的脱党期，但其关于阶级联合、国共合作、民族联合、建立国际反帝统一战线的观点能够始终和党中央保持一致，并根据中央的安排，具体完成了对唐生智、冯玉祥、程潜等的统战工作。因此，李达的统战思想应该被视为中国共产党统一战线思想成果的一部分。[⑤]

　　刘一楠探讨了毛泽东关于党内生活思想的历史文化基础。严格的党内生

　　① 张闳：《李达与〈共产党〉月刊六"短言"》，《学术研究》2015 年第 5 期。
　　② 赵士发、李亮华：《李达对马克思主义中国化前提问题的反思及其重要启示》，《湖北社会科学》2015 年第 4 期。
　　③ 宋镜明、吴向伟：《1930 年前后李达对马克思主义中国化的历史贡献》，《深圳大学学报》（人文社会科学版）2015 年第 4 期。
　　④ 杨建兵、陈绍辉：《李达的思想政治教育理论与实践研究》，《理论界》2015 年第 11 期。
　　⑤ 罗红希：《浅论李达的统一战线思想》，《湖南省社会主义学院学报》2015 年第 1 期。

活，是马克思主义政党的优良传统和政治优势。作为中共的创始人之一和党的领袖，毛泽东青年时期受到以湖湘学派为代表的儒家内省修身传统和"师友夹持"的团体式道德践履影响，他在长期革命斗争的实践中，创造性地将马克思主义政党理论与中国优秀传统文化相结合，紧紧抓住思想建党、直指人心的"大本大源"，推动开展党内民主生活，倡导批评和自我批评的优良作风，不断建立和完善党内生活的各项制度、根本方法和准则，极大地增强了党的凝聚力、战斗力，并最终成为马克思主义中国化第一次历史飞跃的重要组成部分。[①]

2015 年是蔡和森诞辰 120 周年，因此蔡和森研究是湘学研究中的一个热点。

蔡和森（1895—1931），湖南省双峰县永丰镇人，中国共产党早期的重要领导人，杰出的共产主义战士，无产阶级革命家、理论家和宣传家。蔡和森身处一个传统社会向现代社会的转型时代，个人的思想价值观念受到其空间迁移、时间流转与革命实践的深刻影响。他从一个激进的民主主义者最终转变为一个坚定的马克思主义者，用他短暂而光辉的一生诠释了一个共产党人的革命价值观，实现了湖湘文化价值形态的全面提升。蔡和森鲜明的文化品格、独立的文化自觉和崇高的革命气节全面呈现了他革命价值观的形成理路、目标指向与精神图腾。[②] 郑凤娇分析了谭嗣同及其《仁学》对蔡和森救国思想的影响，认为近代湖湘文化的代表人物谭嗣同的思想对蔡和森的影响极大。谭嗣同是戊戌变法时期著名的维新派思想家、活动家，他糅合古今中外的思想学术，"将科学、哲学、宗教冶为一炉"，构建一个"仁学"的庞大思想体系。他"冲决封建网罗"、探求社会本原、主张发挥心力的思想精华和舍生取义的大无畏精神，带给蔡和森极大的震撼和鼓舞，促使他坚持以挽救民族危亡，改造中国社会为毕生事业，为探索救国救民的真理英勇献身。[③]

杨婷分析了蔡和森对"陈独秀主义"的批判。陈独秀是中国共产党早期的主要负责人，也是中共党史上最具争议的领袖人物之一。"陈独秀主义"是陈独秀领导中国共产党进行革命时期，所形成的关于中国革命性质

---

① 刘一楠：《以"大本大源"动天下之心——毛泽东关于党内生活思想的历史文化基础探析》，《岭南学刊》2015 年第 2 期。

② 朱耀斌：《蔡和森的革命价值观研究》，《湘潮》（下半月）2015 年第 3 期。

③ 郑凤娇：《论谭嗣同及其〈仁学〉对蔡和森救国思想的影响》，《湘潮》（下半月）2015 年第 3 期。

任务、主要动力以及与国民党关系等方面的观点和见解的总称。共产国际和中共党内对其进行了一系列的批判，其中以蔡和森的批判最为独特、精到。而蔡和森对陈独秀错误的批判主要集中在《论陈独秀主义》一文。蔡和森对"陈独秀主义"的批判主要是通过引用陈独秀的文章与讲话内容，针对其中的错误观点进行逐条批判，从而阐述自己对于中国无产阶级的作用与地位、中国革命性质和任务以及中国革命道路等问题的认识，同时对中国革命经验教训的总结。① 他较早总结党内早期机会主义的历史，分析其错误、危害及形成原因，坚决与机会主义划清界限，坚定地拥护马克思主义，为党内克服和避免机会主义的错误，为全党马克思主义理论水平的提高贡献了力量。②

蔡和森建党思想的形成，源自于使中国从积贫积弱的困境中解脱出来，进而实现民族复兴与人民解放的时代要求。蔡和森不仅率先明确提出成立中国共产党，而且对党的性质、指导思想、纲领和策略，以及建党的组织原则、方法和步骤进行了系统的阐述；他不仅对建党的理论进行了系统的阐述，还致力于建党的行动与实践，为旅欧中国共产党早期组织的建立奠定了坚实的基础。他能够在完全没有共产国际等外力因素作用下，相对独立地形成完整的建党思想并致力于卓有成效的建党实践，充分说明中国共产党的诞生，并非来自"俄人移植"、"共产国际扶植"，而是近现代中国历史发展的必然产物。③ 国民革命是影响近现代中国历史进程的重要事件，使民主革命思想在全国范围内得到空前的传播。在这场历史进程中，作为中共中央机关报《向导》的主编，蔡和森以马克思主义的阶级分析方法为武器，秉笔直书，对于国共合作、国民党的"再革命化"发挥了重要作用，使《向导》周报成为联合国民党左派、争取中派、反对右派的强大舆论工具。④ 蔡和森坚持用马克思主义群众史观指导我党早期的理论宣传和革命实践，为我党群众路线政策的确立作出了重要贡献。蔡和森的群众思想既深受中国传统文化的影响，又是马克思主义唯物史观的集中体现，同时也是其实践和探索的科学总结。

---

① 杨婷：《蔡和森对"陈独秀主义"的批判》，《黑龙江史志》2015 年第 3 期。
② 林绪武、常华：《"主义明确"：蔡和森对党内早期机会主义的认识和分析》，《南华大学学报》（社会科学版）2015 年第 2 期。
③ 纪亚光：《蔡和森建党思想的形成与影响》，《南华大学学报》（社会科学版）2015 年第 2 期。
④ 贾凯：《论蔡和森与国民党的"再革命化"——以〈向导〉周报为例》，《南华大学学报》（社会科学版）2015 年第 4 期。

　　蔡和森、恽代英都是中国共产党早期关于"纸老虎"理论的重要论述者。就目前能够发现的文献来看，在中国共产党内，蔡和森是第一个提出"纸老虎"概念的理论家，是第一个提出国外的资产阶级反动派是"纸老虎"的理论家。恽代英是第一个提出国内的反动派是"纸老虎"的理论家。他们关于"纸老虎"论述的内涵不仅是动态的，更是创新的，彰显了马克思主义大众化的重要认识论规律及其理论自信。① 蔡和森的群众思想主要界定了群众的基本范畴，阐述了群众是社会革命的主体，提出了广泛发动群众、密切联系群众等工作方法。这些思想为我党统一战线政策和密切联系群众优良作风的形成奠定了基础，为我们进一步加强和改进党的建设提供了理论指导和方法借鉴。②

　　蔡和森的宣传思想主张对革命的发展起了重要的鼓动和指导作用。《向导》从创刊至1927年7月停刊，蔡和森除1925年10月至1927年3月在莫斯科驻共产国际工作外，始终担任主编。由于当时的撰稿人较少，中共的早期领导人陈独秀、瞿秋白、李达等，既是《向导》的编委，又是主要撰稿人。作为主编的蔡和森写的文章更多。他除用"和森"署名发表了130多篇文章之外，还用"本报同人"、"记者"等署名发表了不少文章。蔡和森通过《向导》，在宣传党的路线、方针、政策，以及向人民传播马列主义方面真正发挥了革命的向导作用。此间，蔡和森有关中国革命对象、中国共产党在统战工作中的地位、中国革命的动力等方面的主张颇为深刻，具有深远的预见性，并被革命实践所证实是极为正确的。他的"帝国主义是纸老虎"，必须打倒封建军阀、实行彻底的民主革命，在国共合作的统战政策中必须坚持党的独立性，以及工农运动之发展是中国革命发展的动力等方面的理论认识与实践指导，都对中国民主革命沿着正确方向发展具有十分重要的意义。③ 李永春等认为，中国共产党在近代中国最早明确提出反帝国主义的政治口号与奋斗目标并运用于国民革命运动，其中蔡和森起了不容忽视的作用。他接受共产国际关于中国革命必须反帝的任务，在党内和团内宣传反帝口号，而且在《先驱》率先提出完整的"打倒国际帝国主义"的口号。这些反帝口号成为了中共二大制定的现阶段革命纲领即最低纲领的基本内容。

---

　　①　徐方平、金飞：《蔡和森与恽代英的"纸老虎"理论辨析》，《马克思主义研究》2015年第2期。

　　②　宁曼荣：《论蔡和森的群众思想及其历史贡献》，《南华大学学报》（社会科学版）2015年第2期。

　　③　张龙、王佳：《蔡和森担任〈向导〉主编的宣传思想》，《党史文苑》2015年第10期。

不仅如此，蔡和森还在《向导》上积极宣传反对国际帝国主义，指导开展反帝运动。反帝国主义口号在当时引起了资产阶级知识分子的激烈反映，甚至认为是海外奇谈。经过中共的广泛宣传，反国际帝国主义迅速成为政治常识，并且成为国民革命的一面政治旗帜。①

罗荣桓（1902—1963），湖南衡山县人，伟大的无产阶级革命家、政治家、军事家，中国人民解放军和中华人民共和国缔造者之一，中国人民解放军政治工作奠基人，中华人民共和国元帅，党、国家和军队的卓越领导人。罗荣桓元帅作为军队政治工作的重要创建者，被誉为思想政治工作的巨匠。罗荣桓在思想政治工作中以马列主义的根本原则为指导，开放民主；全面贯彻"政治工作生命线"理论，实现政治工作对一切工作的保证；坚持"干部教育第一"原则，以身作则，推动领导干部不断改善自身工作；善于总结长期实践中的政治工作经验，并升华为工作理论，为指导党和部队政治工作奠定思想和理论基础。他在工作实践中坚持原则性与灵活性相统一、现实性与前瞻性相统一、民主化与人性化相统一，体现出鲜明的工作特色，并且取得显著效果，为党和部队政治工作的开展提供了宝贵经验。②

任弼时（1904—1950），湖南汨罗人。伟大的马克思主义者，杰出的无产阶级革命家、政治家、组织家，中国共产党和中国人民解放军的卓越领导人，以毛泽东同志为核心的中国共产党第一代领导集体的重要成员。

对任弼时党建思想的研究成果较多。任弼时的一生同中国共产党的建立、发展、壮大，同中国新民主主义革命的全部历史紧密联系在一起。作为以毛泽东为核心的中国共产党第一代领导集体的成员，任弼时为党的事业和中国的革命事业奉献了毕生精力和心血，在夺取新民主主义革命胜利的过程中发挥了重要作用。解放战争时期，面对许多城市相继解放，许多解放区连成一片的客观形势，党中央需要及时制定一系列政策以指导全党在政治、军事、经济、文化等方面的工作。任弼时除了协助毛泽东主持党中央的工作和指挥全国解放战争外，还在党的建设、土地改革运动、统战工作和青年团工作等方面开展了大量工作，作出卓越贡献。③抗日战争时期任弼时对马克思主义中国化大众化作出了积极贡献。他支持毛泽东的正确领导，维护毛泽东在全党的领导地位，为毛泽东思想确立为党的指导思想奠定了基础；他科学

---

① 李永春、黄海林：《论蔡和森提出和宣传的反帝口号》，《湘潭大学学报》（哲学社会科学版）2015 年第 6 期。

② 孙丽娜、张晶：《论罗荣桓思想政治工作的特色》，《党史文苑》2015 年第 14 期。

③ 王海蛟：《任弼时在解放战争时期的历史贡献》，《中国国家博物馆馆刊》2015 年第 8 期。

解释中国化的马克思主义，号召全党"特别要去学习中国化的马列主义，学习毛泽东同志的著作"；他积极宣传毛泽东思想，对毛泽东经济、政治、军事、党建等方面的思想作了丰富的阐释，起到了很好的宣传和普及作用。①

胡耀邦（1915—1989），湖南浏阳人，中国共产党和中华人民共和国的主要领导人之一，曾任中共中央主席和中共中央总书记。2015 年是胡耀邦诞辰 100 周年，中共中央、湖南省委都召开了胡耀邦诞辰 100 周年纪念座谈会。与此同时，胡耀邦研究成为 2015 年湘学研究的一个重点，研究成果侧重于胡耀邦对改革开放的贡献、在拨乱反正中的作用、共青团建设等方面。

胡耀邦是较早倡导研究社会主义的领导人，而且卓有成效，他研究社会主义的方法也是很成功的。他强调领导干部要学习和研究社会主义，强调要紧密结合中国实际研究社会主义，发动社会主义生产目的的讨论，以《理论动态》为主要阵地研究中国特色社会主义。胡耀邦同志总的思路是，对于社会主义问题，要紧密结合中国实际，解放思想，大胆研究：一是着眼于探索中国社会主义的道路问题；二是针对"左"的思想研究社会主义问题；三是理论研究要落到解决实际问题上；四是采取群众路线的方法来研究社会主义问题。② 李正华指出，胡耀邦在拨乱反正中发挥了重要的作用。为纠正"文化大革命"的错误，使党和国家的各项工作走上正轨，邓小平、胡耀邦等人进行了一场艰辛的拨乱反正工作。胡耀邦在拨乱反正工作中发挥了重要作用，他发动关于真理标准问题的大讨论，主持平反冤假错案工作、解决历史遗留问题，推动了党的工作重点转移。胡耀邦以无私无畏的勇气和精神，开创了拨乱反正工作的新局面，为中国的改革开放事业奠定了坚实的基础。③ 黄志坚研究了胡耀邦的共青团建设思想研究。胡耀邦光辉的一生，同中国共青团的建设紧密相连。他长期主持团中央工作，创造性地执行中共中央的指示，开创了新中国成立以来共青团工作最为活跃、最富成效的辉煌时期，并形成了极为丰富的共青团建设思想。胡耀邦共青团建设思想的主要原理有：坚持团的先进性和群众性的统一，贯彻巩固地向前发展的方针，引导青年善于学习，加强青年的思想教育，调动青年建设社会主义的积极性、创造性，正确看待青年关心青年特殊利益，开展适合青年特点的独立活动，健

① 秦位强：《论抗战时期任弼时对马克思主义中国化大众化的贡献》，《湖北民族学院学报》（哲学社会科学版）2015 年第 2 期。
② 沈宝祥：《耀邦同志倡导并推进社会主义的研究》，《理论视野》2015 年第 11 期。
③ 李正华：《胡耀邦在拨乱反正中的历史贡献》，《毛泽东研究》2015 年第 5 期。

全基层团的组织，少先队是建设社会主义和共产主义的预备队，团的工作方法和团的作风，团的干部队伍建设，保证党对团的领导。胡耀邦的团建思想，从理论和实践的结合上，科学地回答了"应当建立一个什么样的团"和"团应当怎样进行工作"两大关系共青团建设发展的根本问题，揭示了共青团的运行规律，是共青团极为宝贵的精神财富。① 调查研究是我们认识、改造世界的基本工作方法和进行科学决策的重要途径。胡耀邦同志曾长期担任党的重要领导职务，一直非常重视社会调查研究工作。他通过直接深入到人民群众之中进行长期的调查研究，密切联系群众，关心人民疾苦，解决现实问题，作出正确决策，形成了系统的调查研究思想。胡耀邦调查研究思想充分体现了实事求是的原则，具有丰富的内涵和鲜明的特色，极大地丰富和发展了马克思主义的思想宝库。②

2015 年，学界还有关于民国时期湘人政治思想研究的部分成果。如，对蒋廷黻政治思想的相关研究。蒋廷黻（1895—1965），湖南邵阳人，中国著名历史学家、外交家。罗霄通过探讨《独立评论》两位重要代表人物胡适与蒋廷黻在民主与独裁、如何看待中共这些问题上的歧异，揭示当时中国自由主义摇晃不定的尴尬处境。③

（二）湘学经济思想研究

古代湖湘的封闭守旧观念和小农经济思想历来为人所诟病，并有人认为湘人只热衷于政治斗争，而疏于经济建设。实际上，湘学蕴含了丰富的经济思想。近代以来，湘人在经济建设上的思想主张也推动了中国社会的发展。2015 年，学界对湘军将领曾国藩、左宗棠、郭嵩焘等人的经济思想作了探讨，蒋廷黻、李达、毛泽东等人的经济思想得到进一步挖掘。

刘建武在《从天下湘军到天下湘商》中指出，近代以来，湘军战功显赫、战绩辉煌。在剿灭太平天国革命的战争中，曾国藩之湘军应运而生，随之在中法战争、甲午中日战争、辛亥革命、抗日战争，乃至新民主主义革命当中，湘军都有上佳表现，以至有"无湘不成军"之说。由于湖南人耕读

① 黄志坚：《胡耀邦共青团建设思想研究》，《江西青年职业学院学报》2015 年第 3 期。
② 刘建平、王昕伟、董文敏：《胡耀邦调查研究思想探析》，《湘潭大学学报》（哲学社会科学版）2015 年第 6 期。
③ 罗霄：《论〈独立评论〉时期胡适与蒋廷黻政见之异》，《黑龙江史志》2015 年第 5 期。

传家，却因此给人留下了湖南人只会读书、打仗而不会搞经济的印象。实际上，近代以来，从最早倡导洋务运动并创办实业的曾国藩、左宗棠、刘坤一等湖南人，到今天经济发展大潮中湘商的崛起，"湘省士风，云兴雷奋"，无不显示着湖南人敢为天下先的风采，展示了湘人的经济思想和实践。①

裴庚辛研究了郭嵩焘的厘金思想。郭嵩焘是晚清最早将厘金制度化的人，并亲自主持了湖南等省的厘金征收工作。1864 年天京陷落后他坚决反对裁撤厘金。郭嵩焘是一个因时而变的人。1875 年他受命出使英法，在任驻外使节期间郭嵩焘对西方经济社会作了深入细致的考察和了解，其经济思想有了剧烈的改变，带有明显的资本主义色彩，从而主张废止厘金，发展资本主义工商业。② 焦明探析了郭嵩焘的铁路思想。郭嵩焘对英、法等国火车站的情况，铁路建设、火车票、铁路统计簿册等的印制生产方法都进行了深入的了解。他还通过报纸等渠道关注各国的铁路动态。郭嵩焘回国后，主张清政府及早修筑铁路，但他认为中国进行大规模铁路建设的时机并不成熟，应该先进行小规模的试办，然后逐渐扩充，循序渐进地修筑铁路。在风气未开的晚清社会，郭嵩焘先知先觉地要求向西方学习，他走出国门，较早对世界形势、对西方文明有了自己独特而深刻的认识，看到了铁路对于国家富强的重要意义。他对铁路的认识和分析，比较符合中国近代铁路建设的实际和发展趋势，认知水平远远超出了同时代的人。他积极宣传和鼓动中国及早兴办铁路，履行了一个先驱者的职责，在一定程度上促进了中国的近代化进程。③

王春龙、曾维君等人阐释了蒋廷黻的善后救济思想。抗战胜利后，在主持中国善后救济事业时，蒋廷黻系统提出了善后救济思想。内容包括：强调战后善后救济的必要性和重要性，提出"寓救济于善后之中"的理念，规定救济活动要从急赈、特赈等方面进行，从农业、交通、工矿业等方面开展善后活动应该采取不同的模式进行，政府应直接进行善后工程的管理，注意防止舞弊行为。它的特点包括：形成的基础具有广泛性，其内容具有完整性、系统性、创新性和理想性。形成的原因包括：少年儿童时代的家庭熏陶与受人救济的经历、湖湘文化与基督教等的深刻影响、对联合国救济善后原则及政策的深入了解，以及对外国经验的借鉴与利用等。④ 曾维君指出，为

---

①　刘建武：《从天下湘军到天下湘商》，《新湘评论》2015 年第 7 期。
②　裴庚辛：《从力行到反对：郭嵩焘厘金思想研究》，《湖南社会科学》2015 年第 3 期。
③　焦明：《郭嵩焘铁路思想初探》，《杭州文博》2015 年第 1 期。
④　王春龙：《蒋廷黻善后救济思想述论》，《山西师大学报》（社会科学版）2015 年第 4 期。

了推动战后中国善后救济事业的开展，蒋廷黻以"寓善后于救济之中"的理念为核心，就交通、农业、工业、医卫等领域的善后救济提出了自己的主张与设想，并强调了应该注意的诸多问题，从而形成了他的善后救济思想。担任"联总"、"行总"领导工作期间，为宣传、践行自己的思想主张，蒋廷黻在国际国内做了大量细致、具体的工作，对指导和推动善后救济事业的开展起了较为重要的作用。[①]

李达对马克思主义政治经济学研究有独到的贡献。李达的《经济学大纲》是马克思主义经济学中国化的标志性成果，它明确了经济学的研究对象和范围，通过对先资本主义经济形态、资本主义经济形态、社会主义经济形态的考察，揭示了经济的一般发展规律；深入中国经济现状研究，揭示了中国经济的特殊发展规律；统一考察经济的一般发展规律和中国经济的特殊发展规律，探讨了能够促进中国经济发展的经济理论，指导中国经济实践。李达对经济学研究所采取的广义经济学立场，对马克思主义经济学所作的唯物而辩证的把握，及所构建的具有中国特色的马克思主义经济学和话语表述体系，对于探索中国经济的来踪去迹以及解决中国经济实践中的一系列问题，具有重要的理论价值和现实意义。[②] 为了认清近代中国社会的性质、探索中国革命的道路，李达还撰写了《中国现代经济史之序幕》、《中国现代经济史概观》及《中国产业革命概观》等研究论著，分别从帝国主义对中国经济的侵略、传统经济的崩溃和中国民族资本主义的发展三个维度解剖了中国近代经济。他对中国近代经济的研究不仅具有拓荒性的学术贡献，开创了中国近代经济研究的崭新范式，而且为中国共产党理解近代中国社会的性质、近代中国农村的经济特性，探索革命道路作了理论准备。[③] 李达的《中国产业革命概观》阐明了产业革命的意义，比较了中国产业革命和与欧洲产业革命的共同点和不同点，考察了中国近代经济演变的三个过程，即帝国主义的入侵过程、封建主义的瓦解和挣扎过程及民族资本主义的形成和萎缩过程，分析了半殖民地半封建社会条件下中国的经济状况和产业革命的发展趋势，探讨了怎样发展中国产业的问题，揭示了中国革命与中国产业革命的关系，明确了中国革命的对象、任务和前途，回答了"中国向何处去"的

---

① 曾维君：《蒋廷黻的善后救济思想与实践》，《邵阳学院学报》（社会科学版）2015 年第 5 期。

② 郎廷建：《马克思主义经济学中国化的标志性成果——李达的〈经济学大纲〉探论》，《武汉大学学报》（人文科学版）2015 年第 2 期。

③ 裴庚辛：《论李达对中国近代经济研究的贡献》，《学习与实践》2015 年第 9 期。

重大时代问题，由此开启了马克思主义经济学中国化，创立了中国马克思主义经济学的研究范式。[①] 还有学者指出，李达是中国马克思主义货币理论的早期开拓，分析了李达的货币思想。在中国早期马克思主义货币理论体系创建过程中，李达起了开路先驱的奠基作用，他在 20 世纪 30 年代中期撰写了中国第一部马克思主义货币学专著《货币学概论》，系统、全面介绍了马克思主义货币理论，是中国马克思主义货币理论的拓荒性著作。李达的货币思想主要包括三个方面，即系统介绍马克思主义货币理论、批判西方资产阶级货币理论和运用马克思主义货币理论分析资本主义货币制度。尽管存在较少运用马克思主义货币理论分析中国当时现实的货币问题的不足，但这是马克思主义货币理论传播早期的历史条件所造成的普遍现象，它不会降低李达在传播和运用马克思主义货币理论历史中的地位和作用。[②]

在中国经济史学科形成阶段，翦伯赞对中国经济史研究是十分重视的，他的中国经济史研究取得了丰富的成果，积累了有益的实践经验，表现出鲜明的研究特色，体现了唯物史观的特点和长处。他以唯物史观研究中国经济史所进行的诸多尝试和所获得的经验教训，对今后深化中国经济史研究依然具有借鉴意义。[③]

关于毛泽东经济思想研究的成果中，有学者论述了毛泽东经济发展与政治关系的战略思想：政治是方向、是目标；政治工作是一切经济工作的生命线；政治是经济发展的重要的动力源泉；固守本质，继承传统；政策和策略的灵活运用；为了人民的利益。[④] 有学者对毛泽东社会主义公有制思想作了探讨。李济广提出，毛泽东的革命思想以创立公有制社会主义社会为目标，毛泽东的建设思想以搞好公有制社会主义事业为中心，毛泽东的后期思想以维护公有制社会主义制度永不变质为焦点。毛泽东维护公有制社会主义制度永不变质，防止资本主义复辟的理论是对共产主义运动不可磨灭的永久性贡献，应与特定时期特定做法的失误区分开来，作为中国特色社会主义理论的

---

① 汪信砚、郎廷建：《马克思主义经济学中国化的开启之作——李达的〈中国产业革命概观〉探论》，《湖北社会科学》2015 年第 4 期。

② 邹进文、张夏青：《中国马克思主义货币理论的早期开拓——李达的货币思想研究》，《江汉论坛》2015 年第 9 期。

③ 罗运胜：《翦伯赞对中国经济史的研究探析》，《兰台世界》2015 年第 28 期。

④ 寿思华：《论毛泽东关于经济发展与政治关系的战略思想》（上）、（下），《改革与战略》2015 年第 5、6 期。

组成部分。① 毛泽东农业合作化思想及其实践，体现了中国共产党人在中国特定历史时期解决中国农业问题的思路和办法，有助于促进我国由农业社会向工业社会更好更快转变，有助于缩小城乡差别、改善农民生活和维护农村稳定。② 在人民公社所有制和经营核算体制问题上，毛泽东确立起"三级所有，队为基础"，并明确这个"队"就是"生产队"的根本性体制规定，人民公社的经济体制基本定型，并被基本稳定地实施到它的被终结。③ 韩奇对毛泽东地方分权改革进行了历史回顾和现实反思，从六个方面论述毛泽东关于经济改革和经济管理的战略思想。一是搞改革、抓管理一定要从国情出发，要紧紧扣住中国各个发展时期的具体情况；二是抓住所有制改革这个基本点；三是搞好生产布局，促进平衡协调发展；四是改革就是政治，管理也是社教；五是艰苦奋斗、勤俭建国；六是动员群众、组织群众、依靠群众。④ 1955 年在上海视察和与 34 部委调研的基础上，毛泽东形成了完整的沿海建设和开放的思想。⑤ 张楠认为，毛泽东的对外经济交往思想可以分为中华人民共和国成立之前和成立之后两个大的阶段。在前一阶段，毛泽东从井冈山革命根据地时期的简单排斥对外经济交往，发展到在延安时期基本确立了对外经济交往的思想框架，再到解放战争时期将这种思想进一步付诸实践。在后一阶段，毛泽东的对外经济交往思想从新中国成立初期大力发展对外经济交往转变到 50 年代后期以后基本反对对外经济交往。⑥ 贺全胜指出，毛泽东探索发展社会主义商品经济的主要贡献在于：一是创新发展了马克思主义商品经济思想；二是为我们党在改革开放新时期发展社会主义市场经济开辟了道路，指明了方向；三是为建构社会主义市场经济体制和完善市场经济政策体系先行作了可贵的理论准备和实践尝试，积累了宝贵经验，提供了有益的启示和借鉴。⑦

① 李济广：《毛泽东思想的主线：公有制社会主义社会的创立、建设与维护》，《宜春学院学报》2015 年第 5 期。

② 闻博、张森林：《毛泽东农业合作化思想及其当代价值》，《当代经济研究》2015 年第 7 期。

③ 徐俊忠、刘红卫：《毛泽东与农村人民公社制度的修护》，《现代哲学》2015 年第 3 期。

④ 寿思华：《论毛泽东经济改革和经济管理战略思想》（上）、（下），《改革与战略》2015 年第 1、2 期。

⑤ 陈冠任：《毛泽东布下沿海开放的大局》，《国企》2015 年第 5 期。

⑥ 张楠：《毛泽东对外经济交往思想发展过程及启示》，《人民论坛》2015 年第 2 期。

⑦ 贺全胜：《从〈毛泽东年谱（一九四九——一九七六）〉看毛泽东社会主义商品经济思想》，《毛泽东邓小平理论研究》2015 年第 3 期。

（三）湘学军事与外交思想研究

1. 湘学军事思想

近代以来，从湘军的崛起到辛亥革命，从国民革命到抗日战争，湖湘军事人才辈出，对中国历史的发展作出了重要贡献，他们有着丰富的军事思想及军事实践经验。但 2015 年关于湘学军事思想研究的成果不多，主要是对湘军将领曾国藩、左宗棠的军事思想有所涉及，对蔡锷、任弼时的军事思想的某一方面有所研究，缺乏对贺龙、罗荣桓军事思想方面的研究，而成功相对较为丰富的是毛泽东军事思想研究，有 40 多篇相关文章。

宫玉振分析了曾国藩建设湘军的思想及实践。曾国藩以编练湘军起家，书生治国，其军事思想内涵极丰确有过人之处。他认为，兵不在多而在于精，主张军政分理各负其责。他治军以严明军纪为先，同时着重培养"合气"，将士同心，他认为"将军有死心，士卒无生之气"。曾国藩用共同信仰凝聚人，合理制度规范人，高尚人格感化人，共享利益激励人，宽广胸怀容纳人。①

左宗棠具有丰富的军事思想及实践。清同治年间陕甘回民起事是中国近代史上的重要事件，同治五年（1866）清政府将左宗棠调任陕甘总督，处理西事。此后左宗棠实行先"捻"后"回"、先秦后陇的因应策略，在镇压捻军后，同治七年（1868）年底进入陕西处理陕甘动乱，先后攻克董志塬、金积堡、河州、西宁、肃州，总计历时 5 年平定了陕甘回民起事。陕甘总督左宗棠先对起事回民进行军事镇压，后从回汉隔离分居、振兴经济、兴教劝学三个方面进行善后治理。② 鸦片战争爆发后，西北边城伊犁被俄国窃据，东南宝岛台湾被日本侵占，面对东南沿海和西北边防危机，清朝政府引发了以李鸿章与左宗棠为代表的近代"海防"与"海防塞防"并重之争，这场大辩论对近代中国边疆治理产生了深刻的影响。19 世纪 70 年代，西北边城伊犁被俄国窃据已有 10 多个春秋，东南的宝岛台湾也被日本侵占，我国西北边疆和东南海疆同时面临边防危机。塞防与海防孰轻孰重，统治集团内部意见不一：直隶总督李鸿章主张撤塞防而专重海防为片面海防论；湖南巡抚

---

① 宫玉振：《从曾国藩建湘军看领导力》，《人才资源开发》2015 年第 9 期。
② 薛莉：《论左宗棠平定陕甘回民起事与善后治理问题》，《湖北民族学院学报》（哲学社会科学版）2015 年第 6 期。

王文韶主张"以全力注重西征"，为片面塞防论；左宗棠则认为："东则海防，西则塞防，二者并重。"左宗棠对李鸿章之主张予以驳斥。他说虽然作为边陲之地，新疆一直靠内地省份帮助，但在维护国家主权、领土完整方面，新疆责任重大。1875 年，针对李鸿章之海防论，他提出自己的主张：第一，新疆必须收复；第二，国家领土"尺寸不可让人"是左宗棠塞防思想的一个基本原则；第三，乌鲁木齐不收复，新疆无总要可扼；第四，当前形势，西方国家不至在沿海挑起战争，而关外贼氛极炽，收复新疆有燃眉之急。这场"片面海防论"与"海防、塞防并重论"的大辩论对我国近代边疆治理产生了深刻的影响。正因为左宗棠能够审时度势，以国家利益、民族命运为己任，所以在这场海防与海防塞防并重的大辩论接近尾声之时，权势仅次于奕䜣的文祥也从李鸿章派中分化出来，站到了左宗棠的一边。这充分说明左宗棠的边防思想体系在当时的历史环境当中是正确的，所以这场争议的结果，是以奕䜣为首的总理衙门既没有采纳李鸿章的片面"海防"论，也不赞同"全力注重西征"的片面"塞防"论，而是采取了左宗棠的"海防塞防并重"的方针。①

　　蔡锷是中国近代史上著名的爱国主义者、军事家和民主革命家。虽然他在世仅有短暂的 34 年，但他却成就了两大业绩：一是在辛亥革命时期，领导了云南的反清武装起义，建立了辛亥云南军都督府；二是在袁世凯复辟帝制时期，发动和领导了反袁护国战争，维护了民主共和制度。这两大业绩，奠定了他在中国近代历史上的重要地位。邓江祁编的湘籍辛亥风云人物传记丛书之《护国元勋蔡锷传》通过大量新发现的史料，以严谨客观的态度，清晰合理的结构、优美准确的语言，真实地、全景式地展现了蔡锷传奇的一生。②

　　彭德怀军事思想是马列主义军事理论与中国革命战争实践相结合的产物，他根据中国革命的特点和规律，总结出了一系列适合中国革命斗争形势的策略和方法。十年土地革命战争时期，彭德怀又进行了艰苦的保卫和巩固中央根据地、反围剿斗争、红军万里长征以及巩固和发展陕北根据地等实际工作，为红军的创立与发展作出了非常重要的贡献。抗日战争时期，彭德怀率领八路军坚持留在华北抗日，挺进日军后方，进行积极的抗日斗争，建立

---

①　王聪延：《略论近代"海防"与"塞防海防"并重思想——以左宗棠、李鸿章为个案》，《边疆经济与文化》2015 年第 4 期。

②　邓江祁：《护国元勋蔡锷传》，岳麓书社 2015 年版。

抗日根据地、发动举世闻名的"百团大战"、发动群众、广泛开展游击战争，牵制了数十万的日军，为全民抗日战争贡献出了自己的智慧和力量。解放战争时期，彭德怀又亲自指挥第一野战军，转战西北五省，为西北解放和全国解放作出了不朽的功勋。在中国革命战争中，彭德怀不仅在许多事关革命前途的关键时期给予了毛泽东坚定的支持，而且先后提出了一系列的军事斗争理论和方法，为毛泽东军事思想的形成和发展起到了补充和完善作用。例如其创造和运用的盘旋式游击战术与毛泽东提到的"敌进我退，敌驻我扰，敌疲我打，敌退我追"十六字诀有异曲同工之处。还有彭德怀在1937年11月27日在抗日军政大学发表演说《争取持久抗战胜利的几个先决问题》中，提出了中日战争在政治、经济、军事等方面力量的强弱转化关系等辩证思想，这些思想随后在毛泽东发表的《论持久战》中得到了进一步的理论提升和系统阐述，可以看出，彭德怀的军事思想在一定程度上补充、发展和完善着毛泽东军事思想。①

2015年度对毛泽东军事国防外交思想的研究热点主要集中在军事哲学思想、军事思想来源、人民军队建设思想研究，特别是毛泽东在抗日战争中的战略战术、军事贡献以及毛泽东的军事思想在具体战役中的运用等方面的研究。毛泽东研究战争，善于从实际出发寻找战争的客观规律，在实践基础上进行思维加工，辩证引导战争转化，走向克敌制胜，还善于在把握历史逻辑的基础上提出战略预见。② 在毛泽东军事思想的实践原则上，坚持从战争中学习战争，在认识和实践的辩证关系中把握战争规律，并依据实践客体的不同研究战争指导规律。③ 毛泽东坚持用马克思主义理论武装部队，坚持围绕中心工作开展思想政治教育，坚持巩固发展新型人民军队内外关系。④ 毛泽东的建军思想具有鲜明的独创性。这种独创性就体现在将毛泽东军队政治工作思想与列宁军队政治工作思想、第一次国共合作时期国民革命军军队政治工作实践，以及中国传统的"德教为先"的军队政治工作思想进行对比研究上。毛泽东灵活运用马克思列宁主义的立场、观点和方法，结合中国人民军队建设的具体实践对之作出了创新发展，具有独创性。⑤ 毛泽东的人民军队思想蕴含着丰富的群众路线思想，人民军队以全心全意为

---

① 田甜：《民主革命时期彭德怀军事思想研究》，硕士学位论文，辽宁大学，2015年。

② 冯国瑞：《毛泽东军事思想中的哲学思维》，《党的文献》2015年第3期。

③ 张译丹：《在马克思主义哲学视域下管窥毛泽东军事思想》，《知识窗》2015年第11期。

④ 刘凤健：《从〈古田会议决议〉看毛泽东的建军思想》，《毛泽东研究》2015年第1期。

⑤ 王茂森：《毛泽东军队政治工作思想独创性的三维解读》，《理论与现代化》2015年第3期。

人民服务为根本宗旨，以宣传、组织、武装群众为重要工作，以群众和根据地为重要依托；人民军队建设以贯彻群众路线为原则；人民军队的民主集中制与群众路线相结合；肃清流寇主义，建设新型军队；拥政爱民，加强军队作风建设。① 毛泽东提出和倡导为人民服务的精神，是共产党人的宗旨。党的群众路线，其灵魂就是为人民服务。在革命战争年代，坚持与工农广大群众相结合、坚持为最广大的群众服务，这是检验青年真假革命的唯一标准。②

2015年，学界对毛泽东在抗日战争中的贡献作了大量的研究。毛泽东在抗战中高举抗日民族统一战线大旗，坚持全民族抗战，为抗战胜利奠定了最广泛的民族精神基础；创造性地提出持久战理论，为抗战胜利奠定了最深刻的科学理论基础；将游击战争提到战略地位，坚持广泛而又持久的人民游击战争，为抗战胜利奠定了最坚实的军事斗争基础；正确把握两国三方关系不断变化的特殊格局，适时调整政策和策略，为坚持国共合作夺取抗战胜利奠定了最富远见的政治谋略基础。③ 毛泽东倡议并建立了东方国际反法西斯统一战线，积极支持在华日人组织的"反战同盟"等组织的抗日活动，努力促进国际反法西斯统一战线建立，他还积极争取英美法等西方国家加入国际反法西斯统一战线，这也是抗战胜利的重要条件。④ 毛泽东根据抗战的实践经验，提出一个重要的"抗战公式"：中国的团结+世界的援助+日本国内的困难=中国的胜利。也就是毛泽东认为决定抗战胜利的就是三个因素：中国的力量、日本的力量、国际的力量，而决定的因素是中国的力量。毛泽东明确提出了处理这三种力量的策略方针：利用矛盾，争取多数，反对少数，各个击破。抗日战争将这一公式运用到实践中，进而取得抗战的胜利。⑤ 抗战初期，在由国内革命战争向抗日战争转变的关键时刻，毛泽东根据抗日战争的特点，将军事战略方针从国内正规战争转变为抗日游击战争。⑥ 在抗战时期国际战略的制定和调整过程中，毛泽东一直遵循并坚持运用"先谋于局、后谋于略，略从局出"的方法。⑦

---

① 李斌：《群众路线与毛泽东的人民军队思想》，《毛泽东研究》2015年第2期。
② 刘书林：《毛泽东的民族精神》，中国社会科学出版社2015年版。
③ 石仲泉：《毛泽东与中华民族抗战的伟大胜利》，《毛泽东邓小平理论研究》2015年第8期。
④ 萧栋梁：《毛泽东对夺取抗战胜利的主要贡献》，《毛泽东研究》2015年第4期。
⑤ 杨东：《毛泽东的"抗战公式"及其在战时的运用》，《马克思主义研究》2015年第9期。
⑥ 梁柱：《毛泽东与党在抗战初期的军事战略转变》，《中国高校社会科学》2015年第5期。
⑦ 高长武：《抗日战争时期毛泽东是如何制定国际战略的》，《毛泽东研究》2015年第4期。

2. 湘学外交思想

2015 年，有关湘学外交思想研究方面的研究成果主要集中于外交家郭嵩焘、曾纪泽。对民国时期有丰富外交思想的湘人如蒋廷黻、周鲠生等人的外交思想研究较少，对毛泽东外交思想及实践研究的成果相对较多。

林东梅探讨了郭嵩焘的外交思想，指出在中国由传统化外交向近代化外交转型的关键期，郭嵩焘以其独到和极具远见的视角处理中外关系。晚清第一位驻外公使——郭嵩焘，是近代第一个正式领衔中国出使西洋，带领中国走向世界舞台的中国人。郭嵩焘认真考察了"国情"和"夷情"，认为与西洋的外交应该秉持以礼相待、以理制胜的原则，他提出的和平外交思想非常符合当时的时代背景。他认为中国的外交主线应该是"循理"，在对外交往中要通情，要达理，要知法，要知己知彼，其外交思想的形成和实践在很大程度上加速了中国传统外交模式的转变进程。由于时代局限，其外交思想于当世未产生深远影响，但作为一笔不可多得的宝贵财富，广为后世称颂和借鉴。①

近代外交家曾纪泽有鲜明的国家主权观。国家主权观念是近代国际社会公认的处理国与国之间关系的根本原则。蒋跃波、宋俐频指出，曾纪泽通过学习与外交实践，形成了国家主权观念，主要内容涉及：主张修约、废约，限制和取消列强在华特权；通过外交谈判，维护国家权益；重视保护海外华侨权益；坚持外交平等原则，加强中西交往。由于时代与阶级的局限，曾纪泽尽管对国家主权观念的认识与运用存在某些不足，但其所具有的国家主权观念丰富了中国外交理论，对中国外交近代化产生了重要影响。② 阳宏润分析了曾纪泽在中法战争时期的外交思想及其变化。他认为曾纪泽担任晚清英、法、俄三国公使，其外交思想的核心是反对外国侵略，维护民族利益和尊严。他在外交上提出了"邦交不可常恃"的主张，成功地改定了"中俄伊犁条约"，并且还为抗法护越而积极提出"保藩固边"等主张。中法战争期间，曾纪泽与法国代表谈判十余次，最终未能阻止侵略，除法国侵略者蛮横无理的客观原因之外，这同曾纪泽外交思想上的局限性也有一定关系。③

毛泽东外交思想的内在历史逻辑呈现为三条主线：三大殖民主义外交生

---

① 林东梅：《浅析郭嵩焘的外交思想》，《城市学刊》2015 年第 5 期。
② 蒋跃波、宋俐频：《论曾纪泽的国家主权观念》，《丽水学院学报》2015 年第 3 期。
③ 阳宏润：《论曾纪泽在中法战争时期的外交思想及其变化》，《黑龙江生态工程职业学院学报》2015 年第 5 期。

态与民族国家独立的外交诉求，三大战争的东方位移与自主外交意志的历史
转舵，三种主义的逻辑方程与自主外交的价值取向。① 新中国成立前后毛泽
东对苏决策中中国国家利益凸显。中苏两国国家利益矛盾的凸显必然影响两
国关系的发展，中苏两党关系的恶化必然延伸到国家关系方面。毛泽东捍卫
的中共政党利益和中国国家利益，反对苏联干涉新中国，其对苏决策中所追
求的中共政党利益与中国国家利益是相契合的。② 新中国成立之初，毛泽东
通过政党外交推动政府外交关系的初建和发展，推动国际共产主义运动发
展，提升扩大中国在社会主义阵营中的影响力，奠定了中国政党外交的基本
原则和经验。但是，受世界革命思想的影响，中国对东南亚国家的外交有时
候背离独立自主和党际关系平等原则，干涉相关国家的内部事务，影响了国
家关系的发展。③ 毛泽东认为，世界被压迫被剥削民族的解放事业和中国社
会主义事业有着唇亡齿寒、兴衰与共的关系，同时也是世界反帝斗争不可分
割的一部分。因此，支持广大被压迫被剥削民族的解放斗争既符合无产阶级
国际主义原则，也是为了中国的国家利益。④

---

①　张向群、姜安：《毛泽东外交思想的历史逻辑——基于国际关系视角的政治考量》，《深圳
大学学报》（人文社会科学版）2015 年第 5 期。

②　邱海燕：《中国领袖对苏决策中国家利益与政党利益的权衡（1921—1966 年）》，《俄罗斯
研究》2015 年第 2 期。

③　贾德忠：《中国对东南亚国家政党外交：历史得失与政策启示》，《国际论坛》2015 年第
3 期。

④　刘挺：《毛泽东外交思想探析》，《长春教育学院学报》2015 年第 16 期。

三 湘学思想研究（下）

（一）湘学哲学思想研究

哲学是关于世界观的学问，是系统化理论化的世界观。自宋代周敦颐奠定理学以来，到毛泽东等人的马克思主义哲学，湘学人物提出了各种丰富的哲学思想。2015 年的湘学哲学思想研究，主要集中在对中国哲学影响较大的思想家、哲学家如周敦颐、王夫之、谭嗣同、李达、金岳霖、毛泽东等人的哲学思想的研究。

1. 宋代湘学哲学思想研究

关于周敦颐哲学思想研究的成果有周敦颐理学思想研究、伦理思想研究、道学思想研究，等等。

在宋明理学的发展过程之中，周敦颐起着"上承孔孟，下启程朱"的转折作用，被后人称为"理学宗师"。朱雪芳等人从本体论和道德修养两个角度，论析周敦颐月岩悟道初期的思想：其一是周敦颐从道县月岩景象之中悟出"太极图"与其形成的以"无极"为本原的"无极—太极—阴阳—五行—万物"宇宙本体生成思想关系。其二是他的以"中正仁义"为道德规则，以"立诚"、"主静"为主要特点的道德修养思想。① 《周易》与《中庸》在周子的体系建构中都起到重要的作用，但所扮演的角色仍然有所不同。其中《周易》在周子的体系中主要起着建构本体论的作用，如他以"太极"作为"诚"的依据，而《中庸》则在其体系中主要起着建构心性论与工夫论的作用。如从心性论上说，无论是"诚者，圣人之本"还是

---

① 朱雪芳、黄莹：《论周敦颐月岩悟道初期的思想》，《湖南科技学院学报》2015 年第 3 期。

"性者，刚柔、善恶，中而已矣"，主要都是以《中庸》为基础而进行立论的。从工夫论上说也是如此，"立诚"与"至中"的修养工夫显然是基于《中庸》而立论的，而"主静"、"知几"、"立志"都是围绕"诚"而进行的，最终目的是为了达到"诚"的境界。① 周敦颐有三种可能的本体论，分别是无极、太极、人极。无极本体论承袭了先秦道家的道本体论而缺乏理论创新，又在其与太极的关系上，有语义不明的问题；太极的本体论地位则在《太极图说》中难以找到充足文本依据；人极与无极太极的派生关系没有得到理论论述，同时其中正仁义的特征也难以在无极太极中找到根据。② 周敦颐对"孔颜乐处"思想有一定的贡献。先秦儒学已经蕴含了"孔颜乐处"思想，其后的儒学内部并没有进行深入的探讨，直到周敦颐详细阐述了这一思想，使其成为宋明理学家的核心议题之一，才对后世儒生产生了极大的影响。③

　　著名思想家周敦颐根据当时的社会现实状况，在总结前人社会管理思想的基础上提出了圣人是理想的社会管理者、德治和刑治刚柔相济的社会管理思想。④ 周敦颐的道德本体思想与其理学本体思想是一致的，具有本体论和生成论相结合的特征，周敦颐在以"诚"为本体的论证过程中，将这种本体具体落实到了人的心性本体之上，进而挺立了人极的意义，这事实上也就提出了其道德本体的论证。周敦颐道德本体思想在理论上大致可以分为三个逻辑环节：宇宙生成论意义上的纠缠、太极—诚本体的转换、立人极的道德本体思考。周敦颐这种本体论思路主张从意义发生机制，以"太极""诚"为本体，横摄天地人三界而立论，真正将以往的那种生成论形式的宇宙本体论落实到形上本体层面，完成了天地人一体的形上本体论证，找到了道德领域的根据，从而较好完成了人极意义的形上论证。⑤ 周敦颐的《太极图说》是其在北宋时期外来文化冲击，正统的儒家文化思想的影响江河日下，加之政治腐败、道德沦落的背景下，为振兴传统儒学，寻求正身治国之道而创建的。它以儒家学说为核心，把儒、道两家的自然观念结合起来，借鉴佛家禅宗的心性命理学说，对中国文化的有机宇宙论和道德缘起论进行了系统的阐

① 张培高、杨莉：《论周敦颐对〈中庸〉的诠释》，《中州学刊》2015年第7期。
② 蔡经纶：《周敦颐三种可能本体论反思》，《科学中国人》2015年第12期。
③ 丁晓、解光宇：《周敦颐"孔颜乐处"思想探微》，《黄山学院学报》2015年第1期。
④ 周忠生：《周敦颐社会管理思想探析》，《山西档案》2015年第1期。
⑤ 蒋伟、文美玉：《试论周敦颐以"诚"为本的道德本体思想》，《船山学刊》2015年第6期。

述，并且引向哲学本体论的探讨。它首开道学之路，且为宋明理学的奠基之作。①

　　刘茜茜探讨了周敦颐的"诚学"思想。儒家发展到宋代，需要一种既保留儒家精髓，又兼采他家优长的新统治思想来适应这个大一统的政治局面，另外，由于佛教、道教的日渐盛行，在这种岌岌可危的压力之下儒家开始吸收佛、老思想，周敦颐的"诚学"思想就产生于此种背景之下。先秦儒家有关"诚"的思想是周敦颐诚的理论的来源。周敦颐的"诚"的主体内容是"仁"、"义"、"中"、"正"、"公"这五方面。其中"仁义"是沿袭传统儒家的义项，"中正"在周敦颐这里有着特殊的含义。在《太极图说》中，"无极而太极"这一范畴除了传统的解释之外，还可以表述为"太极——诚"，站在宇宙论的角度来看，万物的根源来自于"太极"，"太极"也是动静性能的合一状态；从价值形而上学的观点看来，"太极"是"诚"的彰显，也是人生存价值的根源和意义的归宿。因此，"太极—诚"也是宇宙论和价值形而上学的合一。《通书》则对"诚"具体能够生发出五常百行的功能和过程进行了表述。因为圣人"至正而明达"，也就能够与诚合一。周敦颐还提出了"诚"的实践工夫则主要是无欲主静、纯心务实、学思并重等。学生二程对周敦颐"诚学"思想进行了继承发展，对于"诚"在形而上的意义上，二程以实理来解释诚是最高的道德准则和社会和谐之道，在二程看来，"诚"能帮助社会实现理想的秩序，"诚"是封建伦理关系的一个重要桥梁和枢纽。朱熹则延续了周敦颐、程颢程颐的"诚学"思想，对"诚学"思想进行了分析。朱子提出"思诚"必须"明善"，"思诚为修身之本，而明善又为思诚之本"，同时认为"明善自是明善，思诚自是思诚，明善是格物、致知，思诚是毋自欺、慎独，明善固所以思诚，而思诚上面又自有工夫在"。刘宗周提出了诚意学说，认为周敦颐的主静之说是慎独的一个方法。最后，本书阐述了周敦颐"诚学"思想对构建社会主义和谐社会所具有的重要意义。②

　　周敦颐之后的宋代理学家对湘学的发展作了重要的贡献。学界对宋代理学家的哲学思想及其对湘学的影响作了探讨。

　　肖永奎、舒也分析了张栻的性论思想，认为张栻的性论思想总体而言可分为三个层面：一是"太极即性"的性本论，他以太极论性之本体，而最

①　朱惠芳：《周敦颐与〈太极图说〉》，《湘南学院学报》2015 年第 6 期。
②　刘茜茜：《周敦颐"诚学"思想研究》，硕士学位论文，安徽大学，2015 年。

终归到以性为本体；二是"性以至善名"的性善论，他对其师胡宏的思想
进行反思，强调对儒学价值的切实践行；三是"心主性情"的复性论，他
强调"性情之正"，这也与其性本论的思想取向有关。张栻的性论思想在继
承湖湘学性本论思想的同时，又有所发展，从而具有了自己的特色。张栻对
性的根源、性的善恶以及性与心、情的关系等问题有着系统的回答。如果说
"太极即性"是张栻继承于胡宏而有所发展，"性以至善言"则是站在性本
论的立场上，更加强调了对儒学的仁义礼智之价值的实践，而对其师的
"性无善恶"说有所批评，他的"心主性情"则强调心作为主体对"性情之
正"的本真回复，这依然是受到其性本论思想的影响。在张栻的性论思想
中始终坚持着性本论的思路，尽管他与朱熹一起批判《知言》，在反对学者
的空疏习气上也与朱熹同声相和，但在性本论这一基本点上，他依然坚持了
湖湘学的立场。① 宋儒提出的"一体之仁"的命题，是对先秦原始儒家仁学
思想的一次新发展，张载、二程、朱子等人对于"一体之仁"的理解并不
完全相同，但都认同这一命题，体现了宋儒在仁学思想方面的一致性。宋儒
"一体之仁"的思想经过明代哲学家王阳明的发展，再经过王门后学的一支
"泰州学派"王艮的发展，中经李贽，再穿过清代，到晚清谭嗣同的解释，
发展出"仁以通为第一义"的新命题，从而与近现代的人道主义思想发生
了内在的关联。②

　　王雷松认为胡安国是湖湘学派的奠基人。胡安国创办书堂讲学，培养了
一批优秀的湖湘学子，启引湖湘学派积极向上的向学之风，传播理学思想。
他本人与后学，以及他的著作《春秋传》直接影响中国社会生活几百年，
而其间接的影响甚至直到近代还在发生作用。③

　　陶俊探讨了游九言诗歌特色与理学关系。湖湘理学后劲游九言是宋代
"东南三贤"张栻弟子，在涵融其师理学的基础上，推陈出新，开出了具有
独特品格的心学体系。这种理学体系使其诗歌呈现出不事雕琢、清新自然的
特色；但心学的偏于致中、疏于致和的固有弊端，又使其诗歌呈现出晚唐风
貌。长期以来，学界对理学与诗歌之关系颇为重视，但研究却多从宏观层面
展开，对诗歌中性理与诗情之关系阐发多有遗憾，不够细致。游九言心学与

　　① 肖永奎、舒也：《张栻的性论思想辨析》，《湖北大学学报》（哲学社会科学版）2015 年第3 期。
　　② 吴根友、Peng Ping：《简论宋儒"一体之仁"的思想及其现代意义——以张载、二程、朱子的"一体之仁"思想为例》，《孔学堂》2015 年第 2 期。
　　③ 王雷松：《胡安国思想发展脉络探析》，《河南社会科学》2015 年第 3 期。

其晚唐清浅诗风的内在逻辑表明，任何一种理学体系，都反映着建构者感知外在世界、思考现实问题的独特角度及方式，而这又与文学必然有着相通之处，也必然会使文学呈现出相应的独特面貌。故而走向微观与细致，必然会成为理学与文学关系研究的未来趋势之一。①

李敬峰分析了湖湘学派的仁学及朱子对其的批判。仁学是北宋道学重构时的核心论域，而湖湘学派对仁学作了重要的湖湘学派接续和推进程颢、谢良佐一系的仁学思想，他们不从"气质之性"立论，主张"以心释仁"、"以觉训仁"以及"为仁先识仁体"，凸显"心"的地位，推动汉唐以来人性论向心性论的转变。"仁"是先秦儒学开启的话题，至北宋儒学重构，着重从本体的视域建构仁，尤以程颢、张载等为代表。湖湘学派秉承和推进程颢、谢良佐之仁学，将天、命、性、心等打并为一，认为这些范畴是同一不二的，由他们主张的"本心即性"、"仁属性"以及"心"纯善无恶，发用皆是天理流行，推导出"仁"与"心"的合一、"先察识，后涵养"自然是顺理成章的事，他们主张的以"心"训"仁"，以"觉"言"仁"突出"心"在理学中的位置，推动"汉唐以来人性论向心性论的转变"。朱子为重塑道统，建构仁学，以"下学而上达"与"心非仁"为标准，对湖湘学派的仁学展开系统的批判。朱子之不满并不在于湖湘学派的仁说有差误，只是因为其与朱子的学术进路不一致。朱子在重塑道统，建构仁学时，对旁枝末叶予以修剪，他坚持不懈的批判，加速湖湘学派的衰落，至陆王心学崛起，程颢、湖湘学派的仁学思想得以重兴，成为仁学史上较有特色的理论体系。②

常慧敏研究谢良佐《论语说》思想时指出，谢良佐《论语说》的思想主要包括仁论、天理论、诚敬论、礼论以及对佛道思想的批判与吸收几方面。他的仁学思想主要包含以觉论仁、以心论仁及求仁之方三方面。谢良佐《论语说》的影响主要体现在两方面：一是对湖湘学派的影响。通过对胡安国、胡宏、张栻三人思想的分析，可以得知，在仁学思想及修养工夫等方面，谢良佐对湖湘学派有较深的影响。二是对朱熹的影响，朱熹在早年的学思历程中，也受到了谢良佐的影响。③

---

① 陶俊：《游九言诗歌特色与理学关系探赜》，《齐齐哈尔大学学报》（哲学社会科学版）2015 年第 10 期。

② 李敬峰：《湖湘学派的仁学及朱子对其的批判》，《深圳大学学报》（人文社会科学版）2015 年第 5 期。

③ 常慧敏：《谢良佐〈论语说〉思想研究》，硕士学位论文，陕西师范大学，2015 年。

2. 王夫之哲学思想研究

王夫之（1619—1692），字而农，号姜斋，又号夕堂，湖广衡州府衡阳县（今湖南衡阳）人。晚年自署船山病叟、南岳遗民，学者遂称为船山先生。他与顾炎武、黄宗羲并称明清之际三大思想家。2015 年关于王船山思想的研究成果较多。

廖建平分析了王船山修身学说的基本理论与特征。王船山的修身学说继承了儒家的基本传统，他界定修身就是要消弭言语、行为、活动中不恰当的因素，使偏离道德规范的因素得到纠正；并强调了"修德于己"、"素行端贞"两个方面。船山修身学说的基本理论主要包括：化民成俗的修身目的论，天人合一的修身实质论，圣凡相通的修身标准论和内外交养的修身方法论。王船山修身学说的主要特征在于他注重修身的社会性功用，注重修身的实践之功夫，注重在修身中内养的作用。他综合理学和心学，构建了自己的怀抱着帝王之学的高贵追求的修身理论。没有存养的功夫，就不能"见隐显微"，就不能明白和践行"率性之道"。船山的修身理论，充分吸取了心学的成就，开拓了理学的内在包容性，继承了儒学的包容性特质。王船山的学说乃是集心学和理学之大成，是综合理学和心学来构建自己的修身学说的。① 曾长秋、罗序明从三个方面分析了王船山的道德教育思想：一是德育目标，即："成身"与"成性"相统一，"以身任天下"的豪杰精神；二是德育内容，主要体现在义利观、"诚"论、民族爱国主义、民主法制观四个方面；三是德育方法，即："正志为本"、"因材而授"、"自悟"与"自得"、"躬行实践"。② 王船山在经典诠释中以"六经责我开生面"的责任担当，阐释着其丰富的道义思想。尚义之理：天理之公与人不可昧；尚义原则：义在事宜与立义皆称；尚义之策：言必以义与行必以礼；尚义旨归：义以裁之而德业日隆。船山尚义思想四个层次的逻辑展开，分别彰显了船山尚义之缘由，尚义之基本原则，尚义之基本策略，尚义之价值旨归的问题。王船山的尚义思想建构了一个完整的尚义逻辑体系。③

陈赟在《回归真实的存在：王船山哲学的阐释》一书中围绕关于真实存在的探索，对船山哲学进行了颇为独到的诠释。王船山认为，"尽天地只

① 廖建平：《王船山修身学说的基本理论与特征》，《衡阳师范学院学报》2015 年第 2 期。
② 曾长秋、罗序明：《论王船山的道德教育思想》，《船山学刊》2015 年第 6 期。
③ 李相勋：《尚义之道——王船山尚义思想展开的四个逻辑层次》，《船山学刊》2015 年第 1 期。

是个诚,尽圣贤学问只是个思诚"。"诚"不仅仅是德性意义上的真诚、诚实,更为主要的是存在论意义上的终极范畴——"实有",也即真实的存在。回归真实的存在构成了王夫之哲学的根本问题。本书从有无到隐显——哲学视域的转换,引出问题并揭示船山对传统哲学进行的范式转换。从天道、人道以及两者的关系三个方面,回答什么是真实的存在。从个体知行活动与历史过程两个层面,探讨真实的存在如何可能。王船山是明清之际最具理论深度的思想家,他的哲学代表了中国古代哲学发展的一个高峰。作者从古典哲学的历史衍化以及传统形而上学批判入手,考察了船山哲学所实现的视域转换,由此,进一步从天道、人道等方面,探讨了船山对中国哲学所作的理论推进。对以往研究中所忽视的问题,如有无与隐显的差异、谓之与之谓之辨、理一分殊与万法归一所代表的不同趋向、同天法道与继天继道所展现的天人关系的不同类型、船山哲学中的时间性与世界性问题等,进行了论述。①

龚韬探讨了王船山对程朱理欲思想的扬弃。基于朴素唯物辩证法的认知,王船山对宋明特别是程朱理学的"理"与"欲"辨析,展开了批判性的发展,形成了一系列体系化、成熟化的理欲学说。他所提出的"理欲合一"、"天理与人欲"均衡发展等思想,对于当前社会的道德化育和社会主义核心价值观的培育有着非常积极的实践价值。② 王林伟认为,对王船山而言,气是一切存在的根源,其全体即是天道之全体。理则不足以尽天道之全体,它只是气化之所显现,亦即显现为条理与性理。然而,虽然理与气有全与不全之别,但在本原的发生层次上,理气二者之间并无截然的界限,它们互相缠绕、纽合为一,亦即理气二者浑沦凝合于太极中。归结到底,理气二者都融汇在天道自身的本原发生、流衍之中。与朱子理气不离不杂之论相比,船山所领悟的理气浑凝是天道本真的流行,在此中气和理都真实无妄,二者积极地、充实生动地、不分主辅地交融在一起。③

章启辉、申健认为,王夫之的习性论是对先秦以来儒学的继承和发展。一方面,他合理地继承了先秦原儒的践履精神、汉儒孔安国的"习行"理念、宋明理学的思辨成果;一方面,他又结合三者,用宋明上达补秦汉下学之不足,用秦汉下学补宋明上达之空疏,更用法治弥补先儒德治的缺失。因此,王夫之的人性论,确切地说王夫之的性善论,不单是极高明的天赋论,

① 陈赟:《回归真实的存在:王船山哲学的阐释》,广西师范大学出版社2015年版。
② 龚韬:《王船山对程朱理欲思想的扬弃及其当代价值》,《求索》2015年第1期。
③ 王林伟:《王船山理气论阐微》,《船山学刊》2015年第1期。朱迪光:《民国时期的文化思潮与王船山学术思想研究范式》,《船山学刊》2015年第2期。

也是道中庸的习行论，不但是德治，同时是法治。这两方面是王夫之的习性论对中国古代人性论的重要理论贡献。① 方红姣探究了现代新儒家学者对船山人性论的理解与诠释。以唐君毅、曾昭旭为代表，现代新儒家从理、气与授、受理解船山人性的内涵，并依此诠释船山人性中不善之来源，认为"善"存在于天与人、物"授"与"受"的过程之中，不善也源于此"授受"之际。在此基础上，人当继天道以立人道，最后归于人文化成之世界。在与宋儒的比较中，现代新儒家的诠释凸显了船山人性论的卓绝，他们期望借船山上下、内外贯通的人性论来开启道德主体的外通之路，进而走出现代新儒学的发展困境。② 君子与小人之辨是王船山道德思想的一项重要内容。船山从根本上延续了儒家关于君子与小人之辨的价值立场，认为君子与小人之别乃"质"之差异，是由内在的精神气质迥异而造成的根本差别，而不是表面文章使然。与此同时，船山对二者关系从人生志趣、中庸之道、慎独精神以及敬畏感等层面的不同进行了具体分判，并将这种关系寄寓于历史中进行品评。王船山的君子与小人之辨具有鲜明的价值立场和情感色彩，却也潜在着"刚性"划分所带来的道德困境。③

吕锡琛分析了王船山对道家治道的衍解与吸收，指出王船山力辟佛老以复儒学正统虽然是船山治学要旨之一，但实际上，他对佛道有辟亦有传。不过，他对道家思想并非作纯学术的阐衍，而是站在总结、批判、弘扬、创新中华文化的高度来着力，侧重从社会历史生活中审视道家治国理念的功效及其经验教训。他称道老子清静无为、上德不德、守朴弃诈等主张；指责封建"德政""伤人尤多"，认为去除僵化的道德教条则"天下自宁"；主张为政者"顺物自然而无私"，以柔治国；向往"自安"、"自育"、"胥相各得"的社会理想。以独特的方式吸收道家的治国主张并通过诸多史实验证其合理性。④

王船山礼学思想在学术界多有关注，但其遵礼实践的逻辑展开在学术界缺乏探讨。陈力祥等人认为，船山遵礼之道的逻辑开显表现为如下几个层次：即作为遵礼之礼的"礼"彰显为人道而为人之独；作为遵礼之理的"理"贯通于气、礼之间，并与人息息相关；"礼"与"理"贯通：彰显了

---

①　章启辉、申健：《王夫之"习与性成"人性论之补见——论"习"字的"习行"义》，《船山学刊》2015 年第 1 期。

②　方红姣：《现代新儒家学者对船山人性论的理解与诠释》，《船山学刊》2015 年第 2 期。

③　杨明：《论王船山的君子与小人之辨》，《船山学刊》2015 年第 4 期。

④　吕锡琛：《论王船山对道家治道的衍解与吸收》，《中国哲学史》2015 年第 4 期。

遵礼的必要理由而最终得以逻辑展开。船山遵礼之理的逻辑展开，实质上彰显了礼、气、理之间的相互贯通与度越，背后实质上凸显了船山遵礼实践的必要理由。① 王船山对《礼运》大同与小康有独到的理解。《礼记》的《礼运篇》提出的大同与小康，是中国古典思想中极为重要的概念，但它常被视为道家、墨家等的思想，王船山指出这样一种看法是没有真正理解《礼运》。《礼运》以大同、小康开篇，通过五帝与三王时代的比较，引出政教秩序的两个典范，即德的典范与礼的典范。但这并不意味着大同有德而无礼，小康才是礼的起源；大同虽无礼事与礼名，但却是上下同于礼意。在五帝三王之后，只能在小康的语境中重回大同，所谓的天下一家、中国一人，正是小康之后的"大同"的真正内涵。这一新的大同不同于五帝之德的典范，也不同于三王之礼的典范，而是仁的典范。②

王船山的天人合一思想，是其思想中颇具特色的部分。这一思想，在内容上，源于六经的天人图像；在话语上，承继了孔子的正名思想。这一思想的建构思路是首先通过区分"人之天"与"天之天"，划出已知与未知的领域；然后通过"近取诸身，远取诸物"，以对天的善意推测而建构起"万化无私"之天的"天显"图像，并反过来以其证"天命之性"之纯、人性之善的"身体"图像；最后通过"践形"的方式而实现此两种图像的现实的合一。这一天人合一思想，对宋明理学天理人欲、对立的天人图像及其话语系统，具有纠偏救漏的意义。③ 一般认为，理与势是王船山历史观中一对非常重要的范畴。然而，王船山却是将"理势"贯穿其整个以道为核心的思想系统的。道以气化流行开展出自然与人文之历史世界。无论自然的还是人文的历史，皆因其气化固有之几而成其理势。道之开展为自然历史世界，因在天之几而有理势之自然；道之开展为人文历史世界，因在人之几而有理势之必然，故道之开展变化取决于理势。由此，通过对理与势、理势相成、理势无定和道与理势之关系四个方面的考察剖析，可以发现，王船山是以道为中心构筑了一套系统精致的理势观用之于历史研究的。就王船山而言，道之开展流行所形成的历史过程，遵循着"道因时而万殊"，"时亟变而道皆常"的规律。正因为道之开展为历史因时而万殊这一根本规律，理势才有其因时而变化的变化，即"时异而势异，势异而理异"，"理势无定，唯其时"的历史性具体变化规律。是故，理势相成所显现的历史趋势正是"道因时而

---

① 陈力祥、王志华：《王船山遵礼之理的逻辑显达与度越》，《船山学刊》2015 年第 2 期。
② 陈赟：《王船山对〈礼运〉大同与小康的理解》，《船山学刊》2015 年第 4 期。
③ 易燕明：《王船山的天人合一思想探微》，《船山学刊》2015 年第 2 期。

万殊"，"时亟变而道皆常"这一宇宙本真规律所决定的。由此来看，船山所认为的历史，即统摄了自然历史世界与人文历史世界的历史，都有其理势相成所显现的趋势。在他看来，天有天之天、物之天，还有人之天。天之天是天道本然之大全世界，物之天是大全之天开展所化成的自然历史世界，人之天是大全之天显其道于人而使人载其道所化成的人文历史世界。既然物之天与人之天是天之天的敞开和彰显，而天之天固有其理势之妙用，则其开展出的自然历史世界与人文历史世界就有理势之必然在。故王船山之历史性哲学便自然衍化出了"理势相成"的历史趋势观。① 谢芳、王学锋分析了王船山的生态伦理思想及其存在论基础。他对主客体关系的认识与生态伦理思想直接相关。王船山从宇宙存在论视角对主客体关系进行了辩证的诠释，从而确立起了与此相对应的生态伦理思想体系：即预定和谐的生态伦理原理，仁民爱物的生态伦理准则以及官天府地而裁成万物的生态伦理实践。船山建立在对主客体关系的本体论论证基础上的生态伦理思想对陷入困境的现代生态伦理学具有极大的启发意义，对人类的生态实践亦具有指导作用。② 曾国藩在处理天人关系上，既深知敬天知命的重要，又不是消极地听任天命的安排，表现出"尽其在我，听其在天"的天命观。其天命观念是本于学问所作出的合乎时宜的判断，是对中国传统天命思想的继承。③

"古今之争"在传统中国儒家观念中是指三代与其后的时代的关系问题。这个问题首先是一个历史哲学问题，在古今优劣问题上，王船山作为一名仍属于宋明道学范畴的儒者，固然承继北宋以来"回向三代"的传统，但又有创见，认为三代以后也有践行"仁义之道"者，如汉光武帝、唐太宗、宋太祖。其次这个问题也是一个政治哲学问题，在如何效法三代的问题上，船山认为后世效法三代正确的做法是效法三代先王之德和先王之道，而不是因时而设的三代之法（政）。可以说，王船山在古今问题上的思考方式对当代思考传统与现代之争有一定的借鉴意义。④ "体"和"用"是中国哲学史中一对重要的哲学范畴，王船山对贵体贱用的体用论进行了批判，并提出了"相与为体"的观念，强调了体用之间所具有的交互性。从实践哲学

---

① 邓辉、陈伟：《论王船山的"理势"观》，《湘潭大学学报》（哲学社会科学版）2015 年第 3 期。

② 谢芳、王学锋：《试论王船山生态伦理思想及其存在论基础》，《衡阳师范学院学报》2015 年第 2 期。

③ 姜斌：《曾国藩天命观中的中庸之道》，《兰台世界》2015 年第 28 期。

④ 孙钦香：《王船山对"古今之争"的思考及其当代意义》，《哲学分析》2015 年第 2 期。

的视角来看，体用之间并不是形而上下的主从关系，而是主、客在经验的语境中形成的交互性的关系。体不能脱离用而成为孤立的存在，正如理论无法超出生活实践找到立足点一样。笔者认为，船山的体用论蕴含着理论理性从属于实践理性的思想，这种思想也是中国哲学真精神的体现。①

王宇丰以《庄子解》的"凝神"与《张子正蒙注》的"存神"为例，探讨了王船山晚年的工夫论思想。一般认为，王船山在本体论、认识论等方面的理论建树颇丰，相对而言，其工夫论方面则似有所疏略，至少没有特别强调。《庄子解》与《张子正蒙注》成书于船山六十岁以后，体现其晚年思想的发展趣向。"凝神"之于《庄子解》，"存神"之于《张子正蒙注》，都是极其重要的工夫论概念。船山以神为核心，通过为功于气的方式，把个体修养与气化流行的宇宙联系起来，使工夫论纳入宇宙论的视域中来，这样，内圣之学就不拘囿于心性论领域，从而增强人对宇宙万物的责任意识。从《庄子解》到《张子正蒙注》，从"凝神"到"存神"之重视，这中间体现出船山晚年对工夫论的思想发展，有其前后相续的内在理路。②

3. 谭嗣同哲学思想研究

谭嗣同（1865—1898），字复生，号壮飞，湖南浏阳人，中国近代著名政治家、思想家，维新派人士。其所著的《仁学》，是维新派的第一部哲学著作，也是中国近代思想史中的重要著作。2015年，学术界关于谭嗣同《仁学》思想的研究成果非常丰富。

毛靖宇、陈婉指出，在中国近代史上，谭嗣同是一个著名政治人物：他因参与"维新变法"而被处以极刑，成为"戊戌六君子"之一。同时，他还是一个著名思想家：他以"仁本体"为基础建构了一个仁学哲学体系。《仁学》是晚清传奇人物谭嗣同所著的一部奇书。该书以宇宙为视野，以民族复兴、世界大同为鹄的，融通中西，博采古今，概要言之，该书体现的谭嗣同的思想具有三大特点：以佛学为宗，包容诸说；以以太为本体，贯通心物；反对专制和追求平等。该书思想深刻驳杂，不足之处在于显得比较感性与空洞，对政治经济体制改革问题并没有提出比较系统的方案。③ 就晚清众

---

① 冯琳：《实践哲学视域中的王船山体用论》，《哲学研究》2015年第10期。
② 王宇丰：《浅探王船山晚年工夫论思想——以〈庄子解〉的"凝神"与〈张子正蒙注〉的"存神"为例》，《常州大学学报》（社会科学版）2015年第4期。
③ 毛靖宇、陈婉：《谭嗣同〈仁学〉思想浅探》，《湖南工程学院学报》（社会科学版）2015年第4期。

多思想家来看，谭嗣同的本体意识尤其明显。首先，他界定了何为"本体"，认为其乃"根本性的体"。其次，谭嗣同以中国传统思想为基石，借鉴西学尤其是西方科学，对儒学的本体论进行了重建，此为在同时代思想家当中显得尤为可贵。① 丁立磊认为，在西学东渐的背景下，出于变革现实政治的理论需要，谭嗣同融合儒学、佛学和西学，建构了以本体论为基础的哲学思想。具体来讲，他以"以太"、"仁"为本体，并将本体论、宇宙论、认识论等通贯起来，建构了一个"仁学"哲学体系。在这个哲学体系当中，本体论是其基础和核心。但是，从学理上讲，谭嗣同的本体论建构并不成功。之所以说其不成功，原因主要有两个方面：其一，其对于"以太"本体的建构有缺欠；其二，其对于由"以太"到"仁"的论证有缺欠。由于存在这两个方面的缺欠，不仅本体论本身显得驳杂而支离，而且造成整个"仁学"哲学体系的不稳。由此来讲，其整个"仁学"哲学体系亦不成功。因此，需要对谭嗣同的"仁本体论"进行解构，以正确把握其本体论建构的缺欠所在，从而为儒学本体论之建构提供一些"教训"。② 王瑞良指出，就"仁本体论"的建构来讲，其乃是谭嗣同以传统儒学为主体，对近代西学、佛学会通的结果。但是，由于谭嗣同对其缺少细密的学理论证，加之受维新变法政治目的的限制，其中多有"六经注我"式的穿凿附会。因此，总的来讲，"仁本体论"的建构是不成功的。在此，所谓"不成功"，是指其背离了儒学传统。既然其建构不成功，我们便有义务将其还原于儒学传统。当然，此还原的目的不在于批判谭嗣同，而在于公正地呈现儒家之"仁本体论"。具体来讲，此还原分为以"唯心"、"唯识"释"仁"，以"不生不灭"释"仁"，以"通"释"仁"，以"平等"释"仁"共四个方面。③ 李训昌、付清爽认为，谭嗣同《仁学》的主题有二：一是"仁"与"学"；二是"仁之学"。通盘考察《仁学》一书，再反观《仁学·自序》中谭嗣同对其写作《仁学》的论述，可以发现：通过对"仁"的整合和提升，谭嗣同由"学"至"仁"、化"学"归"仁"，试图把"学"的认知理性和功利实用收摄在"仁"的道德理性与道德实践中，是一种关于"仁"

① 程志华、张学敏：《谭嗣同之"仁本体论"的建构》，《河北大学学报》（哲学社会科学版）2015 年第 2 期。

② 丁立磊：《谭嗣同之"仁本体论"的解构》，《河北大学学报》（哲学社会科学版）2015 年第 2 期。

③ 王瑞良：《谭嗣同之"仁本体论"的儒学还原》，《河北大学学报》（哲学社会科学版）2015 年第 2 期。

的新学说。因此，谭嗣同的《仁学》，虽不脱中体西用论的窠臼，但是却具有融合中西文化的特点；虽是雏形，但却是近代学人会通中西文化而建构哲学体系的第一次尝试。①

王向清分析了谭嗣同的"两三世说"历史进化论。近代进化史观是我国历史观发展进程中的重要一环。谭嗣同在中国社会大变革、中西文化大融合的历史背景之下，提出了"内卦之逆三世"和"外卦之顺三世"的"两三世说"历史进化论。"两三世说"的形成既有哲学根据，又有理论来源。"两三世说"体现了辩证法特点，是对历史循环论、复古论的否定。② 魏义霞揭示了谭嗣同对孔教与儒家的区分及其意义。"盖儒家本是孔教中之一门"表达了谭嗣同以孔教对中国本土文化的整合，同时厘定了孔教与儒家的关系。由于谭嗣同在以孔教包罗诸子百家的同时，明确指出儒家只是孔教中之一门，也就不可能像康有为那样以孔教为儒家代言。不仅如此，谭嗣同指责儒家败坏了孔教，从内部削弱了孔教的势力。因此，他对孔子与儒家分别对待。谭嗣同的"盖儒家本是孔教中之一门"昭示人们，抨击孔子者不可能是儒家，儒家应该推奉孔子。尽管如此，并不可以将推崇孔子与推崇儒家混为一谈。③ 罗来玮认为，谭嗣同作为中国近代戊戌思想家中最激进的一个，其思想对后来的辛亥革命的胜利有着非常重要的影响。其著作《仁学》是在他就义之后才公开发行的，但是其中的思想却是谭嗣同变法所依照的理论资料。谭嗣同的思想理论来源于儒学、西学及佛学，他的思想中不仅包含了儒学、墨学、西学和佛学等因素，而且包含了当时特定环境下的思想家所具有的救亡图存、舍生取义的大无畏精神。④

4. 李达哲学思想研究

李达是我国五四时期大规模传播唯物史观的先进知识分子，是马克思主义哲学家。2015 年是李达诞辰 125 周年，故有关李达哲学思想研究的成果较为集中。

一些学者通过解读李达的相关著作探析李达的哲学思想。李达的著作

---

① 李训昌、付清爽：《从"仁"与"学"到"仁之学"——谭嗣同〈仁学〉的两个维度及其关系》，《平顶山学院学报》2015 年第 3 期。
② 王向清：《谭嗣同的"两三世说"历史进化论》，《中国矿业大学学报》（社会科学版）2015 年第 3 期。
③ 魏义霞：《"盖儒家本是孔教中之一门"——谭嗣同对孔教与儒家的区分及其意义》，《河南社会科学》2015 年第 7 期。
④ 罗来玮：《谭嗣同思想理论渊源研究》，《长江丛刊》2015 年第 34 期。

《现代社会学》对唯物史观进行总体概括，赋予唯物史观崭新的内容，有力地推进了唯物史观的中国化；《社会学大纲》从实践唯物论角度理解马克思主义哲学，从实践唯物论的提出、确立、实践地位等角度出发理解唯物史观，阐释唯物辩证法。① 新中国成立初期，李达积极投身于毛泽东哲学思想的研究和宣传，在与毛泽东的学术互动中写作了《〈实践论〉、〈矛盾论〉解说》，产生了重大的社会影响。《〈实践论〉、〈矛盾论〉解说》具有准确性、深刻性、通俗性、科学性、系统性等理论特色，适应了新中国成立初期提高广大干部群众马克思主义理论水平的需要，为解读马克思主义经典著作提供了一个重要范例，并为推进新中国成立后马克思主义哲学中国化创造了一个良好开端。在李达为解读毛泽东的"两论"所撰写的一系列文章中，《解说》最具代表性，传播最久远，影响也最大。其中，1951 年由生活·读书·新知三联书店出版的《〈实践论〉解说》单行本，先后印行三次，发行量高达 18 万册；1953 年同样由三联书店出版的《〈矛盾论〉解说》单行本，也先后印行三次，发行量达 3 万册。李达的《解说》，不是单纯注解性读物，而是对毛泽东哲学思想进行独立研究的成果。《解说》运用通俗易懂的语言，详细而准确地阐释了毛泽东"两论"中的哲学思想，提出了一系列学习毛泽东哲学思想的科学方法，首开新中国系统解读、宣传毛泽东思想的先河。就其系统性、准确性和科学性而言，《解说》堪称当时研究和宣传毛泽东哲学思想的范本。李达的《解说》一书之所以受到人们的高度重视、产生了重大的社会影响，一个根本的原因是李达对马克思主义哲学有着深刻的理解，对毛泽东哲学思想有着真挚的感情和科学的态度，同时对阐释和宣传毛泽东哲学思想有着崇高的责任感和使命感。② 20 世纪上半叶的历史是中国人民思考中国问题，探索中国道路，实现民族独立和人民解放的历史，也是马克思主义哲学中国化的历史。从马克思主义哲学中国化的理论视域来看，从"整体性"的理论视域出发，通过"学术化"的路径和方法的自觉和运用，以完成对马克思主义哲学在中国的"体系化"建构，既是李达的马克思主义哲学中国化范式的基本内涵，更是李达的马克思主义哲学中国化范式的本质特征。③ 自 20 世纪 20 年代起，李达就开始钻研马克思主义哲

---

① 叶后坡：《论李达对唯物史观和实践唯物论的阐释》，《传承》2015 年第 12 期。
② 汪信砚、李禾风：《新中国马克思主义哲学中国化的开启之作——李达〈《实践论》、《矛盾论》解说〉探论》，《武汉大学学报》（人文科学版）2015 年第 2 期。
③ 余卫国、张培培：《李达马克思主义哲学中国化范式的基本内涵和本质特征》，《理论观察》2015 年第 1 期。

学。20 世纪 20 年代至 30 年代，他对马克思主义哲学的研究经历了从在
《现代社会学》中把马克思主义哲学理解为唯物史观到在《社会学大纲》中
用"实践的唯物论"来理解和阐释马克思主义哲学的转变。在《社会学大
纲》中，他建构了一种独具特色的"实践的唯物论"的马克思主义哲学阐
释体系。这一体系是实践唯物主义在中国话语中的初始开显，标志着中国马
克思主义者对马克思主义哲学的理解达到了一个全新的高度。①

5. 金岳霖哲学思想研究

金岳霖（1895—1984），字龙荪，祖籍浙江诸暨，出生于湖南长沙。著
名的哲学家、逻辑学家、新道家代表人物。2015 年是金岳霖诞辰 120 周年，
哲学界积极开展了对金岳霖哲学思想的研究。

许苏民认为，金岳霖自述其哲学研究"不仅在研究底对象上求理智的
了解，而且在研究底结果上求情感的满足"，这句话对于理解他的中西哲学
观很有帮助。他的理智能力很强，故能在人们习焉不察的地方发现谬误，
廓清了比较哲学研究领域流行的一些错误观念。学问见识之高下，更多地
系于理智的了解；至于研究结果上的情感满足则很难说，因为有些真理不
仅别人不喜欢，而且自己也未必喜欢，如此又何来情感满足之可言？要真
正求得理智的了解与情感的满足之和谐一致，且须有一种超乎寻常的识力和
襟怀。金岳霖不因理智而牺牲情感，故对中西哲学颇多独到见解；但亦有因
感情投入过多而见不博、识不高之处。② 在金岳霖看来，归纳推理是从特殊
到普遍的抽象过程，而归纳原则就是"如果——则（大概）"式的命题。
他从部分真则全体可能为真、时间不会打住以及秩序之有三个方面论证了归
纳原则永真。通过分析可以发现，归纳原则永真不是金岳霖论证所得的结
论，而是其知识论必须接受的前提假设。因此，金岳霖并没有真正解决归纳
问题。③

崔治忠分析了康德与金岳霖时空观的异同。康德把时空作为认知主体先
天具有的感性纯直观。他这样做的目的不是为了解释常识，而是要对作为先
天综合命题的数学知识提供辩护。与之不同，金岳霖一方面承认时空的客观

① 汪信砚、李侦：《"实践的唯物论"：实践唯物主义在中国话语中的初始开显——李达〈社会学大纲〉的独特理论贡献》，《学习与探索》2015 年第 5 期。
② 许苏民：《论金岳霖的中西哲学比较研究》，《江海学刊》2015 年第 5 期。
③ 崔治忠：《金岳霖是否解决了休谟问题——对金岳霖归纳理论的分析》，《西安建筑科技大学学报》（社会科学版）2015 年第 5 期。

存在，另一方面认为通过对所与的摹状就可以得到时空意念，而时空意念又是规律所与的基本接受方式。正因为如此，时空意念具有先验性和后验性。通过比较可以发现，康德与金岳霖在时空的存在方式、时空的先验性与实在性等方面存在不同甚至截然相反的观点。①

崔治忠探讨了金岳霖的知识概念。金岳霖没有直接回答何谓知识，但揭示了知识事实是关系事实，知识等同于真命题。他立足于常识，肯定知识之有，回答了知识的可能问题和知识的限制问题，但又明确指出他的知识论不涉及这两个问题。当代知识论学家在普遍接受柏拉图知识概念的同时，通过回应盖蒂尔挑战来完善传统的知识概念。为此，他们提出了无假信念条件、挫败条件、可靠性理论、结论性理由以及因果理论等方案。但是，这些方案无法弥补传统知识概念的不足和缺陷。金岳霖的知识概念与当代知识论中的知识概念有许多相同之处，但也存在明显区别。后者主要表现为金岳霖和当代知识论学家对知识有无明确的定义、知识的构成要素、怀疑论的挑战、知识概念的分析方法等方面持有不同观点。②

6. 毛泽东哲学思想研究

2015 年，毛泽东哲学思想研究主要集中在毛泽东实践哲学思想、毛泽东历史哲学思想、毛泽东哲学思想的历史地位及当代价值、毛泽东生态哲学思想、毛泽东哲学名篇的文本解读，等等。

刘一楠分析了毛泽东关于党内生活思想的历史文化基础。严格的党内生活，是马克思主义政党的优良传统和政治优势。作为中共的创始人之一和党的领袖，毛泽东青年时期受到以湖湘学派为代表的儒家内省修身传统和"师友夹持"的团体式道德践履影响，他在长期革命斗争的实践中，创造性地将马克思主义政党理论与中国优秀传统文化相结合，紧紧抓住思想建党、直指人心的"大本大源"，推动开展党内民主生活，倡导批评和自我批评的优良作风，不断建立和完善党内生活的各项制度、根本方法和准则，极大地增强了党的凝聚力、战斗力，并最终成为马克思主义中国化第一次历史飞跃的重要组成部分。青年毛泽东广泛阅读王船山、曾国藩、胡林翼等湖湘学派代表人物的著作，尤其是杨昌济等师长的言传身教，让青年毛泽东深受以湖湘学风为代表的儒家"内圣外王"的精神浸染。其中影响最深的，莫过于

---

① 崔治忠：《浅析康德与金岳霖时空观的异同》，《甘肃理论学刊》2015 年第 5 期。
② 崔治忠：《金岳霖的知识概念及相关比较》，《吉首大学学报》（社会科学版）2015 年第 4 期。

立日记以求内省的儒家修身传统和"师友夹持"的团体式道德实践这两个方面。新民学会由一个初期在湖湘士风影响下的成立的强调个人修养锤炼、偏重学术研讨性质的青年团体，最终成长为以马克思主义旗帜的无产阶级革命政党组织的雏形，也为毛泽东日后开展党内生活进行了初步探索实践。从古田会议到延安整风，毛泽东在革命斗争实践中推动党内生活的科学化制度化。毛泽东有关党内生活的许多思想渊源，特别是以批评与自我批评的增强党内民主、团结同志的方法，都可以从以湖湘学派为代表的儒家内省传统和"师友夹持"的团体式道德践履中找到精神的印记。① 谢霄男、王让新指出，毛泽东自觉运用并创新发展了马克思主义历史合力论，他尤为重视历史合力的决定性因素与主导性因素，将人类社会历史发展视为一元决定与多元互动相统一的结果；客观分析了历史合力各构成要素，人民群众是形成社会历史合力的创造主体，人民群众是享受社会历史发展的价值主体，人类社会历史发展是价值主体与创造主体相统一的结果；人类社会历史发展是一般规律与特殊规律相统一的结果。② 湖湘文化源远流长，经过数千年的演变与融合，逐渐形成了一套规模宏大的辩证唯物体系，而其中的治学思想更是集湖湘历代读书人的智慧，经世致用、知行统一和实事求是是其中的精华，融目的论、认识论和方法论于一体，形成了一个较为严密的逻辑体系。在毛泽东思想的形成和发展过程中，湖湘的治学思想起过重要作用，并因他在革命建设实践中不断发展和完善，而融入到他本人的思想体系当中，成为重要的组成部分。③

（二）湘学学术思想研究

湘学是中国优秀传统文化的重要组成部分。自宋明以来的湘学学术思想与学术成就对后世产生了重要的影响，也是湘学研究的重要内容之一。2015年，学术界对宋明以来各个时期的重要湘学人物学术思想及其影响作了探讨。

① 刘一楠：《以"大本大源"动天下之心——毛泽东关于党内生活思想的历史文化基础探析》，《岭南学刊》2015 年第 2 期。
② 谢霄男、王让新：《毛泽东对历史合力论的自觉运用与创新发展》，《经济与社会发展》2015 年第 4 期。
③ 徐平华：《湖湘治学思想对毛泽东的影响》，《湖湘论坛》2015 年第 3 期。

1. 宋明湘学学术思想研究

宋明理学构成了湘学学术思想的重要内容。曾亦梳理了朱子与湖湘学者的学术交往及关于知行问题的讨论。通过对朱子与湖湘学者的学术交往，以及朱子在与陆象山交往中表现出来的思想倾向，指出，朱子为了批评湖湘学者"先察识而后涵养"，反而主张先行而后知，即"主敬致知"的学说。这种倾向构成了朱子整个学术的基本方向。朱子后来亦有"知行并进"乃至"知先行后"之说，不过，这绝非回到他以前有过的湖湘学立场，亦非如后儒理解的那样，乃"先致知而后践履"。其实，朱子这种态度与其己丑后确立的"行先知后"的立场并不矛盾，反而是对这种立场的进一步深化。朱子与湖湘学者之交往，在其一生学术活动中有着极重要的地位。朱子正是通过对湖湘学者知行概念的批评，逐步确立了以"主敬致知"为宗旨的工夫论学说。朱子与阳明皆以磨心为功夫，即以克除私欲为事，实下学一路，与明道、湖湘学者以上达为工夫之进路大不同。道学内部在工夫论上的真正歧异，主要不在朱子与象山、阳明的分别上，而是体现在朱子与湖湘学派的争论上。朱子发挥了伊川的学说，以主敬致知为工夫；而湖湘学派则上承明道、上蔡以来的传统，以察识涵养为工夫。①

高晓锋通过分析《知言疑义》分析朱熹与胡宏儒学思想之歧异。胡宏和朱熹都是宋代的儒学大师，但他们在儒学上的致思路径和基本主张有很大差异。朱熹在己丑之悟后提出中和新说，开始批判其他各说，《知言疑义》就是这种批判的产物。具体来看，朱熹用"心统性情"、"理一分殊"和"居敬穷理"分别批判他认为胡宏著作《知言》中大抵有问题的"心以成性"、"心无善恶"和"先察识后存养"等思想。《知言疑义》可以说是理本论与性本论两个新儒学系统的一次正面冲突的典型代表。其实相较朱熹前期思想，多受湖湘学派影响。朱熹曾授业于胡宏之堂兄胡宪，后与胡宏有神交之谊，尝说"恨不及见胡子而卒请其目也"。因此其与胡宏之关系可看为亦师友亦论敌两个方面，但师友只限于神交，论敌亦只在于《知言疑义》。朱熹早年中和旧说有着明显的湖湘学派痕迹，及其己丑之悟后而有中和新说，始与湖湘学派划清干系。但所谓中和新说也只是在心之未发已发之境与中和气象之工夫进路问题上有无一贯通全体之日用工夫相差别，以此对《知言》的质疑显然不会有实质之歧异。而朱熹以"心统性情"的心性论结

---

① 曾亦：《论朱子与湖湘学者关于知行问题的讨论》，《船山学刊》2015 年第 1 期。

构和"理一分殊"的体用论模式对其进行质疑则最终导致南宋两个不同儒学系统的正面冲突，这是《知言疑义》价值之所在，亦是其饱受批评之缘故。[①]

在明代前期，政治形势和思想潮流不断发生变化。李东阳作为当时的政治领袖和文坛领袖，为世人呈现出具有时代特色的杜诗批评理论。首先，延续前人的杜诗"集大成"说和"正变"观，李东阳进一步阐发了杜诗在多种层面的"集大成"，同时针对"正变"问题提出了自己的多元化见解；其次，在明代复古思潮兴起的同时，李东阳以"格调论"的眼光审视杜诗，从多个层次探讨杜诗的时代格调；再次，后人对杜诗的学习热情促使李东阳探索学杜成败的主要因素，并提出供后人参考的学杜方法。在明初复古主义思潮兴起的背景下，李东阳论述杜诗的诗史地位必然受到宋元思潮的影响。所以本文先从前人的杜诗"集大成"说和诗体"正变"观两方面来论述李东阳之前的杜诗观，在此基础上，引出李东阳论杜的具体观点。李东阳是明朝"格调"派的先驱，他以"格调说"为核心，从声调和谐、意境淡远、诗体样式三个方面对杜诗进行研究。李东阳论杜首推声调和谐，他从内外两个方面对杜诗的声调和谐进行论述：于内，声调和谐体现为发乎情性的"自然之声"；于外，声调和谐体现为能够表现"自然之声"的诗歌声律。诗歌意境方面，李东阳认为杜诗情真意切，意境深远，形成了物我相生的审美特征。诗体样式方面，李东阳首先辨明了杜诗的诗体，辨析古诗、律诗与乐府、长短句之别，然后从细微处入手，辨析不同诗人的艺术风格和同一诗人的不同艺术风格。最后过渡到学杜问题，李东阳提倡宗唐法杜，学杜问题是其杜诗评论的重要组成部分。李东阳主张学杜首先要辨识诗歌的时代格调，提倡写诗要有自己的立场，立足于自己所处的特定时代来创作具有时代格调的诗歌作品。其次要避免对杜诗的机械模拟，在反复体悟杜诗精髓的同时苦心经营，创作出具有自己特色的优秀诗篇。最后李东阳主张写诗应该守法而求"兴趣"，在法度不可废的前提下，他提倡以情感的抒发来追求诗歌兴致和趣味。进而把抒情方法细化为三个方面：首先，作诗要写真情，不可无病呻吟；其次，要立足现实，不可脱离实际；最后，在真情流露的同时追求诗歌意境的委曲淡远。李东阳是明代格调论的创始人，他提倡宗唐法杜，其格调思想的形成必然受到杜诗的影响。他在诠释格调论的同时，也多以杜

[①] 高晓锋：《从〈知言疑义〉看朱熹与胡宏儒学思想之歧异》，《社会科学论坛》2015年第4期。

诗为典范，进行深层次的阐释。李东阳的杜诗批评，体现出一种独具特色的时代风格，他以"格调论"为核心，把体制、声律的完备看成杜诗的基本特点，认为诗人的性情、诗歌的情致意境最终可以体现在诗歌的体制声律上。还以辩证的思维方式，阐释声调和格律相协调的原则，体现出一种兼容中和的思想。李东阳的杜诗批评不仅发展了前人的理论观点，还开启了新的时代审美风尚，为后世杜诗学发展提供理论依据。在促进杜诗学多元化发展的同时，还积极影响着杜诗学理论进程。[①]

生活在明清交替之际的王船山，深受湖湘文化和湘学学术精神之影响，并且还是南宋湖湘学得继承、发扬光大者。王船山倡导的经世致用的政治社会和学术思想，以及包容并蓄、博采众长的学风和不囿成见的创新思想对湘学乃至中国传统学术文化产生了深远的影响。可以说王船山在湘学发展历程中具有承前启后的关键作用，对船山学的研究，历来是湘学研究的重点和热点。

方红姣著《现代新儒学与船山学》通过对现代新儒家第一、二、三代主要代表人物的船山学研究进行考察，试图梳理出他们的思想及理论建构与船山学之间的内在关联。现代新儒家群体普遍重视船山思想，但每一位现代新儒家的船山学研究因个人特点、关注的问题、轻重详略各不相同，围绕对船山天道论、人性论、人道论以及历史哲学的诠释，本书期望揭示现代新儒家从船山处到底继承了什么，推崇什么，缘由何在。其船山学研究有什么发展趋势，进而挖掘出现代新儒家总的思想旨趣的一致性，从而回答为什么会有"回到船山"口号的提出。马克思主义学派是20世纪极为重视船山学研究的另一个主要思想派别。本书对现代新儒学的船山学研究与马克思主义的船山学研究做了比较，船山学或能成为现代新儒学与马克思主义实现深入对话的一个可能的思想中介。[②]

萧晓阳在《船山学术路径：楚文化诗性视域中的儒家理性批判》中指出，船山之学本原六经圣奥以批判宋明，贯通百家之说而深契楚风，究心性理之学而归于践履。王船山为学上溯六经，本原《易传》；濡染楚风，雅好《庄》、《骚》；推演性理，而传承胡宏之论。述《易传》不拘于象数之末，近《庄》、《骚》得其宏通之思，由理气论上达践履之学。船山之论宋明，无不关涉六经，述元明之学虽参以濂洛关闽之说，然以六经为准则，而理论

---

① 马思思：《李东阳论杜研究》，硕士学位论文，西南大学，2015年。
② 方红姣：《现代新儒学与船山学》，中国社会科学出版社2015年版。

上导源于周敦颐的《太极图说》。王船山对诸子百家论述颇多,对先秦诸子尤其是道家学说有过精深的研究,对后来深入影响了中国的佛家更为重视,体现了贯通百家的学术视野。船山受楚文化熏陶很深,除了在经学与哲理之思中蕴含着楚文化的因素,在诗文中也流露出对楚文化的钟情,作有《楚辞通释》,以彰显楚文化之精髓。船山史论,与致用密切相关,是儒家经典在历史研究中的具体运用,也是其学术体系中的重要一环。船山之学洞幽而阐微,其究心性理的一面,追溯哲学之本原,体现了楚人宏通之思,也与清初归经反古的思潮一致;其讲究实行的一面,则体现了楚文化中质朴尚实的倾向,又切合了清初"致用"思想主潮。其为学既求切实而致用,又兼言心性与天道,故较当世诸儒深邃。尤其是经世之论、质测之学、史论评说均归于践履之思,影响更为深广。船山学术荣生而淑世的情怀无疑与所处的湖湘地域密切关联。胡安国《春秋传》对他产生了积极的影响,可见船山学术深受楚风濡染,是建立在诗性感悟之上的理性思辨体系,体现了王船山以楚文化之诗性眼光对传统儒学的理性批判。①

赵载光教授与洪梅博士合著的《湖湘学统与宋明新儒学》,该书提出湖湘儒学是宋明新儒学的重要组成部分,湖湘学术的兴盛是与宋明新儒学的兴起同步的。同时从哲学的角度分析湖湘儒学与宋明新儒学的学术流派暨思想流派的关系,认为湖湘儒学不同于程颐、朱熹的理学,也不同于陆九渊、王阳明的心学,而是从周敦颐到胡宏的诚学一系。这种观念的提出,很有创新意义。该书对宋明儒学诚学思想的开拓与弘扬是与党的政治路线要求相一致的。宋明新儒学的哲学形式构建的诚学思想,把诚信道德提高到立德立人的人生价值的终极问题高度进行探讨,它与儒家立德、立功、立言的人生哲学和"寻孔颜乐处"的价值哲学是互为表里的。新儒学提倡人要淡泊富贵权势,"道充为贵","身安为富",也就是要"寻孔颜乐处"。同时又主张要努力为社会作贡献,立德、立功、立言。这两种价值观看似矛盾,实际上是辩证统一的。而以诚立德、以信立人是所有这些价值观的基础与核心。这些观念,在现代社会主义文明建设中仍然具有重要的借鉴意义。②

2. 清代湘学学术思想研究

肖永明、陈峰以李文炤、王文清、余廷灿为例,分析了清代前中期的湖

① 萧晓阳:《船山学术路径:楚文化诗性视域中的儒家理性批判》,《衡阳师范学院学报》2015年第5期。
② 赵载光、洪梅:《湖湘学统与宋明新儒学》,湘潭大学出版社2015年版。

湘经学。学界对清代湘学史的研究成果多集中在晚清部分，而对清代前中期的湖湘学术（尤其是这一时期的经学史）研究不多。从湖南文化发展的内在脉络来看，明末清初的湖南确实不能算作"人文被沾"之地。然而自王夫之以后，清初的湖南说经注经者不绝如缕。雍乾之际，学风丕变，湖南仍有一些以经学名家的学者，留下了相当可观的经学著作，李文炤、王文清、余廷灿便是其中的佼佼者。清代前中期湖湘经学家多重视礼学，强调践履与实用；不分汉宋而博采诸长。这些共同特征，不仅使得清代前中期的湖湘经学在当时占有一席之地，同时对晚清湘学的崛起有着深刻的影响。文章选取清代前中期湘籍著名学者李文炤、王文清、余廷灿为研究对象，对其经学著述的基本思想与特点进行介绍与分析，以彰显清代前中期湖湘经学的基本脉络，明晰此期的湖湘经学在湖湘经学史乃至明清学术史上的地位。李文炤（1672—1735），字元朗，号恒斋，湖南善化人，清初湖南地区著名的经学家。李文炤对入仕为官无甚兴趣，而终生沉潜于学问，于经、子、集三部皆有撰述，其中以解经之作最多，说解理学著作之书次之。以往的研究者，多未注意李文炤对朱子学的批评意见。尽管自明初以来，不少学者以述朱为能事，对朱子的理学推崇备至。而李文炤虽墨守朱子的理学观点，但对朱子有关名物制度的研究有所保留。李氏将"经学"与"理学"绾而为一，统归于礼学。王文清（1688—1779），字廷鉴，号九溪，湖南宁乡人。后世学人将王夫之、王闿运、王先谦与王文清并称为清代湖南"四王"，推崇王文清为清代湖南地区著名的经史大家。余廷灿（1729—1798），字卿雯，号存吾，清代长沙县人，有《存吾文稿》四卷、《诒谷堂诗集》一卷存世。余廷灿是清代湖南地区继王文清之后的又一位著名的经学家，他在研究经学时贯通子史，不分汉宋畛域，尤其擅长天象经纬、几何勾股、律吕音韵等学问。清代前中期的湖湘经学，经历了从崇尚朱学到师法汉学的演变，明显受到了不同时期学术风尚的影响。除了李文炤、王文清、余廷灿这三位经学家外，这一时期内的陈鹏年、罗典、欧阳厚均等人在经学领域皆有一定的造诣。清代前中期的湖湘经学史，虽不及江浙等地大家辈出，但却有其自身的演进脉络。从清代前中期诸多湖湘经学家的治经旨趣来看，他们皆重视礼学，强调践履与实用；兼采汉学的为学方法，而不废程朱的性理之说。这些共同特征，不仅使得清代前中期的湖湘经学在当时占有一席之地，同时对晚清湘学的崛起有着深刻的影响。①

　　王雪玲、梁妮分析了严如熤的经世思想与实践。严如熤（1759—1826），字炳文，号乐园，湖南溆浦人。是清代中期颇有政绩的地方官吏兼学者，其一生在维护地方安定和经济发展的同时，还针对现实问题，躬行考察并参考相关资料，立足于实际，服务于现实，充分体现了严如熤的经世致用思想，这种思想根植于湖湘学派，同时也与严如熤所处的时代及个人成长环境有关，也是其长期为官地方、注重民生的结果。严如熤秉承湖湘学派"讲性理、笃践履、重经世"的学术传统，以经世致用为著述之的，以舆地之学为经世之具，在舆地研究方面成就显著，一生先后撰有《苗防备览》、《洋防辑要》、《三省边防备览》、《汉中府志》、《乐园文钞》、《乐园诗钞》等多种著述，其中大部分内容都是在长期为官过程中，为了解决现实问题，经过实地考察，并参考相关资料纂辑而成，充分体现了一个学者关注现实，忧心国事的经世精神，也正因为如此，严如熤被誉为清代田野派学者，是清代经世学派的重要代表人物之一。他一生所著舆地著作大多基于现实需要和亲身经历，研究目的是为解决现实问题提供对策和方略，为更好地治理国家和地方提供参考和借鉴。首先，严如熤的著述都有一定的针对性，激发他的研究兴趣，促使其从事学术研究的动力是严峻的国内形势和棘手的现实问题。其次，严如熤的著作大多基于亲身经历。有学者指出，严如熤"不仅是一个'经世致用派学者'，更是一个深入实地，长于基层'社会调查'的'田野派'学者"。最后，严如熤撰述的目的主要是为政资治，为现实服务。严如熤之所以能成为一位学为体用、经世致用的学者，其经世思想的形成，一方面与其个人的成长及教育环境、为官经历有关，另一方面也受到当时虽尚未成为主流但已处在萌芽状态的经世学风有关，而舆地学本身所具有的经世特色成就了严如熤的经世思想。可以说严如熤是经世派早期代表人物之一，他的经世思想根植于湖湘学派，并与湖湘学者相互影响，从而成就了一批诸如陶澍、贺长龄等湘籍致用派学者，成为道咸时期经世致用派的先驱人物。②

　　曾国藩不仅在政治、军事上有重要影响，在教育和学术上也有重要的思想观点。被誉为晚清"中兴第一名臣"的曾国藩人才思想、教育思想是他学术思想的重要内容之一。曾国藩把人才看作是关系国家前途命运的关键，并且将培养、选拔人才作为挽救晚清危机政局的重要措施。曾国藩是晚清政

---

①　肖永明、陈峰：《清代前中期的湖湘经学述略——以李文炤、王文清、余廷灿为例》，《北京大学学报》（哲学社会科学版）2015 年第 1 期。

②　王雪玲、梁妮：《严如熤的经世思想与实践》，《唐都学刊》2015 年第 6 期。

坛上一位重要的人物，他一生最大的成就在于，镇压太平军、捻军等农民起义的同时，"勤远略"倡导洋务新政。在这一过程中培养了大批对晚清政局产生影响的人才。① 曾国藩的家庭教育思想一直为后人所称道，对治家之道有独到见解。曾国藩乃晚清鸿儒、理学大师，不仅对自身"明理齐身"之修养极其重视，对家庭、家族成员之思想教育亦独具匠心。曾国藩家庭教育思想独具特色，自成体系。他的家庭教育思想传承中华民族孝悌仁义、谦虚谨慎、勤俭节约、读书明理等儒家传统优秀文化思想，融汇了他的为学为人风格，以及对当时时代、社会之探索和独特见解。② 他的治家之道以传统儒家思想作为理论基础，涵盖勤俭、孝友、睦邻等方面的内容。③ 曾国藩的自我教育观可概括为"源"、"体"、"用"三个方面。"源"指曾国藩自我教育观的理论渊源，"体"是其自我教育观的境界和方法，"用"是其自我教育的经世事功。曾国藩的自我教育观深受宋明理学修身理论的指导和湖湘文化的熏陶。宋明理学的修身理论以及湘地所特有的湘人精神，是曾国藩一生自我教育的源头活水。④

　　曾国藩的学术思想成就，还体现在诗词散文方面。在考据学上，曾国藩与杜佑、马端临、顾炎武、秦蕙田同属一派，但是并没有建立自己的独特见解。在曾国藩的众多幕僚学者中，仅仅有吴挚甫、张濂卿有所成就。研究曾国藩的众多学者俱认为其道德、政治、经济、治学俱备于一身。但是，由于客观原因的影响，曾国藩治学思想受到的局限也体现出中国近代社会在历史局限下的传统学术没落。总而言之，曾国藩是一位实用型的学者，一个更讲究实际效果的理学家和治学者。他治世学问的治学思想，都是出于社会实际的需要而作出的思考，是实际问题的解决出路上升到的理论高度之后的结果。对于脱离社会而空谈的治学方式，曾国藩对其十分反感。因此，曾国藩提倡读书最重要的是将书本知识学以致用，根据自身经历，考虑社会现状，然后才能成就出大学问。因此，治学对曾国藩来讲，不仅可以修身养性，是一种自我的思想修行，更是维护清廷统治的思想凭依所在。正是治学，成就了曾国藩的一生。⑤

① 孙凤英：《浅析曾国藩的人才思想》，《黑河学刊》2015年第12期。
② 杨铮铮：《曾国藩家庭教育思想探析》，《湖南人文科技学院学报》2015年第2期。
③ 田晓平：《曾国藩治家之道与价值观教育》，《广西社会主义学院学报》2015年第1期。
④ 荆世群、邹彩娟：《曾国藩自我教育观初探》，《中国矿业大学学报》（社会科学版）2015年第4期。
⑤ 陈汉威：《曾国藩治学思想研究》，《山东农业工程学院学报》2015年第4期。

欧德良探讨了胡林翼理学经世思想的形成。胡林翼理学经世思想的形成，与其家学渊源、成长背景以及仕宦生涯休戚相关。家世理学文化的陶冶奠定了他的理学理念；湖湘文化经世致用的传统与当时湖南地区激烈的社会矛盾铸成了他的经世理念；身膺疆寄时，人心思乱的社会衰象，使他更加服膺"安危治乱本于人心"的理学信条。①

晚清以降，中国屡遭欧美和日本列强的侵略。郭嵩焘在救亡图存的主题下，提出了许多富有时代意义的教育思想。郭嵩焘和梁启超都认识到教育是国家强盛之源，讲求实学教育，摒弃倚虚；提倡男女教育权利平等。在德育方面，郭嵩焘强调"风俗人心"的教化，梁启超则提出新民之道，点亮了国民教育的航灯。总体而言，梁启超的教育思想较之郭嵩焘要更为丰富和深刻，这正反映了中国教育现代化由浅入深的轨迹。② 郭嵩焘出使英、法期间，以日记形式记录下了他在出使期间的所见所闻，包括他所见的各国博物馆的情况，为我们展现了 19 世纪末期西方博物馆的形象。郭嵩焘在其《伦敦与巴黎日记》中记道当时英国的博物馆发展相当发达，根据他所介绍的博物馆的藏品和陈列内容，分为五种主要类型——历史类博物馆、艺术类博物馆、科学类博物馆、综合类博物馆和其他类型博物馆，其中对艺术类、科学类以及综合类博物馆的记载比较多，描述也最完善。郭嵩焘在法国除了认真履行其职责以外，还仔细地对法国的风貌、资本主义制度、教育、博物馆、火车等方面进行了深入的考察。郭嵩焘在参观法国的博物馆时，他在日记中详细记录了历史类博物馆、艺术类博物馆和科学类博物馆三大类博物馆展品的内容，详细描述了博物馆的展陈方式、藏品研究内容、社会教育服务、开放情况、经营费用等方面。郭嵩焘从向国人宣传介绍西方博物馆到提倡在中国建立博物馆，为我国博物馆的诞生作了必要的思想准备和舆论准备，我们在考察西方近代博物馆的历史中就应该给郭嵩焘一席之地。③

潘斌新著《皮锡瑞学术研究》一书，对皮锡瑞学术有全面深入之研究。该书是第一部全面研究皮锡瑞学术的专著，在经学史和学术史上具有开创意义。根据研究现状可见，学界对皮锡瑞经学的研究，无论从论著数量还是研究深度来看，都正处于起步阶段，欠缺较多。学界对于探讨皮氏经注，已有的研究成果往往只是就皮氏于某一经的成就进行探究，而无对皮氏经学的全局认识，这就容易流入只见树木不见森林之弊。而对于皮氏经学观的研究，

① 欧德良：《论胡林翼理学经世思想的形成》，《特立学刊》2015 年第 4 期。
② 许彬：《郭嵩焘与梁启超教育思想比较研究》，《新余学院学报》2015 年第 3 期。
③ 曹凯云：《郭嵩焘眼中的西方博物馆形象》，《博物馆研究》2015 年第 3 期。

则往往由于批阅材料的不够（如皮氏的《经学家法讲义》、《师伏堂日记》、《师伏堂经说》、《师伏堂经学杂记》均为未刊经学手稿）而导致结论的片面。其次，对皮锡瑞经学的研究，尚未将其放到湘学的大背景下进行考察，对于皮氏经学的研究往往与湘学研究相脱离。该书则在研究中将皮锡瑞学术当作焦点，将清代学术当作背景，力求焦点在背景的衬托下更为显明。皮锡瑞对《易》、《书》、《诗》、《礼》、《春秋》诸经以及郑学均有较深入的研究，因此该书研究的起点是梳理皮氏在专经以及郑学研究方面的成就。在此基础上将皮氏经学放到学术史的大背景下进行考察，以见其在晚清今文经学复兴大背景中的地位和价值。[①]

清代至近代的湘籍学者对音韵学有较大的贡献。湖湘学者对音韵学的探讨起源于宋代，南宋王观国的《学林》体现了湖南学者的音韵学造诣，明代桑绍良和袁子让的等韵学研究则把湖南的音韵学推向了一个小高峰，清代至近代的湖南更是人才辈出、硕果累累，邹汉勋、曾运乾、杨树达等人的音韵学成果为学界所公认，湖南的音韵学发展走向了巅峰。[②] 曾运乾（1884—1945），字星笠，晚号枣园，湖南桃江人。从1926年起，先后任教于东北大学、中山大学、湖南大学，是民国时期著名的语言学家。他尤其致力于音韵学的研究，对古音通转、韵之正变以及等韵门法也都有自己独到的见解，在汉语上古声纽、韵部，中古声纽等方面取得了巨大的成绩。曾运乾毕生从事教学、著述。他所著《广韵五声五十一纽考》是对《广韵》声纽最严密的分类，《喻母古读考》中提出的"喻三归匣说"，后人多以为定论，《古本音齐部当分二部说》是目前所知最早实施"脂"、"微"分部。曾运乾所定古声十九纽系统，较黄侃更为完善。曾运乾所定古韵三十部系统，分阴声9部，入声11部，阳声10部，已与王力所分三十部非常接近。曾运乾中古五十一声类说则得到了董同龢、周祖谟等学者的赞同。曾运乾在汉语上古声纽、韵部，中古声纽等方面的研究均取得了巨大的成绩。这些成绩与他具有进步的音韵学思想和正确的方法论密不可分。其音韵学思想表现为具有历史发展的观点和系统论思想，其研究古音在方法论上则兼用了考古和审音两种方法。[③]《音韵学讲义》是曾运乾音韵学研究的结晶性著作。曾运乾研究古音兼用考古和审音两种方法，但从根本上说，他的音韵学研究是以《切韵》音系为研究起点，将入声完全独立，注意阴阳入三声之间的互配关系，注重

---

① 潘斌：《皮锡瑞学术研究》，四川大学出版社2015年版。

② 李柳情：《湖南音韵学发展述略》，《图书馆》2015年第6期。

③ 尹喜清：《曾运乾音韵学思想与方法论》，《铜仁学院学报》2015年第5期。

音理的解释，因此他属于审音派古音学家。①

3. 现当代湘学学术思想研究

民国以来大家辈出，各种思想流派并存，湘学学术大家在各学科领域发挥了重要作用。2015 年，学界对重要的湘学学术人物作了深入的探讨。其中，湘学在语言学、史学、教育等领域的研究是重点。对蔡和森、黎锦熙、蒋廷黻、杨树达、李达、金岳霖、翦伯赞、刘大年、毛泽东等人的学术思想研究成果较多。

吴仰湘在《罗焌诸子学研究评析》中指出，罗焌是现代湘学名家，尤以研究诸子享誉一时。在群星闪耀的近现代湖湘学人中，善化罗焌（1874—1932）是一位博通四部之学的佼佼者。他早年喜好词章，享有文名，继而研习群经、嗜治小学，对经义、文字、音韵、训诂、版本、校勘均有探究，最终浸淫于周秦诸子，凭借其深厚的经学功底和过硬的小学功夫，在诸子研究领域取得卓著成就。然而时至今日，罗焌的声名近乎湮没，他的诸子学成就也未见学界论及。罗焌壮年校注《韩子》和晚年编撰《诸子学述》的成绩作一评析，在现代湘学史上有重要的地位。他壮年校注《韩子》，参考众本，广采群籍，在校勘、句读、训解等方面对旧注和清儒有所纠正或发展，可补王先慎《韩非子集解》之失。他晚年讲授《诸子学述》，既有考证、诠释，又有校勘、注解，对周秦诸子著作真伪的辨别、学派归属的判定、思想脉络的稽考更是胜人一筹。罗焌特别将九流百家归宗溯源于黄老之道学与孔门之儒学，申述《庄子·天下》篇及《汉志》"诸子出于王官"之论，对"五四"以来新派学者推崇诸子以贬抑儒学的过激主义暗下针砭，成为民国年间护惜中国传统学术文化格局的代表，在现代湘学史上留下一笔异彩。②

李剑农（1880—1963）一生著述不多，然皆为经典，其史学研究集中在政治史和经济史两个方面，代表作是《中国近百年政治史》以及三卷本的中国古代经济史论著。李剑农在史学研究中尤其重视正确的史学观的建立。李剑农是近代著名的政治史家、经济史家，其先秦两汉、魏晋南北朝隋唐、宋元明三卷本古代经济史论著对中国古代经济史研究作出了诸多有益的探索，影响颇大。他对中国近代政治史的研究更奠定了其在国际史学界的地位。李剑农尤其重视正确的史学观的建立，主要有历史客观论思想、历史进

---

① 尹喜清：《曾运乾音韵学研究》，博士学位论文，福建师范大学，2015 年。

② 吴仰湘：《罗焌诸子学研究评析》，《求索》2015 年第 4 期。

化论思想、历史因果论思想、历史整体论思想。①

　　杨树达（1885—1956），湖南长沙人，当代语言文字学家。陈阅平指出，传统训诂学的一项重要内容就是考本字，杨氏在释读彝铭过程中，十分注意金文的假借现象，他凭借自己深厚的小学根基，结合传世文献，找出了彝铭中许多本字。杨氏著述中有关彝铭本字的研究，在《积微居金文说》及部分单字考释文章中有零散记载，《积微居小学述林·彝铭与文字》也从多个角度对此作出了探讨，而全面论述该现象的则主要集中在《积微居小学述林·彝铭中之本字》一文。杨树达彝铭本字研究在前人基础上大大前进了一步，比如对前人成果进行了汇总，规范了本字的叫法等，不过他在该问题上的认识仍然不够清晰。② "通借"研究是杨树达在吸纳传统说文学的音借、形借和语源学研究基础上，结合前贤和自己古文字考释成果，紧紧抓住"形义密合"，积极"创通大例"而成，是他古文字学研究上的一个重要成果。从整体情况来看，形声字中的声符"通借"一说有非常深厚的学术积累，论证不乏精彩之处，结论较为可信。③ 杨树达的文字语源研究远绍乾嘉段王之学，近被西学东渐之风，既承章太炎字源学余绪，又熔甲骨金石之学，在声符含义规律的揭示、系联同源词等方面取得了很大成就，但也存在用文字的方法研究语源等语源学草创时期的时代局限。④

　　黎锦熙（1890—1978），湖南湘潭人，语言文字学家、词典编纂家、文字改革家、教育家。黎锦熙审定和修改了他人编写的一百多套国文教材，为自己语文教材研究与编写工作积累了宝贵的经验。他对语文教材的选文标准及其内容选择、插图使用等研究颇有见地，指出语文教材编写应以本国教育宗旨为标准，以学生为中心，教材必须紧密联系生活，教材体例安排应分年级对待，杂辑体、类联体和连续体"三体"并用。⑤ 作为著名语言文字学家与教育家的黎锦熙，在语文教材研究方面颇有建树，可谓现代语文教育理论研究先驱者之一。黎锦熙提出的正读本与副读本兼修、文言与白话兼用、美感与兴趣兼顾的教材编写"三兼"原则，以及杂辑体、类联体和连续体"三体"并用体例，具有一定的科学性和合理性，既符合了当时社会的现实

　　① 王继平、周苇：《论李剑农的史学观》，《金陵科技学院学报》（社会科学版）2015 年第 3 期。
　　② 肖峰：《杨树达彝铭本字研究刍议》，《铜仁学院学报》2015 年第 6 期。
　　③ 肖峰：《论杨树达的"通借"研究》，《古汉语研究》2015 年第 4 期。
　　④ 卞仁海：《杨树达文字语源学研究述评》，《中国文字研究》2015 年第 1 期。
　　⑤ 陈阅平：《论黎锦熙的语文教材编选标准与体例观》，《黑龙江生态工程职业学院学报》2015 年第 4 期

情境，又符合儿童的生理心理发展特点，值得教材编写与研究者借鉴。① 语言文字学家与教育家黎锦熙先生审定修改了他人编写的一百多套国文教材，为自己语文教材研究与编写工作积累了宝贵的经验。他对语文教材的选文标准及其内容选择、插图使用等研究颇有见地，指出语文教材编写应以本国教育宗旨为标准，以学生为中心，教材必须紧密联系生活，教材编写应遵循"三兼"原则，其体例应"三体"并用。②

　　左舜生（1893—1969），湖南长沙人。被台湾史学家吴相湘称为"注意研究中国近代史三五先驱之一，与李剑农、蒋廷黻齐名，而各有树立"。左舜生为民国时期中国青年党党魁之一，数十年间，在积极从事现代政党活动的同时，长期任职于社会文教部门，笔耕不辍，先后编著有《近代中日外交关系小史》、《近代中英外交关系小史》、《辛亥革命小史》、《中国近百年史资料》初编和续编。晚年旅居香港，更是一心从事史学编著和教学工作，写成了《中国近代史四讲》、《春风燕子楼》、《近三十年见闻》、《万竹楼随笔》、《中国近代史话》初集和二集、《黄兴评传》、《中国现代名人轶事》等，对开创当地的中国近代史研究风气有相当的影响。本文的写作，将以左舜生的中国近代史教研考察为主题展开，不仅要从学术史的角度去考察左舜生的史学研究路径、特点以及思想，还应结合政治活动去理解其史学特点。左舜生的政治主张对他研究史学有重要影响，作为一个书生政治家，左舜生毕生信奉国家主义，他之所以在学术上以中国近代史为主攻，与这一思想和政治抱负实有相当的关系。左舜生的代表作《近代史四讲》，研治了中国近代史的基本特点、中国近代社会变革基本路向和中外关系等。③

　　蔡和森是中国共产党早期的重要领导人，也是早期中共党史研究的开创者和奠基人。学界对蔡和森对党史的贡献作了研究。在 20 世纪 20 年代后期，蔡和森撰写了我国第一部中共党史——《中国共产党史的发展》，开创了中共党史学的研究领域。蔡和森在《中国共产党史的发展》一文中使用的研究方法，主要包括历史分析法、阶级分析法、比较研究法和辩证分析法。④ 蔡和森奠定了中共党史研究的学科基石。蔡和森对中共党史研究的贡献，不仅体现在为中共党史研究留下了宝贵的文献资料，以及对于中国共产

---

① 陈阅平：《试析黎锦熙的语文教材观》，《语文学刊》2015 年第 14 期。
② 陈阅平：《黎锦熙中小学语文教材观摭谈》，《课外语文》2015 年第 12 期。
③ 陈云：《左舜生与中国近代史研究》，硕士学位论文，华东师范大学，2015 年。
④ 还玉婷：《刍议蔡和森开创党史学的研究方法——基于〈中国共产党史的发展〉的分析》，《党史文苑》2015 年第 10 期。

党的第一次国内革命战争史有一个完整的研究，更在于为中共党史的研究提供了科学的理论和方法。蔡和森对中共党史的研究以马克思主义理论为指导，以实事求是的态度客观评价历史，为后辈学者树立了光辉典范。① 蔡和森对中共党史研究的开创性贡献可以概括为：明确了中共党史的研究对象，从广阔的空间维度、时间维度和革命史的角度来研究中共党史，深刻揭示了中国共产党的成长历程及其特点；阐明了中国共产党产生的历史背景和历史必然性，认为中国共产党是近代中国社会发展的必然产物，有着独特的阶级、经济和政治背景；揭示了中共党史研究的基本立场和方法，指出必须运用马克思主义唯物史观来分析问题，并运用历史分析方法、一分为二的辩证分析方法和史论结合、夹叙夹议的方法来研究中共党史；指出了中共党史研究的独特意义，认为研究中共党史不但能够弄清历史真相，而且对党员个人成长、把握党的事业发展规律具有突出意义。②

蒋廷黻，中国著名历史学家、外交家。蒋廷黻对中国传统史学的现代化作出了巨大贡献，主张用西方的科学方法重新研究中国的历史，主张确立学术规范，以避免重复劳动，提高学术水准。精而少的专才是蒋廷黻培养学术后进的基本原则。蒋廷黻始终把清华历史系作为他实现传统史学向现代转型的一个学术中心而锐意经营，培养了一大批史学新人。这都是他对中国史学发展的贡献，其影响无疑是深远的。③ 蒋廷黻自幼接受中国传统教育，忠君爱国的思想影响了蒋廷黻的一生，后来在新式学堂受爱国主义熏陶，加深了他对国家的热爱之情。正是对国家的热爱，促成了蒋廷黻在美国留学十年，探求新知、寻找医国救民良策。回国后，蒋廷黻先后在南开、清华两所高校任教，积极从事中国近代史研究，开辟了中国近代外交史研究的新领域。蒋廷黻始终认为研究近代史可以找出中国近代由盛转衰的原因，由此可以引导中国建立统一的民族国家，凝聚全民族的力量，实现民族的复兴，国家的现代化。为此，蒋廷黻希望培养一批理性爱国的学生，让他们学习和掌握救亡图存、建设新中国所应具备的基础知识。蒋廷黻的教育对象不仅仅局限于学生，也包括广大的社会民众。蒋廷黻所提倡的教育是大教育，他拥有一颗拳拳的爱国之心，试图通过历史教育实现其科学教育救国的理想，挽救中国的

① 姬丽萍、陈帅：《蔡和森对中共党史研究的开拓性贡献》，《南华大学学报》（社会科学版）2015年第2期。
② 郭国祥、余薇：《蔡和森对早期中共党史研究的贡献》，《学习与实践》2015年第8期。
③ 纪宁：《蒋廷黻的史学思想及学术实践》，《青海师范大学学报》（哲学社会科学版）2015年第1期。

危局。总之，蒋廷黻是一位伟大的教育工作者，不仅自己致力于救国强国运动，而且积极引导学生理性爱国，为建设现代化国家积极探索，寻求正确的路径，其教育理念及实践对今天的教育仍有启发意义。①

翦伯赞（1898—1968），湖南常德桃源县人。中国著名历史学家、社会活动家，著名马克思主义史学家，中国马克思主义历史科学的重要奠基人之一，杰出的教育家。在 20 世纪中国的史学史上，唯物史观史学和实验主义史学的针锋相对成为中国现代史学的重要特征。著名唯物史观派史学家翦伯赞在一生的史学活动中，对实验主义史学的批判是至为重要的一部分，在某种程度上可以视为 20 世纪上半期唯物史观派与实验主义史学派交锋和沉浮的缩影。翦伯赞对实验主义史学的批判，主要源于两大学派历史观以及由此衍生的治史方法的差异，政治立场上的对立也在其间发挥了重要作用。② 翦伯赞在 20 世纪三四十年代已经形成相当系统的马克思主义理论指导下的民族史研究思想与方法论。具体包括：从一定历史阶段和历史唯物主义的角度观察民族历史问题，民族学理论和资料对历史研究的指导意义和史实印证作用，以及中国各民族历史尤其是社会史写作的重要性等。关于台湾"番族"的资料，在翦伯赞的民族史和古史研究中，是重要的证据；而他对台湾"番族"的专门考察，则体现了马克思主义指导下民族史学研究的一般特点。③ 马克思主义史学家翦伯赞在研究民族关系史时，严格遵循实事求是的马克思主义基本原则，从自身的民族背景和历史事实加以论证，以民族平等和民族友好共处为核心，正视民族之间存在的矛盾，肯定各民族共同创造汉族的事实，将爱国主义思想教育和民族史研究相结合，形成了一个原则两个核心三个理论说。他的民族关系史理论在不同程度上对中国马克思主义史学的发展和中国民族关系史的深入研究起了促进作用。④

李达虽未提出系统的史学理论，但他在长期的史学研究实践中形成了丰富的史学理论，并散见其论文、专著、报告和言谈中。李达积极探讨了一系列有关的重大史学理论问题，如历史学研究对象、定义、特性与内涵，历史学研究的任务，历史学的地位，历史学与社会学的关系，方法、史料与理论

---

① 薛莹：《蒋廷黻教育救国思想研究》，硕士学位论文，聊城大学，2015 年。

② 黄文丽：《唯物史观与实验主义的交锋——翦伯赞对胡适实验主义史学的批判》，《中共党史研究》2015 年第 4 期。

③ 贾益：《翦伯赞的台湾"番族"考——兼论 20 世纪三四十年代马克思主义史学中的民族史研究》，《兰州学刊》2015 年第 9 期。

④ 李健美、周毛：《翦伯赞民族关系史观探析》，《湖南工程学院学报》（社会科学版）2015 年第 3 期。

的关系等，揭示了历史学这门学科的内在本质与发展规律，从历史学的概念、范畴、性质、定位、基础等方面推动了中国马克思主义史学理论的发展。① 李达是一位百科全书式的学者，不仅在马克思主义哲学、政治经济学、法学等领域有很高的造诣，而且在史学领域也卓有建树。他在史学领域取得的卓越成就，与其有良好的史学修养是分不开的。李达良好的史学修养主要表现在：在史德方面，他尊重事实，反对空谈，主张"求真"、"求是"，还特别"关注现实"；在史学方面，他学贯中西，知识渊博，拥有完整的知识体系和厚重的学术积累，因而能够开辟中国马克思主义史学研究的新领域和新方向；在史识方面，他精通马克思主义哲学，又善于发现问题，所以能够准确地抓住历史问题的实质，并对之作出恰如其分的判断；在史才方面，他拥有很强的驾驭史料与表述史实的能力和才智，能很好地消化新的史料和观点。李达的史学修养，反映了他对马克思主义史学中国化的深刻理解。② 李达史学思想离不开中国传统史学的根基，必须从以往的传统史学成果中吸取营养。可以说，李达不仅对马克思主义史学有着精辟的理解和运用，而且对中国传统史学的精髓和价值也有独到的认识和见解，这使他的史学思想必然表现出浓郁的民族特色和民族智慧。李达受传统史学的影响主要表现在两个方面：一是早期教育阶段的史学启蒙；二是受湖湘本土史学文化的熏陶。③ 李达极为关注历史人物的评价和研究。他坚持以马克思主义为原则，一生对许多历史人物和群体进行过广泛的评价，其主要评价内容包括：一是热情讴歌具有"新思想"和"革命精神"的革命者；二是充分肯定"反抗压迫阶级的革命领袖、保卫祖国的民族英雄，以及人民的科学家、文学家、艺术家和思想家"；三是批判英雄史观和生物史观，但又不否认伟人和英雄人物在创造历史过程中的重大作用；四是坚持实事求是的原则，以阶级分析的方法全面辩证地评价历史人物。④ 李达构建马克思主义法理学体系的理论探索是他开展马克思主义哲学中国化事业的重要组成部分。从20世纪20年代起，李达开始关注法律问题，并逐渐深入到学理层面的思考。1928年他翻译了日本学者穗积重远的《法理学大纲》，1947年他完成了自己的《法理学大纲》。这两部"法理学大纲"在体例、内容和法律观等方面的联系和差异，既反映了李达从学术翻译到理论创新、从借鉴他人成果到构

---

①　鲁涛：《李达对史学理论的探索》，《湖北社会科学》2015年第4期。
②　鲁涛、汪信砚：《论李达的史学修养》，《江汉论坛》2015年第9期。
③　鲁涛：《李达与中国传统史学》，《马克思主义哲学研究》2015年第2期。
④　鲁涛：《李达对历史人物的评价》，《学习与探索》2015年第5期。

建自己的马克思主义法理学体系的艰辛探索历程，又体现了李达运用马克思主义的理论和方法研究法理学、推进马克思主义哲学中国化所作出的理论贡献。① 李达在《社会学大纲》、《中国社会发展迟滞的原因》等著述中，在吸收来自苏联的马克思主义文化理论的基础上，依据自己对唯物史观的深刻理解，结合中国的马克思主义者探寻中国新文化的建立路径时所遇到的重要问题，对新旧文化的关系、新文化的"民族形式"、新文化建设中的"文化革命"等问题进行了有针对性的深入阐发。他的这些思考不但有益于马克思主义理论在中国的传播和发展即马克思主义中国化，更为中国新文化建设的理论探索和现实实践提供了有益的启示。②

杜国平指出，金岳霖的教育思想主要涉及三个方面：教育的目的、教育的内容和教育的方法。金岳霖先生认为：教育的目的包括教育的内在目的和教育的外在目的，教育的内在目的是追求个性发展，教育的外在目的是为国家目标服务；教育内容应该注重教给学生求学的方法，应该强调价值观和信仰的教育，应该重视培养大学问家；在教育方法上要重视通才教育，重视培养辨别、分析能力，教育要平衡发展，要充分重视逻辑教育。金岳霖先生的教育思想启发我们：应该注重个体人格、修养的培养；应该以教育的内在目的为教育的根本，从而在战略上实现教育的外在目的；应该重视逻辑思维、审辨式思维等学习方法的培养；应该重视培养学生形成独立的思想。③

黄燕玲分析了毛泽东的传统文化观，指出毛泽东作为一代伟人，无论是革命战争年代，还是和平建设时期，都非常重视对中国传统文化的分析和研究，并以马克思主义为指导，在中国革命与建设的实践中形成了其传统文化观。毛泽东的传统文化观是指毛泽东一生对传统文化的基本观点与看法，集中体现在对"什么是传统文化"和"如何对待传统文化"这两大问题的回答上。人是环境的产物，任何一个人的思想都是主客观两种因素交互作用的结果，毛泽东的传统文化观也不例外。毛泽东传统文化观的形成离不开当时社会的客观条件，同时，也与毛泽东主观所具备的个人素质紧密相关。其中，时代背景与实践基础、理论来源以及中国传统文化的影响这几个方面为毛泽东传统文化观的形成提供了可能性；而毛泽东深厚的国学基础、坚实的马克思主义理论功底、辩证历史的思维方式以及丰富的实践经验等个人素质

① 周可：《从翻译到创新——李达的法理学探索及其启示》，《江汉论坛》2015年第9期。
② 李白鹤：《李达的文化思想探析》，《学习与探索》2015年第5期。
③ 杜国平：《金岳霖的教育思想及其启示》，《重庆理工大学学报》（社会科学版）2015年第12期。

条件则使这种可能性成为现实。人的思想是历史地发生与发展着的，是过程的集合体。毛泽东传统文化观的形成也不是一蹴而就的，而是在中国外求独立、内求民主的特定历史条件下逐渐形成和发展成熟的。毛泽东的传统文化观的形成发展大体可以分为四个历史时期。第一个阶段，即 1900 年在私塾开始接受传统文化启蒙教育至 1920 年马克思主义世界观的确立，是毛泽东传统文化观的萌芽时期。第二个阶段是 1921 年中国共产党成立至 1949 年新中国成立，是毛泽东马克思主义传统文化观形成、成熟时期，分为 1921 年至 1935 年年初的形成时期和延安的成熟时期。第三个阶段，从 1949 年新中国成立到 1956 年社会主义制度建立，是新的探索时期。第四个阶段则是 1957 年反右运动至 1976 年逝世，是曲折发展时期。毛泽东的传统文化观是其在革命与建设时期用马克思主义的态度对待传统文化而形成的关于传统文化的基本看法。内容主要体现在对"什么是传统文化"和"如何对待传统文化"这两大问题的回答上。其中，前者回答了传统文化"是什么"和"不是什么"的问题，后者回答了"怎样对待"和"不怎样对待"的问题。在"什么是传统文化"的问题上，毛泽东主要从传统文化的产生、实质、特征、价值等角度作了说明。在"如何对待传统文化"的问题上，毛泽东则着重强调了"尊重历史学习研究"、"批判继承创造发展"、"古为今用洋为中用"等方面。毛泽东的传统文化观具有重要的理论价值和实践意义。从历史上看，其价值集中体现在丰富发展了马克思主义的传统文化观；作为毛泽东思想的重要内容，为新民主主义文化和社会主义文化建设提供了科学指南。从现实中看，其当代价值主要表现在为引导当代人牢固树立并坚持科学的传统文化观提供有益指导、为当代人更好地传承和弘扬中华民族优秀传统文化提供重要的理论支撑等方面。[①]

周谷城（1898—1996），中国著名历史学家、教育家、社会活动家。周谷城凭一己之力独撰《中国通史》和《世界通史》，为中国历史编纂学的进步作出了创造性贡献。他具有深刻的批判意识和建构体系的学术自觉，不仅以"新史学"为主旨，专门就通史编纂理论如编纂对象、任务、范围、方法及体裁等进行系统建构，而且对纪事本末体进行系统改造，克服其记载范围狭窄且史事间缺乏联系的弊端，并在选材、行文和标题等方面提出独立见解，有力维护了"历史自身之完整"。此外，他在进行历史分析时大胆借鉴和运用马克思主义理论，并于编纂过程中广泛采取了历史比较方法，从而形

---

① 黄燕玲：《毛泽东的传统文化观研究》，硕士学位论文，山东大学，2015 年。

成独具特色的编纂风格。①

刘大年（1915—1999），是马克思主义史学家，中国近代史研究领域的学术大师，为中国近代史研究与马克思主义史学理论建设作出了突出贡献。为纪念马克思主义史学家刘大年先生诞辰 100 周年，王伟光、张海鹏、王建朗等人纷纷撰文研究刘大年的史学思想。刘大年不仅在史学研究与史学思想上卓有建树，在学术组织和学术活动中也贡献良多，先后参与建立中国科学院、中国科学院哲学社会科学学部、近代史研究所，重建中国史学会，建立中国孙中山研究会、中国抗日战争学会及创刊《历史研究》、《近代史研究》和《抗日战争研究》等重要工作。是新中国马克思主义史学的奠基人之一，是改革开放后传承和创新郭沫若、范文澜、翦伯赞、吕振羽、侯外庐"五老"所开创的马克思主义史学研究的主要代表。刘大年积极推动马克思主义史学理论与史学史的研究和学科的发展。他对中国近代史若干重要理论问题如革命与现代化关系的理论阐发，对于中国近代史研究在马克思主义的道路上继续发展也具有极其重要的理论价值。刘大年关于马克思主义史学发展的多方面的理论思考，是他留给后人的一笔极其珍贵的史学遗产，值得当代史学工作者发扬光大。② 刘大年先生是公认的中国近代史研究领域的学术大师，他在马克思主义史学理论建设方面也作出了突出的贡献，主要是：对中国近代史的概括，对抗日战争史的概括，对马克思主义历史学理论核心问题的概括，对历史研究与现实关系的概括。③ 刘大年对于抗战史研究的主张，主要有如下四点：坚持抗日战争研究必须是科学研究，要全面、准确地研究国共两党在抗日战争中的地位和作用，对一些沿用已久的说法进行重新思考，必须以唯物论辩证法指导抗战史研究。刘大年对推进抗战史研究作出了重要贡献，他所提出的若干观点已成为今天的主流观点。他如此重视抗日战争史研究，是因为他看到了这一研究对于铸造民族精神、维护国家利益的重要性。因此，他不仅在学界努力推进抗战史的研究，还积极致力于推动社会各界对抗日战争这段历史的关注。④ 在现代中国学界，马克思主义者与所谓的西化派及文化保守主义者都对孔子、儒学以及中国传统文化表现出不同程

---

① 刘永祥：《"新史学"与周谷城的通史编纂》，《人文杂志》2015 年第 2 期。

② 张剑平：《刘大年对马克思主义史学发展的理论贡献》，《淮阴师范学院学报》（哲学社会科学版）2015 年第 3 期。

③ 张海鹏：《刘大年史学思想散论》，《近代史研究》2015 年第 1 期。

④ 王建朗：《求真求实　学者本色——追忆大年同志与抗战史研究》，《近代史研究》2015 年第 1 期。

度、不同视域的关注。作为马克思主义史学家的刘大年先生亦不例外，他的晚年著作《评近代经学》，对近代经学进行了宏阔、深邃、缜密、独到及精辟的思考和论述，是以马克思主义立场、观念研究中国传统思想文化的一个典范。但迄今为止，其近代经学研究在学界仍未得到足够的重视，这对于儒学及传统文化的现代化，对于儒学与马克思主义关系的探讨以及当前对于中华优秀传统文化的继承和弘扬，不能不说是一个缺憾。刘大年《评近代经学》的学术价值是多方面的，他探讨了近代经学开端问题、近代经学研究的方法论、近代经学研究的重心及现实指向三个方面。[1] 理解刘大年史学思想的核心以及该核心所涉及的对马克思主义指导思想的认识、对历史研究对象的归纳、对研究私有制时代历史基本方法的把握、对历史研究根本任务的确定，对于新时期发展马克思主义史学具有重要的现实意义。刘大年史学思想的核心是历史学如何成为科学，而不是历史学如何为政治服务。[2]

　　吴相湘是中国近代著名史学家，他对民国人物作了不少传记。1914 年生于湖南常德，长于长沙，就读楚怡小学及明德中学，并受李剑农影响走上史学道路。1932 年，进入北京大学，受到胡适、傅斯年、孟森、姚从吾等学者的影响，踏入晚清史研究领域，首次对北京政变进行了研究。毕业后进入中央研究院历史语言研究所，在抗日战争中，参加了国民党所属军队。抗战结束后，曾在河南大学、兰州大学、故宫博物院工作。1949 年后到达台湾，先后在台湾大学、中国文化大学、新加坡南洋大学任职。1975 年赴美国，于 2007 年逝世于美国。吴相湘一生著作等身，尤其以民国人物传记研究最为重要。目前学界对其研究的总结，尚未进入系统与全面的境地，对其有关著作多有忽视，而且也无法联系其自身经历与学术背景来进行深入的探讨。[3]

（三）湘学精神品格研究

　　湘学凝聚了湖南历代士人的睿智、深邃的思维、理性的思考，在它的文化潜质里到处流淌着湖南士人的文化气息和价值追求。总体而言，2015 年，

---

①　李建、傅永聚：《刘大年〈评近代经学〉的学术价值》，《近代史研究》2015 年第 1 期。
②　黄仁国：《刘大年史学思想的当代价值》，《近代史研究》2015 年第 1 期。
③　郝振楠：《吴相湘与民国人物传记研究》，硕士学位论文，华东师范大学，2015 年。

学界指出，湘学的精神品格包含丰富的内容，具有忧国忧民的强烈情感，崇尚实学、经世致用的优良学风，"气化日新"、自强不息的奋斗精神，抵御外侮、卓砺敢死等优良品格。湘学精神品格不仅影响了湖湘大地乃至中国的历史发展，而且具有重要的当代价值。

郑大华分析了湖湘文化五个方面的精神特质。第一，学以致用的经世精神。所谓学以致用，通俗地讲，就是学术要关注现实，要关注国计民生的问题。学以致用虽然是中国历代知识分子的价值取向和优良传统，但它在湖湘文化中表现得最为抢眼。湖湘文化是以"湘学"为其核心支撑的区域文化，周敦颐发其端，胡安国父子发扬光大，王夫之时达到鼎盛。"湘学"的一大特点，就是讲求学以致用。第二，"敢为天下先"的创新精神。第三，"以天下为己任"的担当精神。第四，"扎硬寨"、"打死战"的奋斗精神。第五，"先天下之忧而忧，后天下之乐而乐"的奉献精神。①

张湘涛主编的《长沙人与长沙精神》，以长沙人为经，以长沙精神为纬，通过探讨长沙历史名人与当代普通人与长沙的关系，揭示长沙深厚的历史文化内涵与现代品格，展示其特有的长沙形象与长沙精神。② 湖南省湘学研究院编的《湘学新论》，系精选湖南省湘学研究院 2012—2013 年课题研究成果而成，共收相关课题成果 23 项，主要围绕湘学与湖湘文化、湖湘理学、湖湘文学、湖南精神、中国共产党人的实践、当代湖南展开研究，形成了有一定高度、深度、内涵的新思想、新见解。③

在中国传统文化的价值体系中，圣贤与豪杰分别代表不同的人格类型。湖湘士人强调"圣贤未有不豪杰者也"，这种合圣贤与豪杰为一体的理想人格类型，成为湖湘士人的最高追求。这种合圣贤与豪杰为一体的理想人格对湖湘地区的思想文化产生深远影响，对中国近代历史发展的影响尤其显著。湖湘士人都普遍存在圣贤、豪杰合一的人格理想追求。而且，这种人格追求绝不仅仅是湖湘士人的浪漫理想，而是体现在这一大批鲜活的湖湘士人的精神气质、生活世界之中。如果我们把那些在历史上有重大影响并且具有突出湖湘精神气质的人物作一追根究底的探索，这时我们就会发现，形成他们精神气质的文化基因和人格理念，原来就是圣贤与豪杰的统一。圣贤与豪杰的结合无疑代表着他们的核心价值和最高追求。作为地域性的学术风尚、精神气质，湖湘士人的理想人格具有自己的特点，就是在推崇圣贤作为理想人格

---

① 郑大华：《湖湘文化的精神特质》，《新湘评论》2015 年第 6 期。
② 张湘涛主编：《长沙人与长沙精神》，湖南人民出版社 2015 年版。
③ 湖南省湘学研究院编：《湘学新论》，湖南人民出版社 2015 年版。

的同时，特别强调"圣贤"是包括"豪杰"在内的。这种合圣贤与豪杰为一体的理想人格类型，成为湖湘士人的最高追求，对湖湘地区的学术思想、学风形成、人才模式均产生很大的影响。在晚清、民初之时，湖湘士人群体中普遍地盛行这种文化风尚，就是立志于一种"圣贤—豪杰"型人格精神。尽管由于历史的急剧转型，湖湘士人的具体政治理念会发生很大变化，如他们从维护清王朝（曾国藩等）到变革清王朝（谭嗣同等），最后致力于推翻清王朝（黄兴、宋教仁等），但他们对立志做"圣贤—豪杰"的人格理想却从没有改变。毛泽东则是一位既有文化理想又有经世才华与功业者，是"传教之人兼办事之人"，是圣贤兼豪杰。毛泽东所实现的不仅是"圣贤—豪杰"人格理想，而且是新"圣王"的理想，即精神领袖的"圣"加政治领袖的"王"。①

周婕妤、熊丽英认为，湖湘文化是中国文化史上独具特色的地域文化类型，它对中华文化的发展作出了重大贡献。湖湘文化精神，主要表现在心忧天下的爱国主义精神、经世致用的求真务实精神、博采众长的包容开放精神、敢为人先的开拓进取精神方面。研究湖湘文化精神最终目的在于促进民族伟大复兴、促进现代化建设发展、促进文化强国战略实施以及推进中华民族开拓创新等现实意义的实现。②

湖湘士人的精神气质就是一种多重文化基因的组合，即心理文化与精神文化、民俗文化与士人文化、楚蛮文化与中原文化等多重文化的组合。这些不同文化基因组合的直接结果，就是湖湘士人的精神气质呈现出狂傲与狷守、虎气与猴气等不同文化人格合于一身，体现出一种两极性文化特质既相反又相成的奇特文化景观和精神气质。湖湘士人在精神气质、文化人格方面有一个突出特点，就是狂狷型人格特质者比较多，而且表现突出。一方面，这些湖湘士人往往具有狂者的气质，他们似乎继承了"南蛮"、"楚狂"的禀赋，有着敢想敢做的狂者气质，能够积极进取，并敢于挑战各种权威和流俗；但是另一方面，湖湘士人往往亦兼有狷者气质，他们的人生道路、意志心理方面又包含着退守无为、淡泊自持的一面，具有明显的狷者特质。湖湘士人的狂狷型精神气质，既体现在那些功盖天下、统领三军的封疆大吏那里，也同样体现在那些隐身山林、读书治学的布衣学者身上。所以说，狂狷

---

① 朱汉民：《圣贤未有不豪杰——湖湘士人的精神气质研究》，《湖南社会科学》2015 年第 3 期。

② 周婕妤、熊丽英：《论湖湘文化精神及其现实意义》，《岳阳职业技术学院学报》2015 年第 3 期。

型精神气质的士人大量出现在三湘之地，也是一个突出的地域文化现象。①

罗山认为，屈原与湘学都受到儒家文化的影响和熏陶，但又秉承了湖湘区域文化的传统，形成了与其他地区不同的精神气质。两者之间的天然联系使得湘学学人更能对屈子爱国精神的内涵和情怀产生共鸣，并形成了宋以后的中国历史中蔚为壮观的湘人抗击外敌、治国安邦、投身革命的历史现象。屈原爱国主义精神的内涵及对湘学的影响，一是忧国忧民的忧患意识，二是爱国与事功合一的经世情怀。在屈原的爱国精神中，第二个突出的内涵是很强的政治性和实践性。在湘学学子中，这样的精神得到了继承和发扬，形成了湘学学人敢于担当的经世治国的功业观念。湘学有重经学的传统，并将治经学贯穿于文史哲之中，勇于创新，由此发展了中国传统学术文化。正是这样的思想，伴随着笃实的学风，指导湘人在中国近代史的大舞台上守道救时，使内圣与外王的传统观念转化为积极开眼看世界的精神动力。三是"九死不悔"的爱国意志。屈原是爱国主义精神的化身，是湘学爱国精神最为重要的源头。一方面，屈原的爱国精神和行为直接影响了湘学爱国精神的内涵和特征；另一方面，这种精神又与湖湘地域的精神气质相结合，形成了湖湘文化中突出的爱国情怀和身体力行的爱国行为。这一源远流长的文化传统，使湘学衍生出具有爱国传统的学术脉络，提升了其学术品格和境界。②

作为宋明理学及湖湘文化的重要开创者，周敦颐颇为注重修身教育、伦理道德教育和提倡修身养性。他以"诚"作为修身教育的起点，将人生道德修养建立在"诚"的基础上。同时，还建立了以"德"为基本核心的修身体系，倡导以"德"为基本理念来构建人的幸福观、富贵观，提倡保持独立、高洁的人格，主张藏愚守拙。周敦颐的修身教育思想宏富精深，致远清明，对于后来湖湘文化的发展及湖湘教育的繁荣及近代湖南人才群的产生均有着重要的价值和启迪意义。③

张大联在《湖湘文化中的忧患意识与范仲淹的"先忧后乐"观》中指出，远在先秦，湖湘大地上就形成了一种异质地域（湖湘大地）及民族（原住民、三苗及其他民族）文化的复合体——湖湘文化。这种湖湘文化是中华民族传统文化中的一枝奇葩，具有自己独特的精神特质，其中的爱国主义传统成为中华民族传统文化中的一个优秀组成部分。湖湘文化中的爱国主义

---

① 朱汉民：《狂狷：湖湘士人的精神气质——以王夫之、曾国藩、左宗棠为重点》，《求索》2015 年第 4 期。

② 罗山：《屈原爱国精神及其对湘学的影响》，《云梦学刊》2015 年第 6 期。

③ 黄亦君：《周敦颐与修身教育》，《教育文化论坛》2015 年第 4 期。

以忧患意识为主导，以其鹰扬伟烈的英雄气概、天下千秋的承担精神、忧乐求索的忧患意识昭示和影响着一代又一代优秀的湖湘子弟"位卑未敢忘忧国"、"长歌慷慨莫徘徊"。在湖湘文化的发展进程中，忧患意识所起的作用不容小觑。忧患意识是中国历代知识分子所坚守的精神品格，也是湖湘文化的精髓。湖湘文化中的忧患意识源自屈原，其后经范仲淹、魏源有了一系列的发展演变。宋代的"忧患"直指"天下"，范仲淹在所写名文《岳阳楼记》中，将此前的"忧患意识"提到了一个新高度，提出"先天下之忧而忧，后天下之乐而乐"，使忧患意识成为时代的强音。一代又一代的湖湘子弟正是在这种忧患意识的指导下不断进行探索创新，从而推动了湖湘文化的发展。①

在曾国藩的家书中，无论是在教子、持家、治军还是治学中，都体现了他的读书学习法。首先指明读书学习的目的是不为官而为贤要陶冶情操变换气质；其次，要求读书学习必须低调简朴，做到有志、有识、有恒、博学专精、格物诚意、求之甚解、良师益友、勤思善问，要看、读、写、作统一。② 晚清重臣曾国藩极为重视家庭教育，在其家教思想中，教孝思想是重要内容之一。曾国藩认为，孝友为家庭之祥瑞，是家道经久不衰的保证，可使家世绵延十代八代。切实讲求孝友，必须做到事亲以得欢心为本、兄弟友爱和睦、重孝友轻科名、入孝出忠等。曾国藩教孝的效果显著，曾氏家族成功跳出了富不过三代的宿命。曾国藩的教孝思想，虽然很多内容无法跳出封建孝道的窠臼，但对于今天家庭伦理的构建及家庭教育的开展具有诸多启迪意义。③ 曾国藩的树人育才、识人用人之道，对中国近现代一大批军政人才的培育产生了深远的影响。其内容包括：首先，"凡将相无种，圣贤豪杰亦无种，只要人肯立志，都可以做得到的"，关键在"以有恒为主"、勤劳习苦、谦谨、明强。第二，用兵行政，以选拔人才为第一义，而"人才以陶冶而成"，应十分耐心地去访寻发现人才，培养教育人才，并善于使用人才。第三，人才随风气为转移，应以身作则地去带头转变社会风气，为人才的大批涌现营造良好的社会环境。④ 曾国藩的近代民族意识，具有深厚的哲

① 张大联：《湖湘文化中的忧患意识与范仲淹的"先忧后乐"观》，《文学教育》（下）2015年第3期。

② 高漫漫：《曾国藩的读书学习观新探》，《教育文化论坛》2015年第3期。

③ 彭法：《论曾国藩的教孝观》，《教育文化论坛》2015年第4期。

④ 彭大成：《曾国藩的树人育才之道及其当代启示》，《湖南师范大学社会科学》2015年第4期。

学基础。崇尚礼教的理学素养成为他安身立命的精神内核，而具有积极入世精神和经世倾向的事功观能够使曾国藩在恪守礼教的同时，在具体的政治实践中不断突破传统政治积习的束缚。太平天国战争的磨砺和第二次鸦片战争败局的冲击相交织，促成其近代民族意识的逐渐生成。一方面，在外交事务的具体经办中，他逐渐形成以诚信观为特征的处事哲学。另一方面，他积极倡导以自强为目的的洋务事业，倡导学习西方先进科学技术，大力兴办洋务事业。①

左宗棠的家风、家教思想对后世启发较大。左宗棠的家教思想主要内容有：要求子孙刻苦读书明理，贵在力行致用；要永葆寒素家风，力戒各种恶习；坚持廉洁奉公，慷慨行善济困。② 左宗棠生前十分注重对子孙的教育，努力在子孙和左氏族人中树立一种以耕读相结合、以勤劳俭朴为主要特点的家风。左氏家风的思想内容主要有：子孙要明白事理，应立志耕田读书，不要追求做官；家人应讲求勤俭朴素，保持平民家庭本色；儿孙应多做善事，多救济贫苦人家等。③ 左宗棠生前十分注重对子孙的教育，并努力在子孙和左氏族人中树立一种良好的家风。左氏家风的要义主要有子孙要立志，要明白事理，应立志耕田读书，不要追求做官；子孙要勤俭朴素，家中一切从简，不可铺张浪费；儿孙应多做善事，多救济贫苦人家等。④

朱汉民以王夫之、曾国藩、左宗棠为重点分析了湘学的精神气质。狂、狷代表的是两种对应的精神气质或文化人格的类型。湖湘士人在精神意志、心理特质、行事风格方面常常有一种鲜明的特色：就是将进取、豪放、倨傲乃至蔑俗轻规的"狂者"气质，与退守、谦谨以至淡泊清持的"狷者"气质合为一体，体现出一种既狂且狷的特点。这种独特的狂狷型人格和精神气质亦成为湖湘地域的重要文化景观。明清湖湘士人在思想上推崇狂狷型人格，在生活中体现狂狷型气质，在王夫之、曾国藩、左宗棠身上最为明显。作为一种十分鲜明的地域文化现象，狂狷型精神气质的士人大量出现在三湘之地，原因在于湖湘士人的精神气质是心理文化与精神文化、民俗文化与士人文化、楚蛮文化与中原文化等多重文化基因的组合。一是以我性情、狂狷

① 王明前：《诚信与自强：曾国藩近代民族意识的哲学基础与精神特质》，《暨南史学》2015年第2期。
② 彭大成、杨浩：《左宗棠的家教思想及其当代启示》，《湖南师范大学教育科学学报》2015年第3期。
③ 蔡建满：《左宗棠和左氏家风》，《湖南大众传媒职业技术学院学报》2015年第2期。
④ 蔡建满：《社会主义核心价值观背景下的左宗棠家风》，《湖南科技学院学报》2015年第7期。

是已：王船山的狂狷人格。二是进取强矫、性狂气狷：曾国藩的狂狷人格。三是自然率真、气狂性狷：左宗棠的狂狷人格。四是文化基因组合：湖湘士人狂狷型人格的形成。①

谭嗣同的就义精神不仅有政治意义，而且有着一定的文化意义。戊戌变法中的谭嗣同，本可以逃走存活，但他认为"各国变法，无不从流血而成"。为了唤醒国人，他甘愿流血牺牲，于是选择了从容就义。这种视死如归的大无畏精神，不只是体现了儒家"铁肩担道义"的君子人格，更重要的是体现了他对佛教"无我"境界的证悟。他用勘破生死、从容就义的实际行动，践行近代"人间佛教"积极入世的精神，体现了佛教智慧在近代历史转型中的积极性。②

周谷城的学术研究，领域宽广，硕果累累，蜚声海内外。历代湘人"心忧天下"、献身国家的爱国情操，"经世致用"、实事求是的务实作风，兼收并蓄和敢为人先的创新意识，勇于任事、百折不挠的斗争意志，在其长达 70 多年的学术研究中均有充分体现。湖湘文化的人文精神成为周谷城学术研究中独特的精神支柱。③

湘籍革命家既受湖湘文化的熏陶，又传承了湖湘文化。以毛泽东为代表的湘籍无产阶级革命家群体，是现代湖南杰出人才群英荟萃之中的典范，是"惟楚有材，于斯为盛"的最新体现。湘籍无产阶级革命家群体与湖湘文化同根共生、相辅相成、相映生辉。湖湘文化赋予他们特殊的文化品格，是他们成长的沃土，是近代湘籍无产阶级革命家群体大有作为的文化基因。湖籍无产阶级革命家群体又以其理论建树、卓著功勋和文化成就极大地丰富了湖湘文化，推动湖湘文化向现代转型。④ 湖湘文化是湖湘地域范围内逐步形成和发展起来的、具有独特风格的地域文化。湖湘文化的优良传统经过一代又一代湖湘人士的传承和发展，逐步得到了丰富和创新。贺龙独特个性品格的形成离不开湖湘文化，更离不开世世代代湖湘学者的影响。其一生经历的坎坷并没有让他后悔参加革命，而是始终坚定信念，奋斗不息，直到生命画上句号。他是一名伟大的湖湘志士，对湖南的发展和社会的进步

---

① 朱汉民：《狂狷：湖湘士人的精神气质——以王夫之、曾国藩、左宗棠为重点》，《求索》2015 年第 4 期。

② 张松才：《谭嗣同就义精神的文化解读》，《成都理工大学学报》（社会科学版）2015 年第 5 期。

③ 莫志斌：《论周谷城对湖湘文化人文精神的践履》，《云梦学刊》2015 年第 5 期。

④ 雷国珍：《湖湘文化与湘籍无产阶级革命家群体》，《毛泽东研究》2015 年第 3 期。

作出了巨大的贡献。以王船山为代表的近代湖湘文化，孕育了贺龙独特的个性：经世致用的实干精神，孕育了贺龙勇于投身无产阶级事业中的献身精神；以天下为己任的爱国主义精神，造就了贺龙忧国忧民、不屈不挠的奋斗精神；敢为人先、主新反旧的开拓和创新精神，孕育了贺龙豪迈、乐观、积极的人格魅力；运筹决胜、足智多谋的军政谋略，造就了贺龙能征善战、驰骋疆场的革命思想。① 毛泽东与向警予，是无产阶级革命家中相识较早、友情较深、惺惺相惜、引为知己的湘籍战友。他们具有共同的革命理想、湖湘性格和文化精神。这是他们成长、成才、成功、成就的深层原因和人文内涵。②

彭文忠指出，湖湘文化与向警予的大无畏献身精神有重要关联。第一，孕育向警予湘女气质的文化基因，其湖湘文化的精神在向警予身上应该说是得到了集中完美的体现，她忧国忧民、敢为人先、勇于担当、百折不挠、矢志不渝、英勇无畏。第二，造就向警予女杰风范的文化氛围，向警予之所以能成为中国近现代的杰出女性，这与她生存、成长、发展的文化氛围有绝对的关系，这种文化氛围包括地域的、历史传承的、时代的，以及湖湘人才群的。第三，成就向警予英雄气概的文化精神，向警予之所以能成为中国无产阶级革命家，除了她身上所具备的特有的湖南人性格之外，最主要的是她身上所特有的一种非同凡响的精神气质，这种精神气质就是，大无畏的革命献身精神。这种献身精神的形成，既源自于中国的传统文化，更源自于湖南人的性格特征。③ 向警予妇女解放思想经历了一个明显的演变过程：从自我女性主体意识的发现，到主张"教育救国"，受资产阶级女权运动影响，到接受马克思主义探寻妇女群体解放道路。从这一过程不难看出，向警予的妇女解放思想与她生活的湖湘大地有着千丝万缕的联系；湖湘文化心忧天下的使命意识、务实致用的实践品格和以民为本的思想，在向警予的妇女解放理论和实践上，打下了明显的精神烙印。④

夏远生阐述了胡耀邦清廉作风的文化意义。"一身正气、两袖清风"，是党和人民对胡耀邦清廉作风的精确评价，深刻揭示了他党性、品德、人

---

① 杨松菊、曹娟：《论湖湘文化对贺龙个性品格的影响》，《当代教育理论与实践》2015年第5期。

② 夏远生：《毛泽东与向警予共同的文化精神》，《湘潮》（下半月）2015年第10期。

③ 周亚平：《湖湘文化与向警予的大无畏献身精神》，《湘潮》（下半月）2015年第10期。

④ 彭文忠：《论向警予妇女解放思想及实践的湖湘文化特性》，《湘潮》（下半月）2015年第10期。

格、风范的精神特质、价值精髓和文化意义。"苦寻屈子魂"，精辟概括了胡耀邦一生自奉清廉的文化渊源。"心在人民，利归天下"，奠定了胡耀邦历行为民务实清廉作风的根本基因。"准则"、"表率"、"力行"，铸就了胡耀邦清廉作风的原则和灵魂。其奋斗的人生、杰出的贡献、高尚的情操、革命的精神、伟大的人格、清廉的风范，是共产党人的宝贵精神财富，是进行党的优良传统和革命作风教育、培育和践行社会主义核心价值观、实现中华民族伟大复兴中国梦的优秀教材和强劲动力，在协调推进"四个全面"战略布局、加强党风廉政建设方面，将发挥"最好的教科书、最好的营养剂"的功用。① 贺全胜探析了胡耀邦的人格风范，指出胡耀邦是伟大的马克思主义者。他在中国革命和社会主义建设中为党和人民作出了令人瞩目景仰的重大贡献。他理想信念坚定、坦荡正义、实事求是、光明磊落、公私分明、廉洁奉公、民本勤政、解放思想、锐意改革创新的高洁人格风范，是我们党的宝贵精神财富，是我们推进中国特色社会主义事业的强大精神动力。② 胡耀邦的诗句"苦寻屈子魂"，精辟概括了其一生自奉廉洁、持身正直的文化渊源。追溯而言，首先是湖湘文化的滋养哺育，可以说湖湘文化构筑了胡耀邦人生成长的性格基因，"苦寻屈子魂"凝聚了胡耀邦求索与创新的精神内涵，弘扬"先忧后乐"精神成为胡耀邦的人生信条；其次是革命斗争的人生历练，炼铁成钢，锻造了胡耀邦金刚不坏之身、正直廉洁之心、正气清白之风；最后是毛泽东思想的教育、毛泽东同志的教导，使胡耀邦受益终身，虽然走上党中央主要领导人的高位，仍然保持一颗赤子之心、一身公仆情怀、一腔忠诚热血。③

在深受湖湘文化影响的湖南现代女性作家中，丁玲、白薇、谢冰莹是很具代表性的三位。湖湘文化中"吃得苦、霸得蛮、耐得烦"的泼辣风格深深地影响了丁玲、白薇、谢冰莹等湖南现代女性作家，无论是个人经历还是其创作，都在鲜明的女性意识中透出浓浓的"辣"味风格。丁玲、白薇、谢冰莹所塑造的女性人物明显有着作家本人性格气质的痕迹。这些女性人物像作家本人一样作风泼辣，有狂热的反叛一切的信心和勇气，洋溢着女性对自身价值肯定的尊严感、历史感、时代感。她们将对女性问题的思考全都寄

---

①　夏远生：《胡耀邦清廉作风的文化意义》，《毛泽东研究》2015 年第 5 期。

②　贺全胜：《胡耀邦人格风范探微》，《毛泽东研究》2015 年第 5 期。

③　夏远生：《一身正气　两袖清风——胡耀邦清正特质的文化之源》，《新湘评论》2015 年第 21 期。

寓在她所塑造的女性形象之中，表现出鲜明的女性主体意识。①

　　许顺富主编的《湘籍无产阶级革命家群体的党性修养》，从理论阐释和分析的角度，集中论述湘籍无产阶级革命家群体党性修养的思想。出版该书，对进行革命传统教育、党的群众路线教育和"三严三实"教育有现实意义。② 田中阳著《承先启后的历史坐标——湖湘文化精神与"五四"时期湖南报刊互动关系研究》，从研究湖湘文化精神与"五四"时期湖南报刊互动关系出发，对地方报刊与区域文化互动互应关系的规律作了详细探讨，对一种区域文化传承的规律有一些认识；从深层来说，书稿则是以"五四"时期湖南《大公报》等数家报刊为研究文本，以湖湘文化这一对中国近现代产生过巨大影响的区域性思想文化现象为例，对一种传统文化的传承与新变作"DNA"的历史考察。其研究对当今如何传承传统文化具有一定现实指导意义。③

---

　　① 刘明丽：《从湖湘文化看湖南现代女作家的"辣"味风格——以丁玲、白薇、谢冰莹为代表》，《三峡论坛》（三峡文学·理论版）2015 年第 2 期。
　　② 许顺富主编：《湘籍无产阶级革命家群体的党性修养》，湖南人民出版社 2015 年版。
　　③ 田中阳：《承先启后的历史坐标——湖湘文化精神与"五四"时期湖南报刊互动关系研究》，湖南人民出版社 2015 年版。

四　湘学历史文化研究

　　湘学历史悠久，文化底蕴深厚。湖南的历史文化，属于特定的地域历史文化，作为一个相对独立的地域文化，在政治、经济、军事、文化乃至生活习俗等领域必然表现出不少自己的特色。而这种历史文化特色，则是由湖南所处的自然地理、生态环境和人文环境，以及特定的历史条件和历史发展进程所决定的。2015 年关于湘学历史文化的研究成果较为丰富，主要集中在湖湘文化、文化学派、书院文化、艺术文化等方面。

（一）湖湘文化研究

　　湖湘文化是湘学的重要组成部分。2015 年关于湖湘文化研究的成果，除湖湘历史文化研究外，对湘籍历史人物影响的研究成果较为丰富。

　　朱汉民主编《湖湘文化通史》，由《上古卷》、《中古卷》、《近古卷》、《近代卷》（上）、《近代卷》（下）五卷组成。它打通古今历史、文化要素以及学科视域的异同，将湖湘文化历史纳入到中华文化发展史的大背景下作宏观思考和研究，概括出湖湘文化史是一个不断被承传、更新、丰富、重组的建构过程，将湖湘文化传统的挖掘与湖湘文化的现代建设结合起来，探究湖湘文化的当代意义，完整地研究、展现了丰富多彩的湖湘文化。[①]

　　古代湖湘地区环境闭塞、民风不开，自先秦直至唐宋，常是朝廷安置贬谪官员的首选之地，大量文人流寓至此。他们高洁的志向、不屈的抗争意志、峻直的人格凝定成恒久的流寓文化精神。在经历空间的移位，时间的消磨后，依然深深影响着这个地域上的历史文化和人群，推动了湖湘文化的发

---

　　① 　朱汉民主编：《湖湘文化通史》，岳麓书社 2015 年版。

展与兴盛，影响了湖湘士人的文化品格，传播了湖湘的地域形象。刘师健、陈健强研究了湖湘流寓文人文化。两宋时期，湖湘地区成为士人主要的流寓之地。流寓人士开宗立派，讲学布道，在湖湘大地上形成一个新的文化圈。面对不同的自然环境和社会关系，士人的心态发生了变化：有的表现出一定的疏离感，怀有"乡梦断，旅魂孤"的故国之思；有的则超越狭隘的乡土意识，积极与湖湘本土文化交流融合，以胡氏父子、张栻为代表的流寓士人，秉承"议论酬唱甚乐"的观念，形成了影响深远的湖湘学派。这些流寓文化共同丰富了湖湘文化的内涵，推动了湖湘文化的兴盛，促成了湖湘文化的新变，提升了湖湘的地域形象。①

　　潘健研究了马楚文化政策。作为一个统治了长达 56 年的小政权，马楚的成功除了与马殷、马希范等人的特殊才能有关，还与他们制定的各项政策和社会建设有很大关系。马楚建国后，采取发展湖湘文学及教育、重视人才、营造园林文化、尊崇佛教等一系列文化政策。这些政策有力地促进了马楚的文化建设，为经济和文化的短暂繁荣奠定了基础。② 聂立申、赵京国研究了南宋初年理学大师胡安国与臭名昭著的秦桧的关系。胡安国作为湖湘学派理学的传承者，为实现大宋王朝中兴、发展湖湘学派和尊君抑臣、强化皇权，主动结交秦桧并期冀秦氏能改观宋朝局面。当然"靖康之变"前后秦桧的政绩与良好表现，是胡、秦二人密切交往的基础。建炎年间，胡、秦二人关系迅速上升，进入实质化阶段，并于绍兴初年达到高潮。胡、秦的这种知契之交，既有深刻的历史背景，同时又是宋初各种派系政治斗争和以湖湘派为代表的理学需进一步发展壮大的历史必然。深入细致探讨二人关系，不仅有利于加深对胡、秦二人的认识，更能进一步理顺南宋初期的政治脉络。在南宋之初，二程洛学正宗的继承者，是被东南学者称为"程门四先生"之一的杨龟山（杨时）。而其创办的闽学也因发展迅速，被号以"天下第一大学术派别"，声望远超过湖湘学派。闽学、湖相学这两大学派虽都是二程洛学的继承者，但在很多问题上，他们的主张是不一致的。作为湖湘学的主要代表，胡安国面对闽学的进攻，不得不采取措施应对。在这种情况下，胡借秦桧的力量来对付闽学，就成了必然。③

　　到 2013 年年底止，通道共有国家级、省级、市级、县级文物保护单位共有 35 处，已列入国家级、省级、市级、县级非物质文化遗产项目共有 35

①　刘师健、陈健强：《湖湘流寓文人的文化结晶》，《城市学刊》2015 年第 1 期。

②　潘健：《略论马楚的文化政策》，《才智》2015 年第 14 期。

③　聂立申、赵京国：《南宋胡安国与秦桧关系探析》，《山东社会科学》2015 年第 4 期。

项，已认定为国家级、省级、市级非物质文化遗产项目代表性传承人共29人。《通道文化遗产图典》一书将以上文物保护单位、非物质文化遗产项目以及传承人，以图片的形式记录下来，并加以少量的文字说明，以便更好地对外传播与长久保存，尤其以便能更好地保护这些文化遗产，从而通过这本书稿的出版发行，能更好地增加民族自信心，振奋民族意志，激扬民族精神。①

周忠新主编的《湘商文化教程》，从湘商源流、湘商精神、湘商风物、湘商模式、湘商精英、湘商成就等方面介绍了湘商重商尚文、利义并重、团结协作、坚韧不拔的商业文化，具有较高的出版价值。②

向延寿编著的《溆浦向家人》分上、中、下编，全面而详细地介绍了溆浦这片山水，以及向家和向家宗亲，时间跨度大，涉及事件多，涵盖向家历史、规则、文艺、人物、组织、活动等内容，这是溆浦向氏家族首次立体式向外界展示向家人的精神面貌与历史。③

曾主陶著《湖南会馆往事》，向读者介绍了湖南人在全国各地所创办的同乡会馆，包括文人会馆、移民会馆、商人会馆和湘军会馆；作者还同时叙述了发生在这些会馆里的那些令人回味的往事。较为真实地展示了湖南会馆和会馆文化的风采，有助于了解湖南会馆在旅外湖南人对外开拓打拼过程中所起到的驿站、精神家园和桥头堡作用。④

郑大华主编的《湖南时务学堂研究》是全面研究湖南时务学堂的学术专著，对时务学堂创办的背景、经过、所进行的教育改革、所引起的纷争及所起的作用与影响等方面进行了系统而深入的研究与探讨。书后并附有时务学堂日志及关于时务学堂的重要研究史料。⑤

田茂军主编的论文集《非物质文化遗产保护的湖南本土经验与探索》，共收录了撰写的45篇湖南省各市州非物质文化遗产保护与传承的典型经验总结文章，从不同角度、不同方面提供了湖南非物质文化遗产保护的个案经验与探索，为非物质文化遗产保护事业的发展贡献了他们的智慧和才华。⑥

---

① 张建国、杨少勇主编：《通道文化遗产图典》，湖南人民出版社 2015 年版。
② 周忠新主编：《湘商文化教程》，湖南人民出版社 2015 年版。
③ 向延寿编著：《溆浦向家人》，湖南人民出版社 2015 年版。
④ 曾主陶：《湖南会馆往事》，岳麓书社 2015 年版。
⑤ 郑大华主编：《湖南时务学堂研究》，民主与建设出版社 2015 年版。
⑥ 田茂军主编：《非物质文化遗产保护的湖南本土经验与探索》，湖南人民出版社 2015 年版。

　　周志勇等编《湖南省非物质文化遗产资源分布图集》，主要介绍了湖南省进入国家级、省级、市级、县级非物质文化遗产名录的项目，分布地域，国家级和省级传承人等非物质文化遗产资源的基本情况。以图、表、文三种形式加以表述，按全省资源分布与各市、州资源分布两大板块编排。书中对非遗概况、非遗与湖南地理、历史沿革、行政区划、自然环境、民族分布情况、文化资源等的介绍非常详细，有利于帮助我们全面、直观地了解湖南省非物质文化概况。①

　　在湖湘文化与其他区域文化的比较研究方面，方同义、陈正良认为，湖湘文化的"强力意志"，岭南文化的"自由意识"和浙东文化的"务实理性"，各有其长，都在近代中国社会历史的不同时期中扮演了重要角色。随着 21 世纪中国社会的进一步发展及社会主义现代化事业的演进，富有自由精神的岭南文化和强调务实理性的浙东文化的地位可能会有所提升，并随着政经形势的变化而自我完善与调整；而蕴含强力意志的湖湘文化在社会形势剧烈变化的时代固然更能发挥其优长之势，然而，随着和平的公民社会的到来不能不有所改变和调适，以便更好地适应时代发展的要求。②

　　胡友慧探讨了长沙窑装饰艺术与湖湘文化的关系。长沙窑作为出现于湖南长沙的窑口，是湖湘地方文化的集中表现。其在器物造型上注重适用、装饰风格上追求浪漫、色彩运用上寻求清新明快，并首创文字饰瓷的装饰艺术。这些装饰艺术特色的形成，既是湖南陶瓷技术长期发展和积累的结果，又是湖南文化中的浪漫因子、开创性因子给予的积极影响，更是唐代湖南地区文化发展的结果。③

　　唐朝辉、黄胜军分析了湖湘体育文化的渊源。体育属于文化的一个重要部分，从湖湘体育与湖湘文化来说，其重要性更为凸显，可以说湖湘文化之所以能够得以发展和传扬，其中有很大一部分功劳是属于湖湘体育健儿的，如果从辩证的角度来看，湖湘体育文化的精髓来源于湖湘文化，湖湘文化包含着湖湘体育文化，而湖湘文化的丰富与进步，又依赖于湖湘体育文化的发展，两者是相互促进，相互依存的关系。④

---

　　①　周志勇、孙文辉、窦雪松、胡敏编：《湖南省非物质文化遗产资源分布图集》，湖南人民出版社 2015 年版。

　　②　方同义、陈正良：《试论浙东学术的精神特质和民间影响——兼述浙东、湖湘、岭南地域文化的异同》，《浙江社会科学》2015 年第 8 期。

　　③　胡友慧：《长沙窑装饰艺术与湖湘文化关系简论》，《文艺生活》（艺术中国）2015 年第 3 期。

　　④　唐朝辉、黄胜军：《湖湘体育文化之渊源探究》，《文体用品与科技》2015 年第 4 期。

　　湘学人才辈出，对湖湘大地产生了深远的影响，与湖湘文化互动，推动了湖南甚至中国社会的不断发展。2015 年，屈原、毛泽东等重要湘学人物与湖湘历史文化的关系备受关注。

　　关于屈原与湖湘文化的研究成果较多。有的学者研究了屈原文化对湘学及湖湘文化的影响。张烨探讨了湘西土家族苗族祭祀对《九歌》的继承，认为湘西土家族苗族祭祀与《九歌》有紧密的文化渊源，甚至可以说《九歌》直接影响着湘西土家族苗族祭祀。通过考察不难发现，湘西祭祀不仅是服饰、祭祀展演程式、祭祀对象对《九歌》有继承，而且祭歌在内容和语言上也对《九歌》有继承。[①] 刘铁峰以当今湖湘巫术信仰民俗为参证，分析屈原楚辞创作中的巫觋色彩。他指出，屈原生活于具有浓郁巫文化传统的楚地，受当时崇巫世风的影响，他的思想、情感与创作都染上了鲜明的巫觋色彩，这体现在他对巫术话语的引用、对巫祭场面的摹写、对神灵体系的解读等方面。可以说，在屈原楚辞系列作品中，巫觋元素是其主要的素材源地和情感生发基点。以当今湖湘民间巫术信仰习俗为现实参照，从湘楚巫觋民俗传承的角度去解读和赏析屈原的楚辞创作，应不失为一条值得尝试的路径。[②] 何桂芬、吴广平指出，屈赋中的舟船意象有着独特的生命情感、丰厚的文化底蕴、深刻的精神内涵，完成了从世俗到艺术、实用到审美的惊艳跳跃。它承载着现实的人际关系，描摹着诗人漂泊旅途中复杂的心灵世界，凝聚了荆楚文化的精神内质，始终伴随着诗人不断求索的殷勤脚步，寄寓了诗人一生的繁华与离落、追求与抉择、漂泊与愁苦、孤独与太息。[③] 钱征梳理了唐诗里的屈原与汨罗。在唐诗里，有 45 位诗人、75 首诗，讴歌了屈原与汨罗。其中杜甫在《天末怀李白》诗中，"汨罗"二字首次直接入诗。唐诗反映出，汨罗是屈原永远的归宿，说明唐代汨罗是文人骚客过往云集之地，具有诗的灵性。在诗中，多对屈原赞誉有加，多为汨罗的神奇和神秘而抒发。从这些诗人和诗歌考量可总结出两点：第一，这些诗人多有与屈原相似的境况，有感而发；第二，屈原应该是迁谪文学的始姐，而这些诗，可谓亦系迁谪文学的组成部分。[④]

　　关于湖湘文化与湘籍历史人物关系的研究方面，湖湘文化对毛泽东的影

---

　　① 张烨：《论湘西土家族苗族祭祀对〈九歌〉的继承》，《怀化学院学报》2015 年第 7 期。

　　② 刘铁峰：《论屈原楚辞创作中的巫觋色彩——以当今湖湘巫术信仰民俗为参证》，《湖南人文科技学院学报》2015 年第 4 期。

　　③ 何桂芬、吴广平：《屈赋舟船意象的文化阐释》，《云梦学刊》2015 年第 3 期。

　　④ 钱征：《唐诗里的屈原与汨罗》，《云梦学刊》2015 年第 1 期。

响、毛泽东思想与湖湘文化的互动等方面都有较多的成果。早年毛泽东从入湖南省立第一师范前一直如饥似渴在湖南图书馆研读西方资产阶级启蒙学者的著作和中国资产阶级改良派的著作，在考入湖南省立第一师范后忽然转向中国古籍探求学问，其主要原因在于在第一师范老师的引导、学校的限制、社会的影响、家庭的促使，使毛泽东转向通过研读中国古籍探索救国救民的真理。① 刘云波探究了湖湘文化精华对毛泽东的群众路线的影响。"一切为了群众，一切依靠群众，从群众中来，到群众中去。"毛泽东群众路线的形成和提出，既是继承和发展马克思主义关于群众观点的一系列正确思想的结果，也是受中华优秀传统文化影响的结果。湖湘文化当中的许多精华，诸如民本思想、经世致用思想、担当精神、原道精神等，在毛泽东群众路线的形成过程中发挥了重要作用。湖湘文化精华与马克思主义基本原理的密切结合，使毛泽东的群众路线具有了更加鲜明的中国特色、中国气派和中国风格，从而在中国新民主主义革命和社会主义建设实践中产生了重要影响。② 毛泽东群众路线思想是在中国优秀传统文化这片肥沃土壤上形成的，尤其是湖湘文化中"民为邦本"和"圣贤豪杰之特质"的思想对毛泽东形成了深刻的文化心理积淀，而这种文化心理积淀也成为毛泽东群众路线思想的传统思想资源和养料。深入挖掘毛泽东群众路线思想的湖湘文化的地域特征，有利于马克思主义中国化进程和弘扬中国优秀传统文化，对构建中国特色社会主义文化事业有重要价值。毛泽东群众路线思想对湖湘文化的承继与超越，体现在承继"以圣贤为祈向"的人生追求，超越"人民，只有人民，才是创造世界历史的动力"。③ 王向清、朱晓珣指出，毛泽东群众观的形成受多方面因素的影响：家庭环境的熏陶、课堂教育的影响、湖湘文化的浸润、社会环境的催化和自身的不断努力。④

　　张峰铭阐释了湖湘文化的渊源与内涵，分析了毛泽东对湖湘文化的继承与发展：第一，毛泽东扬弃传统"重民"思想，形成"人民主体"的认识；第二，毛泽东切实维护人民利益，充分发挥人民民主；第三，毛泽东对王船山知行观中体现的笃实践履精神格外重视。但新中国成立之后，湖湘文化的

---

① 熊辉、谭诗杰：《早年毛泽东在湖南省立第一师范探求古籍的原因分析》，《学理论》2015年第36期。

② 刘云波：《湖湘文化精华与毛泽东的群众路线》，《毛泽东研究》2015年第4期。

③ 管桂翠：《毛泽东群众路线思想形成过程中对中国优秀传统文化的承继——以湖湘文化为研究视角》，《理论与改革》2015年第4期。

④ 王向清、朱晓珣：《论影响毛泽东群众观形成的因素》，《湘南学院学报》2015年第3期。

缺陷也给毛泽东带来了负面效应，湖湘文化中这种"爱国精神"片面地夸大精神意志的力量，导致发展脱离实际，违背客观规律，忽视制度与法律的建设，这些依然值得人们去反思。① 许屹山、彭大成探究了毛泽东"实事求是"思想的湖湘文化渊源。"实事求是"是中国共产党的思想路线和毛泽东思想的灵魂和精髓，它既是毛泽东把马克思主义基本原理和中国革命具体实践相结合的典范，也是毛泽东充分汲取中国优秀传统文化成果的结晶，直接构成了马克思主义哲学中国化最重要的命题。从地域文化视角看，毛泽东"实事求是"精神渊源于湖湘文化中源远流长的"经世致用之实学"传统。从早期湖湘学派的"留心经济之学"的实学倾向，到王夫之"即事穷理"的唯物主义实学思想，再到曾国藩将"实事求是"引入实际的解释，中承杨昌济，再到毛泽东运用马克思主义哲学的唯物论、认识论、辩证法原理将"实事求是"进行现代改造，变成简明扼要的科学概括和通俗表述，使之成为中国共产党人和中国人民认识世界和改造世界的锐利思想武器。② 作为中国化的马克思主义哲学，毛泽东哲学深深扎根于中国传统文化的丰厚土壤之中，其形成过程受到了中国传统哲学的深刻影响。但若论其民族文化渊源，则不能否认湖湘哲学对毛泽东哲学的深刻影响。这一点突出地体现于他的实践观上：湖湘哲学知行观关于"力行践履"、"以知导行"、"知行统一"等思想为毛泽东实践观提供了丰富的地域民族文化元素；毛泽东实践观关于实践的决定性、认识的能动性以及实践与认识的辩证统一思想烙下了湖湘哲学知行观的深刻印迹。③ 湖湘文化对毛泽东爱国思想形成和发展有着极为深刻的影响，与此同时，毛泽东的爱国思想又是对湖湘文化的丰富和超越，两者之间存在着明显的互动关系。而要准确把握这一互动关系，最为重要的是：准确把握爱国思想演变中"变"与"不变"的关联；深刻认识爱国主义与国际利益的内在关系；正确理解国家意识与地域文化的统一性；实现"心忧天下"与"实干兴邦"的有机结合。④

　　翁光龙主编的《毛泽东与周南中学》，全面辑录了 20 世纪初青年毛泽东与周南师生齐心求索的交集互动，论述了毛泽东给周南中学及其人才成

---

① 张峰铭：《毛泽东的湖湘文化情结》，《新西部》（理论版）2015 年第 13 期。
② 许屹山、彭大成：《毛泽东"实事求是"思想的湖湘文化探源》，《山东理工大学学报》（社会科学版）2015 年第 4 期。
③ 姜正君：《湖湘哲学知行观与毛泽东的实践观》，《马克思主义哲学研究》2015 年第 1 期。
④ 胡艳辉：《论湖湘文化与毛泽东爱国思想的互动关系》，《湖南科技大学学报》（社会科学版）2015 年第 6 期。

长，给湖南学界的进步带来的影响，立体式地再现了当年周南的人文原貌。该书的出版，将帮助读者深刻体会周南师生破除思想文化保守壁垒，为追求真理而奋斗的足迹。书中青年毛泽东和周南师生洋溢着的报效祖国、志存高远、"身心俱完"精神，体现出的学习知识与积极投身社会实践紧密相连的成长模式，对今天的广大青少年的成长成才，也具有深刻而积极的启示意义。①

贺全胜分析了刘少奇与湖湘文化"经世致用"理论。刘少奇是一代伟大的马克思主义者，是卓越的无产阶级革命家、政治家、理论家和战略家，是新中国开国元勋，共和国主席。在漫长的革命和建设生涯中，他秉承湖湘文化经世致用、躬行实践、心忧天下、敢为人先、开拓创新的浩世作派，与毛泽东为代表的中共党人一道为拯救中华民族、创建新中国、繁荣人民生活、艰辛探索中国特色社会主义道路，奉献了光辉一生。历史地说来，博大精深的湖湘文化"经世致用"理论谆谆教化刘少奇走上救国济世安民的道路，刘少奇以其革命建设瞩目共仰的不朽贡献与时俱进地实现了对湖湘文化"经世致用"理论的伟大超越。湖湘文化"经世致用"理论成为中国文化时空一颗流光溢彩永不消沉的璀璨明星，是刘少奇革命和建设理论与实践的重要渊源。刘少奇与湖湘文化"经世致用"理论历史地紧密联系在一起。②

向警予是中国共产党早期领导人之一，无产阶级革命家，中国妇女运动的模范领袖，也是湘籍无产阶级革命家群体中的优秀代表。她生于湖南、长于湖南，在湖南学习并长期从事革命实践活动，与许多湖南无产阶级革命家是至交，她备受湖湘文化的影响和浸润。雷国珍、祁雪春指出，湖湘文化是向警予成长的沃土，赋予向警予特殊的品格。向警予又为湖湘文化的扩容、传播和转型作出了重要贡献。第一，湖湘文化是向警予成长的沃土。第二，湖湘文化赋予向警予特殊品格：湖湘文化赋予了向警予忧国忧民的爱国情怀，湖湘文化塑造了向警予经世致用的品格，湖湘文化激发了向警予积极探索的进取精神。第三，向警予对湖湘文化的重要贡献，向警予对湖湘文化的贡献就在于她努力践行湖湘文化的优良传统，促进湖湘文化的传播和转型，为湖湘文化增加新内容。③

---

① 翁光龙主编：《毛泽东与周南中学》，湖南人民出版社 2015 年版。
② 贺全胜：《刘少奇与湖湘文化"经世致用"理论》，《湖南行政学院学报》2015 年第 2 期。
③ 雷国珍、祁雪春：《向警予与湖湘文化》，《湘潮》（下半月）2015 年第 10 期。

（二）湖湘学派研究

　　自宋明理学弘扬湖湘文化开始，湖湘学派在湘学的传承中生生不息。2015 年，学界对一些湖湘学派或群体及其与湖湘文化的关系作了探讨。

　　陈安民、周欣以南宋时期濂溪祠记为中心，分析了湖湘学派对周敦颐的推尊。周敦颐是宋明理学的开山鼻祖，也是湖湘学的奠基人。梳理"濂溪祠记"可以看出，自湖湘学派开创者胡安国"寻访濂溪遗事"后，胡宏开地方学术传统的先河，作《邵州州学记》，搜求、整理出版《通书》，说明周敦颐学术思想的重要地位。张栻将周敦颐提升至"道学宗主"地位，既要面对儒家内部势力的斗争，也要应对佛、道的挑战，这些斗争成为周敦颐学术地位提升的主要动力，亦是湖湘学学术旨趣确立的重要体现。[①]

　　周君燕研究了理学学派与南宋初中期的辞赋。宋代理学作为宋代文化的重要组成部分，在吸收佛、道思想的基础上，对传统儒家思想进行改造，建立起既宏大又精微的理论体系。在思想史上，它是继先秦诸子、魏晋玄学、隋唐佛学之后的又一新的发展阶段。同时，这一学术思想，在社会、政治方面也发挥着重要的作用，重塑着国民精神。理学起于北宋，周敦颐是理学的奠基者，《宋元学案》卷十一《濂溪学案上》载黄百家案语："孔孟而后，汉儒止有传经之学。性道微言之绝久矣。元公崛起，二程嗣之，又复横渠诸大儒辈出，圣学大昌。故安定、徂徕卓乎有儒者之矩范，然仅可谓有开之必先。若论阐发心性义理之精微，端数元公之破暗也。"周敦颐以《太极图·易说》和《易通》构建起以"诚"为核心的理学思想体系。此后，张载在理学的本体论上继续探索，提出"气"为宇宙的本体，并对理学贡献了如何区分"天地之性"与"气质之性"和理一分殊的重要命题。但是，张载理论的缺陷在于没有能为他的理学思想树立一个作为世界唯一本源和主宰的绝对精神。二程吸取了张载关于"天性"的理论，否定了"气"的本体论，把"天性"（理）改造抽象成绝对精神。二程不仅在本体论上确定了"理"的地位，而且提出了"格物致知"的修养方法，在人性论方面继承了孟子的"性善说"，理学体系在二程这里初见规模。在这个意义上，二程的"洛

---

　　①　陈安民、周欣：《湖湘学派对周敦颐的推尊考论——以南宋时期濂溪祠记为中心》，《广西师范大学学报》（哲学社会科学版）2015 年第 4 期。

学"被认为是理学的典型形态。程颐去世后,"程门四弟子"谢良佐、游酢、杨时、尹焞,继续传播洛学,但是他们在理论方面没有大的建树。其中杨时对洛学在东南的传播贡献甚伟,南渡后,洛学的传播分为两派,一派即经由杨时传罗从彦、李侗至朱熹;而另一派则为私淑洛学的胡安国,传胡宏至张栻,开湖湘学派。朱熹是理学的集大成者,而张栻也代表着湖湘学派在学术上的所能达到的最高成就,陆九渊的"心学"自成体系,开有明一代王阳明心学之先河。南宋时期的理学家们,往往身兼学者与参政主体于一身,他们的学术活动也和政治有着千丝万缕的关系。①

张欢、冯小禄探讨了前七子派与茶陵派的关系,指出,在研究茶陵和前七子派关系时,近人陈田提出了很有影响的"坛坫下移郎署"说。而之前的明清人则认为两派或是前后相承,或是前正后邪。追索康海父亲墓文写作这一标志性分裂事件,从写作权利"旧例"的被颠覆和前七子派记述者的预设叙事逻辑,可见其实质是争夺世俗文章的书写权利,并影响了中晚明的文学下移大势。然面对前七子的系列"进攻",茶陵派则多是"虚应"和"暗战"。这与前七子出于茶陵派有关,更与流派论争并不一定流于现实斗争的表现特点有关。②

陈代湘等人在研究湘学近代转型的同时,分析了晚清湘学人物在湘学转型中的重要作用。经世派对当时社会弊病的批判与变革,主要代表人物有陶澍、贺长龄。陶澍践行实学,有如下几个方面:一是倡导实学。二是革除弊政。三是运用经济手段整顿盐政,改革币制。魏源的通经致用,他用今文经学批判汉宋,推崇今文经学;以经术为治术;以今文"三统"说倡变革。当时开眼看世界的先进人物主要有三个:林则徐、魏源、徐继畬,在这三人当中,魏源无疑是承上启下的核心人物。魏源不仅在中国近代史上具有重要地位,而且是近代湘学转型和发展的关键性人物。贺长龄的实事实功主要有如下几个方面:一是批判汉宋,倡导实学。二是关心民瘼,讲求实政。三是主持编写《皇朝经世文编》。③

蒋璐论析了曾国藩对桐城派的传承和超越。曾国藩是桐城古文的中兴大将,其复兴桐城派是为了坚守程朱理学,维护封建统治和服务于洋务运动。

---

① 周君燕:《理学与南宋初中期辞赋研究》,博士学位论文,山东大学,2015 年。

② 张欢、冯小禄:《文权之争:前七子派与茶陵派关系原论》,《重庆工商大学学报》(社会科学版) 2015 年第 2 期。

③ 陈代湘、周接兵:《文化冲突与湘学的近代转型》,《湘潭大学学报》(哲学社会科学版) 2015 年第 3 期。

他对桐城派既有继承也有创新，他继承了"文以载道"、"义法"和姚鼐文章之气学说；创新之处在于将"经济"纳入桐城派文章，改变桐城派文风，强调文章的"气"。高湛的文学素养和儒家文化的功底，使得曾国藩在看待文学上有独到的见解，曾国藩在继承桐城派"家法"的基础上，为了挽救"文敝道丧"的危机，作了一系列的调整和革新，一方面，为了挽救奄奄一息的清王朝的统治，他突破义法的传统，强调了"经济"，认为文章需要经世济民，发挥外在的作用，主张学习西方强国御敌之道。另一方面他也考虑到文学的艺术特色，强调"以气为主"的主体创作观，强调气势和雄奇，力举独创，提倡写文章要"立地赤新"、"珠圆玉润"。曾国藩为桐城派开辟了中兴之路，其文学理论在咸丰、同治时期发挥了积极作用，引领了晚清文坛甚至是晚清社会的动态和走向，在古文理论上的创新对往后数十年的中国文学史上也产生了不可低估的影响，经世致用的思想深刻地影响了晚清社会的发展，甚至可以说孕育了一代甚至几代人。① 张煜探讨了同光体与桐城诗派的关系。曾国藩是桐城派与宋诗派联系的一个重要关节，而曾门弟子中，吴汝纶思想开明，与同光体诗人多有交往。范当世一辈以及桐城派殿军姚永概等人的创作，则可证在晚清民国文化转型的易代之际，同光派与桐城诗派所要面对的相同文化运命，他们实属同一阵营。②

清代乾隆、嘉庆至道光年间，堪称湘潭地方文化的"盛世时期"，望门家族诗人创作群体簇拥迭现，其中，湘潭郭氏诗人群体引领风骚，构造了一个以地缘、血缘、姻缘关系为基础的人文群体，进而创造了湖湘文化史上最有独特意味的文化形态。郭力宜在《清代湘潭郭氏诗人世家及其家族》中第一次将湘潭郭氏家庭史料公之于世，简要梳理了湖湘文化巨匠李星沅、左宗棠、何绍基、王闿运等与湘潭郭氏的亲缘关系，分析了郭氏诗人发展的区域文化特点，揭示出近代湖南文学的独特价值。③

永州周家大院的子岩府有一副楹联"一等人忠臣孝子，两件事读书耕田"。子岩即周崇傅（1830—1892），字少白，号子岩，清零陵人，系宋代理学开山鼻祖周敦颐的后裔，同治七年（1868）进士，光绪元年（1875）改官中书，后随左宗棠收复新疆。周崇傅历官清廉刚正、勤勉有加，做好"忠臣孝子"、践行"读书耕田"的家训，也是他一生的写照。周崇傅"洞

① 蒋璐：《试论曾国藩对桐城派的传承和超越》，《淮南师范学院学报》2015年第6期。
② 张煜：《同光体与桐城诗派关系探论》，《苏州大学学报》（哲学社会科学版）2015年第2期。
③ 郭力宜：《清代湘潭郭氏诗人世家及其家族》，《珠江论丛》2015年第2期。

晓机宜"、"勤慎廉干"、"清正耐苦"的形象享誉官场。他先后入翰林编修、任蘋洲书院山长、追随左宗棠收复新疆。他在光绪十七年任喀什噶尔兵备道要职时蒙冤自尽，后朝廷查明真相后，下诏平反昭雪，重金抚恤。[①]

　　李媛对晚清时期在黔湘籍人物群体作了研究。晚清时期，在黔的湘籍人物群体通过自身的活动及背后湖湘文化的传统，对近代贵州社会的发展和社会的变革都起到了积极的作用。政治上，平定叛乱，恢复和稳定社会秩序；经济上，注重发展生产，提高当地百姓生活水平；文化上，重视教育，大兴文教，开启贵州学风，扭转风气。在维新和变革时期，传播新思想，创立学会、组织学社，影响甚至领导了近代贵州社会的重大历史事件。湘黔地域文化交流方式有多种，但都离不开人的活动。晚清时期，来黔的湘籍人物群体及其活动成为湘黔地域文化交流的一个主要形式。入黔的湘籍人物群体通过自身的活动一方面影响了当时贵州社会的发展，另一方面也客观地加强了湘黔地域文化间的交流和联系，这一时期，黔文化受湖湘文化影响最大，并直接影响贵州文化的近代转型。[②]

　　王继平、黄琴湘指出，湘军与淮军是晚清劲旅，存在着继承的渊源关系，在营制等方面具有共同之处，但作为区域色彩很浓的地方武装，必然受其区域文化的濡染而各具特色并产生异同。湘、淮军是湖湘文化和安徽文化（徽文化与皖文化）的产物，因不同区域文化的内涵与精神而形成其不同的特质，且影响区域文化的发展和走向。与湖湘文化相比，安徽文化变通的特性，使淮军人物在晚清成为洋务事业的继承和光大者。曾国藩开启的洋务运动，就湘军人物而言，继承者大约只有左宗棠和沈葆桢了。这自然与湘军较为保守的观念、恪守传统儒家正人心、端风俗的治国理念及鲜少变通求异相关。淮军处沿海开风气之地，持变通之文化传统，故对西方新事物敏感，而又执经世之精神，故于洋务事业推进颇力。如刘铭传，抚台以后，将洋务事业推进到台湾，启动了台湾的现代化进程，的确是值得肯定的事功。[③]

　　何湘对清代湖湘文人社群作了研究。文人结社是明清时期一种普遍的文人生态现象，湖湘厚土也孕育和产生了许多极具地域特色的文人社群。湖湘文化源远流长，内涵博厚深广，浸润着湖湘文人的心灵，标识了湖湘文人社

　　① 　周欣：《周崇傅生平事迹考》，《湖南科技学院学报》2015 年第 3 期。
　　② 　李媛：《地域文化及其社会影响——晚清时期在黔湘籍人物群体研究》，硕士学位论文，贵州大学，2015 年。
　　③ 　王继平、黄琴湘：《淮军与区域文化》，《湘潭大学学报》（哲学社会科学版）2015 年第 5 期。

群的形象；湖湘地貌连山积翠，烟波浩渺，为湖湘文人社群活动的开展、创作的进行提供可贵的江山之助；湖湘历史代有闻人，才士辈出，为文人社群带来源源不断的构成人员。何湘的《清代湖湘文人社群研究》以清代湖湘文人社群为研究对象，整理、考证相关文献资料，考出近二百个湖湘文人社群，分清代为初、中、晚三个时期，选典型个案，考察其地理分布、成员组成、交游概况、社群活动和文学创作；以结社为切入点，明晰清代湖湘文人社群特别是湖湘基层文人社群的文学特色、创作规律、家族传统、地域特色、文化渊源，探讨了湖湘文人结社文学中的各项内容与当时社会文化、地域风气、家族教育等因素之间的联系，并比较分析了诸多社群的群体特点，试图为清代文人结社的版图复原与场域复原作进一步的补充。①

（三）湖湘书院文化研究

书院是中国古代特色的教学组织形式，蕴藏着丰富的教育资源。湖南书院文化发达，对湘学的发展发挥了重要作用。2015 年，有关书院文化的研究成果主要集中于岳麓书院、天岳书院、石鼓书院。

邓洪波、赵路卫梳理了王学在岳麓书院的传播。盛传数百年的王阳明于正德二年（1507）"寓居"岳麓书院"斤斤讲良知之学"的旧说，当正之为正德三年阳明先生病中游览岳麓书院。虽然阳明此行并未讲学，但有讲学之意，它实际开启了明代书院与学术再度一体辉煌的大门，预示着书院的王学时代即将来临。此后近百年，王门后学徐爱、季本、邹守益、罗洪先、王乔龄、罗汝芳、张元忭、邹元标等接连讲学岳麓，使其成为王学的重要讲坛。但宋元以来形成的朱张之学根深蒂固，影响深远，始终居于正统地位，王阳明及其后学皆表现出应有的尊重，故而岳麓在明代始终没有那种浮诞不遑、空谈良知之习，保留了重践履、务实学的传统。

张勇探究了天岳书院文化的时代特征及其背景。天岳书院在平江存在并发展了 300 多年，在这段时间里，中国发生了巨大变化，天岳书院顺应时代发展规律，在不同时期有着不同文化特征。从儒家文化到湖湘文化，再到红色文化，多重文化在天岳书院的交汇，既是历史发展的产物，也是平江人在

---

① 何湘：《清代湖湘文人社群研究》，博士学位论文，苏州大学，2015 年。

生产生活实践中，通过继承与创新而形成的成果。①

　　凌飞飞探讨了石鼓书院与湖湘文化的历史互动。两宋以后，随着我国政治、经济、文化重心逐渐南移，湖南的文化、教育日趋兴盛发达，书院群更是空前繁荣。坐落于湖南衡阳的石鼓书院是我国书院缩影，湖湘文化典范，贯通我国书院教育血脉，贯通湖湘文化血脉。石鼓书院是湖湘文化重要发源地之一，石鼓书院发端于唐朝末年，是我国最早的书院之一，北宋名列"天下四大书院"，南宋集教育、学术、文化三大重镇于一身。相对于湖湘文化，石鼓书院发端在前，发展在前，兴盛在前。唐、宋两朝，作为人才培养基地、学术研究阵地、文化传承平台，石鼓书院兴贤育德，化民成俗，英才辈出，成就斐然，为湖湘文化的兴起奠定了坚实的基础，成为湖湘文化的重要发源地之一。② 湖湘文化形成以后，石鼓书院与湖湘文化相互交融、相互借助、互生共长，呈现出双赢的历史格局。一方面，石鼓书院成为养育湖湘学派、建构湖湘文化的大本营之一，石鼓学子成为湖湘学派的生力军，成为湖湘文化强有力的继承者、推动者和引领者。另一方面，石鼓书院借助于湖湘学派、湖湘文化再续辉煌，元朝成为朝廷在北方推行书院的标杆，明朝成为湖南最有生气的学术中心，清朝成为第一所被朝廷允许恢复开办的书院。无论石鼓书院作为湖湘文化的重要发源地之一，还是石鼓书院与湖湘文化的互生共长，两者的关系都是血脉相连、心气相通。历经千年互动，历经千年沉淀，石鼓书院与湖湘文化表现出诸多共通的精神特质，如心系天下的爱国情怀，传道济民的入世情怀，自由民主、融会贯通的人文精神，兼收并蓄、博采众长的开放精神。③

　　吴小珍探析了清代石鼓书院式微的原因。千年学府石鼓书院是入清以后最早被允许恢复的一所书院，但此后其影响力不断趋弱，以至沦降为一般性的地方书院。相关研究认为这是清政府推行书院官学化政策等"外因"导致的结果，但是通过对书院祭祀变迁及其与学术风尚关系分析发现，清代以后石鼓书院对学术风尚的疏离，讲学风气日益沉寂，是造成书院逐渐式微的内在根本原因。④

---

① 　张勇：《试论天岳书院文化的时代特征及其背景》，《教育教学论坛》2015 年第 51 期。

② 　凌飞飞：《石鼓书院与湖湘文化的历史互动》，《衡阳师范学院学报》2015 年第 2 期。

③ 　同上。

④ 　吴小珍：《清代石鼓书院式微原因探析——以书院祭祀变迁为视角》，《南华大学学报》（社会科学版）2015 年第 4 期。

五　湘学文学与艺术研究

　　湘学文学与艺术包括语言艺术（诗歌、散文、小说、戏剧文学）、表演艺术（音乐、舞蹈）、造型艺术（绘画、书法，雕塑）和综合艺术（戏剧、戏曲、曲艺、电影）等。湘学文艺历史悠久，影响深远。自古以来，湘籍文学艺术人才辈出，甚至一些思想家、政治人物如屈原、王夫之、李东阳、何绍基、毛泽东等人，都表现出非凡的文艺思想。2015 年关于湘学文艺研究的成果主要集中在湘学文学、音乐艺术、书法艺术等方面。

（一）湘学文学研究

　　2015 年，湘学文艺研究主要集中于湘学文艺人物如屈原、王夫之、沈从文等人的文学思想及其作品的研究，对当代湘籍作家的研究成果，除沈从文研究外，对周扬、丁玲等人的研究则相对不足，甚至有空白之处。
　　张建安著《湘西想象的民族特征与文化精神》，从湘西文学想象的生成，湘西文学想象的牧歌特质、神秘性、游侠精神等特征以及人性反思、文化价值，域外文人的湘西想象实验，湘西文学想象的文体探索等方面，对湘西本土文学以及域外作家创作的有关湘西的文学作品中的文学想象的特征作了系统全面的分析和归纳总结，是湘西地域文化与文学研究的重要成果。①
　　屈原的楚辞一直传唱于后世。屈原在其楚辞作品中，采用了大量的香草美人的意象，创造了中国传统的独特的审美表现观，并影响了后人诗人、小说家的创作理念。其实，屈原楚辞作品中的香草美人意象，是运用比兴的手法表达自我心志愿望的一种艺术方式。但是，这种比兴手法被作者寄托情感

---

① 张建安：《湘西想象的民族特征与文化精神》，湖南人民出版社 2015 年版。

有了现实性情感性的意义，而脱离了单纯艺术手法的本身。①

《永州八记》是柳宗元的一组山水游记，是作者悲剧人生体验与审美情趣完美结合的产物。从思想内容和艺术形式两方面出发，对《永州八记》所包含的审美意蕴进行品鉴和赏析。从思想内容方面看，柳宗元通过描摹自然，艺术地宣泄悲情，将悲情沉潜于作品，形成了柳氏山水游记特有的"凄神寒骨"之美。从艺术形式方面看，八篇游记珠联玉贯，可作为一篇大游记。同时，状物写景，形神兼备，将审美情趣、空间层次与个人遭遇紧密结合，寄情于景，移情于物。② 戴金波分析了贾至的湖湘贬谪诗。贾至是唐代诗坛具有重要影响力的人物之一。他在文学史上主要是以其贬谪湖湘时期所作的贬谪诗而闻名的。这些贬谪诗从内容上看，主要有送别、寄赠诗，思归诗和山水诗三类；从艺术风格及艺术手法来看，主要有三方面的特色：诗风怨而不怒，哀而不伤，体现了儒家温柔敦厚的诗教传统；善用典故拓展诗歌艺术想象空间；对仗手法运用自如。③

学术界对王船山的诗词有较深入的研究。王船山的诗学传承中国古代诗论的虚空精神，打破"景"、"情"关系的二元对立，以"情"的时间蕴藉和"景"的空间想象，转换实现了艺术境界的时空转换。并以"意"为方向，统领了诗之时空之境：它既是诗歌情景关系、时间蕴藉和空间形式的依据和方向，也是诗歌审美空间所体现出来的艺术韵味，既概括了诗之时空关系，亦对形式空间和审美意蕴的域限作出了相应规定。④ 王船山论诗注重诗歌的音乐性，诗歌中的情感节奏是他"以乐论诗"过程中的重要一环。在论及诗歌中情感运行状态时，他经常提及的"声情"说、气论，以及注重"敛纵"、"忍势"、"收放含吐"的诸多诗歌评语，从不同的层面论述了诗歌的情感节奏。船山所推崇的诗歌情感节奏，暗含"韬束不迫，驰宕不奔"的含蓄美特征，是对诗教、乐教传统的审美展开。⑤ 王船山创作了 19 首情深感人、思想艺术结合的悼亡词，对明清之际词史沿革、带动清代悼亡词繁荣发展，可谓意义非凡。自船山之后，清代吴嘉纪、纳兰性德、王士禛、厉

---

① 蔡伟：《屈原楚辞中香草美人意象分析》，《齐齐哈尔师范高等专科学校学报》2015 年第 1 期。

② 薛杨虹：《〈永州八记〉审美意蕴探析》，《开封教育学院学报》2015 年第 12 期。

③ 戴金波：《贾至湖湘贬谪诗略论》，《长江大学学报》（社会科学版）2015 年第 12 期。

④ 刘新敖：《论船山诗学的时空蕴藉及其审美效应》，《湖南科技大学学报》（社会科学版）2015 年第 3 期。

⑤ 杨宁宁：《气度声情，敛纵含蓄：船山之诗歌情感节奏论》，《中国文学研究》2015 年第 2 期。

鹗、周之琦等都创作有悼亡词，而船山悼亡词融家国之恨于哀思悼念，开创了清代悼亡词普遍存在的悲凉基调和沧桑之感，足可跻于古今"悼亡"佳作之列。因此，王船山的悼亡词是值得更多人去关注和解读的词中珍品。王船山对亡妻陶氏、郑氏有着深厚情谊，故而创作了许多悼亡诗词以寄托对亡妻的怀念之情。其悼亡词具有哀悼深挚、融国家之恨、词品人品合一等方面的独特魅力，是悼亡词中的杰作。① 湖湘景观具有浓厚的文化意蕴，王船山运用湖湘景观的文化意蕴，以凄怆幽怨的词牌音韵，结合作者独特的人生际遇和历史背景，用情景交融的手法创作《潇湘怨词》，使得其内心沉郁的骚楚情结得到驱遣，同时也为湖湘景观增加了新的文化意蕴。② 朱新亮分析了王船山的诗歌结构，认为王船山对诗歌结构的法度有着双重态度，既批评诗歌泥于死法，以意从法，又对层折紧密、转换自然、工于点染的诗歌表示赞赏，这表明，他对诗歌结构运用法度的态度是比较辩证的。③《王船山仿拟诗笺注》以 1962 年中华书局排印本《王船山诗文集》、1996 年岳麓书社版《船山全书》为底本，分别为王夫之的《仿体诗》、《拟古诗十九首》、《拟阮步兵〈咏怀〉》、《仿杜少陵、文文山作七歌》作注释。其中，注释一方面注意引用王夫之自己的述和后人的记载等相关文献材料，另一方面，注释典故，联系史实和文义揭示其含义，还对诗歌内容作简略的评述。④

　　李东阳（1447—1516），字宾之，号西涯。祖籍湖广长沙府茶陵，因家族世代为行伍出身，入京师戍守，属金吾左卫籍。在文学和书法上颇有成就。李东阳是明代中前期的诗坛领袖，他的诗学观点主要集中于《怀麓堂诗话》，此书是他对文学创作经验和诗学思考的总结。他所提出的格调诗学也是一个完整的诗歌理论体系，主要由本体论、创作论和鉴赏论三部分组成。首先，李东阳在本体论层面对诗歌的本质特征、发生功用和体制格式进行了探讨，认为诗歌是由内心真实情感引发的，以音律、兴象作为其本质属性，以表现情感意志为目的，并具有一定社会功能的文学样式。其次，从创作论层面强调诗人应宗法盛唐，以盛唐时期的诗人和作品为模仿对象和创作标准，在此基础上做到自得于心，创造出具有个性特色的诗作，并探讨了创作主体的心态以及创作时应选取何种主题、表现何种意象、达到何种意境，

---

　　① 　黄水平：《王船山悼亡词浅析》，《衡阳师范学院学报》2015 年第 4 期。

　　② 　全华凌、曾立林：《论王船山词中的遗民情怀》，《南华大学学报》（社会科学版）2015 年第 3 期。

　　③ 　朱新亮：《破法与立法——王船山的诗歌结构论》，《贵州文史丛刊》2015 年第 2 期。

　　④ 　（清）王夫之：《王船山仿拟诗笺注》，朱迪光注，湘潭大学出版社 2015 年版。

还探讨了诗歌创作的一些具体问题，如音韵平仄的使用、虚字与实字的关系以及句法、篇法的运用。最后，在鉴赏论层面对鉴赏主体的艺术修养作出了规定，认为鉴赏者需有"具眼具耳"和相关生命体验才能准确地理解诗歌的艺术成就，提出了诗歌鉴赏的具体方法，即要从横向比较、音乐美感和时代地域影响三个方面进行鉴赏，还从格调出发对诗歌进行品评，将诗歌分为"盛唐为高"、"小乘"、"尸解"和"深于古诗"四个层次。正因为李东阳论诗独重"格调"，并赋予丰富的多义性，致其可以在本体论、创作论和鉴赏论等层面被阐释、演绎，最终形成完整诗学体系，奠定了格调诗学在中国诗学史的独特地位。①

陶澍具有重要的历史地位，在全国而言，他既是清朝中叶经世派的领袖，又是近代洋务派的先声；对湖南而言，他是近代湖湘人才群体崛起的先导者。陶澍的文名被自己的辉煌政绩所掩盖，以致人们往往忽视了他的诗文成就。其实，陶澍不仅是经济改革家，还是清朝中期重要的诗人与散文家之一。他的奏疏、散文、诗歌、对联，既是其经世思想的载体，又具有独特的艺术造诣。岳麓书社《陶澍全集》的出版，为了解陶澍、研究陶澍提供了基础的资料。但是，对于一般读者来说，篇幅过大，阅读、携带都不方便。因此，陶澍研究学会编写《陶澍诗文选注》，以便于普通读者阅读。该书由三大部分组成：诗歌、文章、奏疏。编排顺序依照《陶澍全集》。每部分的编排，兼顾类别与创作时间的先后。因为，划分类别，有益于揣摩文心；创作时间的先后，可以显示写作背景与作者的思想历程。②

"开眼看世界"的魏源不仅引领晚清风气之先，在经学上有较深入的研究，而且体现出一定的文学思想。魏源在《诗经》上以今文经学的三家《诗》为宗，但是，在孔子与《诗经》的关系上，却只承认孔子有正乐之功，而无删诗之事。他从诗与乐的关系入手，论证了孔子对《诗经》的贡献，并驳斥了历史上的孔子删诗说。但魏源并未贬低《诗》的作用，在他看来，经过孔子正乐，《诗经》才能够成为经学典籍，孔子正乐与作《春秋》具有同一意义。③魏源的《诗古微》是晚清今文《诗经》学最具影响力的一部著作。书中有关《诗经·小雅》的论述，援采齐、鲁、韩三家《诗》说考证《小雅》之篇第世次，否定《郑笺》"幽雅"之说，为东都之雅立新说，考据方面虽然存在着失实之处，但作者从《诗》乐关系与作品

① 徐姜汇：《李东阳〈怀麓堂诗话〉格调诗学研究》，硕士学位论文，广西民族大学，2015年。
② 陶澍研究学会编：《陶澍诗文选注》，岳麓书社2015年版。
③ 唐晓勇、李知恕、黄开国：《魏源论孔子与〈诗经〉》，《社会科学研究》2015年第2期。

篇第世次两方面入手拓展《小雅》诠释的思想路径，所述观点新颖独特，体现了魏源"达性情于政事，融政事于性情"的《诗》学旨趣。①

曾国藩受桐城派的影响，自小浸淫《史记》，受其影响深远，对其为文之法十分推崇，并进行了相关评点，主要是在取材上紧扣主旨，量身选材，在情感上自鸣抑郁，情感喷涌，在气势上文气承接，迈远骞举，在剪裁上详略得当，繁简相宜，在谋篇上先后有序，布局巧妙，在语言上用词洁准，叠词复笔。曾国藩还以《史记》为圭臬，在自己的传记文章写作实践中进行了借鉴运用。② 曾国藩的自我教育观可概括为"源"、"体"、"用"三个方面。"源"指曾国藩自我教育观的理论渊源，"体"是其自我教育观的境界和方法，"用"是其自我教育的经世事功。曾国藩的自我教育观深受宋明理学修身理论的指导和湖湘文化的熏陶。宋明理学的修身理论以及湘地所特有的湘人精神，是曾国藩一生自我教育的源头活水。曾国藩的自我教育观鲜明体现了中国传统文化的基本精神，至今仍具有一定的启示意义。③ 唐浩明著《唐浩明点评曾国藩诗文》，该书系唐浩明先生点评曾国藩系列之一种。曾国藩一生最喜欢做的事情是吟诗作文，他的人生目标是做一个优秀的作家。作者从新版《曾国藩全集》中选取诗一百三十五首、词两阙、联语四十四幅、文章四十七篇，着重在写作背景与作者的理解两个方面为读者进行点评，有助于读者对曾氏诗文的阅读与欣赏。④

《王闿运与光宣诗坛研究》一书在光宣诗坛的大背景下全面深入地研讨了王闿运的诗学思想，并对其文学成就及地位作出了评价。书中讨论了王闿运的拟古诗学观念、对汉魏六朝的批评接受、与湖湘诗坛和光宣诗学，以及诗坛巨擘张之洞、李慈铭等的关联。这不仅描述清楚了王闿运诗学的基本情况，还立体地呈现了王闿运的文学交往、创作环境以及艺术风貌。⑤

历史学家翦伯赞对文学也有一定的研究。黄文丽分析了翦伯赞的历史剧评，指出，翦伯赞是中国马克思主义历史学科的重要奠基人之一，作为一位在史学领域成就卓著的史学家，他在戏曲研究领域也留下了探索的足迹。他对于戏曲研究的涉猎，与他认为史部以外的历代文艺作品中包含重要的史料

①　刘再华、梁寒：《魏源〈诗古微〉论〈诗经·小雅〉》，《中国文学研究》2015 年第 1 期。
②　俞樟华、沈灵超：《曾国藩论〈史记〉为文之法》，《渭南师范学院学报》2015 年第 3 期。
③　荆世群、邹彩娟：《曾国藩自我教育观初探》，《中国矿业大学学报》（社会科学版）2015 年第 4 期。
④　唐浩明：《唐浩明点评曾国藩诗文》，岳麓书社 2015 年版。
⑤　何荣誉：《王闿运与光宣诗坛研究》，中国社会科学出版社 2015 年版。

学价值有关，但是又绝不仅仅局限于纯粹的史料学范畴，而是深刻地介入到戏曲尤其是历史剧创作的研究问题中。① 翦伯赞对《红楼梦》作了专门研究。翦伯赞的《红楼梦》研究是以 1954 年对胡适思想的第二次批判和这一时期关于资本主义萌芽问题的讨论为学术背景的，他运用唯物史观分析《红楼梦》的主题思想，由考察 18 世纪上半期中国社会经济的性质入手，着重强调小说中反映的资本主义萌芽下新的市民阶层的要求。他与他所批判的胡适的红学研究都是借助于历史学的观念和方法，但是不同于胡适的"考证"红学对小说主题作出的只是一部家史的概括，他认为《红楼梦》是 18 世纪上半期中国历史的缩影，虽与李希凡、邓拓等为红学界同归入持"市民说"学者之列，然而不同于后者以《红楼梦》中的阶级批判性以及市民思想的体现为中心的有的放矢地论述，翦伯赞把"阶级斗争"纳入到对社会形态的整体考察之中，相比较而言，他在《红楼梦》研究中对于唯物史观的运用更为成熟。②

史学家吕振羽"史"中有"情"、有"爱"；"诗"中有"史"、有"理"。据《吕振羽全集》的《前言》的统计，吕老的《学吟集初草》收录诗近三千首。《咏史》以诗评史、评议古今历史人物，"历史人物一一评，物观如矢扬群氓"；而史学家入于《诗》中的《华峤范晔两〈后汉书〉答问偶成》别开生面，是提倡史学的警世之作。他的诗的高峰创作时间，从 1963 年 1 月 9 日至 1967 年 1 月 9 日，也正是他蒙受不白之冤之时。而诗中体现的对历史前途的信仰，对祖国、对人民、对领袖、对友人、对亲人的热烈的爱，未曾磨灭一丝一毫。一首《马克思赞》就有二百七十余行，概括了马克思学说的形成与发展；长诗《祖国颂》讴歌中华五千年悠长历史；诗集中对先进思想家、改革家无限景仰，对民族文化进行赞颂；长诗《孔子逝世二千四百四十周年》，简直是一部民族文化学术史的赞颂；他称王夫之学术的影响，是："史学船山掀巨浪，欲明理势穷长河。"③

沈从文是中国现代文学史上的一颗明珠。2015 年度关于沈从文文学研究的成果相对而言是非常丰富的。程振兰从《看虹录》分析沈从文的都市叙事和想象。随着《看虹录》、《摘星录》版本问题的考订，沈从文 20 世纪

---

① 黄文丽：《从翦伯赞的历史剧评看文史关系》，《史学月刊》2015 年第 3 期。
② 黄文丽：《历史与文学互动中的〈红楼梦〉——以翦伯赞的〈红楼梦〉研究为中心》，《东岳论丛》2015 年第 2 期。
③ 吴怀祺：《吕振羽：史与诗熔铸的情怀》，《北京日报》2015 年 5 月 25 日。

40 年代的爱欲书写小说再次引起研究者的重视，这类小说是沈从文早期湘西书写和都市书写的延续和变异，其中包含了沈从文对于都市建构的设想。从《看虹录》这种都市爱欲书写的文本中来看沈从文对于神性的重构，其中包含着对于社会公共自由的追求，对于自然道德的建构，以及通过对于物的热衷，具象与抽象结合完成"美的造物"，从而将身体和情欲转化为一种诗意性的，具有抽象性的与艺术有关的美的生命形式和审美。① 李萍、钟璞探讨了沈从文故乡题材作品中的信仰崇拜文化，认为湘西凤凰神奇的自然风光和独特的民族文化，养育了中国现代文学大家沈从文。其作品独树一帜的"边城"民俗风情，不仅是一道奇诡灿烂的地域风情画卷，更是一种神秘悠久的民族文化象征性隐喻符号。这种文化符号一方面深刻地影响与支配着沈从文先生的文学观念和审美理想，同样也可以借助于沈从文先生的文本符号载体，揭示出湘西凤凰苗族的文化形态与文化模式。沈从文先生题材作品语言符号主要的自然信仰、祖先信仰、神灵信仰三个方面，呈现出民族宗教文化形态。②

还有些学者对沈从文的小说作了案例研究。沈从文小说《萧萧》用文字构筑了充满原始美与爱的湘西世界，热情地赞美故乡的醇厚风情和本真人性。但他不只是魅力湘西的歌者，其作品中隐含的深层的乡土忧患和理性思考，揭示了淳朴落后的乡土社会终将被现代文明取代的必然趋势。③ 杨一泓以《边城》为例分析沈从文的社会理想，认为沈从文先生一生向往人世间的真善美。当他对现实感到深深失望后，转而将这种社会理想寄托于文学。他希望通过文字唤醒人们对信仰的坚持和对真善美的追求。在《边城》中他建构了一个远离尘世纷扰的梦，一个纯洁美好、只有人性的爱与美的世界。④ 短篇小说《新与旧》是沈从文构建的纯美清新的"湘西世界"之外的另一片天地，小说通过强烈的"新"与"旧"的对比书写体现了"湘西世界"的脆弱性。在叙事方式上，通过叙事节奏的舒缓把握在一定程度上消解了死亡的恐怖，从而展现了沈从文独特的生命意识，及对人性的完善与

---

① 程振兰：《从〈看虹录〉看沈从文的都市叙事和想象》，《淮南师范学院学报》2015 年第6 期。

② 李萍、钟璞：《论沈从文故乡题材作品中的信仰崇拜文化》，《吉首大学学报》（社会科学版）2015 年第 S1 期。

③ 王青：《沈从文小说〈萧萧〉中美与哀的诗意抒写》，《安徽工业大学学报》（社会科学版）2015 年第 4 期。

④ 杨一泓：《隐匿在翠竹林中的一个梦——以〈边城〉为例浅析沈从文的社会理想》，《教育观察》（上半月）2015 年第 7 期。

觉醒的渴望。① 沈从文最引人注目的两部作品，从《边城》到《长河》，一直被认为是从理想到现实的转变，这两部作品甚至会被认为是作者风格转变的标志。但从这两部作品的创作背景和灵魂人物分析来看，并非是如此简单的从理想向现实的转变。无论是浪漫中带着哀婉的边城牧歌，还是充满生活气息现实关照的智慧长河，本质上始终闪耀着沈从文对自然人性执着的追求。而沈从文的这种重建传统自然文明的执着追求，不仅仅是中国现代文学一份独特的贡献，也是当下"城里人"反思自身行为状态的一面镜子。② 沈从文《边城》在传达湘西美善民情风俗，优美自然景观，勤劳上进、含蓄多情、豪侠仗义的民性民品等主题时用了许多性质相同的山水、人、事等材料，是重复性赋形思维模型的运用。在传达翠翠与傩送天保兄弟的爱情主题时用了先美好浪漫充满希望后来却生离死别满是忧伤的情节材料来体现，是对比性赋形思维的运用，在写地方民情风俗时，多采用从整体中选择个体元素的构成思维路径，在写爱情发生、发展历程时，采用的是过程思维路径。其整体结构呈现的是对比之下含重复的赋形思维操作模型、空间构成性内含时间过程性的路径思维操作模型。其句内行文，多用细节性生动化措辞，铺排、对偶等修辞化措辞以及因果逻辑性措辞等，句间行文除了内在的逻辑、构成、过程、程度等措辞外，主要是强化主题的重复或对比性措辞。③

还有学者分析了沈从文的文学意识。沈从文在小说中的孤独意识主要通过情感缺失和人性缺失两个方面体现出来。小说人物的情感缺失造成他们难以言说的孤寂，人物性格的偏执又造成他们人性的缺失，沈从文正是通过这两方面将孤独意识淋漓尽致地表现出来。沈从文通过塑造孤独者形象，寄予了对自我和民族的思考。④ 卫小辉以萧乾和沈从文为中心，分析族裔身份视域中的新文学史图景，认为随着革命文学论战的兴起，新文学的历史合法性受到质疑。如何维护新文学历史合法性，左翼阵营站在文化领导权的制高点上以意识形态认同提供了标准答案。但萧乾和沈从文则试图在国家认同与文学性之间寻找平衡，以抒情性作为中国现代文学的内质，从而提供了中国新

① 袁倩：《批判的另一种可能——浅析沈从文短篇小说〈新与旧〉》，《美与时代》（下旬）2015年第10期。
② 吴伟：《理想与现实的流转——从〈边城〉到〈长河〉看沈从文的"蜕变"》，《湖南广播电视大学学报》2015年第4期。
③ 李承辉：《沈从文〈边城〉的写作思维分析》，《常州大学学报》（社会科学版）2015年第6期。
④ 罗秋香：《从情感缺失到人性缺失的孤独意识——从沈从文〈神巫之爱〉说起》，《现代语文》（学术综合版）2015年第12期。

文学历史合法性的另外一种阐释。这种思路对于重建中国现代文学具有重要意义。①沈从文的湘西作品呈现出一种淡化时间意识的圆形时间形态，通过对时间带来的常与变的理性思辨，在放慢了节奏的时间里反复咀嚼回忆，使得作者潜在的乡土意识由基本的物态满足到现实层面，最后升华为审美理想的表现形式。这种创作方式不仅让创作者归乡潜意识得到显化表达，也让读者寻得了契合归乡心理节奏的旋律，产生共鸣，获得美感。②在中国现代文学史上，"诗意"与"抒情"是解读沈从文小说的关键词，"诗化小说"也逐渐成为一种耳熟能详的小说创作模式。如果真正读懂了沈从文的小说、读懂其小说讲述的人生故事和人物命运，就会发现，他笔下的人生形式越健康、越"不悖乎人性"、越美丽纯洁，那背后的人生无奈、人生哀痛和人生失落就越发让人难以释怀，越发让人感受作家那颗痛苦感伤的悲悯之心。沈从文小说的"乡村叙事"、唯美浪漫的牧歌情调虽最容易被感受到，但小说中独特的感伤、哀伤、悲伤哲思，亦需着力探究。③

任志刚对沈从文艺术作品审美个性作了分析，指出沈从文笔下，湘西边寨有三美，即山水美、民俗美、人性美，凸显了一抹淡淡沉落的"乡愁"。他融会贯通政治观、宗教观、道德观、人生信仰和价值取舍等诸多文化要素，呈现了特定历史年代别致、善美而纯真的山水人情。他书写的人与自然和谐相处的状态，对于当下亦有借鉴和反观意义：城镇化进程中，道德滑落、人性缺失、功利严重、价值扭曲等问题丛生，处理好城市与乡村、人与自然的双重和谐统一，有助于重铸民族精神，最终实现"中国梦"。④沈从文的乡土小说具有浓郁的化外色彩，这种色彩来源于作者对湘西自然风貌与社会生活所进行的细致描述，这种描述为他的乡土小说提供了富有乡土气息的文化背景，同时，也展现了湘西乡土世界的文化共同体特征，使我们能够更为深入地理解沈从文乡土小说所蕴含的价值与意义。⑤20世纪40年代，沈从文的美学思想丰富复杂，可大致划分为前后两个时期，并呈现出一个明显的转型过程。前期（1938—1946），他以小说、散文等哲理意味和象征色

①　卫小辉：《族裔身分视域中的新文学史图景——以萧乾和沈从文为中心》，《民族文学研究》2015年第6期。
②　黄代美、刘蕾：《从时间形态看归乡形式——沈从文返乡期间的创作研究》，《宜宾学院学报》2015年第10期。
③　邱明淑：《沈从文独特的伤情哲思》，《新疆社会科学》2015年第6期。
④　任志刚：《渐行渐远的"美丽乡愁"总是挥之不去——对沈从文艺术作品审美个性的再认识》，《阴山学刊》2015年第6期。
⑤　褚连波：《沈从文乡土小说的背景及其文化共同体意蕴》，《教育现代化》2015年第16期。

彩浓厚的文本进行"抽象的抒情",致力于生命形而上、非功利性的思考,表达对"生命"、"美"、"爱"的独特理解与终极追问,后期(1946—1949),他则依凭杂论、政论等形式展现积极介入社会的姿态,倡导民族国家、文学运动与社会政治的重造,传达出功利性的现实诉求。这种转型折射出特定历史阶段作家复杂矛盾的文化心理。①

毛泽东的研究成果非常繁复,其中,也有部分关于毛泽东文学、文艺思想的研究。毛泽东不仅是一位伟大的领袖人物,而且对中国古典诗词涉猎广泛,有着浓厚的兴趣,阅读圈点批注了许多中国古典诗词,并结合中国革命的雄壮历程创作了一大批优秀词作。公认毛泽东的词作除个别外(《虞美人·枕上》),大都气势磅礴,豪气冲天,属于典型的豪放派词风。文学的创作过程始终贯穿着继承与创新的关系,诗词创作也不例外。毛泽东一方面吸纳古典文学中的精华,另一方面又善于注入新的内容。他以自己的革命经历为创作源泉,熔铸时代特色和个人豪情,将豪放词的发展推向了一个新高峰。②

刘超邦编《湖湘文学经典赏读》,书稿分为十五篇,从趣味导读、作者简介、文学地位及评价选读作品等全方位作了诠释,书中收录了屈原、贾谊、曾国藩、毛泽东等湖湘名人的作品。希望它能带给更多读者的故土认同,和作为湖南人永久的自信,抑或使更多人借此获得在湖湘大地间行走时的兴致和浓情。③

(二) 湖湘音乐、戏曲艺术研究

2015 年,对湘学音乐艺术的研究较为分散,关于民间音乐艺术研究成果相对较为丰富。而关于湘籍音乐艺术家思想研究的成果则主要集中于田汉研究,其中又侧重于其具体作品的研究。

目前流行于湖南江华的瑶族古典歌谣集,亦称《盘王大歌》。瑶族是我国南方一支古老的少数民族。瑶族有自己本民族的语言,通用汉文。《盘王大歌》内容包罗万象:神话、传说、生产、生活、恋情、妇女苦情及滑稽

---

① 袁欢:《论沈从文 20 世纪 40 年代诗学建构》,《枣庄学院学报》2015 年第 1 期。
② 秦建伟:《毛泽东对苏辛豪放词的继承与创新》,硕士学位论文,信阳师范学院,2015 年。
③ 刘超邦编:《湖湘文学经典赏读》,湖南人民出版社 2015 年版。

取乐等。全书中文约 3000 行。汉英对照形式出版。①

杨长江主编《长沙弹词优秀作品选》，长沙弹词是湖南的主要曲种之一，具有深厚的群众基础，2008 年成功入选第二批国家级非物质文化遗产。为了保护传承弘扬长沙弹词，给长沙弹词注入鲜活的时代特征，给广大群众文艺团队、专业和业余曲艺工作者、曲艺爱好者、研究者的创作、演出、研究提供参考借鉴资料，作者选编了这本《长沙弹词》。所收编目均系长沙弹词史上具有价值的、大都经过演出实践、深受受众喜爱的经典作品。②

周美玉分析了湖湘音乐文化中的湖湘女性特点。湖湘音乐文化作为湖湘文化体系当中重要环节及关键构成，在整个文化当中意义凸显。湖湘音乐文化具有丰富多彩的艺术内涵，本书通对湖湘音乐文化中湖湘女性敢于人先、勇于创新的特点、湖湘音乐作品中湖湘女性个性率真的特点以及湖湘音乐人才中湖湘女性灵动多彩的特点进行阐述，并以上述三方面为基础，对湖湘女性特点进行深入研究，对在新时代背景下，湖湘女性在整个湖湘音乐文化当中所存在的实践价值及理论内涵进行深度挖掘。③

田汉的独幕剧《获虎之夜》一直以来以其独特的艺术魅力享誉戏剧界。这种独特艺术魅力，集中体现在四个艺术交融，即"日常性"与"传奇性"的交融，线索性与悬念性的交融，喜剧色彩与悲剧意蕴的交融，"戏"与"诗"的交融。作为一部短小精悍的戏剧力作，在今天仍能够给我们带来十分有益的戏剧创作启示。④ 唯美主义作家奥斯卡·王尔德的名剧《莎乐美》创作于 1893 年，故事来源于《圣经》中的《马太福音》与《马可福音》，讲述犹太公主莎乐美受其母希罗底的唆使，使希律王将先知约翰斩首的故事。田译《莎乐美》的发表与演出在中国作家中引起巨大反响，舍弃生命、追求挚爱的犹太公主莎乐美的形象也成为这一时期大量文学作品的灵感来源，作家借由此类人物形象表现出炽热爱情与对爱情的执着追求。王尔德笔下的莎乐美只见约翰唇红、发黑、肤白，不闻其语、不晓其思，全然是感官的动物；而身处"五四"后个性解放浪潮之中的田汉仅凭一个"望"字便悄然瓦解了其中的官能诉求，对情感进行了模糊化处理，同时添加了爱情的阐释空间，从而对时代思潮作出了积极回应，促使原作中反理性、反启蒙的

① 彭清等译：《盘王大歌》，湖南人民出版社 2015 年版。
② 杨长江主编：《长沙弹词优秀作品选》，湖南人民出版社 2015 年版。
③ 周美玉：《湖湘音乐文化中的湖湘女性特点分析》，《艺术科技》2015 年第 10 期。
④ 黄高锋：《论田汉话剧〈获虎之夜〉的艺术交融特色》，《戏剧文学》2015 年第 2 期。

莎乐美形象在中国语境下转变为追求自由爱情的启蒙榜样。① 新中国成立后田汉创作的京剧《白蛇传》和《谢瑶环》是他戏曲创作中的压卷之作，在内容和形式上均臻于完美，同时也最充分完整地体现出了田汉京剧改革的理想。田汉的戏曲创作充分体现出了他的戏曲理想，那就是要让戏曲与今天的审美同步，在思想上要一扫陈腐之气，表现出时代的风貌；在艺术上要海纳百川，丰富表现手段。只有这样，古老的戏曲才能为新的时代所接纳，才能在真正意义上成为民族艺术的代言人。②

　　民间艺术是在社会中下层民众中广泛流行的音乐、舞蹈、美术、戏曲等艺术创造活动。作为精神民俗的重要组成部分，学术界出现了较多关于湖南民间艺术的研究成果。湖南音乐方面，其中从整体上进行研究的成果主要有：《湖湘传统音乐传承的多维建构》力倡紧紧围绕"文化脉络中的音乐研究与传承"的原则，以建构观、整合观和创新观为理论基础，以传承与创新为立足点，力求从历史构成、社会维护、个人创造与经验等多维度、多途径进行研究与探索，建构顺应社会变迁大环境的湖湘传统音乐传承的新模式。③ 此外，还有《湖南礼俗仪式音乐研究》④，《湖南民歌的特点及演唱要领探析》⑤，《湖南夏商音乐文化初探》⑥，《浅谈湖南花鼓戏的润腔》⑦ 等。不仅如此，还有更多对地方音乐的探讨，比如《湖南江永县"女书"音乐的传承与创新》关注于"女书"这一独特的音乐，⑧《湖南江华瑶歌文化探微》论述了瑶歌的历史起源及其变迁，⑨《湖南城步苗族婚嫁歌曲的音乐特征及文化内涵研究》探讨城步苗族婚嫁音乐，⑩《区域音乐文化视野下的岳阳巴陵戏研究》揭示巴陵戏的音乐特征，《湘中地区"和娘娘"音乐文化研究》研究地方信仰的音乐文化，⑪《湖南益阳南县地花鼓音乐的传承和发展》

　　① 袁丽梅：《"欲"于"望"中消解——田汉译介〈莎乐美〉的文字玄机》，《戏剧文学》2015 年第 2 期。
　　② 马琳：《不薄今人爱古人——从〈白蛇传〉和〈谢瑶环〉看田汉的戏曲追求》，《戏剧文学》2015 年第 2 期。
　　③ 朱咏北、姜姗姗：《湖湘传统音乐传承的多维建构》，《求索》2015 年第 11 期。
　　④ 曾娜妮：《湖南礼俗仪式音乐研究》，《艺海》2015 年第 4 期。
　　⑤ 杨金花：《湖南民歌的特点及演唱要领探析》，《戏剧之家》2015 年第 23 期。
　　⑥ 柳青、徐小茜：《湖南夏商音乐文化初探》，《人民论坛》2015 年第 33 期。
　　⑦ 黄雪晴：《浅谈湖南花鼓戏的润腔》，《音乐时空》2015 年第 3 期。
　　⑧ 谭瑶：《湖南江永县"女书"音乐的传承与创新》，《黄河之声》2015 年第 22 期。
　　⑨ 龙仕平、李玉香：《湖南江华瑶歌文化探微》，《重庆三峡学院学报》2015 年第 1 期。
　　⑩ 欧琴、匡泓锦、陆霞：《湖南城步苗族婚嫁歌曲的音乐特征及文化内涵研究》，《音乐时空》2015 年第 20 期。
　　⑪ 赵书峰：《湘中地区"和娘娘"音乐文化研究》，《云南艺术学院学报》2015 年第 1 期。

探讨南县花鼓音乐,① 《浅谈湘乡民间丧葬仪式音乐》研究湘乡民间丧葬仪
式音乐,② 《湘西苗歌与苗族自我认同——以古丈翁草村为例》则通过对湖
南湘西古丈县翁草村湘西苗歌的研究,揭示湘西苗族是如何通过苗歌来实现
民族认同的。主要从民族意识,认知结构,民族群体人格,民族社会化特点
等方面进行研究分析。③

"堂根"是湘西苗族地区苗族民歌的一种重要传唱方式,至今仍广泛流
传并保存着比较完整的体系。麻美垠著《湘西苗族地区堂根文化研究》,书
稿共七章分上、下两篇,上篇四章,主要以"堂根"传唱的实录、直译、
意译为主要内容。下篇三章,结合访问对象的群体认识,借助现代文化人类
学、民族学研究理论体系,深层次地剖析了湘西苗族地区"堂根"所承载
的文化内质,破解了湘西苗族地区苗族文化的传承密码,可以有效地促进苗
族民歌的保护与传承。④

民间舞蹈方面,《湖南南县地花鼓的舞蹈艺术形态研究》从南县地花鼓
舞蹈的主要人物角色、题材、服饰颜色、表演格式介绍了该舞蹈的表演程
式,阐述了南县地花鼓的舞蹈动作形态、艺术风格,并以舞蹈人类学和社会
学的研究角度对该舞蹈的文化内涵进行了分析。⑤ 《梅山文化中的民族民间
舞蹈略论》对梅山民族民间舞蹈的类型和渊源进行了概述,阐述了该地域
民间舞蹈的特色,即很强的时间性、多民族文化、浓厚的戏曲色彩,指出独
特的梅山文化环境造就了梅山舞蹈刚柔相济的艺术风格。⑥ 《浅谈湖南湘西
土家族"茅古斯"歌舞》则对茅古斯舞蹈在土家族环境中生成和发展进行
了阐述,指出作为土家族最为原始的古典舞蹈,茅古斯舞蹈是该族为了纪念
祖先的创世业绩的一种原始戏剧形式,兼有舞蹈和戏剧表演的原始的祭祀性
舞蹈,其表现的说唱形式丰富了土家族民歌,为土家族研究来源的研究提供
较可靠的线索。⑦ 《湖南土家族摆手舞的起源及形态特征》述及摆手舞的相
关情况。⑧

① 石盼:《湖南益阳南县地花鼓音乐的传承和发展》,《当代音乐》2015 年第 7 期。
② 陆雯:《浅谈湘乡民间丧葬仪式音乐》,《乐府新声》2015 年第 4 期。
③ 刘芳:《湘西苗歌与苗族自我认同——以古丈翁草村为例》,《教育文化论坛》2015 年第
3 期。
④ 麻美垠:《湘西苗族地区堂根文化研究》,湖南人民出版社 2015 年版。
⑤ 任慧婷:《湖南南县地花鼓的舞蹈艺术形态研究》,《甘肃高师学报》2015 年第 5 期。
⑥ 伍谚彦:《梅山文化中的民族民间舞蹈略论》,《创作与评论》2015 年第 12 期。
⑦ 向烨炜:《浅谈湖南湘西土家族"茅古斯"歌舞》,《戏剧之家》2015 年第 5 期。
⑧ 喻佳:《湖南土家族摆手舞的起源及形态特征》,《艺海》2015 年第 12 期。

民间戏剧是原生态的民俗之一，学术界对淮河流域民间戏剧的研究多集中在各地方的地域剧种方面，如花鼓戏、辰河高腔、巴陵戏等。具体来说，《湘陕花鼓戏腔调结构比较研究——以长沙花鼓戏川调和商洛花鼓戏筒子戏为例》[①] 和《论我国花鼓戏的音乐特色——以湘、皖两地花鼓戏比较研究为视角》[②] 将湖南花鼓戏与陕西花鼓戏、安徽花鼓戏作了详细的比较研究。《谭盾钢琴曲〈看戏〉中的湖南花鼓戏元素分析》提炼了钢琴名曲中的花鼓戏元素。[③]《论辰河高腔的"开台"与"扫台"》[④] 与《辰河高腔传承谱系与科仪》探讨了宗教对曲的特征。《区域音乐文化视野下的岳阳巴陵戏研究》考订了巴陵戏的源流沿革，指出该戏历经孕育、发展、兴盛、衰落、抢救、劫难和复兴时期，形成了地域鲜明、多元融合、表演独特的艺术风格。作者也看到了随着时代的不断发展，电视、电影、网络等现代娱乐形式的冲击，认为巴陵戏在传统与现代的碰撞、并存、交流中应坚守其独特的艺术特色，积极主动地参与市场经济的实践，实现传统文化与市场有机的结合，进行创造、融合、借用和再创造，才能形成强大的生命力，永葆艺术青春。[⑤]《岳阳巴陵戏的音乐特征研究》[⑥]、《巴陵戏声腔特点与传承》[⑦] 对巴陵戏的特征和发展进行了一些探讨。此外，邵阳布袋戏[⑧]、祁剧[⑨]亦有探讨。

刘海潮著《湖南邵阳布袋戏研究》，该书以在我国民间特定区域湖南邵阳布袋戏的传承和发展为研究对象，主要包括关于邵阳布袋戏的历史渊源，艺术形态及其音乐特点，价值取向，艺术价值，价值取向对音乐特征的影响，传播、发展、演变及其发展进程对音乐特征影响，音乐唱腔，与台湾福建布袋戏在音乐上的比较等方面的内容。在研究过程中，以田野调查所获得的第一手研究资料和前人研究成果为基础，对研究内容进行了系统的、有层次性的合理安排。对人们重新了解昔日的民间艺术，更好地保护、发展和继

---

① 贺军玲：《湘陕花鼓戏腔调结构比较研究——以长沙花鼓戏川调和商洛花鼓戏筒子戏为例》，《安康学院学报》2015 年第 3 期。

② 洪晨：《论我国花鼓戏的音乐特色——以湘、皖两地花鼓戏比较研究为视角》，《美与时代》2015 年第 8 期。

③ 龙逸：《谭盾钢琴曲〈看戏〉中的湖南花鼓戏元素分析》，《齐齐哈尔大学学报》（哲学社会科学版）2015 年第 8 期。

④ 熊晓辉：《论辰河高腔的"开台"与"扫台"》，《长江师范学院学报》2015 年第 3 期。

⑤ 侯新兰：《区域音乐文化视野下的岳阳巴陵戏研究》，《贵州民族研究》2015 年第 2 期。

⑥ 潘丽：《岳阳巴陵戏的音乐特征研究》，《音乐创作》2015 年第 10 期。

⑦ 刘茂林：《巴陵戏声腔特点与传承》，《艺海》2015 年第 8 期。

⑧ 王彩丽等：《邵阳布袋戏艺术风格探究》，《老区建设》2015 年第 12 期。

⑨ 潘魏魏、杨帆：《试论祁剧寿戏的闹热性特征》，《学理论》2015 年第 21 期。

承布袋戏这一古老的民间非物质文化遗产，具有非常重要的意义。①

（三）　湖湘书法艺术研究

湖南书法艺术自怀素始，即在中国书法艺术史上留下厚重的痕迹。近现代湖湘书法，随着曾国藩等人在晚清政坛的崛起而大放异彩，书法名家迭出。道州何凌汉、益阳胡达源、湘乡曾国藩、湘阴左宗棠、茶陵谭钟麟五大名门家族书法相传的现象，展示了湖湘书法文化的深厚底蕴。② 2015 年的书法艺术研究成果主要集中在晚清何绍基、曾国藩和民国时期曾熙等人的书法艺术研究中。

陈书良主编《梦想与践行》（湖南应用美术研究），该书是湘学研究丛书的一种，主题是湖南传统美术（主要指的中国绘画及理论）的应用研究。该书将湖南传统美术分别放在古代中国画的三个时期（上古、中古、近古）进行考察，探讨了在今湖南境内的青铜文明、古代帛画、长沙窑、潭帖、民间妙造、湘绣以及高椅窗棂、宁远文庙石雕、滩头年画等实用美术的情况，意在将湘学理论建构和美术史上的应用艺术合而论之。③

何绍基（1799—1873），字子贞，号东洲，别号东洲居士，晚号蝯叟。湖南道州（今道县）人。晚清诗人、画家、书法家。道光十六年（1836）进士。咸丰初简四川学政，曾典福建等乡试。历主山东泺源、长沙城南书院。通经史，精小学金石碑版。据《大戴记》考证《礼经》。书法初学颜真卿，又融汉魏而自成一家，尤长草书。有《惜道味斋经说》、《东洲草堂诗·文钞》、《说文段注驳正》等著。何绍基出入于阮元、程恩泽之门，通经史、律算，尤精小学，旁及金石碑版文字，又以书法成就为最高。其一生融会碑帖，南北通贯，被誉为"有清二百年第一人"。他独创了意随笔转、笔随意转、外柔内刚、外圆内方的"何字"；独辟蹊径的回悬高腕执笔法；颇高的书学理论建树。何绍基五体皆能，尤其行草书成就最大。他的行草书蕴藉先秦汉魏之神韵，用笔飘逸、随心所欲、不失神态，书态凝重烂漫，不失趣味，如"天花乱坠不可捉摸"。徐珂称其"行体尤恣肆中见逸气，往往

① 刘海潮：《湖南邵阳布袋戏研究》，湖南人民出版社 2015 年版。
② 曹隽平：《近现代湖湘名门书法考》（上），《书法》2015 年第 7 期。
③ 陈书良主编：《梦想与践行》（湖南应用美术研究），民主与建设出版社 2015 年版。

一行之中，忽而似壮士斗力筋骨涌现，忽又如衔杯勒马意态超然，非精究四体熟谙八法，无以领其妙也"。其书法成就使"数百年书法于斯一振"，对同时期及其以后学书者产生广泛深远的影响。通过与其他书家的比较，对其进行综合分析，探究何绍基行草书笔法中的颤笔的利弊，可知何绍基的书法作品在整个清代碑学发展史上有无可替代的推动作用，用他行草的良药解决"媚，俗，弱，光，疾"等创作的弊病。① 赵杨对祁寯藻、何绍基唱和论书诗书学观点进行了比较。祁寯藻是清代中晚期体仁阁大学士、书法家、朴学家。何绍基为同时代书法家、学者，他们都是宋诗派代表人物，互为好友。在咸丰五年（1855）至咸丰九年（1859）时期，他们交往密切，唱和频繁，在27首唱和诗中留有10首关于讨论书法的诗篇。本书通过研究祁寯藻、何绍基这些唱和论书诗，集中比较分析了二人在书法方面的诸多观点。研究表明，他们在书法主张上既有相同点又有不同点。祁、何二人在推崇"篆隶古意"、支持"南北书派"论、"心正笔正"的书学观点是相同的，在面对王羲之和颜真卿书法的具体问题中，二人的观点又有所不同。祁寯藻侧重于保守、继承，何绍基则重视创新、变法。文章进而揭示了造成他们相同书学观点的成因是二人都深受儒家正统思想的影响并都有着尊古的审美追求；不同书学观点的成因是两人的成长经历、学术主张、书学立场的不同。书学思想的保守与革新，在祁寯藻、何绍基的唱和论书诗中不断碰撞，其中蕴含的观点及其思想在很大程度上反映了一个时代文人士大夫的不同选择，也成为一个特殊时代艺术与社会关系认知的浓缩。②

曾熙（1861—1930），衡永郴桂道衡州府（今衡阳市）人。字季子，又字嗣元，更字子缉，号俟园，晚年自号农髯。中国杰出的书法家、画家、教育家，海派书画领军人物。曾熙的书法艺术为后世所称道。曾熙的书法以1915年迁居上海鬻书画为界，分为前后两个时期。前期读书、参加科举考试、做官、办，受到系统的封建文化教育，博通经史。但前期无论清末皇朝还是民国政府，曾熙与历代书家一样有自己生存的或朝廷或政府的体禄，过着一种封建士大夫的生活。书法的书而交流工具性的功用价值远远大于闲暇之人雅兴的艺术价值，因此并没有过多地注重书法的视觉形式、艺术风格。1915年之后，曾熙在上海开始了职业书家的生涯，研习了更多新发现的书法墨迹和文献，作品的艺术形式更趋多元，从书法的各个侧面，用笔、结

---

① 袁文甲：《何绍基行草笔法研究》，硕士学位论文，中国艺术研究院，2015年。

② 赵杨：《祁寯藻、何绍基唱和论书诗书学观点比较研究》，硕士学位论文，山西大学，2015年。

体、章法等表现出鲜明的个人书风。同时，受时代变革的影响，曾熙的书法及其对书法艺术的理解亦体现出传承与鼎革的相融，展现了独特的创新风貌，引领民国书坛一时之风气。①

胡静怡主编《湖湘联话》，作者数十年如一日收集湖湘本土的古今楹联，累计达万余副，全书从中精选两千余副，并配以赏析文字。全书稿分为喜庆篇、景观篇、题署篇、戏台篇、哀挽篇、缅怀篇、祠庙篇、集句篇、谐趣篇和抗战篇共十个篇章。作者从所选对联的用词、格调、意境、韵味等方面进行评述，将湖湘古今名联与湖湘人文历史结合起来，让读者在赏联的同时感受到湖湘文化的独特魅力。该书反映了湖湘楹联文化的整体风貌，是楹联创作者和爱好者不可多得的赏读之作。②

湖南民间美术的研究成果主要集中在年画等方面，滩头年画是湖南省唯一的手工木版水印年画，产地在湖南省宝庆（现在为邵阳）隆回滩头镇。具体来说，《湖南滩头木版年画的初步调查与研究》对滩头年画的历史进行了回溯与断代分期，复原了工艺流程。③《滩头木版年画在湖南美术创作中的地位》论述了滩头年画的历史地位。④《"滩头年画"手工艺产业转型与发展研究》则探讨了当前滩头年画产业转型之路。⑤

① 谢建华：《曾熙的书法艺术》，《荣宝斋》2015 年第 3 期。
② 胡静怡主编：《湖湘联话》，湖南人民出版社 2015 年版。
③ 张同标：《湖南滩头木版年画的初步调查与研究》，《创意与设计》2015 年第 3 期。
④ 王蓓：《滩头木版年画在湖南美术创作中的地位》，《美与时代》2015 年第 9 期。
⑤ 陈彦卿：《"滩头年画"手工艺产业转型与发展研究》，《美术观察》2015 年第 1 期。

六　湘学重要人物研究

　　湖湘大地历史悠久，文化积淀十分深厚，湘人精神代代相传，孕育了一大批杰出人才，形成了灿若繁星的湖湘人才群。2015 年，关于湘学人物的研究成果主要集中于在历史文化中产生了一定影响的人物研究，如对毛泽东、屈原、周敦颐、王船山、曾国藩、左宗棠、谭嗣同、蒋廷黻、周鲠生、田汉、李达、蔡和森、胡耀邦等人的研究相对而言更为突出。

（一）湘学人物生平研究

　　在湘学人物总体研究方面，张湘涛主编的《迁客骚人潇湘情》，既叙述了不同历史时期寓居、影响湖南的外地官员或迁客骚人，如屈原、贾谊、杜甫、柳宗元、刘禹锡、陶侃、辛弃疾、王阳明、徐霞客等，宦游、迁谪于湖湘大地，惠政泽被三湘、推动湖南社会经济发展，留下名篇佳作、弦歌绝响，极大地丰富了湖南人文景观和文学宝库。[1]

　　多年来，关于屈原生平事迹考究的成果层出不穷。2015 年的成果主要集中在考究屈原是否在汨罗投江、屈原放逐的时间。刘石林详细探究了屈原定居汨罗、投江汨罗。屈原流放汨罗，居住了八九年时间，在汨罗完成了《离骚》、《天问》、《九歌》和《九章》中部分诗篇的写作。中途曾赴汉北和鄢郢，鄢郢失陷后重返汨罗，纪郢失陷后投汨罗江殉国。2014 年 9 月 16 日《光明日报》发表的《屈原与郧阳》一文提出屈原投江地在郧阳，先秦时湘江在郧阳等观点，是对历史的歪曲。屈原流放江南，几经辗转，来到了汨罗江畔，并定居。周秉高先生归纳清蒋骥在《山带阁注楚辞》中考证屈

---

　　① 　张湘涛主编：《迁客骚人潇湘情》，国防科技大学出版社 2015 年版。

原选择汨罗定居，并作为自己灵魂的归宿之处，主要原因有三条：一是因为"湘水至清"，寓其清醒之意；二是因为此地距长沙较近，而"长沙为楚东南之会，去郢未远，固与荒徼绝异"；三为"熊绎始封，实在于此，屈原既放，不敢北越大江，而归死先王故居，则亦首丘之意"。还有一个原因，汨罗是罗氏贵族聚居地，而罗氏与楚、屈同祖，汨罗山上有罗氏祖坟山，既然屈、罗同祖，那么，罗氏的祖坟山，也可视为屈氏的祖坟山，自己死后也可以按楚俗"归葬祖山之阳"。① 周秉高考究了屈原放逐的时间等。屈原一生，两次放逐。第一次是怀王十六年，"王怒而疏屈平"；第二次是顷襄王三年，"顷襄王怒而迁之"。第一次乃无罪而主动去国，第二次则为"有罪"而被迫去国。屈原对怀王是很有感情的，而他与顷襄王君臣关系不足三年，两人之间的感情比较起其与怀王的感情，淡薄程度，可想而知。屈原第一次被放逐，时间不足三年；第二次则一直未被召回，最后自投于汨罗江。了解这两次放逐的性质、背景和结果很重要，可以进一步了解到屈原对两位君王的感情是截然不同的，也就可以了解到屈原作品中写的主要是哪位君王，从而可正确地理解作品的思想内容。②

周欣解释了周敦颐道学宗主地位的确立。自南宋朱熹、张栻等人为了重建儒学思想体系，将周敦颐提升至"上承孔孟，下启二程"的关键人物，到因朱熹构建"道统说"而地位逐渐提升，理学发展上的斗争非常激烈，朱熹等人不仅要面对佛、道的思想挑战，而且也面对来自陆九渊等人的质疑。至绍熙五年（1194）朱熹在竹林精舍祭祀周敦颐、二程等先贤，将祭祀先贤与书院教育的结合，表明一种新的以探讨道德性命、穷究心性义理为主要特色的学术风尚形成。此后，在魏了翁、真德秀等人奏请和表彰下，周敦颐学术得到官方承认，"道学宗主"的地位得以确立。③ 潘攀分析了周敦颐在儒家道德本体构建的三次演进中的作用。儒家道德形上本体的构建是确保其至上权威性的必要手段，对怎样构建这个问题，从先秦至宋代，历代儒者从不同角度进行了有益的探讨。《孟子》、《中庸》、《易传》和周敦颐不仅是其中的代表，而且他们的道德本体论还在内涵上呈现出递进关系，勾勒出儒家在道德本体理论探讨中的三次演进路径：《孟子》以"人心"为道德本体开儒家道德本体理论探讨的先河，《中庸》则以客体之"诚"为道德本

① 刘石林：《屈原在汨罗考——兼评凌智民先生屈原投江郢阳论》，《云梦学刊》2015年第2期。

② 周秉高：《屈原放逐考》，《职大学报》2015年第4期。

③ 周欣：《周敦颐道学宗主地位的确立》，《学海》2015年第4期。

体，克服了主体的随意性，完成了对《孟子》主体"人心"的跃升；《易传》巧妙地以"生"赋予道德本体以变动不居的形态，突破天人之间的隔阂，贯通天道人伦；周敦颐以宇宙生存论为基础，以较为清晰的环节连接起人类社会与自然宇宙，最终构建起超越人伦社会、立足宇宙万物的道德本体论，为儒家学说的至上权威性提供了较为扎实的理论基础，并为其后的宋明理学的发展提供了完整的理论框架。①

邓辉分析了王船山之"五经"关系论，并探讨了王船山思想由崇朱而尊张的原因。作为儒者的王船山，对于儒家原典的诠释和阐扬是其思想体系展开的核心，其中对于五经之关系处理，显示出其独到卓越的见解，亦是其学说中心旨意的反映。船山以为，儒家思想的中轴在《易》，《易》为往圣所传之大道所在，是"伏羲、文王、周公、孔子继天立极，扶正人心之大法"，即儒学思想之正源与圭臬。而《诗》、《书》、《礼》、《春秋》都是对《易》所传往圣大道在不同层面不同向度的具体彰显与发扬。即是说，《易》为统宗，《诗》、《书》、《礼》、《春秋》为其条绪和节文。晚年船山以为朱子仅仅将《易》作为卜筮之书看待，忽略并遗弃了孔门圣教的思想根基，却发现张子学归易学，因而最终将张子学作为正学，由是船山思想由崇朱转而尊张，以之为要归。② 陈力祥从经典诠释管窥王船山厚德隆礼的家风情愫。船山思想多是对六经开生面而形成，从船山对经典的诠释中可以管窥其家风思想：船山家风思想强调修德立己，以礼处世。特征为厚德隆礼，既重视个人德性修养，又重视外在的礼之践行。其逻辑理路表现为由德而礼、由内而外。在家风培育方面，王夫之更是强化人之道德品质，强调从礼教入手，借助德化、礼教培育家风。③ 王玉德探讨了钱基博笔下的王夫之。国学大师钱基博在《近百年湖南学风》把王夫之称作湖南开风气的人物，是能够"为生民立极，为天地立心，而辅世长民"的学者。王夫之的人生有两个明显的特点，一是"以艰贞拄世变"，二是"维人极以安苦学"。④

曾国藩是中国近代史上著名的中兴大臣，《中兴名臣曾国藩》一书展现了曾国藩从一介平民奋发读书，到入朝为官九年升级；从文官受命领兵打

① 潘攀：《论儒家道德本体构建的三次演进》，《绵阳师范学院学报》2015 年第 9 期。

② 邓辉：《船山之"五经"关系论——兼析船山思想由崇朱而尊张之原因》，《船山学刊》2015 年第 4 期。

③ 陈力祥：《从经典诠释管窥王船山厚德隆礼的家风情愫》，《湖南大学学报》（社会科学版）2015 年第 5 期。

④ 王玉德：《钱基博笔下的王夫之——读〈近百年湖南学风〉》，《船山学刊》2015 年第 5 期。

仕，到平定太平天国运动，从手握兵权可颠覆天下，到主动裁军放弃兵权重新成为文臣的传奇人生经历，这其中的任何一个细节都值得仔细玩味。①

左宗棠是我国近代杰出的政治家、军事家、思想家，同时也是一位挺起脊梁，主张坚决抵御外来侵略的杰出爱国者。孙光耀编著的《左宗棠传》描述了左宗棠兴办洋务、进行改革，在"师夷长技"的思想指导下，积极创办近代军用和民用企业；他忠君报国、抵抗侵略，亲自率军收复新疆，又远征东南抗击法军。大器晚成、一鸣惊人的左宗棠大张了民族气节、捍卫了民族尊严，在中国近代史上写下了浓墨重彩的一页。②

杨东梁著《左宗棠》一书叙述了左宗棠颇具传奇色彩的一生：少时屡试不第，转而留意农事，遍读群书，钻研舆地、兵法。后竟因此成为清朝后期著名大臣，官至东阁大学士、军机大臣等。一生经历了湘军平定太平天国运动，创办洋务运动，镇压陕甘回变和收复新疆、开发西北等重要历史事件。③

在晚清的历史舞台，左宗棠的名字一度无人知晓，三次落第而绝意科举，闭门潜习经世之学，远离八股取士主流，替人做了八年幕僚而不得任用。直至四十九岁，他的人生才迎来转机，开始独当一面。虽然他从政一根筋，仕途却一路飙升，拜相封侯。汪衍振著《乱世能臣左宗棠》全面讲述了左宗棠的性格特征与一生功业，还原一个具才华、性坚韧、顾大局、有民族气节的一代能臣。④

《爱国诗僧八指头陀》是一部系统地记录释敬安人生轨迹和心路历程的长篇纪实文学作品，该书是研究晚清民国时期佛教历史和诗歌艺术的重要著作，也是研究近代湖湘文化的力作。释敬安，字寄禅，别号"八指头陀"。湖南湘潭人。曾任浙江天童寺等多个名寺的方丈，辛亥革命后当选为中华佛教总会会长。致力诗文，是"碧湖诗社"重要成员之一。释敬安的诗作把爱国忧民的思想与佛家悲悯众生的教义交融为一，故人称他为近代爱国诗僧。⑤

钟发喜著《宋教仁精神研究》，全面研究和阐述了宋教仁的"矢志不渝的革命精神、敢为人先的创新精神、高瞻远瞩的重教精神，一尘不染的廉洁

① 墨香满楼：《中兴名臣曾国藩》，中国铁道出版社 2015 年版。
② 孙光耀编著：《左宗棠传》，中国书籍出版社 2015 年版。
③ 杨东梁：《左宗棠》，人民文学出版社 2015 年版。
④ 汪衍振：《乱世能臣左宗棠》，北京大学出版社 2015 年版。
⑤ 圣辉、刘安定、何漂：《爱国诗僧八指头陀》，湖南地图出版社 2015 年版。

精神"等精神,系统展现了宋教仁为国家、为民族、为人民不计个人恩怨,不想个人得失的那种"义无反顾的爱国精神"和"倾其所有的奉献精神",是一本研究宋教仁精神的力作。①

《近代湖南藏书家王礼培》系湖南省文史馆湘学研究中心组织出版的湘学研究丛书之一。该书对清末民初著名的藏书家和诗人王礼培(1864—1943)生活的时代与其生平事迹作了全面的梳理与介绍,包括其家世、故乡、科举、留学东洋,也包括他的著作和思想,尤其是对作为藏书家的王礼培一生藏书、读书生活进行了重点叙述,对其为近代湘学所作的贡献进行了探讨。②

杜心五是一位爱国主义民族英雄,是清末、民国时期非常了不起的人物,研究杜心五及自然武术历史,对继承和弘扬武学文化乃至中华传统文化都具有重要意义。于平主编的《杜心五年谱》系"湖南历史文化名人丛书"之一种。该书稿分年谱正文、杜心五世系以及杜氏家族后人简况、附录三部分,对杜心五的生平等进行了记叙,展现了他的社会地位及影响、思想品质和人格魅力,彰显了他的民族气节和爱国精神。③

周鲠生(1889—1971),又名周览,汉族,湖南长沙府长沙县人。中华民国及中华人民共和国的国际法学家、外交史家、教育家,中央研究院院士,中国第一部宪法起草的四位顾问之一。早年留学日本,加入同盟会。后留学英法,获爱丁堡大学博士学位及巴黎大学国际法学博士学位。历任国立北京大学、国立东南大学、国立武汉大学教授及校务长。中华人民共和国成立后,任中南军政委员会委员兼文教委员会副主任、外交部顾问、外交学会副会长等职。1956年加入中国共产党。主要著作有《国际法大纲》、《近代欧洲政治史》、《不平等条约十讲》等,林海梳理了周鲠生从事法律研究的轨迹及其主要的法律思想。④

田汉是中国现代史上最杰出的戏剧家之一,是我国现代话剧的开拓者和戏曲改革的先驱者,是中国戏剧运动的奠基人。长期以来,田汉作为革命家以及他对中国革命文艺事业的巨大贡献与影响力,在理论与评论界早有定论。在人格及个性方面显露出鲜明的文人气质与书生本色。他的一生大气磅礴、有声有色、热情奔放。湖湘文化对他的文人气质、创作特色、情感世界

---

① 钟发喜:《宋教仁精神研究》,湖南人民出版社 2015 年版。
② 易新农、夏和顺:《近代湖南藏书家王礼培》,岳麓书社 2015 年版。
③ 于平主编:《杜心五年谱》,湖南人民出版社 2015 年版。
④ 林海:《周鲠生:难以逾越的法律人生》,《江淮法治》2015 年第 10 期。

都有深远的影响。①

　　李永春对《向导》周报上的笔名"致中"作了考证，指出有人考证为邓中夏，有人推测为尹宽，更多的人认定是陈独秀，而考诸"致中"文章的语言风格、用词特点和主要思想观点，再证诸陈独秀、邓中夏和蔡和森的活动轨迹，可知《离间中俄感情之宣传》、《丧尽利权之鲁案协定》、《北京政变与孙曹携手说》出自蔡和森之手，《统一的国民运动》、《广州事变之研究》、《宪法与自治学院》为陈独秀的手笔。因此"致中"是蔡和森和陈独秀共同使用的笔名，部分署名"致中"的文章是蔡和森代陈独秀写的。②

　　美国学者丽贝卡·卡尔著《毛泽东传》，本书以时间递进为序，讲述毛泽东的革命生涯，将中国近现代史上一些较为重要的事件作为阐述划分的节点，对中国革命进行动态的梳理，力图以相对中性、客观的叙事者立场来阐述、再现20世纪世界格局下的中国及中国革命，并凸显了毛泽东在这场中国反外来民族压迫、反封建主义的民族民主革命中所起到的重大作用。③

　　毛泽东与胡耀邦同为湖南人，同受湖湘文化的熏陶而具有实事求是、敢于担当的性格。毛泽东很信任胡耀邦，曾在延安称赞胡耀邦"思想敏锐，口若悬河"，并且着意培养胡耀邦。而胡耀邦一生最崇敬的人就是毛泽东。④

（二）湘学人物事功研究

　　"内贤外王"是重要湘学人物的价值体现。湘学人物在政治、经济、文化发展等方面作出了重要贡献。2015年，有关湘学人物事功的研究成果是湘学研究的亮点之一。

　　薛泉探究了李东阳对台阁体文风的贡献。李东阳从内容、功能、艺术风貌、文体分类等层面，较为全面、客观地探讨了台阁体的文体特征。李东阳对"三杨"台阁体推崇有加，既有沿袭，又有革新，且前者有甚于后者。就革新方面言之，李东阳引山林体文风入台阁体，试图调和二者，以纠台阁

---

①　王伯男：《革命家的文人本色——纪念中国戏剧运动奠基人田汉先生》，《上海戏剧》2015年第4期。

②　李永春：《〈向导〉周报上的笔名"致中"与蔡和森、陈独秀考辨》，《党的文献》2015年第6期。

③　[美]丽贝卡·卡尔：《毛泽东传》，龚格格译，湖南人民出版社2015年版。

④　陈立旭：《毛泽东与胡耀邦》，《党史博采》（纪实）2015年第11期。

体末流之弊，虽收到一定效果，但最终未能挽救其覆亡之运。尽管如此，李东阳改革文风的发轫之功，仍不可磨灭。① 张智炳探讨了李东阳格调论诗学对韩愈诗歌的接受。李东阳及所著《怀麓堂诗话》绍承杨士弘《唐音》及高棅《唐诗品汇》崇唐理路，续探审音辨体，并开启明格调论诗学。在韩诗接受上，借由汉魏"简古"诗格到经杜、韩、苏一衍再衍的"渐粗"诗格，窥探到流动的诗史，使其辨诗、文二体之分别的尊体论具有变通的破体论色彩；通过分析杜、韩、苏诗的声调韵律差异来甄别其不同的格调特征，从而辨识韩诗风格，其格调论更具实践性品格。杜、韩、苏的诗歌创作成就是玉成李东阳格调论的最终渊源，而李氏又以其诗学眼光肯定了韩诗大变唐诗的若干"通变"因素，不同于《唐诗品汇》的韩诗"正变"观。②

温凯、王艳颖探究了陶澍的从政为官之德。陶澍出自湖南安化，深受湖湘学派影响，推崇经世之学。陶澍之所以能取得"垂百年之利"的卓越功绩与其为官从政之德有着密不可分的关系。清中后期，统治日趋腐朽，吏治日益腐败，世风也每况愈下，大小官员以贪腐为能事，而能够实心任事者寥寥可数。可以说，陶澍在这样腐化的官场生态下能出淤泥而不染已是极为不易，何况取得卓越功绩，更是难能可贵。究其原因，是在于陶澍对自己为官从政之德有着深刻而清醒的认识，并且始终不渝坚持为官惟德的信念，勤政为民，克己奉公，选贤任能，兢兢业业，从而使他成为清中后期的一代贤臣，向世人展现了他的为官之德，堪称清代官德典范。③ 陶澍的禁烟主张、禁烟行动，以及林则徐禁烟反复征询陶澍意见，证明陶澍是最早大规模销毁鸦片的封疆大吏，是主张严禁鸦片的政坛领袖人物。④ 倪玉平研究了陶澍在清道光朝黄玉林私盐案后推行的盐票改革。黄玉林私盐案是清代发生在两淮地区最大的盐枭案。盐业走私犯黄玉林虽然一度被清廷招安，但并未真心悔过，一有机会便想重操旧业。经过道光帝的坚持，黄玉林最终被两江总督陶澍处决。清代私盐案的屡禁不止，实由于清代盐业管理体制的弊端所引发。陶澍在淮北地区推行票盐改革，从根本上杜绝了原有盐商垄断的体制，两淮地区的私盐问题迅速消失。⑤ 陶澍的漕政改革一直为后人所称道。自隋炀帝

① 薛泉：《李东阳与台阁体》，《海南师范大学学报》（社会科学版）2015 年第 4 期。
② 张智炳：《论李东阳格调论诗学对韩愈诗歌的接受》，《宜春学院学报》2015 年第 2 期。
③ 温凯、王艳颖：《为官惟德：陶澍的从政为官之德》，《牡丹江师范学院学报》（哲学社会科学版）2015 年第 5 期。
④ 陈蒲清：《严禁鸦片的疆臣领袖——陶澍》，《长沙大学学报》2015 年第 1 期。
⑤ 倪玉平：《清道光朝黄玉林私盐案研究》，《安徽史学》2015 年第 1 期。

开通运河之后，漕运成为历朝历代统治者所重视的一项内容。延续到了清代，更是被称为"三大政"之一。清中叶以后，清朝的封建统治日益腐败，世风日下，萎靡不振，漕政也是弊病丛生，已严重威胁到京师的粮食和财政供应。有着"干国良臣"美誉之称的陶澍，为了打通这条大动脉，维系清政府的正常运转，在"经世致用"思想的指导下，通过裁汰冗员、删除浮费，严禁包漕、严格制度，治理运河、疏通河道，另辟新径、漕粮海运等措施，对漕政进行了大刀阔斧的改革，并且取得了明显的成效，给后世留下了深远而广泛的影响。① 道光四年（1824），高家堰溃堤导致河道堵塞，引起了清廷内部关于河运和海运的大争论。作为经世派的代表人物，陶澍以一名改革家的魄力主张改革漕运，倡议实行海运，并且殚精竭虑，为海运做了大量的准备工作。他的努力终于在道光六年促成了漕粮海运的顺利实施。②

魏源（1794—1857）是最早"向西方国家寻找真理"的"先进的中国人"。他编撰出版的《海国图志》一书"实支配百年来之人心"，深刻影响了中国社会近代化进程，并获得了近代以来社会各界人士的充分肯定。③"华夷之辨"是中国古代统治者推崇的政治思想，影响了中国两千多年。近代中国，由于华夏文明的失落，传统"华夷之辨"发生深刻嬗变。魏源引入世界理念，动摇"华夷之辨"的文化根基；提出"师夷之长技以制夷"主张，挑战"天朝上国"观念；站在"器变道不变"的立场，捍卫中华传统文化。魏源在文化选择上进行艰难探索，促进"华夷之辨"的近代嬗变，客观上推动了中国近代化的发展。④

在西方侵略所带来的危机逼迫下，曾国藩突破传统文化的限制，从不识夷情到倡导"师夷智"，推进洋务运动，从而引发了中国现代化的早期进程。不过，传统文化、认识西方路径、个人经历和精力制约了他对西方认识的宽度和深度。就认识西方而言，曾国藩起了"但开风气不为师"的作用。⑤ 较为有效地保持湘军将领的相对清廉，是基于"立德"与"立功"的双重目标的需要，如：对太平天国作战，需要弘扬传统伦理道德，清廉是其中重要内容；清廉是曾国藩统率湘军的道德感召力的重要来源，也被曾国

　　① 温凯：《陶澍与漕政改革 》，《佳木斯大学社会科学学报》2015 年第 3 期。
　　② 温凯、王艳颖：《陶澍与道光六年的漕粮海运改革》，《吉林省教育学院学报》（下旬）2015 年第 9 期。
　　③ 陈邵桂：《魏源与中国近代化进程》，《邵阳学院学报》（社会科学版）2015 年第 6 期。
　　④ 姚武：《魏源与"华夷之辨"的近代嬗变》，《邵阳学院学报》（社会科学版）2015 年第 6 期。
　　⑤ 成赛军：《略论曾国藩对西方的认识》，《湖南人文科技学院学报》2015 年第 6 期。

藩认为是湘军战斗力的重要来源。曾国藩及湘军的"立德"对其"立功"起着明显的积极作用,从而又有利于"立德"。这一经验对当前廉政建设亦有其借鉴意义:当"立德"能够成为"立功"的有力基石,当"立功"能够成为"立德"的推动因素,制度的约束、信仰的需求与现实的受益达成统一之际,坚守清廉,始为长久之道。① 保举是曾国藩治军过程中激励将士、实现政治目的的措施之一。他使用保举的力度、频率及由此产生的影响力是前无古人的。曾氏以封建的"是非"观、尊重战功、区别对待等原则为其保举的基本规范。曾氏的保举有历时长、涉及对象广、内容丰富、影响深远等特点,而保举太滥、不公、不注重品德也是其明显的教训。② 除以上几方面,还有分析曾国藩的养廉方法的影响、曾国藩对金陵书局的影响、对军事体育思想的贡献等研究成果。

杨帆分析了郭嵩焘对中国近代化外交的贡献。清末中国传统政治不能适应近现代国际关系实际,郭嵩焘以务实态度,超越传统政治藩篱,在社会转型风口浪尖上,以中国首任驻外公使身份推动中国外交近代化。③ 贺朝霞、赵新华分析了郭嵩焘在阿古柏入侵新疆过程中的外交活动。④

薛莉论析了左宗棠平定陕甘回民起事及对善后治理策略。清同治年间陕甘回民起事是中国近代史上的重要事件。陕甘总督左宗棠先对起事回民进行军事镇压,后从回汉隔离分居、振兴经济、兴教劝学三个方面进行善后治理。这些举措对西北地区产生了重要影响,维护了民族团结。⑤ 在大西北期间,左宗棠一方面将精力用于军事并卓有建树,另一方面还对西北的经济作了长期的经营与开发。在开发经营西北经济的过程中,十分重视对西北自然生态环境的保护与改善,并能从水利建设、植树造林、发展多种农业经济、土地的合理开发等各个方面进行综合治理。在当时历史条件下,虽然他没有明确提出环境保护这一具有现代特征的词语或概念,但在他经营西北经济的过程中,从他的构想以及所从事活动的实践中却折射出朴素的环境保护意

---

① 王蓉:《"立德"与"立功"的统一及其与曾国藩和湘军廉政建设的关系》,《社科纵横》2015 年第 2 期。

② 王显成:《曾国藩治军中的保举之策》,《岭南师范学院学报》2015 年第 1 期。

③ 杨帆:《郭嵩焘与中国近代化的外交》,《黑龙江史志》2015 年第 7 期。

④ 贺朝霞、赵新华:《郭嵩焘在阿古柏入侵新疆过程中的外交活动》,《兰台世界》2015 年第 25 期。

⑤ 薛莉:《论左宗棠平定陕甘回民起事与善后治理问题》,《湖北民族学院学报》(哲学社会科学版) 2015 年第 6 期。

识。① 屯田从汉代开始便成为历代中央政府治理边疆的重要策略。陕甘总督左宗棠平定陕甘回民起义与收复新疆过程中更是在继承中积极推行屯田，这对振兴西北经济、维护边疆稳定与祖国统一、文化融合具有重要作用。② 左宗棠对新疆稳定统一的贡献及其历史作用，在左宗棠的西域诗中也有生动的表现，这些抒情言志的作品表现了左宗棠在新疆建省以巩固塞防、反对分裂的重要思想，真实而艺术地记录了他在维护祖国领土完整、打击侵略、稳定新疆历史进程中的人生经历和重大贡献，其以诗证史的价值在西域诗中具有不可取代的地位。③ 阳宏润探讨了左宗棠的西北外交策略。左宗棠在西北外事中所展现出的外交策略，可以称得上是坚毅秉直，运筹帷幄，令人称道。在清政府半殖民地危机日益加深的年代，左宗棠从侵略者手中夺回了辽阔的西北土地，其在外事处理上的未雨绸缪、据理力争成为中国外交史上不可磨灭的金色记忆。左宗棠的外事处理策略为：先战后议，以战辅议。通过战事的胜利来获取外交谈判上的先机，正合《孙子兵法》思想中的以 "伐兵" 求 "伐谋"。④

罗焌（1874—1932），是现代湘学名家，尤以研究诸子享誉一时。他壮年校注《韩子》，参考众本，广采群籍，在校勘、句读、训解等方面对旧注和清儒有所纠正或发展，可补王先慎《韩非子集解》之失。他晚年讲授《诸子学述》，既有考证、诠释，又有校勘、注解，对周秦诸子著作真伪的辨别、学派归属的判定、思想脉络的稽考更是胜人一筹。罗焌研究周秦诸子，经历过一段较长时间的探索，"始治《韩》、《列》、《老》、《庄》，终诠《管子·内业》及《吕氏春秋》，精以证形神之相生，隐以通晓方术，泯末学之纷争，赜绝甄微，敷畅厥旨"，由探究法家、道家，进而聚力于囊括诸家学术的《管》和《吕》，最后在《诸子学述》中加以浑融，他将九流百家归宗溯源于黄老之道学与孔门之儒学，申述《庄子·天下》篇及《汉志》"诸子出于王官" 之论，对 "五四" 以来新派学者推崇诸子以贬抑儒学的过激主义暗下针砭，成为民国年间护惜中国传统学术文化格局的代表，在现代湘学史上留下一笔异彩。⑤

———————————

① 张玉山：《谈左宗棠经营西北的环境保护意识》，《农业考古》2015 年第 3 期。

② 薛莉：《左宗棠西北屯田述略》，《农业考古》2015 年第 4 期。

③ 杨丽、成湘丽：《从左宗棠的西域诗看其对新疆稳定统一的贡献》，《芒种》2015 年第 23 期。

④ 阳宏润：《左宗棠晚清西北外交策略研究》，《伊犁师范学院学报》（社会科学版）2015 年第 3 期。

⑤ 吴仰湘：《罗诸子学研究评析》，《求索》2015 年第 4 期。

李闰（1865—1925），是湖南长沙市望城县李篁仙之女。李篁仙为咸丰六年（1856）进士，授户部主事，工诗词。李闰生长于诗书之家，知书达礼，18 岁嫁给谭嗣同。光绪二十三年（1897）五月，谭嗣同、梁启超等人在上海发起设立"戒缠足会"，李闰带领家中的大足仆妇走上街头宣传不缠足的好处。当年秋天，受谭嗣同影响，她与康广仁之妻黄谨娱倡办了中国女学会，这是近代上海的第一个妇女团体，该会的宗旨是讨论妇女教育问题及其他有关妇女权利问题；次年，又在同人的支持帮助下创办了第一所中国自办女学堂——中国女学会书塾，出版了中国第一份以妇女为对象的刊物《女学报》。[1]

清末，清政府主要针对传统盐政"省自为政"的弊端，进行了一场以财政为本位，以中央集权为核心的改革。熊希龄作为晚清颇具才干的经济官员，积极为这场改革建言献策，倡言设立盐政大臣，维护督办盐政章程，推动了中国盐务的早期现代化。[2] 晚清以降，面对西方的压力，清政府仿照西方建立现代国家制度以图变革政治体制与政治结构。然而，却造成了"纸张天下"的政治积弊，冗员冗费大量产生。及至民国肇建，政府规模进一步扩大，呈现出臃肿态势，使得减政成为时人的普遍呼声。1913 年 9 月，被誉为"第一流人才内阁"的熊希龄内阁组成，熊希龄、梁启超等人欲图刷新政治，有一番大作为。适逢财政困难，提出整顿财政的治标与治本之策，治本为整顿金融、改正税制、改良国库，是开源；治标则为减政，是节流。开源之策无法在短时间内解决财政难题，节流便成为最直接和最有效的方法，因此减政成为熊希龄内阁执行最力、时间最长的一项政策。减政提出后，可听到三种声音。一是赞成应和声，社会舆论多赞成减政，袁世凯、各省都督均表示赞成。各大报刊媒介也进行了大量宣传，扩大了减政的影响力。二是反对声，主要是低层职员因担忧被裁撤而反对。三是冷静的观察者，站在利益场外分析减政可行与否，并为减政提出建议。减政范围包括政权和军事两大系统，旨在裁减机构、裁汰冗员、裁减经费。在中央，总统府、实业部、司法部等部门表现最力，进行了较大规模的裁汰。在地方，各省情形不一，一些省份减政取得一定成效，如湖北、广东和福建省，但多数省份则敷衍塞责，弃之如履。军事系统方面，革命后军队大为扩张，以至民初军费开支成为财政支出的主要部分，因此裁军与缩减军费也成为减政的重

---

① 陈正贤：《中国女学会的倡办者李闰》，《文史春秋》2015 年第 2 期。
② 胡门祥：《熊希龄与清末盐政中央集权改革》，《兰台世界》2015 年第 18 期。

要内容。综观此次减政，原本只是作为治标之策，却不料最后成为解决财政问题的主要手段。但取得的成效十分有限，所节约的部分经费对于艰窘的财政也不过杯水车薪。减政源于财政困难，而财政困难则因制度积弊，积弊不清除，减政反而越减越繁，与当政者所愿相背道。减政本是一项牵涉全国各机关部门的巨大工程，经过周密计划，长期循序渐进地推行。而民初的迫切局势使得减政有先天不足后天失调的特征，致使矛盾在短时间内急剧爆发，将减政淹没在敷衍塞责的洪流中。①

中国近代史上，湖南所产生的改革者、军官、革命家之多，居中国诸省之冠，但史学研究却鲜少对湖南进行连贯性的探讨。美国学者裴士锋著《湖南人与现代中国》，以湖南为中心，认为湖南在内部进行的思想改革与论述生生，牵动了中国近代史的走向。该书追溯 17 世纪的湖南隐士王夫之为现代湖南人性格的原型，分析其打破传统窠臼的思想如何影响后代湖南复兴运动，并以一手资料为基础，梳理出上下八十年、纵横三代的湖南学者暨行动主义者的传统文化脉络。从平定太平天国立功的曾国藩使湖南人地位上升开始，而一波波的改革运动到 20 世纪 20 年代毛泽东领导湖南独立运动时达到最高潮。作者力图证明，湖南种种改革均走在全国之前。②

（三）湘学人物交往、比较研究

湘学人物互相往来唱和，或与其他区域的文化、政治人物往来，相互影响，促进了湘学与其他文化的交流，也推动了中国政治、历史、文化的发展。

尹文汉探讨了王船山与方以智的交往。王船山与方以智相识于同仕南明永历朝廷之时，自后二十年，以书信交往。后以智逃禅并招船山，船山坚守圣学而拒之。以智是船山心灵上最为重要的朋友，船山肯定并接受了以智的质测之学，对以智的德行、文章也多有肯定。王、方交往不久，以智即无奈出家。然二人的交往，并未就此中断。同为明末遗民，王、方二位都受到清廷迫害，行动极为不便，他们只能在艰难困苦中断断续续维持着书信的往来，时有诗词唱和。船山与以智都以《易》为宗，以智倡导"三教归

① 粟荣孟：《熊希龄内阁"减政"研究》，硕士学位论文，华中师范大学，2015 年。
② ［美］裴士锋：《湖南人与现代中国》，黄中宪译，社会科学文献出版社 2015 年版。

《易》",以儒解庄,以儒炮庄,船山晚年特别重视庄学,多有批评,或受以智的影响。"一意保孤危,为君全臣仆"是对以智在德业方面忠君爱国表现的肯定。① 王立新对王船山评白沙作了探讨。船山评价古人,往往"苛刻",独于张横渠、胡五峰、陈白沙、朱熹等少数人微词为少,所以如此,乃因船山思想太过深刻,境界太过高远,已然至于古今难及之域界,加以信念坚确,持守严格,遂至"义不容情"。以"道眼"看"世人",不免尽有瑕疵。船山纵论古今人物,亦有言及白沙处,第一则:《莲峰志》卷三有"湛甘泉"一条,中间述及白沙。有关白沙"养善端于静坐",船山于《俟解》中另有侧面涉及,这是第二则。第三则与第四则:船山于《搔首问》中,另有两处述及白沙。第三则讲士大夫读书原本不当求名利,第四则写隐逸原本不是为了沽名钓誉,两则都是说士大夫在面对功名利禄和虚名假誉时的态度和做法,两则有直接的关联性。将白沙与船山相近文字作了对照,虽然不足以说明船山受了白沙很重大的影响,但是至少可以说明船山确实受了白沙不小的正面影响。②

孟诗杨分析了吴宽与茶陵派的关系。吴宽是成化、弘治年间文坛上一位著名的文学家,与李东阳等人颇为交好,他们在诗文内容及理论等方面也有接近的地方,故被人认作茶陵派一员。但二人的文学理论并不能够一概而论。李东阳师法盛唐,吴宽偏爱晚唐,且二人对于同一诗人会持截然相反的态度;李东阳贬斥宋诗,吴宽则是借鉴;对于元诗,两人所欣赏的作家也不尽相同。故吴宽可以说是自成一派,不能完全算作是茶陵派的一员。③

陶澍、林则徐与左宗棠三位两江总督的忘年交。近年有一则"史上最牛朋友圈"的段子热传,开头是:"林则徐有个女婿叫左宗棠,他有个连襟叫曾国藩……"乍看这个帖子人们都会惊叹,因为惊叹而急于共享,却不去细究它的真实性。晚清政治格局多变,人才辈出,所谓"各抱地势,勾心斗角",确实形成一个个利益共同体,也就是所谓的"朋友圈",但段子里的人物并不是以上的关系,真相如何呢? 林则徐与左宗棠是平辈,陶澍与左宗棠是亲家,陶澍把女儿嫁给了胡林翼。左宗棠和胡林翼既是同学,后来又成为同僚,在镇压太平天国中声名大噪,与曾国藩、彭玉麟并

① 尹文汉:《王船山与方以智的交往——兼及船山相关诗作之分析》,《船山学刊》2015 年第6 期。

② 王立新:《船山评白沙述论》,《船山学刊》2015 年第 2 期。

③ 孟诗杨:《论吴宽与茶陵派之关系》,《艺术科技》2015 年第 2 期。

称为晚清"中兴四大名臣"。林则徐认定将来"西定新疆",舍左宗棠莫属,就把新疆的局势及他对于俄国之隐忧告诉左,并交出自己搜集的全部资料,希望左干一番大事业。陶澍、林则徐与左宗棠一生为国为民,劳绩卓著。①

刘雪平、谢作拳等人考究了孙衣言与曾国藩的交游。晚清的道、咸、同、光年间,瑞安孙氏是温州地区较为有名的文化世家。以孙衣言与曾国藩交游为着眼点进行梳理,瑞安孙氏是温州地区的文化望族,开启孙氏家学、让孙氏声名始著的人当属孙衣言;孙衣言出曾国藩门下,在其政治生涯中曾国藩的影响甚巨,自清道光年间结识以来,两人诗文互动和召饮宴游不断。从两人的交游过程中可以看出曾国藩和孙衣言在学术倾向、文学主张和政治理想方面都具有共同的特性,他们的交往活动是那个时代幕府生活的真实体现,也是当时思想文化、社会历史状况的有力佐证。② 孙衣言致力于复兴永嘉学派,致仕后投身乡里教育事业,促进温州文化教育的发展。一生交游广泛,尤其在仕途上的成长得曾国藩的帮助最大,为曾国藩门生,又是幕僚。孙衣言与曾国藩会面及书信往来涉及奇闻逸事、诗词文章、时政等,两人交往密切。③ 刘明分析了曾国藩、李鸿章西洋武器观念差异。曾国藩、李鸿章在对西洋武器的观念上有着明显的差异,曾国藩被动消极,李鸿章则积极主动;曾国藩侧重于"人",李鸿章则侧重于"器"。此种差异的形成主要是由于两人个性性格、思维方式和实践经验三个方面的原因,这种差异折射了时代变迁的轨迹。④ 曾国藩与郭嵩焘兄弟互相了解对方的优点和缺点,互相关心爱护,互相指出对方的缺点和错误,处心积虑地为对方出谋划策,希望对方功成名就,他们之间的友谊堪称深厚。⑤

王柏心为晚清湖北名臣,一生志于经世,关注时政,精通军事,熟悉湖湘、关陇之地理形势。他与晚清"中兴名臣"曾国藩、左宗棠、胡林翼等有密切往来,在他们事业成功幕后,出谋划策。其诸多主张和策略多被曾、左等所采纳,并对他们的军事决策产生重要影响。⑥

尹铁以癸未金融风潮为视角,探讨了胡雪岩、左宗棠的关系。胡雪岩

---

① 赵增越:《陶澍、林则徐与左宗棠——三位两江总督的忘年交》,《中国档案报》2015年7月31日。
② 刘雪平:《孙衣言与曾国藩交游考》,《蚌埠学院学报》2015年第6期。
③ 谢作拳:《孙衣言与曾国藩的交往》,《温州职业技术学院学报》2015年第4期。
④ 刘明:《曾国藩、李鸿章西洋武器观念差异之分析》,《安徽史学》2015年第2期。
⑤ 贾熟村:《曾国藩与郭嵩焘兄弟的情谊》,《湘南学院学报》2015年第1期。
⑥ 陈程:《王柏心与晚清"中兴名臣"》,《滨州学院学报》2015年第5期。

一生政治上的荣誉得益于左宗棠的提携和保举，但左宗棠不是胡雪岩政治上的靠山。左胡交谊的聚焦点是洋务、西征、慈善，这些都是顺应历史潮流、有功于国家、有益于社会的事业。左宗棠和胡雪岩纯私人的交往很少，左宗棠屡次保举胡雪岩，不是出于私心，而是因为在兴办洋务事业、西征筹款采办军火、慈善救济等方面得到过胡雪岩大力协助。胡雪岩帮助左宗棠是为了实现自己的抱负，实现由经济人向社会人的转变。胡雪岩与左宗棠之间不存在官场上的人身依附关系，他们的关系是没有权钱交易的清白的政商关系。①

李文兴在《晚清湖湘诗僧寄禅的诗歌交游考》中指出，晚清湖湘诗僧寄禅（八指头陀），是中国文学史和中国佛禅史上一位充满传奇色彩的人物。寄禅（1851—1912），原名黄读山，生于湖南湘潭。幼失怙恃，生活窘迫，感念于尘世无常，人生如寄，遂于 1868 年投湘阴法华寺出家，师赐名敬安，字寄禅。曾于阿育王寺燃左手两指示佛，因自号八指头陀。先后主持衡州罗汉、上封、大善，长沙沩山、神鼎、上林，宁波天童，活动范围主要是两湖和江浙一带。寄禅一生亦僧亦诗，其僧名和诗名多为时人推崇。寄禅初随郭嵩焘从侄郭菊荪学《唐诗三百首》，同治十二年（1873）始有存诗，与王闿运、陈三立、郑孝胥、樊增祥、易顺鼎等诗家结社、交游、唱和。一生存诗 1980 首，词 2 首，散文 66 篇，法语 35 篇，诗论 1 篇（据《八指头陀诗文集》统计）。其中有大量的酬唱诗歌，占全部诗歌作品寄禅与文人的交往比较集中地出现在几个诗歌团体的活动中。以在宁波与四明诗人杨灵荃、徐酡仙、胡鲁封、吕文舟结成的四明诗社，与黄大华、陆廷黻结成的四明酬唱集团，在长沙与王闿运、郭嵩焘等名士结成的碧湖诗社，存诗较多。另外，与陈三立、郑孝胥等同光体诗人，以及樊增祥、易顺鼎等中晚唐派诗人的交往亦颇为频密。诗歌中提及的具有文学关系的人物共有 488 人。他先后任七寺住持，弘倡佛法；学诗作诗，成绩斐然；游历甚广，结交多方。携四明诗人聚"四明诗社"，结四明酬唱集团往来唱和，依湖湘诗派以弟子辈学诗交游，与中晚唐诗派以诗会友，慕同光体诗人亦师亦友。不同诗派间的频繁交往反映了晚清纷纭的诗坛格局。② 寄禅先后任七大寺院住持，守护法度，弘倡佛法，振兴佛门，终成高僧大德，最终亦为佛教利益献身；自悟作

① 尹铁：《胡雪岩左宗棠关系考——以癸未金融风潮为视角》，《浙江大学学报》（人文社会科学版）2015 年第 4 期。

② 李文兴：《晚清湖湘诗僧寄禅的诗歌交游考》，《沈阳师范大学学报》（社会科学版）2015 年第 2 期。

诗并与诗友往来唱和，诗禅互融，自成风格，数量颇丰，时诗坛巨擘多有褒扬之辞。①

梁启超是谭嗣同生死相托之人，梁启超将谭嗣同称为自己"讲学最契之友"。由此可见，两人关系非同一般。在谭嗣同死后，梁启超最早对谭嗣同的思想予以宣传和阐发，并在自己主编的报纸上刊发谭嗣同的代表作《仁学》。梁启超在介绍谭嗣同的过程中，既肯定自己与谭嗣同思想的契合，又将谭嗣同与康有为归为一派，在有意无意间加剧了康有为与梁启超关系的复杂性。②

在蔡锷的一生中，樊锥是其第一位思想启蒙者。樊锥的教育、引导和示范，对于蔡锷从一个乡村"神童"成长为护国元勋产生了至关重要的影响。他们是师生，也是同志和战友，共同为反对封建专制、建立民主共和作出了重大贡献。在中国近代史上，蔡锷与樊锥不仅是一对相得甚欢的师生，而且也是一对相得益彰的师友。樊锥不愧为反对封建、呼吁变法的斗士，蔡锷不愧为创立民国、维护共和的英雄。樊锥参与的维新变法运动使湖南成为全国最富生气之省份。师生二人虽然都英年早逝，但他们都是伟大的爱国者，都无愧于其所处的时代，都在中国近代史上具有重要的地位。③

黄兴与熊希龄同属清末民初在全国有影响的湖湘精英，然而二人之间的乡谊亦经历了三次大的离合：在财政总长人选上，黄兴重乡谊和才识，破除党见，大力推举熊希龄；但是当"大借款"一事发生，二人的乡谊便荡然无存，为党见所取代；后来在关注湘事、物色湘督人选问题上，二人则又摒弃党见，共同眷顾桑梓。党见与乡谊难以同时一力兼顾。党见影响着黄与熊之间的乡谊，离合成为其乡谊存在的必然表现方式。历史的借鉴和启示：破除党见、重视乡谊，是正确取向。④

黄兴和孙中山一样，都是中国近代史上著名的民族民主革命家，辛亥革命的主要领导者，中华民国的开国元勋。他们从1905年东京相识到1914年两情分手，其间共同合作达九年之久。在反封建斗争、争取民族独立、把中国建成一个民主共和国这一总目标，两人基本上是一致的，但在具体斗争策略和进行方式上，诸如清廷推翻后推举袁世凯当总统、"宋案"真相查明后如何处理解决、"二次革命"失败原因及中华革命党的成立等问题上彼此意

①　李文兴：《晚清诗僧寄禅研究》，博士学位论文，吉林大学，2015年。
②　魏义霞：《梁启超视界中的谭嗣同》，《江淮论坛》2015年第4期。
③　邓江祁：《蔡锷与樊锥》，《邵阳学院学报》（社会科学版）2015年第3期。
④　周秋光、曾宪斌：《黄兴与熊希龄的乡谊及其党见》，《湖南社会科学》2015年第2期。

见严重分歧，终于从当初的"相见恨晚"到不得不"两情分手"。他们的矛盾分歧源于各自对当时中国国情的不同理解，折射了中国近代政党政治运作存在的缺失，民主革命政治理论的不成熟。同时也反映了中国民族民主革命的艰巨和复杂。①

蒋廷黻是中国近代著名的史学家、外教家、教育家，培养了一批著名史学家如费正清、夏鼐、邵循正等，梁嘉彬正是其中一员。梁嘉彬在其学术生涯中受蒋廷黻的影响深远，他追随蒋廷黻步入史门，而后又听其劝告从事广东十三行研究并留学日本，而留学日本的决定让梁嘉彬对琉球史产生兴趣并用心研究。不仅如此，梁嘉彬在治学方法上更是与蒋廷黻的主张一脉相承。蒋廷黻以其学者风范影响了梁嘉彬的专业选择，并在其以后的学术生涯转变中起到了重要的作用。不仅如此，梁嘉彬还很好地继承了蒋廷黻的治学方法。蒋廷黻建设清华大学历史系曾有"多语言，多学科，多国档案"三大原则，梁嘉彬受这三大原则的影响，在著作中常常克服语言的障碍利用多国资料，多国档案，再参以其他学科进行学术研究，这样的研究方法可谓与蒋廷黻治学方法一脉相承，带着这种学术传承的影响，梁嘉彬在史学的道路上愈走愈远。②

夏远生挖掘了毛泽东、蔡和森等人走上政治革命道路的背景和原因。毛泽东、蔡和森等人之所以在中国人民革命斗争史脱颖而出，成为领袖人才，主要是因为他们能够对湖湘文化取精用宏、扬弃再造，与马克思主义理论和原则融会结合，作出自己的艰苦卓绝的贡献。一是乡土文化的共同熏陶。出生农家、生长农村的相同生活经历和朴素情感，使他们了解农村情况、关注劳动人民疾苦。源远流长的湖湘文化滋润，务实求真、"趋时更新"的船山学说熏陶，尚武强国的湘军精神激励，孕育了湖湘英杰毛泽东、蔡和森的文化性格和心志情怀。二是屈贾之乡的精神情怀。湖南号称屈贾之乡，楚湘胜地。屈原的上下求索精神，贾谊的忧民患国精神，范仲淹的先忧后乐精神，王船山的知行统一精神，是湖湘文化的重要渊源。毛泽东、蔡和森从青年时代起就对屈原、贾谊的事迹和精神情有独钟。经常到屈贾祠、贾谊故居寻访古迹，凭吊古人，激励自己和同学的爱国主义思想，探求国家、民族的兴盛之道。三是奋斗向上的同志学友。蔡和森、毛泽东经常来到这里讨论治学、

---

① 谢俊美：《从"相见恨晚"到"两情分手"——黄兴与孙中山关系述论》，《历史教学问题》2015 年第 4 期。

② 费美林：《梁嘉彬学术所受蒋廷黻之影响》，《合肥学院学报》（社会科学版）2015 年第 1 期。

做人等问题。正是这种独立思考、去伪存真的探索，使他们历经一段曲折而
崎岖的探索道路之后，成为早期马克思主义者。毛泽东、蔡和森发扬光大
"心忧天下敢为人先"的湖湘魂。在中国共产党的创建史上，同"南陈北
李"相约建党相辉映，"毛蔡二子"海内人才，他们在建党上的理论建树和
实践贡献，同样创造了丰功伟绩。毛泽东和蔡和森，不但成为救国人才，而
且更是建党先驱，双双成为中国共产党的领导者，中央政治局的常委，著名
的无产阶级革命家，一个英年壮烈牺牲谱写了革命的青春之歌，一个奋斗终
生创造了震古烁今的不朽伟业。蔡和森和毛泽东关于建党的通信和创见，已
经光荣载入了中国共产党的创建史，谱写了光辉的一页。① 陈代湘、周接兵
也分析了毛泽东、蔡和森走向马克思主义的思想历程。马克思主义在湖南传
播过程中，青年毛泽东和蔡和森无疑是首屈一指的核心人物和灵魂人物。他
们俩志同道合，意气相投，在救国救民的道路上艰辛探索，在中西文化之间
审慎抉择，最终找到并信仰了马克思主义，创建并领导了中国共产党，共同
翻开了中国革命史和湖南革命史崭新的一页，同时也在湘学传承和发展史上
写下了璀璨夺目的一笔。②

　　罗素敏探讨了中央苏区时期任弼时和毛泽东的关系。1931 年 4 月，任
弼时率中央代表团成员抵达中央苏区，此时正值第二次反"围剿"斗争紧
锣密鼓的准备阶段。任弼时在中央苏区两年时间内，作为苏区中央局核心成
员之一，参与领导了第二、三、四次反"围剿"斗争。同时作为中共中央
"进攻路线"的传达者和执行者，面对苏区复杂的军事形势和实际状况，他
与毛泽东为代表的苏区军事领导人历经磨合，经历了从城市秘密工作向农村
割据斗争方式艰难而曲折的转变过程。③

---

　　①　夏远生：《毛泽东与蔡和森对湖湘文化取精用宏》，《湘潮》（下半月）2015 年第 3 期。

　　②　陈代湘、周接兵：《毛泽东、蔡和森走向马克思主义的思想历程》，《怀化学院学报》2015
年第 9 期。

　　③　罗素敏：《任弼时与中央苏区反"围剿"斗争——兼论中央苏区时期任弼时和毛泽东的关
系》，《红广角》2015 年第 9 期。

七　湘学宗教与民俗研究

（一）湘学宗教研究

2015 年，有关湘学宗教研究的成果主要集中在宗教崇拜、宗教仪式、宗教与艺术等方面。

1. 湖湘宗教崇拜研究

在湖南流传的宗教除制度性宗教佛教、道教、伊斯兰教、天主教、基督教外，还有一些少数民族的原始宗教。制度性宗教方面，南岳是湖南地区香火最为兴旺的宗教圣地，女性香客也很多。《南岳朝香与当代女性宗教信仰调查与思考》从文化主位与客位相结合的角度出发，注重田野调查，主要围绕南岳女性香客群体的宗教感情和宗教体验设置问卷和访谈提纲，并根据问卷调查和访谈结果作相应的理论分析。作者指出这些女性信仰者的信仰动机及对神祇灵验程度的认同，深受各自社会经历、教育程度以及年龄等因素的影响，她们在朝香频次和修行方式的选择上，私人化倾向明显。社会价值多元化使更多知识女性和年轻女性加入朝香队伍，她们选择信仰神灵但不皈依，从而拥有了更多自由的个人空间。[①]《王夫之〈南岳赋〉之南岳宗教考》则利用《南岳赋》中有关南岳宗教的文字，叙述了古代南岳衡山佛道二教的宗教典故，并对《南岳赋》中有关南岳宗教史迹进行了考证。[②] 道教方面，《论湘西的苗传道教》通过在湘西所做的田野调查以及所搜集的资料，指出在湘西的苗族中也存在着与"瑶传道教"类似的民间信仰。认为湘西巴代扎在其最为重大的还傩愿仪式中祈请的主要神祇与梅山教的还傩愿仪

---

① 李琳：《南岳朝香与当代女性宗教信仰调查与思考》，《民俗研究》2015 年第 6 期。
② 张齐政：《王夫之〈南岳赋〉之南岳宗教考》，《衡阳师范学院学报》2015 年第 1 期。

式中主神祇非常相似，进而推断作为湘西巴代扎祖师的张赵二郎与梅山教的启教祖师张五郎传说也应是来自同一源流。湘西巴代扎系统的民间信仰信奉三元法主、家先等神祇以及一些地方神，在仪式中主要使用牛角、竹卦、师刀、牌带等法器，最重要的法事是还傩愿。这些都是梅山教的重要特征，因此湘西巴代扎系统的信仰实为梅山教，或曰湘西的苗传道教，其传入湘西的时间大约为元末明初。①

原始宗教方面，湖南是一个多民族的省份，其中土家族、苗族、侗族、瑶族、壮族人数较多，在这些少数民族聚居区，存在一些独特的宗教信仰。如中国西南少数民族梅山教具有多元信仰的特质，受儒释道三教的浸润影响，尤其受道教的影响最深，《中国西南少数民族梅山教的神灵系统》对梅山教的三峒梅山、梅山法主、梅山教的民间土俗神、梅山教神坛的道教神祇进行专门的考察，作者指出梅山教神灵系统中的九溪十八峒蛮王、上峒蛮王、中峒蛮王、下峒蛮王、梅山三百六十州扶大王，确乎有梅山十峒蛮首领的影子，他们能够进入梅山教神坛享受供祀，反映出梅山教地区族群对其英雄祖先的崇拜。认为在西南少数民族梅山教多元神灵系统中，梅山法主、三峒梅山、梅山教的民间土俗神等与道教的太上老君、三清、三元等神仙同坛享受供祀。西南少数民族梅山教众多的民间土俗神、祖师神与道教神灵的混融，是道教在西南少数民族地区传播经历文化涵化的结果。西南少数民族梅山教的多元神灵系统，从南岭走廊道教文化传播的视野才能获得合理解释。②《神明认同的建构——飞山公信仰之"靖州总庙"话语的历史人类学研究》从长期的湘黔桂等区域的侗、苗、汉、土家等族群居住之地的田野调查所搜集的庙宇碑刻、飞山神祭祀实践、庙宇复修等方面材料，以靖州之外的"他者"视角，进行多维度的阐释。作者首先对飞山公与靖州、靖州飞山庙之关系进行了追根溯源，阐明了几者之间的关系：各地不同族群的人们所虔诚信奉的飞山公来源于靖州之境，靖州飞山孕育了飞山公神明。这种对神明的追根溯源，源于历史以来的祖辈们对靖州、靖州飞山、飞山庙的历史记忆，源于祖辈们已将靖州飞山庙视为了所有飞山庙之"总庙"。作者指出庙宇之间一般存在一个庙际间来往网络，各庙宇常因举办神明生辰、忌日等庙会活动相互来往，以保证庙宇的香火以及人气，从而出现了各地飞山庙模仿与复制靖州总庙的现象。认为人们通过对飞山公神明来源的追溯、仪式实践中前往

①　田泥：《论湘西的苗传道教》，《吉首大学学报》（社会科学版）2015 年第 4 期。

②　张泽洪：《中国西南少数民族梅山教的神灵系统》，《宗教学研究》2015 年第 3 期。

靖州请飞山之神明、前往靖州飞山庙祭祀、庙宇新建与复修下对靖州飞山庙的复制与模仿等方式，践行了飞山庙之"靖州总庙"话语，这是从文本追溯到切身实践的过程。"靖州总庙"话语实践的背后动机则是人们对于飞山公神明"有求必应"的认同。① 此外，《湘东地区的包公信仰》在湘东地区包公信仰的田野调查基础上，对该地区存在的神灵附体现象进行了简略介绍，动态地刻画出湘东农村地区的信仰需求和行为方式，补充了有关南方汉族地区"萨满仪式"的研究。根据当地包公信仰生态的独特性，着重论述了"神媒"与"当地庙宇"之间的关系。指出民间信仰在社会转型过程中，与之对应的传统文化体系的种种适应性改变，正是回应这种诉求。② 《记忆与想象：神堂上的家与世界》对湖南茶陵进行了深入田野作业，考察了民居厅堂神堂——神龛及其周边墙壁上的装饰组合的构成与意义。作者认为神堂既是与祖先、神灵沟通的仪式空间，也凝结着家庭的现实生活和历史记忆，更投射了对外部世界的理解和想象。在神堂上，记忆与现实、历史与未来、逝去的祖先与绵延的子孙、熟悉的家庭与远方的世界、日常生活与看不见的神灵世界，交织、并置、关联并得到同时呈现，家庭传统与身份也不断成形与更新。作为民众家庭生活的中心与灵魂所在，在岁时节日的律动中，神堂沟通、连接了民众所想象的多重时间和空间。③ 《民间信仰、国家秩序与历史记忆——湖南沅水流域苗族地区的关公信仰》通过对湖南沅水流域的田野调查，从沅水流域苗族地区关公信仰入手，结合历史文献资料来讨论，分析中原王朝的国家政权是怎样向"苗疆"推进，而这一历史又在现代的关公崇拜中体现出来。沅水流域属于历史上"五溪蛮"所在地，而"五溪蛮"则是今天苗族的族群祖先之一。生活在沅水流域、讲乡话的人群，或许已经淡忘了封建王朝的政权推进史，但这一段历史通过民间信仰的方式被记录下来，并且在生活的反复践习中被下一代传承。历史记忆常常是一种吊诡的综合体，被遗忘的内容通过某些部分反而得到了强化和记住。民间记忆也往往呈现一种混合形态，可能是吸收了周围其他区域和文化的元素，也可能结合了历史的其他素材，互相嵌入，生长成一种新的形态，并构建自身的认同。④

① 罗兆均：《神明认同的建构——飞山公信仰之"靖州总庙"话语的历史人类学研究》，《原生态民族文化学刊》2015年第1期。
② 刘博：《湘东地区的包公信仰》，《黑龙江史志》2015年第5期。
③ 彭牧：《记忆与想象：神堂上的家与世界》，《民俗研究》2015年第2期。
④ 石甜、刘冰清：《民间信仰、国家秩序与历史记忆——湖南沅水流域苗族地区的关公信仰》，《湖北民族学院学报》（哲学社会科学版）2015年第4期。

2. 湖湘宗教仪式研究

宗教信徒履行宗教信仰所必需的仪式，具有特定象征意义的、按照一定程序和规范组合起来的一系列宗教行为，是宗教观念与宗教情感外化的、经过组织化（甚至制度化）的表现形式。其主要类型有巫术、禁忌、禳解、献祭、礼拜、祈祷等。各种宗教都规定有不同目的和不同规模程序的规范性宗教仪式。① 《蓝山瑶族道教仪式的文化内涵及表演民族志考察》以湖南蓝山县汇源乡的瑶族还家愿仪式为蓝本，作出了系列的研究和分析，指出瑶族始祖的宗教信仰在族群发展中至关重要，并不断被强化得以继续流传；"梅山峒蛮"是瑶族的主要组成部分，在宋代，梅山瑶族就受到汉族文化的影响，瑶族最初的信仰是盘王，这也是瑶族的图腾，自汉人进入梅山，其原始信仰体系逐渐动摇，汉族道教缓慢融入，并形成了民族固有的宗教教义及仪式音乐。作者发现，在瑶族的宗教活动中，道教的符咒及斋醮等仪式常常与瑶族的盘王崇拜共行，驱鬼祭神活动的仪式也高度相似，瑶族的成丁礼仪式也与汉族道教的受信徒仪式相似，具有汉族道教形式的祭盘王活动已成为瑶族人的宗教圣典，民族色彩鲜明。基于此，作者指出，瑶传道教具有多元文化的特质，它由瑶族的始祖、多神信仰，以及汉族道教的元素构成。认为瑶传道教仪式及其音乐的形成原因，主要包括两种因素：首先是汉族道教的精神内涵契合瑶族的心理诉求，再者的原因为政府主导。该文指出"过山瑶"作为瑶族的一个支系，还保留着维系其家族繁衍的传宗接代科仪，而瑶族的还家愿仪式，既有汉族道教的影响，主体部分仍为原始的瑶族信仰，可以称之为双重信仰文化的综合表现。整个仪式过程分两部分进行，上半部分是极具瑶族道教特征的还家愿、催春愿、招五谷兵愿等仪式；下半部分以祭祀盘王为主要内容。作者站在民族志理论的角度分析，指出蓝山瑶族还家愿仪式和音乐的表演具有讲述人、观众，以及参与者之间的互动；瑶族歌舞表演的即时性和创造性；仪式表演的符号及象征功能等几个特点，认为它的宗教性强，结构严谨，场面严肃，契合宗教仪式的要求。彰显了主持者和主人对神灵的崇拜，对宗教象征功能的信赖。② 《湖南平江县闵氏宗族祭仪研究》以湖南平江县童家冲的一份乡村族谱入手，介绍了该宗族的基本面貌，详细阐述和分析了整个祭仪过程，并就标准化问题、祖先和子孙的关系问题即海外

---

① 赵匡为编：《简明宗教辞典》，上海辞书出版社 2005 年版。
② 杜娟：《蓝山瑶族道教仪式的文化内涵及表演民族志考察》，《贵州民族研究》2015 年第11 期。

中国学围绕标准化理论所作的争论进行了讨论。作者认为，研究中国农民宗族祭仪，既要从形式主义入手，考察具体的行为动作和过程，也要从主体性角度入手，研究精神层面的信仰问题。①

3. 湖湘宗教与艺术研究

在宗教自身的漫长的历史发展中，宗教艺术也随之而发展，在表现形态上显示出不同的面貌，是宗教观念、宗教情感、宗教精神、宗教仪式与艺术形式的结合。湖南宗教在历史发展中，与独特的地理文化环境相适应，形成了一些独特的艺术。如《湘中地区"和娘娘"音乐文化研究》以湖南湘中地区"和娘娘"这一巫道为主的民间信仰体系为研究对象，从民族音乐学研究中的民族志学的研究视角对"和娘娘"仪式音乐的建构过程给予系统的观照与审视，通过对仪式音乐进行系列的音乐民族志文本的描述与阐释，进一步使人们感悟到"和娘娘"仪式中执仪者与观众之间建构音乐文本的整个过程。同时，把该仪式音乐文本的文化与艺术特征置于当下的仪式场景中（或社会语境）进行观照，借以审视"和娘娘"仪式音乐文本的多元分层特征以及互融互渗的仪式音乐文本内涵。同时，本场仪式音乐的民族志文本建构，不仅是建立在描述基础上，而且要对该仪式音乐文本的构成特征以及社会功能进行文化阐释。通过作者多次的田野考察，认为"和娘娘"仪式音乐文本的构成不但遵循仪式结构文本的程式化特征，而且会根据当下仪式场景情况，给予一些即兴的表演，如仪式间隙当地民间歌手的一些对歌场面，折射出"和娘娘"仪式音乐文本的灵活性特征。②

辰河高腔是流行于沅水中下游流域的一个地方戏，具有浓郁的乡土气息。据考证，辰河高腔是由明末清初的江西弋阳腔演变发展而来，至今仍然存活于湖南沅水流域。沅水中下游一带古称"辰州"，属"五溪蛮地"，生活在这里的人们信巫崇鬼，辰河高腔在这里找到了适合繁殖的土壤，经过民间艺人的口头传唱，他们把音乐、祭祀、民俗融为一体，形成了具有独特风格的表演艺术。《辰河高腔传承谱系与科仪》从辰河高腔传承谱与科仪等方面观察，其经历了古代百戏、宋元杂剧、明清传奇等几个重要时期。指出辰河高腔源于明代，由戏曲四大声腔之一的弋阳腔与沅水流域地方民歌曲调、傩腔、佛道音乐等融合而成，辰河高腔广泛流传于湘、黔、川、鄂地域，以

---

① 杜靖、余粱：《湖南平江县闵氏宗族祭仪研究》，《民族论坛》2015年第12期。
② 赵书峰：《湘中地区"和娘娘"音乐文化研究》，《云南艺术学院学报》2015年第1期。

湖南泸溪浦市为中心，向四周扩散。作者指出辰河高腔在形成过程中由于受到佛教、道教及本地巫傩文化的影响，带有浓郁的宗教祭祀性，在演出过程中具有严格的科仪和程式，认为辰河高腔与宗教祭祀是密不可分的，道士与艺人同出一辙，成为戏、教之间的两栖人才。在传统的辰河戏中，艺人们还保留了佛教、道教及本地民族宗教的一些内容，但在表演程式上发生了变化，尤其是"开场"与"收场"，更加突出戏曲化。辰河高腔虽然受到佛教、道教的影响，而且与其历史上许多文化因素密切，表演形式受到了当地文化的强烈影响，所以它的演出程式自然带有综合的迹象。① 《论辰河高腔的"开台"与"扫台"》则通过对流行于沅水流域的辰河高腔为对象，围绕辰河高腔的"开台"、"扫台"与"打彩头"问题的考察，指出在辰河高腔演出中有"打彩头"的风俗。辰河高腔台风规范，不主动"讨彩"，而是兴"打彩头"，也就是当地士绅、各堂口堂主为了比气势，往往要求主动送礼，而且礼也送得重，这便是"打彩头"。辰河高腔的表演形式体现了中国地方传统戏曲的文化特质，剧中的"戏"与"教"（宗教仪式）的结合，均呈现出辰河高腔内容上的世俗化倾向。辰河高腔是宗教、戏曲、民间音乐相结合的产物。

（二）湘学民俗研究

湖南拥有丰富的民俗资源。2015 年，学术界从物质民俗、社会民俗、语言民俗、信仰民俗以及民俗资源保护开发等层面开展了充分的研究，取得了较大的成绩。

1. 湖湘物质、生活民俗研究

物质民俗主要包括物质生产民俗和物质生活民俗。物质生产民俗是一个国家、民族的特定地区社会群体中的大众，在一定生态环境中所创造、享用和传承的物质文化事象。它包括农业民俗，狩猎、游牧和渔业民俗，工匠民俗，商业和交通民俗等，它贯穿人类生产实践活动的全过程。② 湖南物质生产方式是多种多样的，既有农耕文化，又有渔猎类型，学术界对于湖南物质

---

① 熊晓辉：《辰河高腔传承谱系与科仪》，《艺海》2015 年第 3 期。
② 钟敬文：《民俗学概论》，上海文艺出版社 1998 年版。

生产方式的探讨主要集中在和水有关的生产方式上。周大鸣、李陶红对湖南省通道侗族自治县独坡乡的上岩坪寨进行田野调查,获得了大量的一手资料,完成了三篇学术论文。在《侗寨生态与水资源的传统利用模式——以湖南通道独坡乡上岩坪寨为例》一文中,作者复原了作为生活用水的井水、集生活与生产用水于一体的河流、作为传统消防的鱼塘、消防渠、稻田养鱼模式等水资源的空间分布和传统利用模式,呈现了侗寨人与生态和谐共居的图景。作者认为侗寨水资源的合理利用,源自村民对水资源的集体维护。

　　物质生活民俗是以满足人们的需要为目的的,包括饮食、服饰、居住、建筑及器用等方面的民俗。"民以食为天",饮食是人类生活中平常而又重要的事情,湖南饮食文化历史悠久,内容丰富。《试述水府席的文化传承及当代价值》① 对湖南中部地区广为流行的水府席习俗的形成及传承进行了回顾,水府席菜肴意蕴丰厚,文化含量高,已成为娄底市第三批非物质文化遗产保护项目。作者就水府席菜肴的文化意蕴进行了分析,认为水府席节俭、简朴、环保,展示着热闹、和谐的文化氛围。服饰方面,《湖南瑶族女性的服饰特征及其文化成因》总结了分布于湖南各地区的瑶族女性服饰呈现出的迥然不同的风格与特征:高山瑶女性披织锦、戴围帽,服饰简洁素雅;顶板瑶女性头顶"大排架",气势庞大;平地瑶女性裹包头巾、穿青蓝衣、花围裙,朴实平和;花瑶女性戴花帽、缠五色丝带、着挑花筒裙,华丽多姿。作者认为这些服饰的文化成因主要受到当地生态气候环境、民族传统信仰、吉祥寓意观念和外来先进文化的影响,展现了我国少数民族独特的审美情趣、工艺技巧和文化内涵。② 民居方面,《湖南郴州地区传统民居形式浅析》将郴州传统民居的实地调查资料及周边地区民居资料对比分析,结合郴州地区人口组成、方言及历史地理信息等总结其民居形式,梳理周边地区民居形式对该地区的影响。③

2. 湖湘民间语言研究

　　语言民俗包括民俗语言与民间文学。对语言民俗的分类着重从民俗语言

　　① 刘日升、曾且成:《试述水府席的文化传承及当代价值》,《湖南人文科技学院学报》2015年第 2 期。

　　② 肖宇强、肖琼琼:《湖南瑶族女性的服饰特征及其文化成因》,《南通大学学报》(社会科学版)2015 年第 5 期。

　　③ 佟士枢:《湖南郴州地区传统民居形式浅析》,《南方建筑》2015 年第 1 期。

以及民间文学两个方面来进行。所谓民间语言，指广大群众用来表达思想并承载着民间文化的口头习用语，其主要部分是民众集体传承的俗语套话。语言是人类最重要的交际和思维工具。民间语言是各行各业广大民众惯用的话语，它以自然的姿态生长在民众丰沃的生活土壤中，通俗易懂，生动活泼，它负载着广大民众代代沿袭的集体智慧和经验，传达和反映着民众的思想、感情和习俗，其鲜明的特点是生活化和朴素化。民间语言是民俗的重要载体，对民俗事象进行概括指称、具体陈述、旁涉夹带、折光反射。学术界对湖南民间语言的研究有整体性研究，如《地理语言学和湖南方言地理》①、《湖南方言古浊上今读的地理语言学研究》②，更多的成果集中在各个地方的方言方面，比如《湘语邵阳话中动词的"VXVX"式重叠——兼谈湖南方言动词"VXVX"式重叠的类型学意义》③、《湖南汨罗方言的话题标记助词"硬"及其语法化来源》④、《湖南汨罗方言中鼻音和边音的声学特点》⑤、《湖南津市方言"N+—+V+起"句式研究》⑥、《湖南武冈市方言俗语及民俗研究与分析》⑦、《湖南凤凰沱江方言音系特点》⑧、《湖南攸县方言的两字组连读变调》⑨、《湖南绥宁汉语方言的接触现象》⑩、《湖南汉寿话"VV得"语义分析》⑪、《湖南永兴方言归属之争及成因分析》⑫、《湘赣语小称标记"唧"的主观化及形态演变——以湖南益阳方言为例》⑬、

①　彭泽润、周鑫琳：《地理语言学和湖南方言地理》，《湖南师范大学社会科学学报》2015年第1期。

②　李冬香：《湖南方言古浊上今读的地理语言学研究》，《广东技术师范学院学报》2015年第3期。

③　蒋协众：《湘语邵阳话中动词的"VXVX"式重叠——兼谈湖南方言动词"VXVX"式重叠的类型学意义》，《湖南师范大学社会科学学报》2015年第4期。

④　陈山青：《湖南汨罗方言的话题标记助词"硬"及其语法化来源》，《中国语文》2015年第1期。

⑤　程佳雪：《湖南汨罗方言中鼻音和边音的声学特点》，《开封教育学院学报》2015年第1期。

⑥　王海姣：《湖南津市方言"N+—+V+起"句式研究》，《现代语文》（语言研究版）2015年第1期。

⑦　夏伊：《湖南武冈市方言俗语及民俗研究与分析》，《现代语文》（学术综合版）2015年第2期。

⑧　田晴岚：《湖南凤凰沱江方言音系特点》，《现代语文》（学术综合版）2015年第3期。

⑨　刘斌：《湖南攸县方言的两字组连读变调》，《湖南工业大学学报》（社会科学版）2015年第2期。

⑩　李康澄：《湖南绥宁汉语方言的接触现象》，《云梦学刊》2015年第3期。

⑪　赵迎：《湖南汉寿话"VV得"语义分析》，《广西职业技术学院学报》2015年第3期。

⑫　尹春艳：《湖南永兴方言归属之争及成因分析》，《重庆理工大学学报》（社会科学版）2015年第8期。

⑬　夏俐萍、尹艳群：《湘赣语小称标记"唧"的主观化及形态演变——以湖南益阳方言为例》，《方言》2015年第3期。

《湖南洞口县高沙方言体貌助词"倒"》①、《湖南江华平地瑶话端组字今读声母》②、《湖南攸县赣方言的清鼻音》③、《湖南汨罗方言的体貌助词"开"》④ 等介绍了湖南各个地方的方言及其特点。

民间文学即民间口头文学，是人民大众的语言艺术，它运用口头语言，充分发挥其丰富的表现功能和概括能力，创造各种艺术形象，展示瑰丽的想象，表现高尚的审美情趣和深刻的理性认识。民间文学主要包括神话、民间传说、民间歌谣以及民间说唱等。学术界对湖南民间文学的研究主要集中在民间传说故事方面，比如《南岭瑶族盘王传说的历史变迁与文化寓意——以广西贺州瑶族盘王文化为考察对象》以广西贺州为中心的桂湘粤三省交界处盘王传说为研究对象，作者对创世说、救世说、盘瓠说三种说法进行了辨识，指出瑶族盘王信仰经历的变迁折射出中国统一的多民族国家形成过程。认为贺州瑶族盘王传说所表达的思想感情主要代表着广大民众的人生观和对自然与社会的认识，在生活实践的层面上体现出民族文化的整体特征。研究其民间习俗、婚姻关系、社会结构、族群互动、宗教信仰、神话传说等，无疑具有"历时性"和"静态性"形态，又具有"当下性"和"动态性"形态。因此，盘王传说的文化变迁，是少数民族文化和汉族文化融合的典范，是贺州瑶族的"活性文化"整体呈现，具有时代的现实意义。⑤

3. 湖湘民俗组织与制度研究

社会民俗包括社会组织与制度民俗，指人们在特定条件下所结成的社会关系的惯制，主要包括社会组织民俗、社会制度民俗（习惯法、人生仪礼等）、岁时节日民俗以及民间娱乐民俗。

所谓社会组织民俗，指中国传统社会中民间各种形成稳定互动关系的人们的共同体，例如家族、行会、帮会等。《松桃县南部及与湘西交界处苗族习惯法调查与研究》通过对松桃县南部及与湘西交界处隶属于湖南的苗族村寨的调查发现，当地存在苗族习惯法的残余，主要表现为群体立法制度、处罚制度以及婚姻习惯法制度等。对于造成这种差异的原因，作者从历史、

---

① 曾文青：《湖南洞口县高沙方言体貌助词"倒"》，《现代语文》（语言研究版）2015 年第 9 期。
② 李星辉：《湖南江华平地瑶话端组字今读声母》，《语言研究》2015 年第 4 期。
③ 龙国贻：《湖南攸县赣方言的清鼻音》，《中国语文》2015 年第 4 期。
④ 陈山青：《湖南汨罗方言的体貌助词"开"》，《方言》2015 年第 4 期。
⑤ 肖晶：《南岭瑶族盘王传说的历史变迁与文化寓意——以广西贺州瑶族盘王文化为考察对象》，《民族文化研究》2015 年第 3 期。

自然环境等方面进行分析，认为国家实际控制的时间和力度不同导致习惯法传承程度方面的差异，黔东北铜仁地区相对发达的农业文明加速了当地少数民族习惯法文化的变迁。同时，作者指出加强对这些地区的苗族习惯法进行调查的紧迫性。① 《湘西苗疆汉人风俗习惯差异及原因——以〈苗防备览〉为研究对象》从生产方式、生活习惯、民间风气和婚嫁丧葬四个方面对泸溪县、乾州厅、凤凰厅、永绥厅的汉人风俗习惯作了介绍，指出生活在苗疆地区的汉民，除了保持其中原汉人水稻种植等传统风俗习惯外，受到苗疆少数民族文化的影响，呈现出与中原汉人不同的风俗习惯。认为湘西苗疆不同地区的地理环境、人文环境、社会发展水平上的差异，导致不同区域汉人的风俗习惯呈现不同。② 《从"移民"到"土著"——坪坦河申遗侗寨的历史记忆与社会建构》通过田野调查，结合历史人类学方法对六个侗寨迁徙的非连续性历史记忆及其村落共同体的社会构建进行了分析。认为由于战争、生计、文化交流和人口迁徙等历史原因，当前定居于坪坦河的侗族人应当是历史上多元族群互动融合而成的文化共同体。自明清以来，他们又通过大量碑刻、木刻等文字记录方式进行村寨历史建构。当地人正是通过历史的虚构与实构，诠释了其先民的多元族群互动融合的"历史事实"。③ 《长沙火宫殿庙会的文化审美及传承》展示了火宫殿庙会文化的审美特征，并就庙会品牌的推广与营销、庙会传统的保留与创新提出了建议。④

　　人生礼仪是指人在一生中几个重要环节上所经过的具有一定仪式的行为过程，主要包括诞生礼、成年礼、婚礼和葬礼。此外还有祝寿以及庆生仪式等。它是社会民俗事象中重要的组成部分之一，也是将个体生命加以社会化的程序规范和阶段性标志。《明代永顺土司的婚姻习俗及其特点——以湖南永顺老司城碑刻为中心的历史人类学考察》以老司城所发现的碑刻为资料，对明代永顺土司婚姻习俗进行阐述，指出永顺土司基于建构权力网络的需要，形成了土司等级内婚、姑舅表婚、同姓为婚三种特殊婚俗。尤其是永顺土司为应对局势变化在婚姻对象选择上所表现出来的灵活性，凸显出土司婚姻极强的政治功利性的特征，且围绕着政治婚姻特点又派生出婚姻交换圈的

　　① 周相卿：《松桃县南部及与湘西交界处苗族习惯法调查与研究》，《贵州民族大学学报》（哲学社会科学版）2015年第3期。
　　② 黄佳熙：《湘西苗疆汉人风俗习惯差异及原因——以〈苗防备览〉为研究对象》，《民族论坛》2015年第8期。
　　③ 姜又春：《从"移民"到"土著"——坪坦河申遗侗寨的历史记忆与社会建构》，《民族论坛》2015年第8期。
　　④ 喻漠源、彭在钦：《长沙火宫殿庙会的文化审美及传承》，《城市学刊》2015年第5期。

有限性、女性不拘辈分、成婚年龄小及妇女在家庭中地位高等特点。认为在某种程度上说，土司婚姻是多种社会关系综合与权利平衡的结果，它是一种特殊的历史文化创造行为。[1] 《婚嫁圈结构变动与哭嫁习俗变迁思考》通过对保靖县他卜村、耳若、夕铁村三个土家村寨哭嫁仪式的田野考察，复原了近代以来三个村寨的哭嫁仪式过程，指出随着现代化节奏的加快，年轻男女在婚嫁对象选择上变得更为自由，婚嫁圈也因此在不断地扩展，原有的村寨稳定的"婚嫁圈"结构逐渐瓦解，在这样的趋势下的"哭嫁"习俗也发生了变迁，现阶段不论在城市抑或乡村都呈现出了一种消亡的趋势。[2] 而《女性心理在民间婚俗文化中的表达——嘉禾伴嫁歌研究》详细介绍了流传于湖南嘉禾的伴嫁歌，其歌词内容全方位地抒发了女性婚嫁时的种种情绪和感受，反映了千百年来女性的社会地位与境遇。[3]

"喊礼"是民俗生活中重要的礼仪实践。传至今日的这一实践活动既体现出丧礼知识传统的传承，也成为当代地方民俗生活的新习俗。《丧礼知识传统的当代民俗实践——以湖南湘乡礼生"喊礼"为例》通过对当代湘乡丧礼礼生"喊礼"的程序和内容的论述，指出随着时间的推移，社会的变迁，喊礼也发生了许多变化，提出传统丧礼仪式记忆的演化与文本书写有关，但根本上还是依靠社会的演化，随着社会的需求，文字记载被不断地付诸生活实践，社会发展又导致新的书写形式出现。丧礼作为重要的社会设置，长期以来体现着社会理想与民俗生活的互动，丧礼知识构建着社会秩序。尽管经历各种变化，但不同时代，不同社会丧礼基本框架得以一脉相承，乃是因为其基本要素和核心内容始终未变，即以"孝"为特征的家族文化和差序格局的社会网络。湘乡民俗生活中，民间礼俗文本作为当地礼生作文喊礼的基本依据被传承，礼生的礼仪传统也一直得以传承，为当代礼生的礼仪实践提供了重要基础。[4] 《晚清湘籍名人日记中的民间祭祖礼考察》则选择晚清时期湖湘地区湘籍名人王闿运、曾国藩、郭嵩焘、曾纪泽、皮锡瑞及李兴锐等的日记为蓝本，考察晚清湖湘地区民间祭祖情况，总结晚清时期

①　瞿州莲、瞿宏州：《明代永顺土司的婚姻习俗及其特点——以湖南永顺老司城碑刻为中心的历史人类学考察》，《广西民族研究》2015 年第 1 期。

②　彭秀祝：《婚嫁圈结构变动与哭嫁习俗变迁思考》，《吉首大学学报》（社会科学版）2015 年第 1 期。

③　阳姣丽、刘林芳：《女性心理在民间婚俗文化中的表达——嘉禾伴嫁歌研究》，《衡阳师范学院学报》2015 年第 4 期。

④　龙晓添、萧放：《丧礼知识传统的当代民俗实践——以湖南湘乡礼生"喊礼"为例》，《中央民族大学学报》（哲学社会科学版）2015 年第 5 期。

祭祖礼的特点：民间祭祖按时间和性质可以分为常祭和临祭两类；根据祭祀的地点不同，可分为墓祭和祠祭。认为晚清的祭礼承继古礼祭祖传统，并有所丰富和完善，一些祭祖礼的细节仪程已经无法考证，有些礼仪已经有所生疏，攀比心理严重，祭祖趋于奢华，主要是表现在相互攀比建造祠堂方面。作者指出，在倡导祭祖的同时，更应该尊重传统祭祖之礼文化的精神内涵，注重人伦亲情和人伦文明。①

　　民间游戏娱乐属于社会民俗的重要内容之一，它是一种以消遣休闲、调剂身心为主要目的而又有一定模式的民俗活动，包括民间游戏、民间竞技以及民间杂艺三大类。《湖南传统节庆体育流变研究》以湖南省湘西自治州、怀化市、岳阳市、永州市、衡阳市这五个地区为研究对象，采用调查法和文献资料法，从社会变迁的角度对我国传统节庆体育活动的流变进行全面剖析，提出我国传统节庆体育的流变是全方位的流变，社会变迁是其流变的根本原因，社会需求是其流变的原动力，传统节庆体育的流变具有明显的地域特色，体育健身功能不是其本质功能，民族文化认同功能才是其流变传承的目标。②《非物质文化遗产视角下湖南民俗体育流变及发展前景研究》则在非物质文化视角的基础上，以湘楚文化为大背景，通过对湖南省民俗体育进行梳理，通过在湖南省内具有典型性的民俗体育的区域研究、传承背景、技术体系等有关方面，主要采用田野调查着重剖析湖南民俗体育的流变特征及流变中的危机，为其前景发展的提出相应的建议。③

4. 湖湘民间信仰研究

　　精神民俗是指在物质文化与制度文化基础上形成的有关意识形态方面的民俗，主要包括民间信仰、民间巫术、民间哲学伦理观念以及民间艺术等。学术界对湖南的精神民俗特别是对民俗信仰进行了较充分的探讨。

　　民俗信仰又称民间信仰，是在长期的历史发展过程中，民众自发产生的一套神灵崇拜观念、行为习惯和相应的仪式制度。作为流传于中国民间的一种信仰心理和信仰行为，民间信仰有着广泛的群众基础，是一种分散的、非系统的民间信仰形式，它因地域不同而有不同的信仰对象。对于湖南的民间信仰研究成果，多散见于关于湖南各地地方性崇拜与信仰之中。《烧蛋：对

---

　　①　艾红玲：《晚清湘籍名人日记中的民间祭祖礼考察》，《求索》2015 年第 8 期。
　　②　熊少波、周平：《湖南传统节庆体育流变研究》，《吉林体育学院学报》2015 年第 4 期。
　　③　徐晓琴、陈敏：《非物质文化遗产视角下湖南民俗体育流变及发展前景研究》，《民族传统体育》2015 年第 30 期。

于一种湘西边城民间医疗习俗的探究》阐述了这一独特的民间信仰，复原了这一过程，概括出烧蛋习俗的几个特点：女性传承人与口传心授的继承方式；通灵与魂魄观念；巫鬼信仰。作者认为烧蛋习俗具有明显的"神药两解"特征，它结合了"神"与"药"，伴随这一民间信仰影响下产生的医疗行为，许多驱鬼避邪的仪式应运而生，成为当地民间医学的组成部分。烧蛋民俗含有深刻的文化内涵，民俗医疗行为不是一个单纯的关于医药医疗的实践活动，它与经济、宗教信仰、民族间交流的族际互动等联系在一起，是文化整体的一个有机组成部分。疾病的诊治受到社会环境的制约，具有很强的社会性。同时还具备一定的心理安慰作用，体现出一定的社会文化整合和传承功能。烧蛋民俗真实地反映湘西地区人们的宇宙观、思维模式和心理特征，是边城镇文化多元性、复合性、叠加性以及兼容性特征的有力证明。①《湘黔边区山地民族的"面具之道"——兼与列维·斯特劳斯的面具观对话》阐述了湘黔边区傩面具的存在与使用场域以及面具类型，在此基础上，对傩面具背后的神州及其结构进行了分析，认为傩面具在静态中呈现出正/反、善/恶、圣/俗等二元对立的结构关系，而在具体的仪式操演过程中，面具的使用被情境化，其动态的实践和意义的获得要通过三元甚至多元的结构关系来展开，复杂程度远远超出列维·斯特劳斯关于面具及其神话的二元对偶结构模式。作者指出，对湘黔边区山地民族的"面具之道"，必须放置于仪式过程的动态语境中，并结合皮尔士的三元理论来分析，才能获得合理的阐释。②《湘西苗族吃鼓藏仪式辨析》通过考证，指出虽然目前多将吃鼓藏写成"吃鼓藏"，但"吃牯脏"是最初的写法，是对祭祀中吃牛牯脏的表面记述。另外，湘西苗族椎牛与吃鼓藏的关系，一开始可能是同一性质的祭祀，但至少发展到清朝的时候，椎牛与吃鼓藏已经是不同的两种祭祖仪式了。③

　　①　周大鸣、廖子宜：《烧蛋：对于一种湘西边城民间医疗习俗的探究》，《民俗研究》2015 年第 4 期。
　　②　田红云：《湘黔边区山地民族的" 面具之道"——兼与列维·斯特劳斯的面具观对话》，《中央民族大学学报》（哲学社会科学版）2015 年第 6 期。
　　③　吴晓东：《湘西苗族吃鼓藏仪式辨析》，《广西民族师范学院学报》2015 年第 5 期。

八　湘学史志文献研究

湖湘文化是湖南文献产生的前提和基础，而湖南文献则是记录、保护和传承湖湘文化的重要载体，是湖湘文化的重要组成部分。湖湘历史文化深厚，历史人物辈出，各种著述丰富。故而有关湘学史志和湘学文献的研究成果构成 2015 年湘学研究中的重要内容。

（一）　湘学史志研究

2015 年，有关湖湘历史、地方志等的研究成果较为丰富，对洞庭湖区、长沙、湘西历史研究的成果突出，湖南抗战史的研究则侧重于长沙会战、常德会战、衡阳会战、湘西会战研究及对中国共产党抗战贡献的研究。

尚立昆主编的《从远古走来的热土——澧水上源地区民族考古新成果》，是湖南历史文化丛书之一。澧水上源地区民族历史悠久，文化艺术底蕴深厚，考古成果层出不穷。桑植县自 1987 年以来在各级文物主管部门的通力协作下，先后开展了多次大规模的文物普查，累计发现古文化遗址和古墓葬 150 余处，该书稿即是几十年来这些考古挖掘和研究成果的智慧结晶。书稿内容涵盖文物调查、考古发掘；古城古峒调查，民居桥梁研究；民族古老文化艺术调查，民族语言挖掘与研究等，对研究土家族历史研究提出了新的认识，为全省的文物考古补充了新的成果和内容。①

刘勇著《古城·古国——城头山遗址亮点聚焦》，从城池之母、稻作之源、陶业之都、心灵圣地、古国中心这五个板块来论述古城到古国的演变。

---

① 尚立昆主编：《从远古走来的热土——澧水上源地区民族考古新成果》，湖南人民出版社 2015 年版。

从澧阳平原众多史前遗址中梳理出一条古城产生、发展的清晰脉络，从城的萌芽到城的诞生再到古城林立，揭示城头山古城在华夏文明中的历史意义。文章内容以小见大，以亮点聚焦的方式展现城头山的某一个侧面，由此汇集成古城形成、发展、壮大的全景图。①

　　丁芮探讨了现代舆论控制与清末湖南社会变革的关系。较之传统舆论，清末以报刊为媒介的舆论更多地加入了现代元素，所控制的地域范围增大、人数增加，极大地推动了湖南社会变革。同时，作为一种控制民众思想的手段，舆论形成的过程即是对舆论激烈争夺的过程，随着清末湖南舆论控制力量的增加，统治者也逐渐加强了对舆论的控制。戊戌变法后，湖南政府对已出版的维新报刊大加洗劫，在清政府统治最后十年，湖南只有《湖南官报》和《长沙日报》两份报纸，而且"这两份报纸都置于政府的有力控制之下"。近代湖南社会控制在湖南现代化的过程中起了很重要的作用，清末湖南现代舆论控制手段的出现，在显示其社会功能发生变革的同时，也推动了湖南以及中国社会现代化的进展，成为中国社会向近代转型的要素。② 陈代湘、周接兵分析了湖南守旧士绅的翼教与维新运动的转向。在近代维新运动史上，湖南无疑是维新变法的主要阵地。以谭嗣同、唐才常、熊希龄、皮锡瑞、樊锥等为代表的湘学人物向封建制度和封建文化宣战，掀起了全面学习西方的高潮。与此同时，湖南守旧士绅也从政治上和思想上对变法进行了联合扼杀，导致了维新变法的失败，也促成了中国历史由维新向革命转变。如果说，维新运动反对封建专制和封建文化，追求民主政治，进行思想启蒙，那么，自立军起义，则是对这种"精神武器"和"前驱作用"的首次运用，是中国近代由维新走向革命的一次伟大实践，也是湘学由维新走向革命的历史转折点。③

　　黄娟著《湖南近代航运业研究》，以近代湖南航运业兴衰为切入点，对湖南区域经济的发展进行了考察。作者在大量第一手资料的基础上，第一次系统地勾勒出湖南近代航运业的发展历程，讨论了政府关于航运业的政策对其发展的影响以及近代航运组织在这一发展过程中所起的作用。同时，还运用比较研究的方法，对近代湘鄂两省的航运业进行了比较，分析其异同及其原因，从而归纳了湖南内河航运的一些特点。并重点论述了近代航运业的发展对区域经济的影响，包括推动传统产业的进步，促进新式产业的发展，带

---

① 刘勇：《古城·古国——城头山遗址亮点聚焦》，湖南人民出版社 2015 年版。
② 丁芮：《现代舆论控制与清末湖南社会变革》，《理论与现代化》2015 年第 2 期。
③ 陈代湘、周接兵：《湖南守旧士绅的翼教与维新运动的转向》，《湖湘论坛》2015 年第 4 期。

动区域贸易的繁荣，影响沿江城镇的兴衰及社会生活习惯的改变等。得出了航运发展关系区域经济的兴衰、区域经济发展决定航运功能的结论。①

叶利军、刘登科著《湖南近代选举史（1908—1949》，该书以历史脉络为基本线索，对湖南近代重要的选举活动，从谘议局议员选举、地方自治选举到行宪国民大会代表选举和立法院议员选举等，逐一作了论述，较为完整地揭示了近代湖南选举的概貌，并尽可能地对各次选举的历史背景进行解析，梳理全过程的各个环节，在扎实的史料基础上进行了深入扎实的研究，在诸多问题上提出了自己的看法，纠正了既有研究中的某些错误。同时也还有理论分析有待加强、研究内容亦可再扩展的提升空间。②

湖南剿匪是新中国成立后湖南省的一件大事，湖南省政协文史学习委员会从其历年来征集的湖南剿匪文史资料中，选编成《湖南剿匪实录》一书，真实地记录了湖南剿匪过程。该书分湘西剿匪、湘北剿匪、湘南湘中剿匪、匪首人生等四辑，并以湖南剿匪概述代前言，以剿匪部队战斗序列、在湖南境内被消灭和投诚的主要土匪武装、湖南剿匪大事记、作战地图作为附录，较为全面地反映了湖南剿匪全貌。③

湖南图书馆天下湖南工作室历时两年，采访了100多位亲历中国八年抗战的老兵，记录了他们的抗战口述录，编写了《湖南抗战亲历者口述录》。该书记录了抗战老兵参与的湖南抗战的血泪史：长沙会战、常德会战、衡阳会战、湘西会战等。本书在湖南抗战老兵口述录的基础上，编入湖南敌后抗战亲历者的口述，展现了湖南人民奋起反抗外侵者、血战到底的不屈意志。抗战亲历者的口述是带着体温的抗战历史，它让国人铭记中国苦难往事的同时，也激起中华儿女反思历史、深刻认识振兴中华的使命与责任。④

夏远生编著的《中国抗日战争全景录》（湖南卷），以"湖南抗战大事记"为主线，展现了国共联合抗战、共产党敌后积极抗战，最终以不屈意志战胜侵略者、赢得湖南抗战胜利的全景。⑤

《平江抗战》收集整理了湖南平江地区抗日战争时期相关的历史资料和图片，讲述了坚强、勇敢、有血性的平江人民在国家危难之际抗击侵略和压迫，不惧牺牲的故事。全书以平江县政协文史委和湖南省相关馆局的历史资

① 黄娟：《湖南近代航运业研究》，湖南人民出版社2015年版。
② 叶利军、刘登科：《湖南近代选举史（1908—1949》，湖南人民出版社2015年版。
③ 张志军主编：《湖南剿匪实录》，民主与建设出版社2015年版。
④ 湖南图书馆编：《湖南抗战亲历者口述录》，湖南人民出版社2015年版。
⑤ 夏远生编著：《中国抗日战争全景录》（湖南卷），湖南人民出版社2015年版。

料为基础，以普通群众的经历和视角，展示了平江人民在中国抗日战争历史中作出的巨大贡献。全书以一个文物或遗址为线索，在实物和实地的基础上展开相关的历史故事，图文并茂；书中以平民抗战为主线，为平江革命中牺牲的普通人和事留下了记录。①

《长沙通史》（当代卷）记述了从1949年长沙和平解放后到2007年共57年的历史。② 长沙县文联主编的《长沙县民俗》，共分成六部分，第一部分是乡情民俗，主要介绍了长沙县传统的婚丧嫁娶风俗礼仪及民间节日风俗礼仪，传统民间社交注意及禁忌事项等。第二部分是家风家规，介绍了长沙县民间流行的养儿带女家风家规和过去师傅带学徒苛严的行风艺规。既有名人典范家风家规，又有普通老百姓朴素严谨的家风家规。第三部分是民居宅院。第四部分是星沙美食。第五部分是农耕文化，介绍长沙县农村流传的一些特色技艺。第六部分是俚语山歌，主要介绍俚语山歌在长沙县农村传唱的历史渊源及民间男女对歌恋爱的浪漫故事。③

《长沙市指南》成书于20世纪30年代长沙建市之初，当时媒体称赞该书为介绍长沙比较全面、"风行一时"、"胜过浏览游记、县志百倍"的地情书。它在民国长沙相对安定、繁荣、正规的时期，堪比一部长沙市志。《长沙市指南》初版于1934年，后又于1935年和1936年两次再版。全书包括概论、中外机关、文化事业、交通事业、公益事业、会馆公所、公用事业、古迹园林、娱乐、长沙生活、工商业概况共11章。此次作为长沙档案丛书出版，以初版为底本，除按现行出版规范重新校点外，框架结构和章节均依原书通例，改正了个别讹误，并更名为《民国长沙市指南》④。

张湘涛主编，陈先枢辑注校点的《长沙名胜文选》，共收录有197位作者关于长沙名胜的文赋268篇，以名胜点逐一编排，总数达156处，既有今存的热门旅游景点，也有已消失的著名历史遗迹，内容涵盖山水、洲渚、园林、寺庙、名人故居、名人墓葬、古地名和其他各类古建筑等，并对各景点及文赋作者均有简介。全书按名胜类别，分为长沙山水、湘城古迹、潇湘洙泗、星沙园林、宗教圣地五卷，并配有大量的长沙名胜景点图片。⑤

中共邵阳县委党史研究室、中共邵阳县委党史联络组编著的《中国共

①　中国人民政治协商会议平江县委员会编：《平江抗战》，湖南人民出版社2015年版。
②　《长沙通史》编写组：《长沙通史》（当代卷），湖南人民出版社2015年版。
③　长沙县文联主编：《长沙县民俗》，湖南人民出版社2015年版。
④　邹欠白编著：《民国长沙市指南》，陈先枢校点，湖南人民出版社2015年版。
⑤　张湘涛主编：《长沙名胜文选》，陈先枢辑注校点，湖南人民出版社2015年版。

产党邵阳县历史》第二卷（1949—1978），以毛泽东思想、邓小平理论、
"三个代表"重要思想和科学发展观为指导，运用辩证唯物主义和历史唯物
主义的观点，全面记述了邵阳县 1949 年至 1978 年 29 年间，各级党组织带
领全县人民进行社会主义建设的光辉历史，探索其中蕴含的经验。全书分新
中国成立初期的党政建设和国民经济的恢复、计划经济的开始和社会主义基
本制度的建立、社会主义建设的全面展开和对社会主义道路的初步探索、在
徘徊中前进和走向历史的伟大转折共五编，具有较强的存史、资政作用。①

《中国共产党怀化市洪江区历史（1978—2010）》是由湖南省洪江区史
志档案局领导、中国共产党洪江区历史编纂委员会编写的 1978 年至 2010 年
期间湖南省洪江地区的党史文献。该书从党在历史各个时期的方针和政策着
笔，对洪江地区党组织的组织工作和施政情况进行了全面、完整的叙述，根
据大量珍贵的档案文件将历史展现在读者眼前。②

祁阳县史志办编的《清康熙十九年祁阳县志校注》，分前言、凡例、目
录、正文和后记共五部分组成。其中正文共分十一卷，卷之首为原志序
（叙）、目录、凡例及县境图、县治图、浯溪图。卷之一至卷之十分别为舆
地志、建置志、职官志、选举志、学校志、祀典志、赋役志、人物志、艺文
志和三吾石钞。注释比较详细，内容比较丰富，是了解清及清以前祁阳历史
的一部重要工具书。③

彭司礼主编的《湘西州土家族辞典》，汇集了湘西土家族苗族自治州土
家族的常用词汇，共 8800 多条，图片 80 余幅，并以词条的形式进行了精
准、详细、权威的解释。内容包括自然环境、民族历史、风俗习惯、语言文
字、宗教哲学、政治法律、军事、经济、教育、科技、卫生、体育、新闻传
媒、文学艺术，文物古迹、文献典籍、金石碑刻、人物传略等。④

游俊编撰的《明史、明实录湘西土家族苗族自治州史料钩沉》，是湘西
史料丛书的一种，是从《明史》和《明实录》中筛选出来的关于湘西土家
族苗族自治州以及周边地区的历史资料汇集。书稿将散见于《明史》和
《明实录》中涉及湘西土家族苗族自治州以及周边地区的史料搜集和整理出

① 中共邵阳县委党史研究室、中共邵阳县委党史联络组编著：《中国共产党邵阳县历史》第
二卷（1949—1978），湖南人民出版社 2015 年版。
② 怀化市洪江区史志档案局编著：《中国共产党怀化市洪江区历史（1978—2010）》，湖南人
民出版社 2015 年版。
③ 祁阳县史志办编：《清康熙十九年祁阳县志校注》，湖南人民出版社 2015 年版。
④ 彭司礼主编：《湘西州土家族辞典》，湖南人民出版社 2015 年版。

来，主要涉及天文地理、自然风貌、政治军事、民风民俗以及许多综合性史料等，按照一定体例和结构进行归纳整理和分析研究，对于后人研究湘西土家族苗族自治州以及周边地区的历史等提供了很大的方便。①

田仁利编的《湘西土家族苗族自治州金石通纂》，抄录了上至战国，下至民国时期的湘西自治州全州范围内的金石碑刻文字古籍，以汉字简体字形式进行了校点，用加按语的方式介绍了实物处所、保存状况、撰文者情况、镌刻竖立时间、民间对该实物的传说等，每件实物配1—3幅图片。全书稿文字120万，图片1000余幅。②

湖南省地方志编纂委员会编的《洞庭湖志》，以洞庭湖湖泊自然水体为主要记述对象，分为自然、水利、经济、人文社会四大部类，包括水域范围的地质构造、湖泊演变、堤垸洲滩、水文、资源、水利建设、防汛抢险、农业、渔业和水产、林业等内容，记述从事物发端至2009年的情况。③

吕国康梳理了永州柳子庙的历史沿革。柳子庙始建于北宋至和三年（1056），为永州知府柳拱辰所立。南宋绍兴二十年（1150）将"柳子厚祠堂"迁建于愚溪之北即今址。自宋至清，曾多次重修。清嘉庆年间一度称"柳圣庙"。现存庙宇为清咸丰八年（1858）任永州知府的杨翰重修，光绪三年（1877）维修。新中国成立后，对柳子庙进行了多次修缮，1957年、1964年、1982年由湖南省人民政府三次拨款对柳子庙进行大的维修，并将占据庙舍办学的中学迁出。近30年又进行了几次大的修缮。2001年被国务院批准为全国重点文物保护单位。

李慧星著《衡山窑》，是介绍衡山窑的文博类社科普及读物。衡山窑系湖南境内继唐代长沙窑之后兴起的彩瓷窑口，兴盛于宋、元年间，窑口遗址主要分布于现在的湖南衡山一带，故名"衡山窑"。衡山窑文物自20世纪80年代出土以来已有三十年，目前全国的文博界人士已经撰写了数百篇相关文章发表，但是迄今尚未见一本专著出版。本书稿是第一部有关衡山窑的文博类大众读物，本书作者热心收集了很多衡山窑的文物，并对此作相关研究二十余年。本书稿全书约25万字，图文并茂，配有彩色图片近百幅。书稿对衡山窑的历史、文化及其在中国陶瓷史上的地位作了全面的介绍，为衡阳增添了一张历史厚重的名片。④

---

① 游俊编撰：《明史、明实录湘西土家族苗族自治州史料钩沉》，湖南人民出版社2015年版。
② 田仁利编：《湘西土家族苗族自治州金石通纂》，湖南人民出版社2015年版。
③ 湖南省地方志编纂委员会编：《洞庭湖志》，湖南人民出版社2015年版。
④ 李慧星：《衡山窑》，湖南人民出版社2015年版。

陶旅枫著《明德学校史话》，是一本关于明德学校通俗的普及性读物，用浅白流畅的语言，讲述了明德学校110年来走过的独特风采与个性。内容包括明德学校辉煌的教育拓荒历史、魔血与流血的两大精神及其历史影响、浩瀚壮伟的名师与高徒、在中国教育史上先行与卓越的地位及新中国成立后的坎坷与复兴，在作者娓娓动听的讲述中，一个我国教育近代化进程中生动的全息缩影，清晰地呈现在读者面前。①

（二）湘学文献研究

2015年，学界对湘学文献，特别是对湘学人物的相关文献作了较多的研究，其中对屈原、王船山、魏源、左宗棠、叶德辉、皮锡瑞等人的有关著述给予了高度关注。

《湖南文献撷珍》是一部具有可读性的文献图鉴史话。该书从湖南文献发生发展的脉络着手，从广义的湖南文献概念出发，收入历史上有重要影响的湖南著述。该书分成两个部分：上编以内容上记载反映湖南、湖南人著述的文献为主，按历史年代的发展脉络，在文献生产和发展线上撷取有重要学术价值和内容价值的文献或事件，形成专题性文献条目，约甄选条目125条；下编则以湖南地区珍藏的珍贵文献为主，侧重于它们的版本价值和文物珍贵程度，约甄选条目55条。全书涉及的文献形式多样，包括图书、字画、碑帖、地图等，以纸质文献为主，占到全书的80%以上，而纸质文献中的选题又以图书为主。全书采取图文结合的编纂形式，一文配一图或二图。②

张双智对《清史稿·西藏传》作了考订，他对照校勘中华书局点校本《清史稿·西藏传》发现其部分内容主要是依据魏源的《圣武记》编写，未加查核即照抄转。根据藏、汉文史料和现代藏学家的科研成果，考证两书均有违史实之误。③

湖南省档案局（馆）编的《湖南省档案馆珍藏铜器铭文拓片集录》，是图文书，内容为湖南省档案馆所藏铜器（包括乐器、食器、酒器、水器、货币、兵器、容器、铜镜、铜钱和其他铜器）铭文拓片图片和释文及其他说明。书稿有较高的历史价值和学术价值，特别是古文字研究和商周时期的

---

① 陶旅枫：《明德学校史话》，社会科学文献出版社2015年版。
② 张勇主编：《湖南文献撷珍》，湖南人民出版社2015年版。
③ 张双智：《〈清史稿·西藏传〉正误》，《史学史研究》2015年第3期。

社会生活具有参考作用。①

《湖南慈善老档案》系长沙档案丛书之一种，将从清代至新中国初期的湖南慈善档案分成了清代善堂档案、积储档案、义行档案，民国民间档案、公办慈善档案、教会慈善档案、抗日慈善档案，新中国初期慈善档案共八个部分，同时配以 31 组近 300 幅慈善档案老照片（包括档案影印件和慈善老照片），条理清晰，简洁明了，披露了许多鲜为人知的大量慈善档案和历史细节，兼具档案之厚重和查阅之便捷之双重功效，可为今日蓬勃发展的慈善事业提供有益借鉴，是从事湖南慈善事业研究的必备资料书。②

2015 年，在湘学人物文献研究中，对屈原作品的考释成果较多。《中华经典名著·全本全注全译丛书：楚辞》包括题解、注释、译文三部分。题解以简要且能概括全诗内容及艺术特征的语言勾勒出篇章概要。注释包括注音和释词两部分，难认的字在字后括注拼音，难理解和多解的字词和文化常识等一并出注。注释语言力求简明准确，极为重要的地方列举多家不同见解，并择其最善者而从之，为读者能更广泛地借鉴和选择留下思考的余地。《楚辞》译本的出版，为读者了解古老的湘楚文化和湘学的源流提供了一个很好的范本。③ 屈原的《离骚》、《九歌》等作品历来为学者所重视。洪秀娟指出，《离骚》中无论是对神巫降临的场面描绘还是意象的运用，以及祭歌模式、抒情方式等系列艺术问题的处理上，都借用了巫文化的资源。正是那弥漫在湘楚大地的巫风习俗奠定了屈原作品艺术特色的基础，遥远而陌生的巫祭淫风，赋予了楚辞独特而神秘的文化背景。④ 叶当前分析了屈原《卜居》与嵇康《卜疑》的互文性，认为嵇康《卜疑》是拟屈原《卜居》之作，两文互文开放，呈现出从卜问宅基到卜问处世再到愤激质疑世道的轨迹，又各自与所处文化语境互文相生。屈原《卜居》与古代卜辞结构相通，嵇康《卜疑》在结构上仿效《卜居》，在思想上凸显徘徊于显隐之间、嫉邪憎恶却无能为力的无奈心理。魏晋时期对屈原的广泛接受是《卜疑》拟效《卜居》的独特语境。⑤ 在以往关于《楚辞·九歌》神灵形象的研究论著中，对《湘君》和《湘夫人》所塑形象的分析多集中在人物本身的原型阐

① 　湖南省档案局（馆）编：《湖南省档案馆珍藏铜器铭文拓片集录》，湖南人民出版社 2015 年版。

② 　陈先枢：《湖南慈善老档案》，湖南人民出版社 2015 年版。

③ 　屈原：《中华经典名著·全本全注全译丛书：楚辞》，林家骊译注，中华书局 2015 年版。

④ 　洪秀娟：《论〈离骚〉中的巫文化特质》，《山东商业职业技术学院学报》2015 年第 6 期。

⑤ 　叶当前：《屈原〈卜居〉与嵇康〈卜疑〉的互文性解读》，《武陵学刊》2015 年第 4 期。

释。然而聚焦于文本所塑形象，并将其与屈原理想主义之间进行互照，则有
一定的欠缺之处，这就造成了文本形象与屈原理想主义的断裂。因此，有必
要将二者结合，从"二湘"形象的再创造看屈原的理想主义。① 屈原的《九
歌》不仅仅是民间传统意义上的祭歌，其中所描写的爱情主题也不单单是
为了祭神而作。其中人神相恋的爱情模式正是屈原一生政治经历的真实写
照。《九歌》中人神相恋爱情模式具有深刻的象征意义，体现着《九歌》的
文学价值，是理解屈原的人生经历以及文学思想的关键所在。②

　　柳宗元的诗歌也是湘学研究中不可忽视的亮点。在唐朝，两湖、两广以
及云贵一带是主要的贬谪之地，而湖南则是唐朝贬谪者谪居或迁徙的必经之
地。湖南为屈原楚国故地，柳宗元被贬永州长达十年之久，这无疑让他至少
在地理因素上比其他诗人受屈原的影响更深。柳宗元留下的诗作并不多，收
在《柳河东集》卷一"雅诗歌曲"和卷四十二、卷四十三"古今诗"中，
加上中华书局出版的《柳宗元集》"外集补遗"里的一首，共计一百四十五
题一百六十四首，其中有稽可考的就有七十九题九十九首作于永州。③

　　对王船山各种文献的研究成果历来较多，2015 年的相关研究主要体现
在其文学评论、文学作品等方面。《王船山〈落花诗〉〈和梅花百咏诗〉笺
注》以 1962 年中华书局排印本《王船山诗文集》、1996 年岳麓书社版《船
山全书》为底本，分别为王船山的《落花诗》和《和梅花百咏诗》作注释。
其中，注释一方面注意引用王夫之自己的述和后人的记载等相关文献材料，
另一方面，注释典故，联系史实和文义揭示其含义，还对诗歌内容作简略的
评述。④ 朱新亮探析了王船山《唐诗评选》的亡佚，指出王船山《唐诗评
选》并非完整本，由同治四年（1865）曾国藩金陵节署刻本的存目可知，
原《唐诗评选》应为七卷。然而在后来的 50 年里，其中三卷亡佚了，所以
到民国 4 年（1915）刘人熙船山学社本时，《唐诗评选》就变成了四卷。根
据船山《古诗评选》、《明诗评选》的体例可知，所亡佚三卷应为"四言"、
"五言绝"、"七言绝"。⑤ 刘荣考论了王船山的《读通鉴论》。《读通鉴论》
乃船山众多著作之一种，80 多年来学术界对该书的探讨和研究一直没有中

　　① 林振园：《从"二湘"再创造看屈子之理想主义》，《名作欣赏》2015 年第 36 期。
　　② 赵竹：《〈楚辞·九歌〉中人神相恋模式透视》，《沧州师范学院学报》2015 年第 4 期。
　　③ 程丹：《子厚楚地多骚怨——试析柳宗元贬谪永州后的几首诗歌》，《牡丹江大学学报》
2015 年第 3 期。
　　④ （清）王夫之：《王船山〈落花诗〉〈和梅花百咏诗〉笺注》，朱迪光注，湘潭大学出版社
2015 年版。
　　⑤ 朱新亮：《王船山〈唐诗评选〉亡佚考探》，《衡阳师范学院学报》2015 年第 1 期。

断过，且成果丰赡。但鲜为人知的是，在《读通鉴论》一书自 20 世纪 30 年代起正式被学术界瞩目和研究之前，它的问世、出版和流播却经历了一个漫长、复杂而又曲折的历程。根据王船山的年谱，是书始撰于 1687 年，写成于 1691 年。《读通鉴论》实正式面世于 1865 年，此亦船山绝大多数著作被大规模地搜集、刊刻与闻世的开始。在清末民初那时，凡是开新风气的人，几乎没有人不读《读通鉴论》的。这一时期《读通鉴论》的盛行不仅仅是出于政治斗争的需要，学写策论以应科举考试也是一个重要的特色。从 20 世纪 30 年代至今天的 80 多年是对或者围绕着《读通鉴论》一书开展专业化的学术研究的时期，成就硕果累累，成绩斐然。在享受了短暂的夺目光华后，《读通鉴论》终于以寻常的姿态正式走进学人的世界，成为学界 80 多年来迄今一直关注和研究的对象。① 王船山曾经评点过历代诗歌，现存《古诗评选》、《唐诗评选》、《明诗评选》三种诗歌选本。他对唐诗的看法，主要体现在《唐诗评选》中。船山通过评点诗歌，指点自己的诗歌创作；又由自己的诗歌创作实践，而加深了对历代诗歌的理解。从船山《姜斋诗集》可以看出，他对唐代诗人有着广泛的学习和继承。他一生写诗不辍，现存诗作 1674 首，收入《姜斋诗集》。《姜斋诗集》包括《姜斋五十自定稿》一卷（277 首）、《姜斋六十自定稿》一卷（206 首）、《姜斋七十自定稿》一卷（150 首）、《柳岸吟》一卷（88 首）、《姜斋诗分体稿》四卷（210 首）、《姜斋诗编年稿》一卷（127 首）、《姜斋诗剩稿》一卷（12首）、《落花诗》一卷（99 首）、《遣兴诗》一卷（134 首）、《和梅花百咏诗》一卷（110 首）、《洞庭秋诗》一卷（30 首）、《雁字诗》一卷（56首）、《仿体诗》一卷（38 首）、《岳余集》一卷（25 首）、《忆得》一卷（77 首），此外，《姜斋诗文拾遗》二卷中还有若干。船山之诗，与其论诗旨趣类似，五古、五律学晋宋初唐，平淡静善，七律得杜甫心髓，有萧散闲适者，有沉郁苍凉者，又挟离骚、义山之奇丽，多运典故，固有生而未化之弊，却未可以"才力不到"论之。② 《王船山词集》亦为后世保存了 280 首词作，包括《鼓棹初集》、《鼓棹二集》、《潇湘怨词》三个分集。《潇湘怨词》分为《潇湘小八景词》、《潇湘大八景词》和《潇湘十景词》三个部分，学界一般认为它们是王船山词中珍品。王船山《潇湘怨词》包括描写潇湘美景三组词，《寄调摸鱼儿·潇湘小八景》、《寄调摸鱼儿·潇湘大八

---

① 刘荣：《王船山〈读通鉴论〉考论》，《东方论坛》2015 年第 2 期。
② 朱新亮：《论王船山〈姜斋诗集〉对唐诗的继承》，《武夷学院学报》2015 年第 4 期。

景》和《寄调恋蝶花·潇湘十景词》，共 26 首，可谓篇篇用典，无一阙如。其用典类别如下：（1）借用历史故事入典，直接引用典故原事，以古喻今。（2）借用前人诗句入典，借用前人语境，联系现实情况，用自己的语言重新解读古人诗句，赋予其今世意义。既有本意，又有新意。（3）借用旧有文辞入典，指的是用凝练的词语来概括前人的语句或故事。（4）用神话、传说故事入典。《潇湘怨词》的用典特征《潇湘怨词》是王船山词中的珍品，也是明清词坛一朵芳香独特的奇葩，其用典匠心独运，特点鲜明，主要表现如下：（1）用典的手法多样：第一，明用，即直接引用典故原事，诗人感情和所用典故思路一致。第二，暗用，就是间接引用典故。初读不觉察，细读方可见其中奥妙。第三，侧用，是指从典故侧面意义取用典实，借事起兴，旁敲侧击，显现作者自己的用意。（2）用典的作用独特：第一，塑造了满腔热血却斗争失败的爱国英雄形象。第二，凸显了渴望复国却失意苦闷的孤胆英雄形象。第三，刻画了扼腕叹息并遁入山林的隐逸英雄形象。王船山词的情感基调具有明显的政治化色彩，忧国爱民是其主流。究其渊源，船山词深受屈子与南宋各大词人的影响，这种影响尤其体现在词情上。① 《尧典一》是王船山所著《尚书引义》的首篇，其意在通过对一系列核心问题的追问，来重新检视与确认儒家的思想宗旨。王船山认为相对于佛、道、名、法等家思想立场之不同，儒家主张己、物相依而不可割裂，因此人当依其所坚守之价值，通过积极的认知与行动，努力将现实导向理想的政治方向，并以此作为儒家为学之宗旨。由此，王船山经由分辨"实明"与"浮明"之差异，在检讨程朱与陆王二家认识论主张的基础上，对理学的"主敬"工夫作出了新的诠释。② 在王船山之前，《易》学有义理与占筮（象数）两个流派，这在宋代易学中亦然，具体的表现就是程颐易学与邵雍—朱子易学的张力。船山则以为，此二者不仅不可偏废，需要并重；而且当融而为一，故提出了"即占即学"的观点。如果说《周易外传》、《周易内传》是学中见占，船山记录其卜筮过程的《章灵赋》则是占中见学。对于船山易学而言，此篇文本是有其重要意义的。③

——————————

①　陈志斌、李聪、于晓臻：《王船山〈潇湘怨词〉用典析论》，《南华大学学报》（社会科学版）2015 年第 3 期。

②　陈明：《王船山"己"、"物"关系视野中的儒家认识论立场——以〈尚书引义·尧典一〉为中心》，《河南师范大学学报》（哲学社会科学版）2015 年第 5 期。

③　谷继明：《船山占〈易〉的分析——以〈章灵赋〉为例》，《平顶山学院学报》2015 年第 4 期。

作为晚清开学术新风的湘学人物，魏源之"志"是倡导文以载道，讲求经世致用。其诗学专著《诗比兴笺》继承了儒家传统文论中"知人论世，以意逆志"的阐释理论，试图索解蕴含在比、兴之下的诗人之志，以及与诗人这种情志紧密关联的社会现实，为正处在积贫积弱的道光王朝提供历史借鉴。对于魏氏"论世逆志"的诗学阐释范式应该予以辩证评价，肯定其符合或接近诗旨的合理阐释，借鉴某些虽有争论但可以聊备一说的提法，对部分有乖诗意、背离诗作审美要求的笺注，则应正视、扬弃。① 魏源《书古微》是晚清今文经学家治《尚书》学的扛鼎之作，魏源于其中所关注的是孔子于编次《尚书》时所寓"微言大义"。在魏源看来，此"微言大义"是孔子经由七十子后学而传于后世，故治经学，必归重于师法、家法。以《尚书》学史而言，唯西汉得此师法、家法。见于《尚书》的"微言大义"，既有与《春秋》今文学家相通的"三统"说，亦有魏源解读《尚书》时，所特重的以"放勋"、"重华"、"成王"等为徽号、有天下之号说。以后者而论，魏源于其中所揭示的政权合法性根源。魏源尝试假徽号之说，将"天命"与"民意"的两重合法性分开表述，以体现后者的相对独立性。而体现天下人亦即民意的合法性基础，则本于制礼作乐，此方为立国之基。② 唐飞凤、黄建军对魏源《诗比兴笺》的稿本与刻本作了比较，指出《诗比兴笺》现存稿本和刻本两种，对于其作者的争议，自该书刊行之日，即存在陈沆和魏源两说。虽经李瑚、顾国瑞、夏剑钦、吴怀东诸先生之厘清，学界依然有人将其版权归于陈沆。文章将两种版本进行比较，从其正文、序、诗注、笺语各处的增删润色来看，两种版本实出于一人之手，即为魏源所作。③ 苏精对南京图书馆藏《澳门新闻纸》作了考订，认为南京图书馆所藏《澳门新闻纸》抄校本应是 1917 年至 1927 年之间抄成，其底本可能是邓邦述的藏本，而内容并未包含林则徐当年命人译报的全部。至于完全撷取《澳门新闻纸》内容编成的《澳门月报》，其编者应是魏源而非一般说的林则徐，而且魏源的编辑导致《澳门月报》的内容和《澳门新闻纸》有明显差异，距离英文报纸的原文也更为遥远。④

郭平以郭嵩焘《伦敦与巴黎日记》为中心，考察了清朝监狱改良的第

---

① 黄建军：《论魏源〈诗比兴笺〉的诗学阐释范式》，《求索》2015 年第 7 期。

② 任文利：《魏源〈书古微〉所论"微言大义"考》，《国学学刊》2015 年第 2 期。

③ 唐飞凤、黄建军：《魏源〈诗比兴笺〉稿本与刻本之比较》，《邵阳学院学报》（社会科学版）2015 年第 5 期。

④ 苏精：《南京图书馆藏〈澳门新闻纸〉考订》，《新世纪图书馆》2015 年第 4 期。

一步。《伦敦与巴黎日记》反映了郭嵩焘"先政教，后船坚炮利"的洋务观，监狱作为国家权力机构至关重要的组成部分，是郭嵩焘所关注的对象。郭嵩焘在日记中对监狱制度作了详细记录以及正确的评价；比较了西人监狱与中国当时"地狱般"监狱之间的巨大反差。郭嵩焘是促成清政府参加"国际监狱会议"的重要人物，促进了清廷监狱的改良，是清朝监狱改良的第一步。①

　　丁伟综述了《申报》对左宗棠收复新疆的报道。《申报》自 1875 年左宗棠收复新疆至左宗棠离开新疆，在 7 年的收复新疆报道中，与左宗棠相关的边疆危机、收复新疆、开发西北等一系列重大事件均有所涉及。尤其在收复新疆过程中因贷银西征、两次塞防与海防之争等事件的报道，《申报》是同时期对左宗棠收复新疆报道时间最长、最全面的媒体。② 刘增合分析了《申报》与同光之际的西征新疆举债的关系。光绪初年，左宗棠开始统率湘军平定新疆叛乱。在此前后，英国驻华公使基于该国远东利益考虑，频频筹谋维护阿古柏政权的存在。在华英文媒介为捍卫英国利益而不断刊文，既反对左宗棠西征行动，呼吁保持新疆反叛势力独立，又干预西征借款的举动。英人创办的中文报纸《申报》紧随其后，或刊发社论，或转载英文报纸社论，刊载西人提供的虚实相间的战况消息，起到辅助和帮腔的作用。解读该报这一时期的编辑行为和办报理念，若不内窥各类牵制因素，单纯依赖该报自我暴白，极易陷入隔靴搔痒的境地，所谓"文人论政"、"不党不私"等定位，亦不免堕入罗生门陷阱。③

　　吴烨舟考释了左宗棠致阎敬铭的信函考释。光绪九年（1883），胡光墉（雪岩）在上海创办的阜康商号突然倒闭，立即引起了朝野关注，清算胡氏亏欠公款一案随之展开。光绪十年五月五日，左宗棠亲自致函清廷管理户部大臣阎敬铭阐述胡案有关的细节，并请求阎氏酌情关照。左宗棠在信函中讨论的另一个内容，就是关于胡光墉向外商筹借四百万洋款的细节问题，也是这则信函中的主要内容。左氏认为，在饷源匮乏、协饷不济的情况下，胡光墉以个人的名义多次居中斡旋，代为朝廷借款应急，当属雪中送炭之举，故胡氏在此次代借洋款中所报的十万六千七百余两应属合理。函的结尾部分则

　　① 郭平：《清朝监狱改良的第一步——以郭嵩焘〈伦敦与巴黎日记〉为中心》，《新西部》（理论版）2015 年第 9 期。

　　② 丁伟：《〈申报〉左宗棠收复新疆的报道分析》，《塔里木大学学报》2015 年第 2 期。

　　③ 刘增合：《"舆论干政"：〈申报〉与同光之际的西征新疆举债》，《新闻与传播研究》2015 年第 7 期。

是左宗棠为胡光墉求情的内容，左氏在函中称若果发现胡光墉存在私吞公款的问题，其必定严惩不贷，绝不偏袒；其又称胡光墉当年为朝廷捐款赈济毫不吝啬，如今家财散尽破产落难，朝廷却对其严厉彻查穷追猛打，看到胡氏落得如此境况，左宗棠不禁"垂怜及之"。于是，左氏在函中提到，欲拟请疏，望朝廷在胡氏最危难的关头网开一面。尽管左宗棠在信函中反复提到胡光墉并无私吞公款，但事实上，户部并未因为左宗棠出面求情而减轻对胡光墉的惩治。通观左宗棠信函所议内容，可以看出左宗棠与胡光墉乃管鲍之交，即便是在胡光墉最危急艰难的情况下，身为两江总督的左宗棠也亲自执笔为其说理求情。而本函亦表明，左宗棠虽为地方总督，但对于洋款的借还以及各类协饷的筹集等问题实在是心有余而力不足，不得不依靠胡光墉为其办理，这反映出当时地方财源窘困的实际情况。因为左宗棠并不熟知金融市场的运作，同时又出于对胡光墉的袒护，故其与阎敬铭讨论胡案时出现了不少失实的地方。然而，胡光墉并没有因为左宗棠的求情而得到关照，最终还是无法逃脱悲惨的命运。本函从一个侧面反映出晚清时期外商、华商以及官僚之间复杂的利益关系，外国资金已成为影响晚清政局的一个重要组成部分，是晚清经济与政治相互影响的一个实际样本。①

钱松考察了何绍基致李星沅的信札册。指出《何绍基致李星沅信札册》收录有何绍基信札二十五通。作书人系晚清身兼诗文、书法的文苑大家，受书人则为道光朝重要的封疆大吏，两人同乡而兼姻戚，书信往还不断，以尺牍为深谈。对这批信札的考释揭示了时代丕变之下的国事、家事。②

胡林翼（1812—1861），湖南益阳县泉交河人。有《胡文忠公遗集》、《读史兵略》、《保甲团练条约》、《胡氏兵法》等传世。《胡林翼家书》系胡林翼写给家人的信件，其内容包含教子、休养、婚姻、政治、才学等十几个方面，层层论述，纵横捭阖，站在道的高度，解答了人生方方面面的问题，其论述之精辟，让人叹为观止。③

皮锡瑞（1850—1908），湖南长沙人。光绪八年（1882）中举人，后绝意仕进，以讲学、著述终老。皮氏精治《尚书》，考证经文，彰显奥义，于"伏学"尤具畅微抉隐之功；兼攻"郑学"，深究古礼，疏通两汉今古两家经注传笺，一以扶翼西京微言大义之学；晚年融贯群经，创发大义，出入汉、宋、今、古之间，以其治学主张和成就，使今文义例之学、典制之学和

---

① 吴烨舟：《左宗棠致阎敬铭信函考释》，《文献》2015 年第 4 期。
② 钱松：《何绍基致李星沅信札册考释》，《文献》2015 年第 1 期。
③ 胡林翼：《胡林翼家书》，中国长安出版社 2015 年版。

经世之学融为一体，成为清代今文经学的集大成者之一。皮氏又力主"通经致用"，通达古今之变以救济时艰，见证、参与晚清湖南新政的历史进程。他既是清代今文经学史上的一位关键人物，也是晚清变法和湖南改革史上的一位重要人物。皮锡瑞既是清代今文经学史上的一位关键人物，也是晚清变法和湖南改革史上的一位重要人物。他从经世救时走向维新变法、由"穷愁著书"转而"通经致用"的经历、言行与思想，可谓晚清数十年间社会政治和学术文化变迁的一种缩影。《皮锡瑞全集》所收录的皮氏诗文、日记、函札和经学、史学论著等，是今人研究晚清历史时极其真实而宝贵的原始史料。皮锡瑞的著述，计有已刊诗文五种十六卷、经学论著二十四种一百零二卷、蒙学教材一种二卷、未刊手稿及后人所辑皮氏遗稿九种，另有若干诗词、书札、讲义、序跋等散见于《皮鹿门年谱》、《近代湘贤手札》、《湘雅摭残》、《翼教丛编》、《郋园全书》、《豫章丛书》等著述和《湘报》、《南强旬刊》、《湖南学报》等报刊。《皮锡瑞全集》收录皮锡瑞已刊和未刊的专著，以及散见各处的单篇文字，汇辑、归类后进行校勘、考订，施以新式标点。为深入开展皮锡瑞生平、思想与学术的研究提供最为系统、完备的资料，也可以为全面开展中国经学史尤其清代今文经学的研究提供极其丰富、宝贵的资料，还可以为深化晚清历史特别是湖南维新变法和新政改革的研究提供重要的资料。①

易新农、夏和顺编校的《王礼培辑》一书系晚清民国时期湖南著名藏书家、版本目录学家、诗人和文化活动家学术著作合集的首次推出。共分为四辑，即诗歌、谈艺录、文录、题跋。末附有易新农先生回忆王礼培的长文《忆石㙟上》。②

王维江编辑的《王先谦·叶德辉卷》（中国近代思想家文库）为王先谦、叶德辉合卷。王先谦（1842—1917），字益吾，号葵园。祖籍江苏上元，迁居湖南长沙。1865年中进士。官至国子监祭酒，曾放江苏学政。1888年辞官回籍，主讲思贤讲舍、城南书院、岳麓书院。主持编著《汉书补注》、《荀子集解》、《尚书孔传参正》等，辑选或校刊《东华录》、《东华续录》、《皇清经解续编》、《郡斋读书志》、《合校水经注》等。王氏一生著、编、校、辑、刊刻著作五十余种，计三千二百余卷，其文多收在《虚受堂文集》、《虚受堂书札》中，奏议则多收入《王先谦自定年谱》。"王先

---

① 吴仰湘编：《皮锡瑞全集》（全十二册），中华书局2015年版。
② 易新农、夏和顺编校：《王礼培辑》，民主与建设出版社2015年版。

谦卷"选取其论议、序跋、奏议及函札等有代表性者二百余篇,力求客观
反映王氏的个人生活、政治抱负和学术思想,并为今人理解近代中国思想文
化剧烈变化提供一个富有参考价值的视角。叶德辉(1864—1927),字凤
梧,号焕彬,别号郋园。祖籍江苏苏州,迁居湖南长沙。1892 年中进士,
分派吏部主事,以乞养回籍,不再复出。以藏书、刻书而名重一时,并以藏
书家、版本目录学家而载入史册。戊戌变法时反对湖南学政徐仁铸和在长沙
时务学堂任教的梁启超,政变后编《翼教丛编》、《觉迷要录》,由此被指为
"旧派"、"劣绅"。1927 年,为湖南农协所杀。治学广博有趣,代表作有
《书林清话》、《藏书十约》、《郋园读书志》等。叶德辉所学极为庞杂,除
版本目录之学外,于小学、经学、戏曲、医学、星运、金石皆有涉猎,平生
所著书和所刻书均编入《郋园先生全书》中。"叶德辉卷"选取其代表性者
一百七十余篇,力求全面反映其处世态度、政治取向、治学路径和对国家前
途的思考,以期展现出一个动荡时代的诡异而有趣的"反派人物"。①

谭嗣同,湖南浏阳人。少时博览群书,"淹通群经",凡经世致用之学,
不论天文、地理、军事、政治、经济皆感兴趣。谭嗣同"能文章,好任
侠","文为奇肆。其学以日新为主"。汤仁泽编辑的《谭嗣同卷》(中国近
代思想家文库)上卷是谭嗣同的代表作《仁学》,中卷是谭嗣同自定的"东
海褰冥氏三十以前旧学四种",下卷大致为1894 年后的诗文及报章文辑、书
简、附录等。②

维新志士刘善涵,湖南浏阳人。在中华书局出版的《谭嗣同全集》中,
仍收有谭嗣同给刘善涵的书信十四封,书中析义论文,对刘善涵推崇备至,
刘对谭嗣同亦倾心崇敬。③ 唐才常的家书最能真切生动地体现其思想的发展
与变化过程。湖南省博物馆藏有他的一批家书手札,写于光绪十七年
(1891)到光绪二十六年(1900)期间,凡37 篇。除却对家人殷殷致意外,
有描写风土人情、民生疾苦者,有评议时人、纵谈国事者,涉及范围非常广
泛。就内容论,唐才常家书可分为三个阶段。第一阶段为辛卯(1891)十
一月至乙未(1895)正月的家书,此阶段的家书多为致父书;第二阶段为
乙未(1895)正月至五月的家书,此阶段留存至今的家书既有致父书,又
有与二弟书;第三阶段为庚子(1900)间写给二弟的四封信。第一阶段的

① 王维江编:《王先谦·叶德辉卷》(中国近代思想家文库),中国人民大学出版社 2015
年版。
② 汤仁泽编:《谭嗣同卷》(中国近代思想家文库),中国人民大学出版社 2015 年版。
③ 夏光弘:《不能遗忘的维新志士刘善涵》,《书屋》2015 年第 8 期。

家信，多为致父书，一为请安问好，表达乡思；二为叙述蜀地风物、所见时事；三为描述自己生活工作状况。第二个阶段，也就是唐才常进入武昌两湖书院求学之时，其家书风格骤然一变。喜谈时事，推崇西学，灰心于功名，且痛斥八股为赘虎。第三阶段的书信与乙未两湖书院期间好评论时事、向诸弟大力推崇新学的耳提面命之态又大为不同。唐才常庚子的四封家信显得匆遽而简略。①

湖南省博物馆珍藏有两通谭嗣同致其妻李闰的信札，内容涉及维新变法和夫妻伉俪信仰佛教种种。行草书写而成，谭嗣同的书法沉潜北魏，参以汉隶有着极深的造诣。此信札对于研究谭嗣同的佛家情缘、伉俪之情提供了第一手珍贵的资料。②

宋教仁（1882—1913），湖南桃源人，辛亥时期著名革命党人。郭汉民编的《宋教仁卷》（中国近代思想家文库），收录宋教仁在 1904 年至 1913 年间所作的专著、论文、函电、书评、讲演、诗歌、译著等一百多篇，后附"宋教仁年谱简编"。这些著作，较为全面地反映了宋教仁关于政治、经济、社会、外交、文化、教育等的思想主张，集中体现了他作为辛亥革命重要领导人的爱国情怀，对民主政治的强烈追求，对边疆危机的密切关注，以及在边疆史地研究方面的丰硕成果，从中可以看出宋教仁的思想特色。他在反帝爱国、反清革命、民主宪政和制度建设等方面的思想主张构成了一个完整体系，对中国近代思想的发展作出了历史性贡献。③

杨度（1875—1931）是清末民初著名的宪政专家、政论家和社会活动家。左玉河编的《杨度卷》（中国近代思想家文库）主要收录 1902 年到 1931 年间杨度发表的有关政治、社会、教育、文化等方面的文章。这些文章对清末的铁路国有、立宪运动、国会请愿、五族共和等问题进行了严肃思考，对民国初年的政体与国体进行了认真反思，具有重要的思想价值。④

《湘潭谭半农先生诗集笺注》一书系对晚清湘潭著名诗人和教育家谭半农诗作进行笺注的专著。谭半农先生生前曾将自己的诗词作品选集聚为《释耒草》、《横塘渔唱》，其后人又于民国 37 年（1948）编成《湘潭谭半

---

① 陈华丽：《历史转折点上湖湘士子的矛盾与蜕变——馆藏唐才常家书手札小议》，《湖南省博物馆馆刊》2015 年第 00 期。

② 邓昭辉：《谭嗣同伉俪的佛家情缘——湖南省博物馆藏谭嗣同致其妻李闰的信札释读》，《文艺生活》（艺术中国）2015 年第 3 期。

③ 郭汉民编：《宋教仁卷》（中国近代思想家文库），中国人民大学出版社 2015 年版。

④ 左玉河编：《杨度卷》（中国近代思想家文库），中国人民大学出版社 2015 年版。

农先生诗集》。作者依原诗集顺序，对其总计存世诗词 618 首一一进行了详细的笺注，前言部分则对谭半农一生行止和艺术成就进行了全面的梳理和总结。①

《边城》是沈从文先生在 20 世纪 30 年代中国文坛上奏响的一曲田园牧歌。在中国众多的地域性作家中，沈从文是其中的一个经典。他的代表性作品全部都源自湘西——一个湖湘文化浸润的地方。《边城》是其中尤为突出的一篇，沈从文在如诗的行文中用冲淡的心态，写满了浓郁的湖湘地域风情、哲学品质和道德执守，也表现了沈从文念念心系的湖湘哲学观照。②

赵志超主编《涟水之光——赵甄陶先生纪念文集》，系关于湘潭籍著名学者赵甄陶先生的纪念文集，分为著述篇、赏析篇、书信篇、家世篇、追思篇共五个部分。其中，著述篇各部分介绍了赵甄陶的代表性作品，赏析篇收录了赵甄陶亲友、学生所写的相关评论文章，书信篇选择了先生与他人的往来书信，家世篇介绍了中湘赵氏家族迁徙、演变、发展的情况，追思篇则收录了赵甄陶部分友人、学生、晚辈追忆赵甄陶的诗文。全书约 22 万字，收录图片 20 余幅。③

傅敏、陈红民对哈佛燕京图书馆藏蒋廷黻为组建中国自由党与胡适等人来往函件作了研究。哈佛燕京图书馆典藏"蒋廷黻资料"系蒋廷黻个人收集、保存的各式文件，由其子蒋居仁捐献。这批资料时间集中于 1947 年至 1965 年，是研究蒋廷黻本人及中华民国史、当代台湾史的重要史料。这里选编 1949 年前后蒋廷黻与胡适等人围绕筹组中国自由党事宜的往来函件以及蒋廷黻所拟纲领，反映了有关各方尤其是部分知识分子对于组建中国自由党的态度。另附译《纽约时报》刊载蒋廷黻宣布成立中国自由党的新闻稿。④

哈佛大学哈佛燕京图书馆所藏"蒋廷黻资料"中保存了不少有关蒋廷黻筹组中国自由党的历史资料。研究分析其中的四类新史料，有助于充实与扩展对于中国自由党的研究。蒋廷黻在致胡适《备忘录》中，对建立中国自由党的动机、目标与需要面对的问题进行了详尽的说明；《中国自由党组

---

① 《湘潭谭半农先生诗集笺注》，释圣辉主编，刘安定、曾俊甫笺注，湖南地图出版社 2015 年版。
② 李婷：《论〈边城〉的湖湘文化特色》，《现代语文》（学术综合版）2015 年第 10 期。
③ 赵志超主编：《涟水之光——赵甄陶先生纪念文集》，中国文化出版社 2015 年版。
④ 傅敏、陈红民：《哈佛燕京图书馆藏蒋廷黻为组建中国自由党与胡适等人来往函件》，《民国档案》2015 年第 3 期。

织纲要草案》是关于中国自由党的最重要文件；蒋廷黻与中外友人的往来函件，则展示了其他人对中国自由党的态度。这些新资料充分说明，组建中国自由党更多的是蒋廷黻个人的理想，他虽然作了许多努力，但其理想与现实差距太大，其朋友也并不完全认同与支持，因而当时组党成功的机会十分渺茫。①

（三）湘学研究概述

2015 年，主要有对宋代湘学代表人物张栻、明清思想家王船山、明代茶陵派、无产阶级革命家蔡和森等的相关研究概述。

邹锦良对宋代湘学代表人物之一张栻的研究作了详细的概述。张栻（1133—1180），字敬夫，号南轩，汉州绵竹（今四川绵竹县）人。张栻是南宋著名哲学家、教育家及文学家。他在哲学、文学、教育尤其在理学领域贡献卓著，历来广受学者关注。近四十年来，学界涌现出一批张栻研究的重要成果，研究视角涉及张栻哲学思想、教育思想、张栻与湖湘学关系、张栻与朱熹交谊及其文学成就等。就研究现状而言，张栻研究已取得很大成就，但仍有一些不足，诸如师承关系、交游情况、文献整理与研究等方面都还有待深入。著作方面，目前仅有两部。陈谷嘉《张栻与湖湘学派研究》（湖南教育出版社 1991 年版）一书论述了张栻生平、本体论的逻辑结构体系、认识论思想体系特色、人生哲学、圣德王功之学、道德学说及道德规范系统、教育思想、湖湘学派及其学术特色等问题。蔡方鹿《一代学者宗师——张栻及其哲学》（巴蜀书社 1991 年版）是张栻研究中最具代表性的一部专著。该书对张栻生活的时代背景、生平与著作、社会政治思想、哲学思想、张栻与朱熹论辩及哲学异同、教育思想、张栻地位和影响等作了客观评述，充分展示了张栻思想及其在中国思想史上的地位与成就。这两部著作为我们研究张栻提供了诸多借鉴与参考。② 认为以下三方面还有待深入：一是张栻师承关系、交游情况研究还需拓展。张栻作为宋代湖湘学派的中流砥柱，对湖湘学影响深远，学界对此关注甚多。但宋代湖湘学由胡安国、胡宏父子开创，

---

① 陈红民：《"蒋廷黻资料"中的"中国自由党"》，《江苏师范大学学报》（哲学社会科学版）2015 年第 1 期。

② 邹锦良：《张栻研究四十年：成就与不足》，《西华大学学报》（哲学社会科学版）2015 年第 1 期。

张栻作为胡宏最出色的学生，集众家之长，使湖湘学得以快速发展。所以，细致梳理张栻师承关系对理解张栻及湖湘学具有重要意义，这一点学界虽有论及，但尚不深入。此外，张栻作为南宋著名理学家、思想家，他在南宋学术、思想、教育领域具有重要影响力，加之张栻待人以诚，学识广博，故交友众多。学界目前对张栻交游研究比较单一，主要集中在张栻与朱熹的学术交往上，而对张栻与南宋其他理学家、政治家、文学家以及各阶层人士的交往情况则关注甚少。二是张栻文献的整理与研究仍需努力。张栻一生写过大量著作，因各种原因散佚虽多，但流传下来的著作亦有不少。1999 年，杨世文、王蓉贵校点的《张栻全集》是有史以来对张栻著作进行的第一次大规模系统整理，对推动张栻研究具有重要意义。2010 年，邓洪波又整理出版《张栻集》收录《论语解》、《孟子说》、《南轩文集》三种著作，有力地推动张栻文献及湖湘学研究。但值得注意的是，宋人文集丰富，与张栻交谊的南宋士人数量又多，故张栻作品不免散见于各类文集之中。三是学界对张栻研究应采取多种研究方法。张栻是著名哲学家、教育家、思想家和文学家，尤其是其理学思想较为深邃，故张栻研究既是历史学研究，又是哲学史、教育史、思想史以及文学史范畴的研究。因此，对张栻研究不仅需要历史学的研究方法，而且还要吸收借鉴其他学科的相关理论。如此，张栻研究才会更为全面和深入。①

刘荣对近百年来王船山《读通鉴论》研究作了述评。《读通鉴论》可以从史学、哲学、政治、民族、军事等多个视角和层次进行解读和诠释，绝非史论一项内容所能涵盖。是书始撰于 1687 年，写成于 1691 年。20 世纪 30 年代直至今天的 80 多年是对或者围绕着《读通鉴论》一书开展专业化的学术研究的时期，成就硕果累累。首先是专著方面。截至目前，所见的仅有两部以《读通鉴论》为题的著作。第一部是出版于 1982 年的李季平的《王夫之与读通鉴论》。该书的篇幅并不大，《读通鉴论》也并非作者研究的重点内容，因而只在书中的最后部分有所涉及。另外一本是香港学者宋小庄的《读〈读通鉴论〉》，1991 年出版。总体而言，该书除引言和结语外，分为两大部分。第一部分，作者借鉴西方历史哲学的概念和理论，总结了《读通鉴论》中包含的历史认识论、历史方法论、历史观等历史理论。第二部分，作者通过对《读通鉴论》所包含的 900 余篇史论作有机的归类、分析

---

① 邹锦良：《张栻研究四十年：成就与不足》，《西华大学学报》（哲学社会科学版）2015 年第 1 期。

和综合，从政治思想、军事思想、民族思想、伦理思想、经济思想和法律思想六个方面分别再现了《读通鉴论》体现出的治国思想。论文方面。以《读通鉴论》为中心的专题论文计有 20 余篇。以往论者以论文的形式展开对《读通鉴论》的研究是从 20 世纪 80 年代开始，起步较晚，成果不多。从研究的内容和领域上看，大部分集中于对该书蕴含的史观、史论和民族思想的探讨，虽有个别新见，但在具体内容的阐述上多有相似之处；很少拓展其他领域和面向的研究。研究方法方面也无足观。这些研究的不足同时也基本体现在针对《读通鉴论》研究的专著上面。总而言之，学界以往有关《读通鉴论》的研究仍然非常薄弱，采用新的研究方法和视角全面或部分地对其进行诠释或者探讨其与王船山其他思想或著作的关系，应当成为今后关注和研究的一个方向。①

　　司马周对 20 世纪以来茶陵派学术史研究——茶陵派历史地位研究作了回顾。茶陵派在文学史上的地位，除了有少数论文专门评价外，大部分学者在文章中有所涉及。审视 20 世纪以来的这些论文，可以了解学者们对茶陵派的历史地位褒贬不一，有否定者，有肯定者，有辩证对待者。在争论中，学术界对茶陵派历史地位的认识越来越清晰，其在历史上的存在形态以及纠偏起衰和引领示范作用基本得到承认，但这一方面仍有继续深入研究的必要。② 此外，司马周、张玉娟对 20 世纪以来茶陵派学术史研究——茶陵派成员构成情况研究作了回顾。20 世纪以来，茶陵派研究呈现升温趋势，研究成果日渐丰富。茶陵派成员的构成情况研究是茶陵派整体研究中相对薄弱的环节，研究成果并不多。相关研究主要呈现四个特征：从研究成果来看，主要体现在学术专著中，单篇研究论文很少；从研究内容来看，前期研究中以成员分类为主，后期成果相继探讨界定标准与阶段划分；从研究结论来看，多数研究成果以推断为主，定论性的提法为辅；从研究方法来看，数量统计与理论分析相结合。对于茶陵派成员的界定，由于古代文学流派的松散性和不确定性，再加上历史文献的缺失，要想对其构成成员进行非常明确、非常严格的划分，尚需要进一步深入研究。③

　　司马周、廖素云还对 20 世纪以来茶陵派文学创作研究作了综述。20 世

---

　　① 刘荣：《近百年来王船山〈读通鉴论〉研究述评》，《衡阳师范学院学报》2015 年第 4 期。

　　② 司马周：《20 世纪以来茶陵派学术史研究——茶陵派历史地位研究之回顾》，《名作欣赏》2015 年第 8 期。

　　③ 司马周、张玉娟：《20 世纪以来茶陵派学术史研究——茶陵派成员构成情况研究之回顾》，《名作欣赏》2015 年第 8 期。

纪以后，学术界对茶陵派的文学创作日趋重视，研究成果日渐丰硕，既有对整个流派文学创作脉络的梳理，也有对流派具体作家文本的分析，还有对其文学创作地位和影响的挖掘，成果丰富，角度不一。研究呈现四个特点：一是研究成果日渐丰富，二是研究领域日趋宽泛，三是研究凸显创作特色，四是全面研究相对缺乏。①

　　蔡和森是中共早期重要领导人之一、杰出的马克思主义理论家和宣传家。李永春对蔡和森研究作了述评。自 1978 年以来，关于蔡和森的研究取得了非常丰硕的成果，其中蔡和森生平活动研究主要涉及建党建团活动、留法勤工俭学、主编《向导》、第一次国共合作中的贡献、中共党史研究及其贡献等方面。思想研究方面则涉及建党思想、社会主义思想、哲学思想、政治思想、宣传思想、经济思想、民主革命思想等方面。现有研究呈现的特点，一是研究视域逐步拓宽，二是研究内容不断深化，很多方面填补了研究空白，但是仍有许多问题和领域值得深化和拓展。这就需要进一步发掘和整理蔡和森的文献资料，重视运用新的研究方法，综合运用多学科研究方法，进一步深化相关问题的研究。② 贾凯综合分析了近十年来国内蔡和森研究动向，指出近十年来学术界对于蔡和森的研究取得了不少成果。关于蔡和森与中国社会主义青年团、与马克思主义中国化、与《向导》周报以及蔡和森学术贡献四个方面的研究，成为近十年来学者关注的热点问题，这是蔡和森研究不断深入的表现。但是，蔡和森与毛泽东、陈独秀、周恩来、赵世炎等中共党史人物的关系研究、比较研究有待深入，蔡和森早期思想转变的研究还不够系统，蔡和森与共产国际的关系研究还处于起步阶段，有待进一步挖掘。③ 纪亚光、杨晓成对"蔡和森李富春革命家庭与中国革命和建设学术研讨会"作了综述。指出与会专家学者从革命家庭的视角出发，对蔡和森、向警予、李富春、蔡畅、葛健豪等革命先哲的研究更加深化，视野更加开阔，内容更加具体，深化和拓展了中共党史人物研究。这表明，革命家庭研究无论在时间维度上还是在空间维度上，都是深化中共党史和党史人物研究的丰富资源，有着广阔的研究空间。④

---

　　① 　司马周、廖素云：《20 世纪以来茶陵派文学创作研究综述》，《长春师范大学学报》2015 年第 9 期。

　　② 　李永春：《蔡和森研究述评》，《毛泽东研究》2015 年第 1 期。

　　③ 　贾凯：《近十年来国内蔡和森研究动向》，《湖南行政学院学报》2015 年第 2 期。

　　④ 　纪亚光、杨晓成：《革命家庭研究：一个新的研究视角和方式——"蔡和森李富春革命家庭与中国革命和建设学术研讨会"综述》，《党的文献》2015 年第 6 期。

九　湘学与当代湖南及中国发展研究

2015 年，学界通过分析湘学及湘学人物精神品格，揭示其历史作用和现实启示意义。

（一）湘学与当代湖南发展研究

发扬湘学精神品格，弘扬湘学历史文化，有助于推动当代湖南的发展。2015 年，一些学者对如何挖掘湘学文化底蕴，促进湖南社会、经济、文化各方面的发展作了较为丰富的研究。

湖南抗战是全国抗战的重要组成部分，在纪念世界反法西斯战争和中国抗日战争胜利 70 周年之际，缅怀湖南在抗战中的重大贡献，探讨湖南如何弘扬抗战精神、担当民族复兴时代责任就成了社科理论工作者的重要使命。为此，湖南省湘学研究院约请省内外专家学者分别撰写了《湖南抗战与抗战精神》、《湖湘文化是抗战精神的重要源泉》、《湖南人民在抗战中的四大贡献》、《论湖南民众作为抗战主体之作用》、《弘扬抗战精神　力促湖南崛起》等文章缅怀湖南在抗战中所作的重大贡献，以弘扬伟大抗战精神、助力湖南当代发展。[①]

罗宇红在《湖湘文化与湖南崛起》一文中考察了湖湘文化的发展过程及其内容揭示湘学对湖南发展的影响。湖湘文化主要有以下四个方面的内涵：经世致用的务实追求、心忧天下的爱国情怀、百折不挠的奋斗精神、敢为人先的创新勇气。湖湘文化对于湖南崛起有重要的影响。在当代社会，文化与社会经济的发展关系更为密切。在某种意义上说，国家和地区之间的竞

---

① 《湖湘文化：抗战精神的重要源泉》，《湖南日报》2015 年 8 月 15 日。

争，就是文化软实力的竞争。没有深厚的文化底蕴，没有先进文化的引领，没有文化创新的持久推动，在竞争中就要落后，就会被淘汰。昔日辉煌的湖湘文化对我们今天正在进行中的湖南崛起不无借鉴作用，一是要获取成功的核心力量是目标信念，二是精英团队是成就事业的牢固根基。①

李平贵、姚文静基于湖湘文化底蕴，思考湖南文化软实力建设战略。中华传统文化是国家文化软实力的基石和核心，区域传统文化是区域文化软实力发展的根基。湖湘文化是湖南文化软实力的核心要素。当下湖南文化软实力的建设必须立足于湖湘文化底蕴，汲取湖湘精神，夯实文化传承力；突出湖南区域特色，提升文化影响力；推进品牌建设，增强文化竞争力；依托现代传媒，扩大文化传播力；培育文化人才，激发文化创造力。唯有如此，湖南经济、科教、文化的发展模式才能彰显其对内的凝聚力与对外的吸引力、影响力。②

史海威、雷菁认为湖湘文化的创新能促进湖南经济发展。文化是经济生长的土壤，与经济发展是一种正比例关系。湖湘文化作为一种区域文化亦存在两面性，其优良文化品质为湖南经济提供强大精神资源、智力支持和发展契机；其"重理轻欲"、"重义轻利"、"重农轻商"的传统价值取向养成的集体"道德人"和"政治人"特点，阻碍湖南经济发展。创新湖湘文化推动湖南经济发展的关键在于：合理反思湖湘文化精神实质，促成文化新合力；科学扬弃湖湘文化传统，实现文化重心大转移；同步推进社会体制创新，营造文化创新良好环境。③

胡娟通过分析湖湘文化的精神特质揭示其对当代湖南文化产业的发展的影响。文化产业是当代经济中最具潜力的"朝阳产业"。文化产业是历史与现实对话、文化与经济结合的桥梁，千百年历史的积淀赋予了湖湘文化爱国主义精神、兼收并蓄的开放精神、敢为天下先的创新精神特质，使湖南人在文化产业的认识和实践上先行一步，走在全国的前列，重视文化产业经济是当代湖湘文化的特色之一。④

湖南丰富多彩的民俗文化资源作为重要的非物质文化遗产业已引起了学

---

① 罗宇红：《湖湘文化与湖南崛起》，《改革与开放》2015 年第 24 期。
② 李平贵、姚文静：《基于湖湘文化底蕴的湖南文化软实力建设战略思考》，《湖北科技学院学报》2015 年第 9 期。
③ 史海威、雷菁：《湖湘文化创新与湖南经济发展》，《湖南大学学报》（社会科学版）2015 年第 6 期。
④ 胡娟：《湖湘文化的精神特质与当代湖南文化产业的发展》，《江西广播电视大学学报》2015 年第 1 期。

术界和社会各界的高度关注，如何在保护中合理开发、有效传承这些优秀的民俗文化，是值得学术界深入探讨的一个大问题。《武陵山片区非物质文化遗产保护性旅游开发探讨——以湖南新宁八峒瑶族"跳鼓坛"为例》对武陵山片区湖南省非物质文化遗产项目——新宁八峒瑶族"跳鼓坛"的传承保护和旅游开发进行了探讨，首先阐述了保护性旅游开发在武陵山片区文化旅游产业发展中的作用；阐述了新宁八峒瑶族"跳鼓坛"这种独特民俗文化的历史文化源流、仪式、所蕴含的文化资源和保护现状，并对其原生态的保护传承及在当地旅游文化产业开发中如何寻求利益平衡点而和谐发展，实现非物质文化遗产的保护和旅游产业发展的双赢，提出了加强文化遗产保护教育、探索新的保护方式、加强文化传播和打造民族文化品牌等建议，以期构建适合时代发展的非遗保护新模式。[1]《土家族传统村落生态性研究——以石堰坪村为例》则从传统村落的生态性角度出发，为能源供给、生态技术引进和基础设施建设等所需要改进、提高的方面给出了指导。[2]《略论侗族文化生态保护——以湖南省通道侗族自治县为例》[3]、《少数民族文化变迁的困境与路径选择——基于湖南瑶族实证研究》[4] 从少数民族文化生态的角度提供了保护与开发路径。《湖南花瑶挑花文化保护的法律思考》从法律角度论述了保护湖南花瑶挑花文化的措施。[5]《论湖南嘉禾县乡村旅游节事活动的开发》[6] 对乡村旅游节事活动的开发提出了具体可行的方案设计。《民俗视野下沅陵山歌的传承和发展研究》从民俗视野下对其传承和发展的途径进行了具体的分析。[7]《文化生态视域下毛古斯舞的生存现状探析》认为毛古斯舞面临着自然环境、社会环境和人文环境的改变等生存危机，同时也出现了新的发展态势和新的特征。[8]《和合学视野下的少数民族传统生态文化——以湖南江华壮族为例》则以和合学视野探讨壮族传统文化中蕴含的

① 蒋海军：《武陵山片区非物质文化遗产保护性旅游开发探讨——以湖南新宁八峒瑶族"跳鼓坛"为例》，《文化遗产》2015 年第 5 期。

② 罗钏雯：《土家族传统村落生态性研究——以石堰坪村为例》，《建筑节能》2015 年第 8 期。

③ 刘冰清、吴静黎：《略论侗族文化生态保护——以湖南省通道侗族自治县为例》，《铜仁学院学报》2015 年第 1 期。

④ 李敏、郭继荣：《少数民族文化变迁的困境与路径选择——基于湖南瑶族实证研究》，《贵州民族研究》2015 年第 11 期。

⑤ 李长友、陈勇：《湖南花瑶挑花文化保护的法律思考》，《齐齐哈尔大学学报》（哲学社会科学版）2015 年第 6 期。

⑥ 杨琼、陈娟：《论湖南嘉禾县乡村旅游节事活动的开发》，《城市旅游规划》2015 年 2 月下半月刊。

⑦ 蒋兴荣：《民俗视野下沅陵山歌的传承和发展研究》，《大众文艺》2015 年第 6 期。

⑧ 肖溪格：《文化生态视域下毛古斯舞的生存现状探析》，《贵州民族研究》2015 年第 8 期。

生态文化，从而获得更具体的生态智慧来对现今生态问题进行思考。①

　　不少学者非常关注湘学与湖南高校校园文化及教育的发展。何君辉认为湖南高校校园文化建设必须突出湖湘文化的精神内涵。湖湘文化是中华优秀传统文化的重要组成部分，湖南高校校园文化建设必须重视发掘和吸取湖湘文化的精神内涵，鲜明突出爱国主义的时代主旋律，致力打造经世致用的务实学风，积极弘扬敢为人先的创新精神，大力倡导广汇百家的包容胸怀。②田光辉认为湖湘多民族文化对湖南高校文化建设有重要的影响。如何将湖湘多民族文化的优秀成果融入湖南高校文化建设中，以丰富湖南高校文化建设内容，创新文化建设的方法，进而实现文化建设目标，就这一选题展开研究有着不同寻常的现实价值。依托三湘本土，打造湖南高校文化建设的地域特色，凸显人文特质，促进湖南高校文化建设的品位抬升，突出典范熏陶，扩大湖南高校文化建设的正向影响，挖掘丰富资源，强化大学生对湖南高校文化建设内容的感性认知，对湖南高校文化的建设具有重要意义。③袁双龙指出，要弘扬湖湘文化，培育湖湘精神。湖湘文化源远流长，博大精深，湖湘文化所孕育出的湖湘精神，是中华民族精神的重要组成部分、是推动湖南社会发展的精神动力。在当代湖南大学生普遍对湖湘文化存在认知缺失的情况下，湖南高校宣传湖湘文化，就是要使湖湘精神成为湖南大学生价值培育的重要组成部门，成为引领当代湖南大学生成长的思想武器。④陈慧探讨了曾国藩家教思想对湘中近现代女性人才的影响。曾国藩家教思想对湘中近现代女性人才的涌现有着不可磨灭的贡献。其家教中的女性教育思想体现在秉持耕读、重视女子德育和女子学习等方面。曾国藩家教思想对湘中近现代女性人才的成长环境、价值观念、成长路径和发展空间等方面都产生了重要影响，曾氏家族女性、秋瑾和蔡畅就是其中的典型代表。⑤

　　华婷、王匀论述了毛泽东教育思想对打造"湖湘语文"的启示。毛泽东同志是伟大的马克思主义者，卓越的无产阶级革命家，同时也是一位语文教育大家。作为湖湘文化的传承人，毛泽东尽管没有出版过语文教育专著，

　　①　徐仪明、刘胜、吴喜悦：《和合学视野下的少数民族传统生态文化——以湖南江华壮族为例》，《湖湘论坛》2015 年第 4 期。
　　②　何君辉：《湖南高校校园文化建设必须突出湖湘文化的精神内涵》，《湖南科技学院学报》2015 年第 1 期。
　　③　田光辉：《湖湘多民族文化对湖南高校文化建设的影响研究》，《民族论坛》2015 年第2 期。
　　④　袁双龙：《弘扬湖湘文化，培育湖湘精神》，《湘潮》（下半月）2015 年第 5 期。
　　⑤　陈慧：《论曾国藩家教思想对湘中近现代女性人才的影响》，《湖南人文科技学院学报》2015 年第 5 期。

但在其一生的革命教育事业中，一直十分重视语文教育，不管是早期的教学实践活动，批示制定的政策文件，还是发表的文学作品，都深深蕴含着湖湘特色。因而，发掘、领会毛泽东的语文教育思想，对于打造极具湖湘特色的语文教育湘军，推动湖南语文教育的改革和发展，无疑具有重要的理论意义和现实意义。①

刘晓玲、黎娅玲分析了岳麓书院批判性思维培养途径及其现代意义。岳麓书院作为中国古代四大书院之一，孕育了王夫之、左宗棠、曾国藩等一大批国之栋梁。如今再探讨岳麓书院的教育，可以发现其"讲会"与"会讲"的教学模式，"质疑问难"的教学方法，以及书院学生遵循的《读书法》都在无形中培养了学生的批判性思维。借古思今，在当今教学改革的风潮下，岳麓书院的教育确实能给当今高等教育中的批判性思维培养带来一些启示：首先，开展学术交流活动，创造自由开放的学术环境，培养学生批判性意识；其次，转变教师角色，创建活力课堂，促进学生批判性思考；最后，鼓励学生自主学习，建构知识体系，养成批判性品质。②

湘学历史文化底蕴深厚，促进了当代历史文化旅游产业的发展。一些学者探讨了如何挖掘和开发湘学历史文化以促进旅游文化发展。

鲁宁研究了土文化图形元素在湖湘旅游纪念品创新设计中的价值。土文化为湖湘文化中的重要物质文化表现，其图形元素来自湖湘传统文化中的造型形象和装饰，形成各种象征图案、符号图形，绘画、器具造型以及装饰图案等。湖湘土文化资源丰富，包含了丰富的图形表现元素，颇具湖湘文化地域特色，深入研究其元素的艺术表现形式，运用现代设计语言对其进行创新并应用到旅游纪念品中，对提升湖湘旅游纪念品的文化特色，丰富湖湘旅游纪念品种类，以及在题材创新上进行突破研究，均有着实际的研究价值。③朱咏北、姜珊珊探讨了湖湘传统音乐传承的多维建构。湖南的传统音乐属于中国音乐体系十二个支脉中的荆楚武陵支脉。在湖湘传统音乐不断发生流变的过程中，受到社会变迁和多种他文化的影响，许多民间音乐、民俗音乐正面临着即将灭绝的现实危机。对湖湘传统音乐的传承必须从传承途径与方

---

① 华婷、王匀：《毛泽东教育思想对打造"湖湘语文"的启示》，《现代语文》（教学研究版）2015 年第 2 期。

② 刘晓玲、黎娅玲：《岳麓书院批判性思维培养途径及其现代意义》，《现代大学教育》2015年第 3 期。

③ 鲁宁：《土文化图形元素在湖湘旅游纪念品创新设计中的研究价值》，《艺术教育》2015 年第 4 期。

式、传承对象与内容等多方面，探索顺应社会变迁大环境的湖湘传统音乐传承的新模式，建构科学合理、持续可行的湖湘传统音乐挖掘、保护、传承、发展的多维体系。① 胡嫔在《湖湘文化审美的"根"和"魂"——马王堆艺术语言的现代转换》中指出，马王堆艺术用神秘浪漫的风情，展现雄豪的气魄，在传统文化中散发出灿烂的光辉，形成湖湘文化审美的"根"和"魂"，其艺术语言在历史发展中不断地被传承和创新，蕴藏着博采众家的开放精神。马王堆艺术语言的现代转换可从艺术的审美情感、对称均衡的二元造型艺术形式、灵活机动的线条和风韵多姿的色彩等形式中表现。② 伍丹探讨了湖南动画的湖湘文化底蕴及其创作策略。湖南动画以湖湘本土为依托，初步形成了和本土文化相结合的发展模式，受市场化和时尚化的取向影响，逐渐忽略了湖湘文化的精髓和内核。湖南动画要再创辉煌，一方面需要用湖湘文化精神振兴湖南动画，在全球语境下深入挖掘湖湘文化的地域特色及其文化内涵，体现具有当代特征的思想意蕴和人文关怀；另一方面要以湖湘文化资源拓展湖南动画的题材类型和视听元素，在动画创作中最大程度呈现湖湘文化的表现特质，凸显湖南动画的灵性和创意。③

　　陈安民、周欣研究了永州濂溪文化产业旅游的开发与构建。周敦颐是湖湘文化的奠基人，其在湖南做官、讲学所产生的影响，使得湖湘学人对周敦颐的历史记忆具有鲜明的地域文化色彩。宋元明清以来，湖湘学人在追溯湖湘文化的历史与传统时，都将周敦颐作为湖湘文化的奠基者，这一历史积淀成为永州地区乃至全国理学思潮发展的推动力量。因此，对濂溪文化旅游融合发展进行全面调研，能有效推动濂溪理学的广泛传播，提高湖湘区域内的知名度、美誉度。道县楼田为濂溪故里，周敦颐喜欢游历山水，留下了大量摩崖石刻，周敦颐纪念遗迹的记载，濂溪学的传承和开展主要是通过开展讲学活动、广立祠堂以及湖湘地域学者的大力传扬等，得以盛行并传播开来的。周敦颐在永州题写了《拙赋》等名篇，位于永州的周敦颐后裔所建的"周家大院"，传承濂溪理学精神，成为明清古民居的代表。因此，将濂溪文化与现代化建设接续起来，发掘濂溪文化的经济价值，打造文化旅游品

　　① 　朱咏北、姜珊珊：《湖湘传统音乐传承的多维建构》，《求索》2015 年第 11 期。

　　② 　胡嫔：《湖湘文化审美的"根"和"魂"——马王堆艺术语言的现代转换》，《湖南社会科学》2015 年第 1 期。

　　③ 　伍丹：《振兴和重塑：湖南动画的湖湘文化底蕴及其创作策略》，《湖南工业大学学报》（社会科学版）2015 年第 1 期。

牌，对于推动地方经济文化的发展具有重要的价值。^① 马妮探讨了湖湘文化在常德旅游景区建筑设计中的应用。常德地区具有代表性的地域文化主要体现在精神层面的德文化和物质层面的农耕文化。在景区建筑设计过程中，可以从所在地域的自然环境、传统建筑、民俗文化中提取所需要的设计要素，结合地理环境、当地民俗民风以及地域性材料等元素，结合游客对景区功能、心理等方面的需求，对相应的地域文化元素进行归纳、提取、重组，从而应用到景区的建筑设计当中。桃花源景区多用木、竹材料进行建筑的设计，秦人村的竹制长廊、木材制作的游客接待中心都很好地将桃花源的农耕文化渗入其中，与景区自然风景融为一体，相得益彰。^②

陈四清指出，湖湘文化源远流长，形成了为国为民、经世致用、自强不息、重政治轻工商、侠气倔强、现实功利等精神特质。湖湘文化成就了湖南人政治上的辉煌，但湖南工商经济相对落后。湖南人应秉承和创新发展湖湘文化的优秀品质和精神，将湖湘文化融入湖南文化及旅游产业，提升湖南经济的文化价值，并利用湖湘文化塑造企业精神，让湖湘文化成为助推湖南经济发展的不竭动力。^③

（二） 湘学与当代中国发展研究

揭示湘学的法治因子对中国法治建设的影响、传播湘学并建构湘学的当代价值、阐释湖湘文化对当代文化教育等方面的启示，是 2015 年度湘学研究中的一个重要成果。

湘学法治思想研究，是 2015 年湘学研究中的一大突出成果。湖南省湘学研究院组织专家学者在《光明日报》和《湖南日报》刊发了湘学与法治中国建设专版文章，揭示了湘学对中国法治建设的重要启迪意义。

湘学传统中蕴含着丰富的法治思想资源，有着源远流长的法治思想因子。李捷指出，湘学中的法治思想是当今法治中国建设可资借鉴的宝贵思想资源。一是德法并重思想。西汉时期的贾谊认为"礼者禁于将然之前，而法者禁于已然之后"，两者互为补充，相辅相成，是治国安邦不可缺少的两

---

① 陈安民、周欣：《永州濂溪文化产业旅游开发与构建》，《云梦学刊》2015 年第 3 期。

② 马妮：《湖湘文化在常德旅游景区建筑设计中的应用探讨》，《艺术科技》2015 年第 11 期。

③ 陈四清：《湖湘文化与文化旅游产业的发展及企业精神塑造》，《求索》2015 年第 4 期。

大要义。理学鼻祖周敦颐则从"天以阳生万物，以阴成万物"的天道，结合"欲动情胜，利害相攻"乃"民之盛也"的现实，认识到不能单凭道德教化平治天下，进而提出"得刑以治"的主张。二是因势立法思想。对于如何制定适应社会发展需要的法律，湘学传统也多有涉及。如湘学的集大成者王夫之指出："天下有定理而无定法"，认为天下只有千古不变之理，没有千古不变之法，因此立法要"因乎时"，即顺应时代发展潮流。三是法治在人思想。法律法规再健全再完备，最终还要靠人来执行。湘学近代化启动者魏源明确指出："不难于立法，而难得行法之人"，认为法治的根本在于治法之人，同一种法，由不同的人去执行，其结果迥异。曾国藩同样认为，法制的关键在于执法者的素质与水平，如果执法者"心不公明，则虽有良法百条，行之全失本意。心诚公明，则法所未备者，临时可增新法，以期便民"。四是严以治吏思想。如何治吏一直是历代思想家关注的一个重大问题。湘学有着严以治吏的思想传统。包括湘学在内的中华传统文化所蕴含的法治思想精华，是全面推进依法治国的思想资源和精神动力。① 刘云波指出，尽管我国漫长的封建社会从本质上来说是人治社会，但也不时闪现出法治思想的亮光。作为我国传统文化重要组成部分的湘学，同样蕴藏着源远流长的法治思想因子，它们是当今法治湖南建设、法治中国建设可资借鉴的宝贵思想资源。②

伟大思想家王船山博大精深的治国思想中包含着丰富的法治思想，有"儒者尚法治，独推王船山"之评与"东方孟德斯鸠"之誉。刘建武指出，王船山明确指出："治道之裂，坏于无法。"即一个国家之所以陷于分裂混乱，首先就是因为没有法制造成的。而国家长治久安的关键就在于"豫定奕世之规，置天子于有无之外"。只有制定出一套不以统治者的个人意志为转移，也不以统治权力的更替而改变的法律规章，才能保证社会政治稳定。由于高度重视法治，船山进而提出了诸多实行法治的重要原则与方法：第一，"立法贵简"，第二，"刑尤详贵"，第三，"平情行法"，第四，"罚必当罪"，第五，"德法并举"。王船山的法治思想丰富了我国古代法治思想的宝库，为我们今天建设中国特色社会主义法治国家提供了思想借鉴。③

曹文泽指出，魏源作为清代杰出的启蒙思想家、史学家、文学家和经世

① 李捷：《挖掘湘学传统法治思想　服务社会主义法治建设》，《光明日报》2015年12月17日。
② 刘云波：《挖掘湘学传统中的法治因子》，《湖南日报》2015年1月18日。
③ 刘建武：《王船山的法治思想及其启示意义》，《光明日报》2015年12月17日。

致用的改革家，不仅提出了"师夷长技以制夷"等广为人知的救国方略，而且提出了"法治在人"、"易简适度"、"以德统刑"等具有时代进步意义的法治思想。尽管其法治思想难免具有这样那样的历史与阶级局限性，但对我们当前的法治建设不无启示。①

湘籍无产阶级革命家谢觉哉是著名的"延安五老"之一，他在党内长期从事法律工作，是我党法学界的先导，更是人民司法制度的重要奠基者。刘云波、马延炜指出，在长期的司法实践中，谢觉哉深刻认识到，无论革命时期还是和平年代，领导干部的楷模作用，对于法治建设都具有至关重要的作用，任何时候、任何环境，都不能放松对领导干部的要求，这是法治建设能否成功的关键。树立领导干部楷模作用，践行群众路线，是法治建设的基本条件；树立领导干部楷模作用，祛除官僚主义，是法治建设的重要保证；树立领导干部楷模作用，摈弃封建特权，是法治建设的现实要求。②

湘学历来具有重要的影响，也广为人知。但随着时代的发展，有必要将湘学进一步发扬光大、广为宣传，进一步扩大湘学的影响力。2015年，关于如何传播湘学，构建湘学在当代中国的价值的研究成果是一大热点。

许又声在《让湖湘文化香飘万里》中指出，近年来，湖南在发展文化软实力上下"硬功夫"，把文化"走出去"作为文化强省战略的重要举措，坚持政府主导、企业主体、市场运作、社会参与，注意用好文化交流、文化传播、文化贸易三种方式，凝聚政府、企业、社会组织和个人四方力量，着力构建全方位、多层次、宽领域的文化"走出去"格局，以改革创新精神推动湖湘文化走向世界，让世界更好地领略湖湘文化的独特魅力。③ 周湘智提出，要在话语转化中实现湘学道德精脉传播的大众化。湘学道德文化精脉传播的实效，来自使用一种与受众零距离、无缝隙的话语体系。湘学道德精脉传播要处理好继承和创造性发展的关系，克服湘学殿堂化、神秘化倾向，将湘学典籍送出书斋，化艰涩高深为通达平易的通俗表达。要注重用朴素实在、亲切自然、鲜活生动的语言，深入挖掘和阐发湘学讲仁爱、重民本、守诚信、崇正义、尚和合、求大同的时代价值，让人们走近湘学、亲近湘学、学习湘学、应用湘学，真正使群众对湘学、对湖南传统道德文化产生亲近感，拓展湘学化育功能的社会基础，为湘学注入源源不绝的活力，开辟社会

---

① 曹文泽：《魏源的法治思想与当代价值》，《光明日报》2015年12月17日。

② 刘云波、马延炜：《谢觉哉关于领导干部楷模作用与社会主义法治建设关系的思想》，《光明日报》2015年12月17日。

③ 许又声：《让湖湘文化香飘万里》，《新湘评论》2015年第10期。

主义核心价值观传播的新天地、新境界。① 伍先禄分析了湖湘文化的"类"文化资源及其对外传播。提升湖湘文化对外传播的效果必须重视"类"文化特性，即文化共性问题。文化共性是对外传播的基础。湖湘文化对外传播的优势从传播客体来分析就是湖湘文化本身具有的"类"文化特性，它包括湖湘物质文化资源、精神文化资源和饮食服务文化资源中蕴含的"类"文化特性。为了更好地挖掘和传播湖湘文化的"类"文化特性，需要整合湖湘文化资源，形成湖湘文化对外传播的合力；也需要加强湖湘文化与域外文化的比较研究；更需要加强湖湘文化价值观的传播以提升湖湘文化的对外影响力。② 王战在《湖湘文化对外传播策略与路径研究》中指出，在经济和文化传播的"全球化"背景下，在伴随中华文化走向世界和承接外来文化挑战的互动格局下，"湖湘文化"要发挥自身"趋时应变"的能动意识，在对外传播中首先要明确"湖湘文化"的传播目的，转换对外传播的理念；其次要基于当代国际传播环境，从"内涵的层次化"、"表象的多样化"和"受众多元化"三个方面探究新的对外传播策略；进而开掘出官方与民间协同共振、传统与新兴媒体融合，以及事业与产业形态联动的"湖湘文化"对外传播新路径。③ 吕锡琛、吴争春分析了全球化语境下湖湘文化的对外传播途径，指出在全球化语境下，湖湘文化作为中华文化的分支，既展现出中华文化对外传播的新趋势，又存在着对外文化贸易逆差以及对民间传播力量整合不足等问题。因此，应当重点打造既有湖湘特色又具现实价值且与现代商业文化融合的文化品牌；大力促进对外传播主体的多元化；整合传统媒介和新兴媒介的力量，特别是发挥民间自媒体的传播作用；以湖湘养生文化为龙头，深化湖湘文化对外传播的运行机制。④

　　龙璞通过梳理曾国藩的行政伦理思想揭示其现代价值。曾国藩出生于晚清一个世代耕读之家，自幼接受儒家文化的熏陶，深受程朱理学和湖湘文化"经世致用"精神的影响，并吸收道家的"刚柔"之学和墨家的"勤俭"之道。在他长期的为官生涯中，尤以忠贞、诚信、清廉、谦慎、勤勉自励，为现代行政伦理提供了丰富的思想素材和实践借鉴。⑤ 心理资本是个体在成长和发展过程中表现出来的一种积极心理状态，具体表现为自我效能感、乐

① 周湘智：《做好湘学"翻译"发挥化育功能》，《湖南日报》2015 年 4 月 18 日。
② 伍先禄：《论湖湘文化的"类"文化资源及其对外传播》，《科技资讯》2015 年第 2 期。
③ 王战：《湖湘文化对外传播策略与路径研究》，《湖南师范大学社会科学学报》2015 年第 1 期。
④ 吕锡琛、吴争春：《全球化语境下湖湘文化的对外传播》，《求索》2015 年第 3 期。
⑤ 龙璞：《曾国藩行政伦理思想及其现代价值》，《求索》2015 年第 11 期。

观、希望和坚韧性四个方面。鲁智才指出，曾国藩作为晚清"中兴第一名臣"，其管理思想体现出了心理资本所蕴含的自信、乐观、希望和坚韧性等特点。在当代学校教育中，将曾国藩的心理资本思想运用到实际的学校管理中，对于增强学校教师团队的整体心理素质和集体竞争力等所发挥的优势主要表现在：增强信心，提高自我效能感；追求乐观，积极迎接挑战；树立希望，不断追求目标；直面困难，提升坚韧性。①

王静琦阐述了湖湘文化对中国侨务政策的影响及其当代价值。湖湘文化，广义上指湖南各族人民在长期历史过程中所创造的具有湖湘独特个性的精神文化与物质文化等总和；狭义上则指在此基础上所发展和积淀起来的，以传统理学心性之道和践履思想、乡土情结为内核，讲求经世致用、充满强烈忧患意识和变革精神的区域性文化。认为湖湘文化最核心的特质是"经世致用、敢为人先"，其他特质都是由这一核心思想衍生演化而来。湖湘文化的这一特质，养育了一代又一代的湖湘子弟，改变了湖南在中国乃至世界的形象。这一代又一代的湖湘子弟，同样是中国侨务舞台最耀眼的明星。从中国第一个驻外公使郭嵩焘，到晚清最成功的外交家曾纪泽，从第一位提出派员保护海外华侨利益的广东巡抚蒋益澧，到国民政府侨务政策的主要制定者和实行者的宋教仁、谭延闿，再到中国共产党侨务政策的制定者毛泽东等，这些灿若群星的湖湘外交和侨务人才群体，或以其雄才大略和远见卓识，开创了侨务工作全新局面，或以其坚毅顽强、爱国务实，奠定了侨务工作坚实基础。从千百年湖湘文化发展历程中，我们可以看到应时而动、求新求变的主变精神贯穿始终。要不断坚持勇于变革的湖湘创新精神，在稳定侨局、开拓侨务、整合侨力等方面不断进行理念创新和方法创新，开创侨务工作新局面。②

胡国强分析了湖湘文化与当代教育思潮的碰撞与链合。在新中国成立以来60多年的教育实践中，先后兴起过以俄为师、政治挂帅、教育革命、科教兴国等主要的教育思潮。作为以传统教育为主打项目的湖湘文化，首当其冲在"以俄为师"与"博采众长"、"政治挂帅"与"经世致用"、"教育革命"与"创新意识"、"科教兴国"与"重教兴学"等方面遭遇了与当代教育思潮的激烈碰撞。正确地审视与把握这种碰撞，寻找其间的转化契机，认识到当代教育思潮存在许多不足需要匡正，湖湘文化也有着许多内涵需要自

---

① 鲁智才：《曾国藩管理思想对当代学校管理者的启示》，《教师教育论坛》2015年第12期。
② 王静琦：《湖湘文化对中国侨务政策的影响及其当代价值》，《长沙理工大学学报》（社会科学版）2015年第1期。

我提升，从而把握"师"从刻度，打造中国特色，找准"经世"角度，突出教育本色，调谐"革命"向度，遵循教育规律，加大"兴国"力度，提升"兴教"内涵，使之链合成推进教育改革不断深化的动力。①

湘学文化对当代艺术文化的创作有重要的启示作用。吴尚君、吴佳桉从视觉文化视角探析湖湘文化，认为湖湘文化除了精神文化包括观念形态等"湘学"体系，还存在一套独特的湖湘视觉文化系统。湖湘视觉文化的母体是博大精深的湖湘文化，视觉呈现是文化的外象，湖湘文化精神为湖湘视觉文化的内核。"经世致用"是湖湘文化的思想精髓，"兼收并蓄"是湖湘文化的活力源泉，"敢为人先"是湖湘文化具有社会担当责任感的重要体现，湖湘精神在现代生活中已派生出重要的视觉特质，广阔的视域、创新的思维、美的求索对于人们已具有振奋意义，并焕发出视觉形式之外的价值光辉。基于这种对湖湘精神的逐步深入认识，众多视觉文化工作者纷纷将湖湘文化作为自己创作灵感的构成要素，创造出了新时代湖湘本土化内涵的新的艺术风格和形式。例如：湖南卫视"先天下之乐而乐"，大批生产积极向上的"快乐形象"，产生了一批具有影响力的影视品牌栏目。湖湘视觉文化不仅是一种精神食粮，还转化为视觉生产力，直接创造社会价值和经济价值，促进社会经济的发展；以兼收并蓄、博采众长的开放精神使不同民族文化之间的交融、不同地域文化之间的交融、不同风格流派之间的沟通与融合，认真探索视觉艺术规律，在展开研究的基础上，择其精要，取其"形"，延其"义"，传其"神"，在继承中求创新，使其浓郁特色的湖湘视觉文化发扬光大，这才是根本的目标和历史使命。②

谢欣池、尹治国、刘奕分析了湖湘体育人文精神对我国体育文化的建设价值。汉朝建立之后，湖湘区域的武术精髓得到了大力推广，统一天下的汉朝使得湖湘的文化在全国范围内传播。当前人们将湖湘的体育人文精神发挥到极致，代代相传。在经过历史筛选出来的底蕴深厚的湖湘人文精神之后，加上流传至今的尚武精神就形成了湖湘的体育文化精神。湖湘体育人文的基本精神主要包含淳朴重义、勇敢尚武、经世致用、自强不息。湖湘的体育人文精神极大地推动着我国体育文化的建设，对我国的体育文化作出了巨大的贡献。③

---

① 胡国强：《论湖湘文化与当代教育思潮的碰撞与链合》，《湖南社会科学》2015 年第 6 期。
② 吴尚君、吴佳桉：《湖湘视觉文化纵横谈》，《创作与评论》2015 年第 16 期。
③ 谢欣池、尹治国、刘奕：《试述湖湘体育人文精神对我国体育文化的建设价值》，《教育现代化》2015 年第 13 期。

第二编
湘学研究成果选载

一　特载

挖掘湘学传统法治思想　服务社会主义法治建设

李　捷

　　全面依法治国，建设社会主义法治国家，是党的十八大以来作出的重大战略决策。全面依法治国，一方面要立足于当代中国实际，另一方面要挖掘和传承中华法律文化精华。习近平总书记指出："我国古代法制蕴含着十分丰富的智慧和资源。"湘学是中华传统文化的重要组成部分。深入挖掘并正确解读湘学传统中的法治思想，使之古为今用，是传承和发展中国优秀法制文化，推进中国特色社会主义法治建设的题中应有之义。

　　中华传统法制文化是中国特色社会主义法治建设的重要滋养。法制文化是中华传统文化的重要内容之一。一滴水可以折射太阳的光辉。从"不以规矩，不能成方圆"这句古话，几乎为每个中国人所熟知和引用这个小小的事例来看，炎黄子孙的血脉里其实一直流淌着法制文明的基因。正如习近平总书记最近在英国议会发表讲话时所说："在中国，民本和法制思想自古有之"，"中国法制在漫长的发展过程中，形成了独树一帜、特色鲜明的中华法制文明"。早在春秋战国时期，法家的代表人物商鞅就指出："法令者，……为治之本也"，认为法是治国理政的根本，只有实行法治，国家才能安定。法家另一代表人物韩非也强调"一民之轨莫如法"，只有在法的约束下，全体人民才有统一的行动。商鞅还主张"壹刑"，即"刑无等级，自卿相将军以至大夫庶人，有不从王令、犯国禁、乱上制者，罪死不赦"。体现了追求法律面前人人平等的思想。与法家尊崇法治不同，儒家重视礼治和道德教化的作用，提倡为政以德，但也从未否定过刑罚和法律的作用，而是认为"徒善不足以为政，徒法不能以自行"，因而主张"德主刑辅"、"德法并举"。只要深入历史，我们便会发现，中国特色社会主义法治建设所必须坚持的一些基本法治思想，如"以人为本"思想、"法律面前人人平等"思想、"依法治国和以德治国相结合"思想等，都可以在中华传统文化中找到理论渊源。历史是最好的老师。全面依法治国，应当而且能够从中华传统法制文化中获取精神和思想滋养。

湘学传统中蕴含着丰富的法治思想资源。作为我国传统文化重要组成部分的湘学，蕴藏着源远流长的法治思想因子，它们是当今法治中国建设可资借鉴的宝贵思想资源。一是德法并重思想。西汉时期的贾谊认为"礼者禁于将然之前，而法者禁于已然之后"，两者互为补充，相辅相成，是治国安邦不可缺少的两大要义。理学鼻祖周敦颐则从"天以阳生万物，以阴成万物"的天道，结合"欲动情胜，利害相攻"乃"民之盛也"的现实，认识到不能单凭道德教化平治天下，进而提出"得刑以治"的主张。二是因势立法思想。对于如何制定适应社会发展需要的法律，湘学传统也多有涉及。如湘学的集大成者王夫之指出："天下有定理而无定法"，认为天下只有千古不变之理，没有千古不变之法，因此立法要"因乎时"，即顺应时代发展潮流。三是法治在人思想。法律法规再健全再完备，最终还要靠人来执行。湘学近代化启动者魏源明确指出："不难于立法，而难得行法之人"，认为法治的根本在于治法之人，同一种法，由不同的人去执行，其结果迥异。曾国藩同样认为，法制的关键在于执法者的素质与水平，如果执法者"心不公明，则虽有良法百条，行之全失本意。心诚公明，则法所未备者，临时可增新法，以期便民"。四是严以治吏思想。如何治吏一直是历代思想家关注的一个重大问题。湘学有着严以治吏的思想传统。理学大师张栻即是严法治吏的代表人物，他在任荆湖北路转运副使、知江陵期间，曾一天除去贪吏十四人。王夫之基于对法禁松弛、吏治黑暗是历朝历代兴衰的重要历史教训的认识，明确提出"严以治吏，宽以养民"主张，强调"严者，治吏之经也；宽者，养民之纬也；并行不悖，而非以时为进退者也"，反对"严下吏之贪，而不问上官"的错误做法。当然湘学传统中的法治思想因子远不止上述四个方面，但它们与当今依法治国思想具有较强的契合性，值得我们在辩证分析的基础上发扬其时代价值。

以传统法治思想精华助推中国特色社会主义法治建设。任何一个民族都无法脱离其自身的历史传统。中华民族五千年来所开展的法制实践、积累的法制经验、形成的法制思想、创造的法制文明，对中国特色社会主义法治建设具有十分重要的意义。譬如：全面推进依法治国思想中坚持人民主体地位的思想与中华传统法制文明中的民本思想一脉相通，法治德治"两手抓"的思想也与中华传统法制文明中的德法并举思想一脉相承；再如，中华传统法制文化中的"明刑弼教"思想对我国刑法"管制"的实施，"和为贵"思想对人民调解制度的推行，"诚信"思想对现代民法"诚实信用原则"的弘扬，等等，可以提供重要启迪和有益滋养。总结梳理中国传统法制文化，深入挖掘优秀法治资源蕴藏的现代意义，不仅对中国特色社会主义法治理念与实践具有启示和借鉴作用，还能在一定程度上丰富"中国特色"的内涵，通过贯通古今以促进社会认同，为法治中国建设提供坚实的社会基础。当然，对待历史悠久、内涵丰富、思想复杂的传统法制文化要本着古为今用、务实开放、批判继承的态度，取其精华、弃其糟粕，择其善者而从之。一方面对传统法制文化中的合理性因素进行挖掘整理和传承延续，使其在当下的法治中国建设中发挥更为重要的作用；另一方面也要对其中的不合理因子进行改造，甚至扬弃，使其实现创造性转化与创新性发展，以期推进中国特色社会主义法治文明的全面发展。

总之，包括湘学在内的中华传统文化所蕴含的法治思想精华，是全面推进依法治国的思想资源和精神动力。在推进中国特色社会主义法治文明进程中，做好中华传统法制文化的研究整理与传承弘扬工作，意义重大，任重道远。

（作者系中国史学会会长）

（原载《光明日报》2015 年 12 月 17 日）

王船山的法治思想及其启示意义

刘建武

伟大思想家王船山博大精深的治国思想中包含着丰富的法治思想，以至有"儒者尚法治，独推王船山"之评与"东方孟德斯鸠"之誉。船山明确指出："治道之裂，坏于无法。"即一个国家之所以陷于分裂混乱，首先就是因为没有法制造成的。而国家长治久安的关键就在于"豫定奕世之规，置天子于有无之外"。只有制定出一套不以统治者的个人意志为转移，也不以统治权力的更替而改变的法律规章，才能保证社会政治稳定。

由于高度重视法治，船山进而提出了诸多实行法治的重要原则与方法。

第一，"立法贵简"。船山认为："律简则刑清，刑清则罪允，罪允则民知畏忌。"并指出："法贵简而能禁，刑贵轻而必行。小过不察，则无繁苛；大罪不漏，则止奸慝。"同时，他坚决反对封建专制下的特殊产物——株连法，指出："一章之狱，连逮证佐数百人，少者数十人，远者数千里，所逮问者几千万人。呜呼！民之憔悴亦至此哉！"

第二，"刑尤详贵"。船山认为"严以治吏，宽以养民"是"无择于时而并行焉"的治国规律，如果"严下吏之贪，而不问上官，法益峻，贪益甚，政益乱，民益死，国乃以亡"，只有"严之于上官，而贪息于守令，下逮于簿尉胥吏，皆啄息而不敢逞……使安职业，民无怨尤，而天下已平矣"。为此，针对中国传统社会一直奉行的"礼不下庶人，刑不上大夫"的思想，船山提出了"刑尤详于贵，礼必逮于下"这样一个在当时可谓振聋发聩的思想主张。坚持认为法律要更多地对达官显贵说"不"，而礼则应普及到下层民众中去，倡导建立一个"以法相裁，以义相制，以廉相帅，自天子始而天下咸受裁焉"的社会。船山关于法律具有普遍约束性的思想，彰显了"法律面前人人平等"的法治原则，是其法治思想具有近代性因素的重要体现。

第三，"平情行法"。船山认为，最重的刑罚莫过于死刑，制定死刑的目的是为了"止恶"、"惩恶"，杀一惩百，这是"以生道杀人也"，是"不得已而用也"。他反对在死刑之上还加什么"磔刑"、"枭刑"等惨无人道的酷刑，认为这样只会"徒使罪人之子孙，或有能知仁孝者，无以自容于天地之间。一怒之伸，惨至于斯，无俾于风化，而只令腥闻上彻于天"。船山还坚决反对各种伤害人身的肉刑体罚，反对在执法行刑时只求"大快一时"、"大快人心"的做法；反对那种对别人受刑而幸灾乐祸，"导天下以趋于残忍"的社会风气。他说："快之快之，而快人者行将自及……为政者，期于纾一时愚贱之忿疾而使之快，其率天下以贼仁也，不已甚乎！"字里行间充满了人道主义精神而又不流于宽大无边。

第四，"罚必当罪"。船山主张在量刑定罪的时候，必须具体分析，区别对待，不可一概而论，尤其不可以以小过定重罚。船山还认为，即使对那些窃权弄国、祸国殃民的奸臣、小人，也应当罚必当罪，做到"罪以正名，名以定法，法必称情，情得法伸，奸以永惩，天下咸服，而小人亦服其罪而莫能怨"。同时指出："正大持理法之衡，刑赏尽忠厚之致，不可不慎也。"这是指要维护法律的严肃性与执法的公正性，不可掺杂个人恩怨和使用权术。

第五，"德法并举"。船山在充分肯定法治的基础上，同时指出了法治不是治国的唯一手段，而必须与礼治、德治等多种措施结合运用，才能达到治国兴邦的目的。他从"法之立也有限"与"人之犯也无方"的矛盾视角，提出了"法以德立"的观点，同时从统治者可以用法律保证自己的道德在天下推广的角度，论证了"法伸而后道德"的观点。船山关于德与法相辅相成关系的论述，以及一系列如何实行德法结合治理国家的思想，将儒家思想中的德法并举传统推向了一个新的高度。

不容置疑，王船山的法治思想丰富了我国古代法治思想的宝库，为我们今天建设中国特色社会主义法治国家提供了思想借鉴。特别是他的以德治与法治相结合的思想，对我们今天的依法治国与以德治国相结合，具有重要的启示意义。建设社会主义法治国家，应当弘扬中华民族的优秀传统文化，从包括船山思想在内的民族传统文化宝库中汲取思想营养。

（作者系湖南省社科院党组书记、院长，湖南省湘学研究院院长）
（原载《光明日报》2015 年 12 月 17 日）

魏源的法治思想与时代价值

曹文泽

魏源（1794—1857），湖南邵阳人，作为清代杰出的启蒙思想家、史学家、文学家和经世致用的改革家，不仅提出了"师夷长技以制夷"等广为人知的救国方略，而且提出了"治法在人"、"易简适度"、"以德统刑"等具有时代进步意义的法治思想。

"治法在人"的吏治思想。基于对任用贤才于国家治乱兴衰的重要性的重视，也是受"徒法不足以自行"传统儒家思想的影响，魏源特别强调法治的关键在于得"行法之人"。魏源认为，法即工具。法律与医生的药方、射靶的弓箭、农民的锄头一样，是一定社会为达到一定目的而使用的工具。同样的工具由不同的人使用，会产生迥然有别的结果。再好的法律制度，交由不良官吏来执行，也不可能收到预期效果。进而认为，"不难于得方而难得用方之医；不难于立法而难得行法之人"。得到治病的药方并不难，难的是得到会用药方治病的医生；制定法律并不难，难的是得到贯彻执行法律的人。为此，他对吏治人才的选拔十分重视，提出"不汲汲求立法，而惟求用法之人"，同时主张通过整肃人心，整顿吏治，培养才干与德行兼备的行法之人。魏源"治法在人"的观点，虽然相较于法治是一项系统工程的认识而言，有失偏颇，但其对于当前注重执法队伍建设、提升执法人员素质不无启发。

"易简适度"的立法思想。出于对《易传》中"易则易知，简则易从。易知则有亲，易从则有功"思想的深刻体认，以及对清朝律例杂陈现实的极为不满，魏源指出，"弊必出于烦难，而防弊必出于易简"，"繁重而弊愈滋甚，易简而弊无从生，是易简之中严密存焉"。为此，魏源强调立法必须力求简易，宽严适度，而且要合乎民意，讲究时机。认为"强人之所不能，法必不立；禁人之所必犯，法必不行。虽然立能行之法，禁能禁之事，而求治太速，疾恶太严，革敝太尽，亦有激而反之者矣"；如果所立的法"智者知之，愚者不知"，"巧者能之，拙者不能"，这样的法是不能达至教化与治理民众的目的的。魏源认为立法必须宽严适度且不能违背人民良愿的思想，与近代所提倡的良法之治互相呼应，可谓开时代之先河。

"以德统刑"的刑罚思想。基于其"兼黄、老、申、韩之所长而去其所短"的治国思想，魏源一方面极力主张法治，认为"境无废令，则国柄强"；另一方面强调道德教化，倡言"以诗书教民，以礼乐化民"，反对"万物一付诸法"，主张将刑罚与教化有机结合。魏源认为，立法者、统治者的德行与法律能否得到执行息息相关，只有以德统刑，才能使法律取信于民；一个人犯罪的重要起因是丧失廉耻之心，因此道德的教化比刑罚更为有效。同时，魏源还提出"结讼宜速"，结案要讲究快速，体恤民情，而且反对滥用私刑与虐待囚犯，指出对囚犯"刑之以其罪，无所怨，虐之，则咎在官，于心安乎"，体现了十分可贵的人本精神。

"综一代典，成一家言"的魏源尽管没有专门论述法治思想的著述，但其有价值的法治思想远不止上述三个方面；尽管其法治思想难免具有这样那样的历史与阶级局限性，但对我们当前的法治建设不无启示，值得我们深入挖掘整理并激活其时代价值。

（作者系华东政法大学党委书记）

（原载《光明日报》2015 年 12 月 17 日）

谢觉哉关于领导干部楷模作用与社会主义
法治建设关系的思想

刘云波　马延炜

湘籍无产阶级革命家谢觉哉是著名的"延安五老"之一，他在党内长期从事法律工作，曾主持起草中央苏区多项法令条例，长征抵达陕北后，担任陕甘宁边区政府高等法院院长，新中国成立后，历任中国政法大学校长、最高人民法院院长等职，是我党法学界的先导，更是人民司法制度的重要奠基者。在长期的司法实践中，谢觉哉深刻认识到，无论革命时期还是和平年代，领导干部的楷模作用对于法治建设都具有至关重要的作用，任何时候、任何环境，都不能放松对领导干部的要求，这是法治建设能否成功的关键。

树立领导干部楷模作用，践行群众路线，是法治建设的基本条件。新中国成立之初，如何在全国范围内尽快创建出一种既符合马克思主义法律观的基本原理，又适应中国国情的社会主义法治体系，对当时的中国共产党人来说，是一个亟须解答的全新课题。谢觉哉指出，在中国，建设社会主义法治体系的途径应该是将"马克思主义法律观的普遍真理，与人民司法的具体实践相结合"。在这个过程中，领导干部的带头作用至关重要，他进一步提出，党内现做司法工作的或其他行政工作的干部，有坚定的立场和丰富的经验，但不可以自满，应该带头践行群众路线。"一是办案时听听群众的意见，当一个案件弄不清楚的时候，可以到当地去问群众，或群众团体，他们的意见常常是正确的。一是说法律是从群众中来的，把群众意见，加以洗炼，洗去不好的，炼出好的，用法律形式固定起来。"他一再强调，在社会主义的新中国，法律是人民自己的，法律工作一定要讲群众路线，"司法工作者不要关起门来工作，应当经常同群众商量。群众路线，讲起来容易，做起来很难。搞司法工作的同志，在这一点上，务必仔细考虑，狠下功夫"。

树立领导干部楷模作用，祛除官僚主义，是法治建设的重要保证。如果说在立法过程中坚持群众路线，保证法律制度代表最广大人民的根本利益是建立社会主义法治的前提和基础，那么执法者的工作方式、工作态度等作风问题则直接关系到司法制度的落实和法律条文的贯彻，是推行社会主义法治的保证。这其中，谢觉哉认为"最重要的是领导作风"，要"先从领导机关整起"，以身作则，取得经验。他对司法工作中存在的"官僚主义"、"主观主义"和"事务主义"三种作风十分反感，尤其反感"官僚主义"。延安时期，他就明确指出："司法人员必须有学问、有才干。司法是专门业务，要专门人才。""行政官不一定长于司法。"新中国成立后，在法院系统的一次座谈会上，他作为最高人民法院院长，提出从事法律工作的领导同志必须亲力亲为，亲自处理一些案件，因为他们"经验多，水平高，能看出一些别人不易看出的问题，看出一些可以作为经验教训的问题"，"一个法院的案件当然不可能都要由院长办，但院长一定要晓得全面情况，也要亲自办一些案子"。"我们不要犯事务主义，但也决不可犯官僚主义。"

树立领导干部楷模作用，摒弃封建特权，是法治建设的现实要求。如何处理领导干部与法律制度的关系，是中国共产党人在探索建立符合中国国情的社会主义法治体系的过程中，所反复思索的一个问题。换句话说，作为执政党，共产党所建立的法律制度和条文，对其自己是否具有约束力？在遵守法律的问题上，共产党的干部，尤其是高级干部有没有特权，会不会例外？对这个问题的回答，不仅关系到社会主义法治的公信力，也关系到中国共产党的执政地位能否稳固、长久地存在下去。应该说，在领导中国革命的过程中，共产党人从来都没有只把法律条文当作"治人"的工具，而是还将其视为"律己"的纪律。作为党内长期从事法律工作的领导人之一，谢觉哉对此有较多论述。1942年8月8日，他在《解放日报》上发表署名文章——《我们该有的作风》，认为"必须注意于法治精神和民主作风的养成，要由上而推行到下，要重视大的，也不忽视小的"。他还提出，党员要做群众的模范，"中国共产党是无产阶级的先锋队，同时也是民族民主革命的领导者，要广大群众跟着我们走，不是命令或统治他们，而是靠党员的模范作用"。如果"州官可以放火"，哪能去"干涉百姓点灯"。"公家人"必须是自觉"遵守法令的模范"。新中国成立前夕的1949年1月，他又从未来国家建设的角度阐述了领导干部守法的重大意义，指出："如何养成大家守法的观念，是今后的一件大事"，"首先是工作人员，要守法，要以身作则。……这对于一个新生的国家来说，尤其重要"。

2015年2月2日，习近平总书记在省部级主要领导干部学习贯彻十八届四中全会精神全面推进依法治国专题研讨班开班仪式上的讲话中指出：各级领导干部在推进依法治国方面肩负着重要责任，全面依法治国必须抓住领导干部这个"关键少数"。领导干部要做尊法学法守法用法的模范，带动全党全国一起努力，在建设中国特色社会主义法治体系、建设社会主义法治国家上不断见到新成效。学习和研究谢觉哉关于领导干部楷模作用与社会主义法治建设关系的思想，对于今天全面依法治国战略的实施，无疑具有重要的借鉴和启示意义。

（作者刘云波系湖南省湘学研究院常务副院长、马延炜系湘学研究院副研究员）

（原载《光明日报》2015 年 12 月 17 日）

挖掘湘学传统中的法治因子

刘云波

德法并重、因势立法、法治在人、严以治吏、刑详于贵等湘学蕴藏着源远流长的法治思想因子，是当今法治湖南建设、法治中国建设可资借鉴的宝贵思想资源。

尽管我国漫长的封建社会从本质上来说是人治社会，但也不时闪现出法治思想的亮光。作为我国传统文化重要组成部分的湘学，同样蕴藏着源远流长的法治思想因子，它们是当今法治湖南建设、法治中国建设可资借鉴的宝贵思想资源。

德法并重。处于湘学源头的屈原曾站在依法治国的高度，抨击腐朽没落的楚国贵族集团不遵守法度的行为，极力倡导讲"规矩"、循"绳墨"、明"法度"，并精心为楚怀王草拟作为国家根本大法的《宪令》，可惜因遭到旧贵族势力的离间而夭折。西汉贾谊也认为"礼者禁于将然之前，而法者禁于已然之后"，两者互为补充、相辅相成，是治国安邦不可缺少的两个工具。理学鼻祖周敦颐则认识到不能单凭道德教化平均治天下，进而提出"得刑以治"的口号。及至湘学集大成者、被誉为"东方孟德斯鸠"的王夫之，将法治提升到了更高地位。他提出国家的长治久安关键在于"豫定奕世之规，置天子于有无之外"。也就是说，只有制定出一套不以统治者的个人意志为转移，也不以统治权力的更替而改变的法律规章，才能保证社会政治稳定。他的这一思想对于突破专制人治传统、催生近代法治意识具有非常积极的意义。

因势立法。对于如何制定适应社会发展需要的法律，湘学传统也有所论及。王夫之认为"天下有定理而无定法"，提出立法要"因乎时"。魏源同样认为，"天下无数百年不敝之法，亦无穷极不变之法，亦无不除弊而能兴利之法，亦无不易简而能变通之法"。他极力反对那些"执古"、"泥法"而不知随"势"变法的人。因势立法与因势变法思想，道出了法的稳定性与灵活性的辩证关系。同时，魏源还提出了"强人之所不能，法必不立；禁人之所以必犯，法必不行"的思想，与近代所提倡的良法之治有异曲同工之妙，可谓开时代之先声。

法治在人。法律法规再完备，最终还要靠人来执行。受传统儒家"徒法不能自行"思想的影响，王夫之亦有"治惟其人，不惟其法"的论断。魏源指出"不难于立法，而难得行法之人"，认为法治的根本在于治法之人，同一种法，由不同的人去执行，其结果迥异。曾国藩同样认为，法制的关键在于执法者的素质与水平，如果执法者"心不公明，则虽有良法百条，行之全失本意。心诚公明，则法所未备者，临时可增新法，以期便民"。可以说，当前我国无法可依的状况已基本得到解决，所面临的问题主要是存在执法不严、违法不究现象。"治法在人"的观点，对于加强执法队伍建设、提升执法成效不无启发。

严以治吏。如何治吏一直是历代思想家关注的一个重大问题。湘学有着严以治吏的思想传统。理学大师张栻在任荆湖北路转运副使、知江陵期间，曾一天除去贪吏 14 人。王夫之明确提出"严以治吏，宽以养民"的主张，强调对于贪官污吏必须"以刑辟整绝之"。他同时指出严于治上官是整饬吏治的关键，反对"严下吏之贪，而不问上官"的错误做法。

刑详于贵。中国传统社会立法主要是为了防止人民"犯上作乱"、侵犯统治者的利益，所以一直奉行"礼不下庶人，刑不上大夫"的施政方针。王夫之驳斥了这一方针，提出了在当时振聋发聩的思想主张："刑尤详于贵，礼必逮于下。"也就是说，法律要更多地对达官显贵说"不"，而礼则应普及到下层民众中去。他期待的是一个"以法相裁，以义相制，以廉相帅，自天子始而天下咸受裁焉"的社会。王夫之关于法律具有普遍约束性的思想，彰显了"法律面前人人平等"的法治原则，是其法治思想具有近代性因素的重要体现。

湘学传统中的法治因子远不止于上述，还有待我们深入挖掘，并在辩证分析的基础上激活它们的时代价值。

（作者系湖南省湘学研究院常务副院长、省社科院研究员）

（原载《湖南日报》2015 年 1 月 18 日）

二　湘学论文选载

湘学学统与学术旨趣

朱汉民

中华传统学术文化博大精深，既体现为不同时间形态而波澜迭起的历史学术思潮，又体现为不同空间形态而风姿各异的地域学术传统。"湘学"就是中华传统学术文化的地域化形态之一。

湘学研究的历史已经很久，早在南宋湖湘学术兴盛之时，湘学即开始被学界关注并成为学界思考、讨论和研究的对象与话题，朱熹的《知言疑义》就是一部研究、评论湘学的著述。由于清代湘学的地位空前发展，取得了很高的成就，留下许多的文献与论著，因此，湘学研究更是受到此后学界的关注，相关的成果不断涌现。

但是，面对诸多的湘学研究成果，我们感到尚有许多未解决的重要学术问题。特别是作为一门中国学术史的分支学科的湘学，还有一些基本的学术范式、学理构架均没有建立起来，因而也就没有能够回答和解决如下一些重要问题：作为一门中国学术史的分支学科的湘学，湘学体现出的中国学术史的共性是什么？作为地域学术形态的湘学的个性又是什么？我们应该如何确立、如何看待湘学的共性和个性？正是这一基本的问题意识，启动了我的《湘学通论》的研究与写作。

确实，要"通论"作为一门中国学术史分支学科的湘学，就必须把湘学与中国学术史结合起来。湘学是中华学术体系的组成部分，它的渊源、形成、演变、发展均是在与中华学术文化的大框架之中，并且是与其他区域学术形态的交流、融汇过程中发生的。故而，无论是其他地域的学术在湖南的传播、衍化、交流，还是湘学学者在其他地域的交流、传播，均是本书研究的内容。地域学术形态的研究切忌将其孤立化，必须坚持以湘学与中华传统学术关系相结合作为原则和目标。一方面，作为中华学术体系组成部分的湘学，总是随着中华学术史的变迁、发展而不断地演变、重构，从而形成、发展地域形态的学术思想，并且具有中国学术史的一般内涵，能够对中华学术文化的发展作出重大贡献；另一方面，湘学作为一种地域学术形态，具有"湘"的地域因缘，其演变发展有着明显的继承性，表现出区域学术形态的特质，故而也要充分把握湘学的地域性特征。

湘学与中国学术传统的关系，既是一种局部与整体的关系，也是一种个别与普遍的关系。湘学体现出的中国学术史的共性与作为地域学术形态的个性是紧密联系在一起的。本书的任务是对"湘学"作一贯通全局的概述，展开对湘学作综合性的研究，就必须将湘学与中国传统学术关系作总体把握。因此，本书所重点研究的问题有两个：

其一，湘学学统问题。纵观绵延一千多年的中国传统学术史，几乎每个历史时期的学术思潮，均在湖湘大地传衍。如两宋时期的闽学、浙学、赣学就先后传衍于湖湘大地，对湖湘学者的学术思想产生深刻的影响。又如明代，盛行于长江流域的阳明学（具体又包括浙江王门、江右王门等）、湛学、东林学在湖湘大地传播，对当时湘学亦产生很大影响。清代同样如此，乾嘉汉学的吴、皖两派，另外常州派、桐城派等当时主流的学术形态，均在影响着湘学的学术形态与知识旨趣。

既然如此，一个令人感兴趣的问题就产生了：是否有着一脉相承的湘学"学统"？湘学经历了一个产生、演变、发展的漫长历史过程，并在此历史过程之中形成了湘学学统。实际上，当我们将这一学术传统相继的不同学者、学派、学说统称为"湘学"时，就是强调这些不同时代的学术之间有着一以贯之的"学统"。我们认为，作为"湘学通论"的著作，必须重视湘学的学统问题。区域性学统是由奠基学术、开创学派的学术宗师与传承学脉、发展学术的后学构成。那么，学术宗师与后学之间的脉络、系统必须靠"学统"才能联结起来。研究探讨湘学史的演变发展过程，应该在此基础上考察湘学学统的历史建构，并以此开始展开对湘学的综合性研究与思考。

"学统"又总是与"道统"联系在一起的，湘学学者在标榜"学统"时，往往强调这一学统的正统性，即这一学统在中华道统史上的特别地位和贡献。所以，湘学学统的历史建构过程，也是湘学学者追求、认同中华学术文化正统性的过程。正因为如此，湘学学统的研究范式，既体现湘学作为地域学术形态中的中国学术史的共性，也体现中国学术史的共性如何呈现在湘学的地域化特色之中。

其二，湘学的学术旨趣。我们还可以进一步追问，"湘学"学统的依据是什么？"湘学"的"湘"不应该只是一个装有各种不同学术文化的空间框架。实际上，我们将这些不同时代产生于湘学学者的学术思想统一称之为"湘学"，还在于他们在学问宗旨、知识兴趣方面存在许多的相似性。应该说，他们内在的学术旨趣是其中十分关键的因素。这种学术旨趣成为"学统"的核心学术价值，并通过一代代不断积淀，成为一种稳定性较强的区域性学风。

在中国学术史上，每一个历史时期学术思潮不一样，每一学派的话语体系不一样，每个学者的知识结构也不一样，但是，如果追根溯源，会发现这些差别与他们原初探求知识的目的、兴趣有关。如果能够在学术旨趣上找到他们相似的地方，其实也就找到"湘学"大家庭中所有成员之间"相似"的最重要依据。学术旨趣的差异一般会受到时代思潮（时间性的社会条件）影响，但同样会受地域传统（空间性的社会条件）所制约，不同地域的学者、学术形态会在学术旨趣上存在差异。

同样，湘学学术旨趣形成，不仅体现湘学的地域化特征，同时也体现中华学术文化的一般性追求。中国传统学术旨趣往往体现为道、治、学的普遍追求，但是，不同地域的学术传统往往会表现出对道、治、学不同的学术宗旨、知识兴趣，从而体现出不同的学术旨趣。这样，湘学学者之所以形成对道、治、学相同的学术旨趣，不仅体现出湘学学统的地域化特色，同时也体现出追求道、治、学统一的中华学术文化的普遍性价值。

（作者系湖南大学岳麓书院教授、院长）

（原载《光明日报》2015 年 4 月 20 日）

文化冲突与湘学的近代转型

陈代湘　周接兵

鸦片战争在给中国带来严重政治危机的同时，也使中国文化进入了漫长的转型时代。中国文化在转型过程中，始终伴随着各种不同文化的冲突，这种文化冲突，一方面体现为传统文化内部各派系之间的冲突，另一方面体现为中西文化之间的冲突。湘学作为中国传统文化中重要的一支，在步入近代之际，同样面临着转型的问题，其转型过程同样伴随着激烈的文化冲突，这种文化冲突也包括两个方面：内在的文化冲突即湘学对传统文化的批判与变革和外来的文化冲突即开眼看世界带来的西方文化的冲击。

一 批判与变革：湘学近代转型的内在因素

（一）通经致用

魏源的今文经学对传统文化的批判与建构魏源所处的时代，正是鸦片战争前夕，"日之将夕，悲风骤至"，"瘠疠之疾，殆于痈疽；将萎之华，惨于槁木"①。当时的士大夫要么拘泥于繁琐的训诂考证的朴学，要么热衷于八股时文，整个社会"遂成一不痛不痒之世界"（曾国藩语）。魏源目睹时艰，祭起今文学大旗，讥切时政，寻求振衰起弊之方。

1. 批判汉宋，推崇今文经学

魏源秉承湘学经世致用的传统，对汉学和宋学都进行了严厉的批判。认为"饤饾为汉，空腐为宋"。② 他说汉学在学问上"专以无益之画饼，无用之雕虫，不识兵、农、礼、乐、工、虞、士、师为何事"③。在治经上"以训诂音声蔽小学，以名物器服蔽《三礼》，……毕生治经，无一言益己，无一事可验诸治……宾宾焉以为先王之道在是，吾不谓先王之道不在是也，如国家何？"④ 在精力上，"以小学蔽养正之功，形声训诂，童而究之，白首莫殚，终生无入大学之期"⑤。而治宋学的腐儒，空谈心性，误国误民。他说这些腐儒"托玄虚之理，以政事为粗才"，只知道"口心性，躬礼义，动言万物一体，而民瘼之不求，吏治之不习，国计边防之不问，一旦与人家国，上不足以制国用，下不足以苏民困，举平日胞与民物之空谈，至此无一事可效诸民物"。⑥

所以，汉学、宋学都不能"辅道"，只有西汉今文经学才能"承七十子微言大义"。他称赞西汉今文经师的学说"皆以其自得之学，范阴阳、矩圣学、规皇极，斐然与三代同风"⑦。但是，西汉今文经学后来经过刘歆的篡乱，东汉郑玄、许慎之徒推崇古文，贬低今文，导致古文大盛，而"西京

---

① 《龚自珍全集》，中华书局 1959 年版，第 106 页。
② 《魏源全集》（第十三册），湖南大学出版社 2011 年版，第 248 页。
③ 同上书，第 34 页。
④ 同上书，第 22—23 页。
⑤ 同上书，第 110 页。
⑥ 同上书，第 33 页。
⑦ 同上书，第 123 页。

微言大义之学，坠于东京"，致使今文经学落到"经术卑，儒用绌"①的
境地。

2. 以经术为治术

魏源推崇今文经学，主要基于对今文经学"通经致用"、"以经术为治
术"的由衷服膺。他说："士能通九年之经者，以淑其身，以形为事业，则
能以《周易》决疑，以《洪范》占变，以春秋断事，以《礼》、《乐》服制
兴教化，以《周官》致太平，以《禹贡》行河，以《三百篇》当谏书，以
出使专对，谓之以经术为治术，曾有以通经致用为诟厉乎？"②

基于此种认识，魏源力倡"复古"，以救今世士大夫"毕生治经，无一
言益己，无一事可验诸治"、"有位与有德，泮然二途；治经之儒与明道之
儒、政事之儒，又泮然三途"③之弊。他说："且夫文质必再世而复，天道
三微而成一著。今日复古之要，由训诂、声音以进于东京典章制度，此齐一
变而至鲁也；由典章制度以进于西汉微言大义，贯经术、政事、文章于一，
此鲁一变至道也。"④

显然，"变"是为了"经世"，是为了"以经术为治术"，是为了以今
文微言大义"救裨当世"。

3. 以今文"三统"说倡变革

魏源倡"变"，不是无原则的变，其理论依据是今文经学的"三统"
说。三统说认为，每个朝代都有一个"统"，"统"受之于天，新王朝革旧
王朝之命，便承天命受新统，必须"改正朔，易服色"。如夏是黑统，殷是
白统，周是赤统，夏商周三代各有因革损益。

魏源指出："以三代之盛，而殷因于夏礼，周因于殷礼，是以《论语》
'监二代'，荀卿'法后王'，而王者必敬前二之后，岂非以法制因革损益，
固前事之师哉！"⑤

因此，在魏源看来，第一，"时愈古而传愈少"，不能迷恋往古，"三皇
之事，若有若无；五帝之事，若存若灭；三王之事，若明若昧。时愈古而传
愈少，其与天地不朽者，果何物乎？"⑥第二，"后世之事，有胜于三代者"，

① 《魏源全集》（第十三册），湖南大学出版社 2011 年版，第 123 页。
② 同上书，第 22 页。
③ 同上书，第 22—23 页。
④ 同上书，第 123 页。
⑤ 同上书，第 173 页。
⑥ 同上书，第 5 页。

如"文帝废肉刑，三代酷而后世仁也；柳子非封建，三代私而后世公也；世袭变为贡举，与封建之变郡县何异？三代用人，世族之弊，贵以袭贵，贱以袭贱，与封建并起于上古，皆不公之大者"①。所以，那些言必称三代的人，是"读周孔之书，用以误天下"，是"以迂疏病儒术"的"庸儒"。②

（二）守道济时：理学经世派对传统文化的批判和建构

1. 黜虚崇实，守道卫道

理学家唐鉴一生恪守程朱理学道统，倡导"守道救时"，对陆王心学和乾嘉汉学提出批判。在他看来，陆王心学重者陷溺人心，轻者流为空谈，阳儒阴释，近乎禅说，是为"叛道"。对于乾嘉汉学，他认为是"以剩余为糟粕，夸为富强"的务外之学。所以，只有程朱理学才是"正学"。为了弘扬"正学"，唐鉴作《国朝学案小识》并对其内容进行精心安排，该书主体部分设"传道"、"翼道"、"守道"三大学案，意在表彰程朱正学，又立"经学"、"心学"两大学案为靶的，意在批判，排斥陆王心学和乾嘉汉学。晚年又作《朱子学案》，阐发朱子学的意蕴。如果说，《小识》重在树立典范，使人人皆知宗程朱正学，那么，《学案》意在示学者以入道之门，使人人知如何宗程朱正学。

罗泽南论学以程朱为宗，"造诣纯粹，识量宏大……斥阳明之顿悟，探伊洛之渊源，孜孜焉以崇正学、辟异端、正人心、明圣教为己任"③。他一生著有理学著作多部，尤以卫道之作《姚江学辩》最为著名。"象山之学，已经朱子明辨，弟固未曾及，惟姚江良知之说窃禅门宗旨，乱吾儒之正道，虽经前人议论，而其中之似是而非者尚未能一一剖析，故曾为明辨之，固非攘臂于已毙之虎狼而欲居其除害之功也。"④ 该书打破以往学者从整体上或者从学术源流上批判、否定心学的做法，以王阳明著作原文为靶的，列一段原文，然后加以点评，力图深入到心学理论体系的内部，对其中的主要观点进行一一辨析、批驳，以学术论证来明定是非。《学辩》是道光时期理学复兴的体现，对于维护程朱理学的正统地位起到了重要的推动作用。

相对于唐鉴、罗泽南等门户之见较深的理学家而言，曾国藩则较为开明，曾国藩虽尊理学，却又不废汉学，主张汉宋兼采。在他看来，汉学也好，宋学也罢，都是儒家之道的组成部分，应该"平"视之，因为"君子

---

①　《魏源全集》（第十三册），湖南大学出版社 2011 年版，第 53 页。

②　同上书，第 44 页。

③　《罗泽南集》，岳麓书社 2010 年版，第 135 页。

④　同上书，第 98 页。

之言也，平则致和，激则召争；辞气之轻重，积久则移易世风，党仇讼争而不知所止"①。换言之，如果汉、宋之间壁垒森严，门户相争，不仅有伤和气，而且会严重削弱儒家思想的统一性。所以应该理性地看待汉学和宋学，扬长避短。在他看来，事实上二者各有长短。就长处而言，宋学可以归为孔门德行之科，汉学则可以归为孔门文学之科，"言道则宋师为大"，"言艺则汉师为勤"②。就短处而言，"许、郑亦能深博，而训诂之文，或失则碎。程、朱亦且深博，而指示之语，或失则隘"③。既然二者各有长短，那么"于汉、宋二家构讼之端，皆不能左袒以附一哄"。

由此可以看出，曾国藩调和汉宋之争，胸怀宽广，气象博大，但他的根本目的，仍然在突出义理之学即程朱理学，维护程朱道统。

2. 矫正时弊，维护礼教

到了晚清，理学经世派把扶持纲常名教作为医治社会弊病、挽救世道人心的一剂良方。为了重振纲常名教，他们普遍的做法有：一是兴教劝学，著书讲学，刊布书籍，敦崇正学，批判异端，阐发、宣传理学义理。二是在最高统治者面前相互推荐，使理学名家掌握政权，进而通过权力系统进一步确立理学的官学地位，扩大理学的影响，这就是所谓的"正人立朝"。三是设祠立坊，褒扬忠义节烈，以榜样的力量劝民向善。

（三）实事实功：理学经世派对当时社会弊病的批判与变革主要代表人物有陶澍、贺长龄

陶澍践行实学，有如下几个方面：一是倡导实学。他说"经者，恒久之至道，不刊之鸿教也。经术明，则人才蔚起，其深者，渐摩浸润，密移于性命之际，发为文词，必充实光辉，粹然一衷于道。由是建之设施，则通径致用，亦经正而庶民兴。所谓文章，莫大于是"④。

所谓的"经术"，不是指脱离实际的汉学和宋学，而是"通经学而致诸用"之学。儒家文化自古以来就有经世致用的倾向，六经多载道经世之言，而"后世高谈性命，逃之于空虚，谈论日多，而无当于实用，学术之不能如古，盖在是矣"⑤。所以，必须大力倡导实学，"有实学，斯有实行，斯有

① 《曾国藩全集》（第十四册），岳麓书社 2011 年版，第 207 页。
② 同上书，第 239—240 页。
③ 《曾国藩全集》（第二十二册），岳麓书社 2011 年版，第 8 页。
④ 《陶澍全集》（第六册），岳麓书社 2010 年版，第 54 页。
⑤ 同上。

实用"①。

二是革除弊政。陶澍为官一方,在赈灾、水利、吏治、漕运、盐政等方面取得了举世瞩目的成绩,在兴办教育、严禁鸦片、改革币制等方面也作出了突出贡献。

三是运用经济手段整顿盐政,改革币制。针对当时官吏与富商相勾结长期垄断、把持盐政,造成盐价昂贵、私盐泛滥、税收亏空的情况,陶澍提出了盐务章程十五条,推行盐票制,利用商人和民众的力量打破纲商垄断,同时注意保护商人的正当利益,坚决打击官吏对商人的控制和盘剥,在运输方式上,减少官运,鼓励商运,积极调动民间运输力量。通过改革,两淮盐务混乱局面得到根本改善。此外,他还和林则徐一起倡导币制改革,提出用计量银币银元代替称量银块。

贺长龄的实事实功主要有如下几个方面:

一是批判汉宋,倡导实学。他要求士子不要只为了科举而事八股之虚文,而应该"会人我于一源,贯事理于一致"②。

二是关心民瘼,讲求实政。贺长龄任地方官几十年,所行惠民实政颇多,在推行海运、清理狱讼、兴办教育、改善风俗、发展经济、协调民族关系、严禁鸦片等各个方面政绩突出。特别是发展经济方面,他注意货畅其流,打击不法胥吏,维护商人的正当利益,鼓励正当合法的商品贸易。

三是主持编写《皇朝经世文编》。该书成书于道光六年(1826),次年刊行,凡120卷,选辑了清初至道光朝的官方文书、专著、述论、奏疏、书札等文献,入选作品反映了清代前期和中期部分学者和官吏的"经世致用"思想及改革图治的愿望。该书刊行后,影响很大,使经世致用的理念深入人心,开晚清变法改革之先声。

综上可见,湘学中的经学、理学和实学一方面抨击了乾嘉汉学的繁琐、宋学的空疏,从思想上将世人拉出书斋,回归到现实;另一方面提出了社会变革的要求,起到了从内部瓦解儒家思想束缚的作用。具体说来,这种瓦解作用体现在,今文经学从政治上动摇了汉学和宋学的根基;唐鉴、罗泽南等人批判汉学和陆王心学,从学理上动摇了汉学和陆王心学的根基;尽管曾国藩主观上试图以理学和礼学调和汉宋,旨在使正人立朝,昌明学术,进而醇化人心风俗,旨在团结儒家各派人士对抗太平天国,进而抵御西学的冲击,

---

① 《陶澍全集》(第六册),岳麓书社2010年版,第109—110页。
② 《贺长龄集·贺熙龄集》,岳麓书社2010年版,第495页。

但客观上讲，他并没有完全成功，因为今文古文之间、汉宋之间、理学和心学之间的门户之争依然存在。而儒家内部各派别的继续争席，最终的结果无疑是两败俱伤，或者多败俱伤，从而无法抵御西学的全面冲击。

二 师夷长技：湘学近代转型的外部因素

鸦片战争的爆发改变了中国的政治格局、社会格局和文化格局。如果说，在此之前经世之士在寻求改革国家和社会弊端的良方时，都无一例外地希图从儒家经典中寻找"古时丹"，那么，现在必须在应对国内弊病的同时，应对这突如其来的外来危机。

当时开眼看世界的先进人物主要有三个：林则徐、魏源、徐继畬，在这三人当中，魏源无疑是承上启下的核心人物。魏源不仅在中国近代史上具有重要地位，而且是近代湘学转型和发展的关键性人物。

魏源秉承传统湘学的经世精神，借今文经学呼吁社会变革，并且为了应对鸦片战争后中国面临的新形势，在林则徐《四洲志》的基础上编著了《海国图志》。现在，我们通过《海国图志》来了解一下魏源是如何开眼看世界的。

第一，就天文地理而言，《海国图志》在开头处即列出世界各国地图，表明中国只不过是世界列国之一；在末尾处运用天文地理知识科学地论证了地球是圆的，并且介绍了太阳系各大行星的大小，运行情况。这些对中国自古以来坚信"天圆地方"、"中国居世界之中"、"天动地不动"等观念以及由这些观念支撑的"夷夏"观念无疑是致命的冲击。

第二，就西方的文明程度而言，魏源认为以"夷狄"称西洋并不妥当。"远客之中，有明礼义，上通天象，下察地理，旁彻物情，贯穿古今者，是皆瀛寰之奇士，域外之良友，尚可称之曰夷狄乎。"[1] 所以尽管魏源在书中仍称西洋为"夷"，但已经不同于一般的蒙昧无知、虚骄自大的国人了。

第三，就军事实力而言，魏源认为西方的武器、练兵的方法都超过中国，"夷之长技有三：一战舰，二火器，三养兵练兵之法"[2]。

第四，科技和经济方面，魏源认为西方的强大不仅仅在军事，而且在科学技术，他说，"人但知船炮为西夷之长技，而不知西夷之所长，不徒船炮耶？""今西洋器械借风力、水力、火力，夺造化、通神明"，[3] 这是因为西

---

① 《魏源全集》（第七册），湖南大学出版社 2011 年版，第 1889 页。
② 《魏源全集》（第四册），湖南大学出版社 2011 年版，第 35 页。
③ 同上书，第 39 页。

洋人"其人情性慎密,善于运思,长于制器。金木之工,精巧不可思议,运用水火,尤为奇妙"①。西洋人将这些精妙的科技,用于交通运输、商业贸易,效率极高,所以他们能"越七万里,而通于中土,非偶然也"②。

第五,政治制度方面,魏源在《海国图志》中首次系统介绍了西洋很多国家的民主制度,认为这种制度国无苛政,非常公道。例如瑞士,"不设君位,惟立官长贵族等办理国务","推择乡官理事",大小国事的处理都很公正,"无暴主苛政,各得其所",诚乃"西土桃花源也"③。又如美国"国政操之舆论,所言必施行,有害必上闻,事简政速,令行禁止,与贤辟所治无异"。在总统选举上,"二十七部酋分东西二路,公举一大酋总摄之,匪惟不世及,且不四载即受代",没有世袭的家天下,从而"一变古今官家之局,而人心翕然,可不谓公乎!"美国的议会制,"议事听讼,选官举贤,皆自下始,众可可之,众否否之,众恶恶之,三占从二,舍独徇同,即在下预议之人亦由公选举,可不谓周乎!"④

另外,美国有完善的地方自治制度,"本省之官,由本省之民选择公举"。"事无大小,必须各官合议,然后准行。"又如英国,英国虽有国王,但也是一个民主国家。"国中有事,王及官、民俱至巴厘满衙门,公议乃行,大事三年始一会议,设有用兵和战之事,虽国王裁夺,亦必由巴厘满议允。""凡新改条例、新设职官、增减税饷及行相币皆王颁巴厘满,转行甘文好司,而分行之"。"各官承行之事,得失勤怠,每岁终会核于巴厘满,而行其黜陟"⑤。魏源对西方国家的民主制度的介绍对国内封建专制制度而言,无疑是一个重大冲击。

第六,教育和社会保障制度方面,魏源认为西方人崇尚知识,有很完备的教育体制。他说,西方国家,学者无不通习文艺,如国史、天文、地理、算法,不晓者不齿于人。⑥ 在课程科目设置无所不有,诸如"落日加(逻辑)","弗西加(自然科学)","默达费西加(形而上学)","医科","治科","教科","道科","度数(数学)"等。在他看来,正因为有这样完备的教育体制,才使欧洲各国国力冠于全球。

---

① 《魏源全集》(第六册),湖南大学出版社 2011 年版,第 1137 页。
② 同上书,第 1138 页。
③ 同上书,第 1356—1360 页。
④ 同上书,第 1619 页。
⑤ 同上书,第 1404 页。
⑥ 同上书,第 1424 页。

此外，西方各国社会保障设施发达，"各国以仁会资立贫院、幼院、病院……故通洲无鬻子女者，亦禁蓄奴婢"①。市政设施也很发达，有完善、卫生、方便的自来水设施等。

魏源的上述介绍，较为全面地勾勒了西方现代文明的总体面貌。虽然只是初步的介绍，也未能在国内付诸改革实践，但足以构成对当时国人封闭保守观念的强烈冲击。

综上可见，鸦片战争血与火的洗礼，战争失败、割地求和的耻辱，直接冲击着国人特别是湘学人物的神经，激发了他们抗敌御侮的热血。再加上《海国图志》所展现的西方政治、经济、军事、文化等各个方面强盛的图景，更是激起了世人特别是近代湘学人物学习西方，奋发图强的决心和行动。

三　湘学近代转型的形态和时间进程

在对鸦片战争前后的湘学作了系统考察之后，下面我们来分析湘学的近代转型问题。

（一）湘学近代转型前后的形态比较

湘学在转型前和转型后有着巨大的差异。一是文化背景的差异，转型前湘学的文化背景是中国传统文化，即便有冲突也只是传统文化内部的冲突；转型后湘学的文化背景则是传统文化与西方文化的交织，文化冲突既有传统文化内部各派别之间的冲突，也有中西文化之间的冲突，而后者始终占主导地位，我们甚至可以这样说，转型后湘学与其他派别或者湘学内部不同思想派别之间冲突与论争（如洋务派与顽固派、维新派与保守派、革命派与立宪派、新文化派与旧文化派），本质上就是中西文化冲突。二是所面临的时代问题的差异，传统湘学所致力于解决的是儒家思想内部的学术争鸣以及社会弊政的改良问题；而近代湘学所面临的是如何抵御外来侵略，争取民族独立，如何救亡图存，争取国家富强的问题，包括在强大的西方文化冲击之下，如何学习西方，奋发图强，如何构建本国的文化体系的问题。三是湘学人物知识结构的差异。转型前湘学人物的知识来源主要是儒家文化（也有佛家、道家、诸子百家等），虽然各个思想人物所持思想各异，但这只是儒家思想内部各个派别的不同，并无实质的区别；转型后，由于受西方文化的冲击，他们开始开眼看世界，接受来自世界各地的各种信息，他们的眼界和思想已非儒家思想所能限制，以致在知识构成上西学的成分越来越多，从而

---

①　《魏源全集》（第六册），湖南大学出版社 2011 年版，第 1449 页。

推动湘学向更深的层次转型。四是发展进路上的差异。转型前的湘学虽然倡导经世致用，但只是在不变动封建专制和纲常名教的前提下，对社会弊病进行变革，只不过是小修小补而已。而转型后由于西方文化的冲击，湘学逐步具备了世界眼光，湘学人物在实践中不断探索与抉择适合中国的发展道路，其结果正如近代史所展现的那样：我们国家在湘学人物的主导下一步步向近代化的深层次迈进，向国家独立和民族解放的正确道路逐步逼近。

（二）湘学近代转型的时间进程

文化转型不是一蹴而就的，而是有一个过程。就整个中国传统文化的近代转型而言，从鸦片战争算起，大体经历了器物层面（洋务运动）—制度层面（维新变法）和民主革命—文化层面（新文化运动）三个转型过程。这三个递进的层次一方面符合文化传播过程中两种异质文化冲突和融合的一般规律，另一方面，也基本上是朝上述三个标准前进：洋务运动可以说是朝市场经济方面的努力，维新变法和民主革命兼顾了市场经济和民主政治，新文化运动则进一步兼顾了市场经济、民主政治和个人自由。

湘学作为近代中国社会变革的主导力量，它的近代转型过程基本上与整个中国传统文化的近代转型过程同步。在这一转型过程中，始终伴随着中与西、新与旧、传统与现代、先进与保守之间矛盾和斗争，这种矛盾和斗争不仅体现在不同的思想派别和不同的思想人物之间，也在同一个思想人物身上体现出来。这些不同形态的矛盾和斗争共同推动了湘学的近代转型，也深刻影响了中国的近代化进程。

（作者陈代湘系湘潭大学哲学系教授、博士生导师　周接兵系湘潭大学中国哲学博士生）

（原载《湘潭大学学报》（哲学社会科学版）2015 年第 3 期）

担当：湖湘文化的血脉灵魂

——就湖南精神特质对话省社科院院长、湘学研究院院长刘建武

奉清清

伟大的时代，需要伟大的精神。

在华夏五千年文明进程中，三湘儿女创造了辉煌灿烂的湖湘文化，孕育了独树一帜的湖南精神。这种精神，是中华民族优良传统的重要组成部分，

是泱泱中华精神宝库中的璀璨明珠，激励了无数湖湘子弟奋勇前行。今天，实现中华民族伟大复兴的中国梦，需要我们传承、发扬湖南精神。那么，在中华民族精神宝库里，湖南精神中最重要的特质是"担当"吗？"担当"凭什么能打上如此鲜明的湖南"烙印"？作为崇高人格的重要组成部分，在谱写中国梦的宏伟篇章中，我们该如何将"担当"镌刻在"湖南精神"的丰碑上？固化在"湖南精神"的图腾里？记者近日就此向省社科院院长、湘学研究院院长刘建武进行了讨教。

一　湖湘自古重精神，精神特质在"担当"

湖南日报：湖湘自古重精神。在湖湘文化的千年血脉中，一直流淌着一种精神特质——担当。回溯历史，湖湘儿女演绎了哪些敢于担当的精彩诗篇？

刘建武：湖南文源深、文脉广、文气足。湖湘文化在千年历史进程中，孕育了许多可贵的精神特质，担当精神作为其中之一，表现得尤为耀眼且绵延不衰，堪称湖湘文化的血脉灵魂。

打开历史长卷，从《史记》中的"楚虽三户，亡秦必楚"，到杨度的"若道中华国果亡，除非湖南人尽死"；从屈原的"吾将上下而求索"，到王船山的"六经责我开生面"；从范仲淹的"先天下之忧而忧，后天下之乐而乐"，到左宗棠的"身无半亩，心忧天下"；从发明造纸术推进人类文明进程的东汉蔡伦，到一粒种子改变世界的袁隆平……我们不难发现，"敢于担当"的精神一直被湖湘儿女传承践履，在湖湘大地萦绕回荡。

尤其是近代以来，湖南几个重要人才群体相继崛起，把湘人的担当精神展现得淋漓尽致，从而书写了"半部中国近代史，竟由湖南血写就"的佳话。其一是鸦片战争前后的经世派人才群体，为改变受列强欺凌的命运，积极担当实现国家自强的时代使命。魏源首倡"师夷长技以制夷"的主张，编撰《海国图志》，介绍西方先进科技知识，希望通过学习西方达到国家强盛之目的。曾国藩、左宗棠等相继创建安庆内军械所、福州船政局等军事工业，并带动创办了继昌隆缫丝厂等一些民用工业，开启了中国近代工业化的先河。其二是维新志士群体，以谭嗣同、唐才常、熊希龄等人为代表，他们创学会、开学堂，办报纸，鼓励资产阶级工商业的发展，积极担当推进具有资产阶级性质的改良维新运动，使湖南成为维新运动当中全国最富朝气的省份。其三是辛亥革命人才群体，以黄兴、宋教仁、蔡锷等人为代表，勇挑推翻封建专制统治的时代重任，谱写了一曲曲民主革命壮歌。连孙中山先生都不禁感叹："革命军用一个人去打一百个人，像这样战争，是非常的战争，不可以常理论。像这样不可以常理论的事，都是湖南人做出来的。"其四是新民主主义革命时期，以毛泽东、刘少奇、任弼时等为代表的湘籍无产阶级革命家群体，为实现民族解放与国家富强，抛头颅、洒热血、勇担当，书写了无数感天动地的英雄篇章，更是把湖湘儿女为了国家和民族、为了理想和信仰而敢于担当、不惧牺牲的精神推进到了一个新的高峰。

正是一代代湖南人用他们的思想和行动，不断诠释着"担当精神"的真谛，书写出"敢于并善于担当"的辉煌。当今时代，担当精神已然与"忠诚"、"求是"、"图强"精神一道，熔铸为特色鲜明的当代湖南精神，越来越得到当代湖南人的认同与弘扬。

二　"心忧天下、坚韧不拔、不怕牺牲"，是湖南人对担当精神的生动诠释

湖南日报：担当精神是中华文化的优良传统。但湖南人将其演绎得淋漓尽致、发扬到登峰造极。这是为什么？"心忧天下、坚韧不拔、不怕牺牲"应该就是湖湘文化对"担当"的诠释？

刘建武：担当精神源于中华文化的优良传统。大禹"三过家门而不入"；霍去病"匈奴未灭，何以家为"；陆游"位卑未敢忘忧国"；张载"为天地立心，为生民立命，为往圣继绝学，为万世开太平"；林则徐"苟利国家生死以，岂因祸福避趋之"……圣哲先贤的嘉言懿行，无不是中华民族担当精神的生动写照。

湖湘文化作为中华文化的重要组成部分，其中的担当精神表现得尤为突出和强烈，个中原因，与湖南的地理、民性有密切关系。钱基博在《湖南近百年学风》中说："湖南之为省，北阻大江，南薄五岭，西接黔蜀，群苗所萃，盖四塞之国。其地水少而山多。重山迭岭，滩河峻激，而舟车不易为交通。顽石赭土，地质刚坚，而民性多流于倔强，以故风气锢塞，常不为中原人文所沾被。抑亦风气自创，能别于中原人物以独立。人杰地灵，大儒迭起，前不见古人，后不见来者，宏识孤怀，涵今茹古，罔不有独立自由之思想，有坚强不磨之志节。湛深古学而能自辟蹊径，不为古学所囿。义以淑群，行必厉己，以开一代之风气，盖地理使其然也。"正是湖南这一方土地特殊地理条件潜移默化的影响，造就了湘人浩然独往、敢为人先、卓励敢死等个性鲜明的性格气质，从而为"敢于担当"精神的高度彰显，提供了诸如天下情怀、坚忍意志、牺牲精神等因素的内在支撑。

具体来说，湖湘文化的担当精神首先与湘人心忧天下的情怀密切相关。

湖南自称屈贾之乡，屈原虽身遭贬谪仍"哀民生之多艰"，其精神首要的就是心忧天下。自此湘人一忧千年，直至青年毛泽东"身无分文，心忧天下"。一个"忧"字高度概括了湖南特殊的地理文化、贬谪文化以及移民文化当中所蕴含的忧患意识。正是这种忧患意识使湘人较之其他省份的居民，有着更强的"以天下为己任"的责任感和"迸发于脑筋而不能自已"的使命感。

湖湘文化的担当精神也与湘人坚韧不拔的意志密切相关。湘人自古"筚路蓝缕，以启山林"，养成了坚韧果敢、勇挑重担、自强不息的湖湘性格。正如左宗棠所说："吾湘之人，厌声华而耐坚苦，数千年古风未改。惟其厌声华，故朴；惟其耐坚苦，故强。"正因为坚韧不拔，才有了湘人"虽九死其犹未悔"、认准的目标"一意干将去"的"霸蛮精神"与"担当品格"。

湖湘文化的担当精神还与湘人不怕牺牲的精神密切相关。湘人自古有着卓励敢死之血性精神。近代以来，湘人为了挽救民族国家之危亡，洒热血、抛头颅更是司空见惯。左宗棠"不成功便成仁"抬棺出征，血战收复新疆；谭嗣同"我自横刀向天笑，去留肝胆两昆仑"，成为变法流血第一人；陈天华慷慨蹈海，以死唤醒世人；蔡锷为了护国反袁，身患绝症仍然坚持领兵奋战；宋教仁为了实现真正的民主共和，明知身陷险境，依然毫无畏惧，终遭暗害。新民主主义革命当中，湖南仅记录在册的烈士就有近二十万人。为了挽救民族危亡，湖南人敢于赴汤蹈火，临深渊、履薄冰亦不退却，哪怕需要以鲜血乃至生命为代价。

正是心忧天下的情怀、坚韧不拔的意志、不怕牺牲的精神，熔铸成了湖南人独特的担当精神，使得中华民族这一优良传统在湖湘文化当中熠熠生辉，分外耀眼。

三　敢于担当应该是当代共产党人的鲜明品格

湖南日报：所以说，敢于担当应该是共产党人的鲜明品格。那么，共产党人如何培育这种品格？如何发挥传统担当文化对培育共产党人担当品格的作用？

刘建武：中国共产党是中华优秀传统文化的继承者与弘扬者。担当精神作为中华优良传统之一，在中国共产党身上得到了充分彰显和发扬光大。可以说，一部中共党史就是一部中国共产党在担当中奋力前行的历史。

当然，共产党人敢于担当的政治品格并非与生俱来，而是需要在实践中不断加以培育和锻造。担当既是一种品格、一种境界，也是一种情怀、一种能力，只有加强学习修养、注重实践锻炼，才会有敢于担当的勇气、乐于担当的自觉、善于担当的本领。

共产党人培育和锻造担当品格，我以为，一是要坚定理想信仰。敢于担当是使命感与责任感的外化表现，必然建立在对自身所肩负使命的理性认识基础之上。因而，理想信仰是担当的基石。对共产党人来说，坚定马克思主义信仰、坚定共产主义信念、坚定中国特色社会主义信心，始终是安身立命之本，也是敢于担当之基。二是要涵养无私情怀。无私方能无畏，无畏才敢担当。担当意味着无私奉献、意味着吃苦吃亏，甚至意味着牺牲生命。共产党人只有涵养胸怀天下、不顾小我的无私情怀，才能具有在大是大非面前敢于亮剑的正气，在矛盾纠纷面前迎难而上的勇气，在失误面前敢于担责的底气，在危难关头挺身而出的胆气，才能担当起共产党人该担当的责任。三是要锤炼过硬本领。担当不只是需要信仰、勇气，也需要能力。当代共产党人肩负着民族复兴、国家富强、人民幸福的历史使命，面对的挑战前所未有，面对的任务艰难繁重，这就要求当代共产党人必须练就过硬本领，才能有真正担当，才能使我们党的事业无往而不胜。

共产党人培育担当品格，除了需要党员自身加强学习修养和实践锻炼，也需要良好文化氛围的支撑，需要发挥传统担当文化的教育引导与滋养塑造作用。要研究阐发担当精神的丰富内涵，挖掘整理传统文化中的担当思想、担当事迹；要开展担当精神的学习教育，把担当精神作为党员教育的重要内容，纳入党校、行政学院、干部学院的日常教学之中；要宣传弘扬担当可贵、担当光荣的价值理念，引领全社会为敢担当的行为喝彩，推动形成鼓励担当、崇尚担当的良好环境。

四　总书记赋予了"担当"时代内涵

湖南日报：党的十八大以来，习近平总书记在系列讲话中，多次提及"担当"一词，铿锵宣示共产党人必须"为人民服务，担当起该担当的责任"。习总书记这些讲话的深意何在？

刘建武：十八大以来，总书记确实在不同场合多次强调、反复推崇"担当"。如：在2012年12月的中央经济工作会议上指出，"切实转变工作作风，做到讲实话、干实事，敢作为、勇担当，言必信、行必果"；在2013年1月22日十八届中央纪委二次全会上强调，"该承担的责任必须承担"，"要有担当意识，遇事不推诿、不退避、不说谎，向组织说真话道实情，勇于承担责任"；在2013年5月4日同各界优秀青年代表座谈时指出，"历史和现实都告诉我们，青年一代有理想、有担当，国家就有前途，民族就有希望，实现我们的发展目标就有源源不断的强大力量"；在 2013 年 12 月 1 日全国组织工作会议上，强调"坚持原则、敢于担当是党的干部必须具备的基本素质"。他还引用古语说："'为官避事平生耻'。担当大小，体现着干部的胸怀、勇气、格调，有多大担当才能干多大事业。"

认真学习习总书记关于"担当"的这些重要讲话，梳理这些讲话的思想逻辑与现实背景，我们不难理解习总书记高度重视担当精神的重要意义所在：

第一，敢于担当是推进伟大事业的必然要求。我们已开启实现中华民族伟大复兴中国梦的新征程，这是一个承载着历史与未来、艰辛与辉煌的新的历史进军。现在我们比历史上任何时期都更接近中华民族伟大复兴的目标，比历史上任何时期都更有信心有能力实现这个目标。我们既面临千载难逢的历史机遇，也面对前所未有的历史挑战。我们要看到，国际形势变化莫测，国内改革进入深水区、攻坚期，贯彻"四个全面"，推进中华民族伟大复兴中国梦的实现，必然是一个攻坚克难的过程，必然要求每一位党员领导干部担当应有责任，履行自身使命。

第二，敢于担当是推进党员领导干部作风建设的迫切需要。敢于担当是中国共产党人的鲜明政治品格，是中国共产党先进性的具体体现。对共产党人来说，责任无所不在，担当义不容辞。是否具有担当精神，是否能够忠诚履责、尽心尽责、勇于担责，是检验每一名领导干部身上是否真正体现了共产党人先进性和纯洁性的重要方面。我们的干部队伍总体是好的，但现实中确有不少干部存在不愿担当、不敢担当、不能担当的问题，"为官不为"者有之，"为官乱为"者有之。因此，强化担当精神，就成为推进党员领导干部作风建设的迫切需要。

第三，敢于担当是传承民族精神的重要内容。担当精神深深植根于中华民族优秀文化传统，是中华民族精神的重要组成部分。中国共产党作为伟大民族精神的坚定传承者，赋有传承担当精神，赋予担当精神新的时代内涵的使命。

五 湖南历史担当：奋力谱写中国梦的湖南篇章

湖南日报：一个时代有一个时代的使命，一代人有一代人的担当。今天，我们正昂首阔步在实现中华民族伟大复兴的新征途，那么，伟大时代呼唤湖南人什么样的历史担当？

刘建武：从根本上来说，担当精神的本质内涵是恒定的，真正的担当就是不辱历史使命、不负人民重托。但历史是一个接力前行的过程，每一个历史阶段面对的历史问题是不一样的，需要完成的历史使命是不一样的，所以不同的历史时代，"担当"会具有不尽相同的含义，这就是为什么说"一个时代有一个时代的使命，一代人有一代人的担当"的原因。

当今时代，中国人民的责任担当，就是接过历史的接力棒，继续为实现中华民族伟大复兴的中国梦而努力奋斗，使中华民族更加坚强有力地自立于世界民族之林。

中国梦必然包含湖南篇章，实现中国梦内在需要湖南担当。当今时代，湖南的历史担当就是要奋力谱写共筑中国梦的湖南新篇章。具体做到三个"担当"：

担当起在全面建成小康社会中"领先中部"的时代责任。全面建成小康社会是实现中国梦最为关键的一步。在我国已经进入全面建成小康社会决定性阶段的关键时刻，湖南必须在经济社会发展"快车道"上加速前进，在中部地区率先实现全面小康，让三湘人民过上更加幸福美满的生活，为实现全面小康担当起该担当的责任。

担当起在两型社会建设中"先行先试"的时代责任。建设资源节约型、环境友好型社会，是实现中国梦的客观需要。长株潭两型社会试验区的设立，是中央赋予湖南的重大使命，是湖南加快转变经济发展方式的重大机遇。我们必须在全国率先走出一条两型社会建设的路子，为全国积累可供推广的宝贵经验与参照模式，为实现中国梦担当起该担当的责任。

担当起在全面深化改革中实现在中部地区"率先崛起"的时代责任。全面深化改革是实现中国梦的根本途径与关键一招。推动中部崛起，是实现中国梦的重要战略支点。我们必须在新一轮全面深化改革中，发扬敢为人先精神，勇立改革潮头，抢占改革先机，奋起直追，率先在中部地区实现崛起梦想，为实现中国梦担当起该担当的责任。

总之，只要7000万三湘儿女、380万湖南共产党人发扬敢为人先、勇于担当的湖湘文化精神，深入贯彻落实"四个全面"部署，坚持"五个发展"，推进"四化两型"，实现"三量齐升"，中国梦的湖南篇章必将焕发绚丽光彩，湖南的担当精神必将再次谱写无愧于时代、无愧于人民的精彩华章。

（作者系湖南日报记者）

（原载《湖南日报》2015年6月7日）

三　人物研究选载

胡耀邦在拨乱反正中的历史贡献

李正华

"文化大革命"结束后,为纠正"文化大革命"的错误,改变国内混乱局面,以邓小平等人为首的老一辈革命家进行了艰辛的拨乱反正。在拨乱反正中,胡耀邦发挥了重要作用。他发动关于真理标准问题的大讨论,为拨乱反正工作提供了理论依据;他主持平反冤假错案、解决历史遗留问题,使数以千万计受牵连的干部和群众得到平反;他积极推动党的工作重点转移,为中国的改革开放和社会主义现代化建设立下了不朽功勋。

一　发动真理标准问题大讨论

1977年2月,《人民日报》刊登了华国锋"凡是毛主席作出的决策,我们都坚决维护,凡是毛主席的指示,我们都始终不渝地遵循"的讲话。对这个"两个凡是"理论,邓小平、陈云等人明确表示坚决反对。5月24日,邓小平与胡耀邦等人谈话时,针对"两个凡是"指出,我们不能把毛泽东针对某个问题的讲话套用到另一个问题上去,或把他关于某个地方的指示套用到另一个地方,世界上没有绝对正确的东西。围绕"两个凡是"的争论,邓小平、胡耀邦等人认识到有必要开展一场关于真理标准问题的大讨论,以澄清思想上、理论上的混乱。1978年5月11日,《光明日报》刊登《实践是检验真理的唯一标准》一文,由此引发了一场关于真理标准问题的大讨论。可以说,这场大讨论是由胡耀邦酝酿、发动和推动的。

一是揭开了实践是检验真理标准问题讨论的序幕。

早在"文化大革命"结束前,胡耀邦就尝试重新确立党的马克思主义思想路线。1975 年 7 月，胡耀邦被派到中国科学院工作。通过深入的调查研究，他组织起草了《科学院工作汇报提纲》，阐明了"科学技术是生产力"的重要论断，提出在科技领域纠正"左"倾错误的许多重要意见，力图澄清党的科技政策和知识分子政策。8 月 17 日，胡耀邦将《汇报提纲》第三稿送交邓小平，邓小平对提纲给予肯定和支持。尽管由于《汇报提纲》触怒了正在批"唯生产力论"的"四人帮"，胡耀邦与邓小平再次受到批判并被迫停止了工作，但这次理论交锋，实际上成为了我国思想、理论战线拨乱反正的一个前奏。

1977 年 3 月，胡耀邦任中共中央党校副校长，主持中央党校工作，力求从思想理论战线上肃清"四人帮"的流毒影响，提出了"学习理论、联系实际、解放思想、实事求是"的教学方针，[①] 主张在学习、研究和讨论问题时，实行"不抓辫子、不扣帽子、不打棍子、不装袋子"的"四不主义"，[②] 有力地促进了教员和学员的思想解放。7 月 15 日，胡耀邦主持创办了《理论动态》。他亲自确定每期的主题，组织中央党校相关人员撰写文章，并认真审查。《理论动态》发表了一系列与当时党内外所关注的重大理论和实践问题有关的文章，主张完整、准确地理解毛泽东思想，强调解放思想、实事求是，坚持实践是检验真理的标准。《理论动态》发表《"继续革命"问题的探讨》一文，公开对"文化大革命"这一"无产阶级专政下继续革命的理论"提出质疑。[③] 这对当时的思想理论界和政界都产生了巨大影响。12 月 2 日，时任副教育长的冯文彬在中央党校校党委专门主持召开了一次扩大会议，研究党史教学方案。胡耀邦在会上说："这十几年的历史是非，不要根据哪个文件，哪个同志的讲话，光看文件不行还要看实践。要跳出框框，要用真正的毛泽东思想，通过实践检验，分析历史是非。"[④] 这是"文化大革命"结束后，首次提出以实践作为检验党的历史路线是非的标准，为发动真理标准问题的大讨论作了很好的铺垫。

二是积极组织推动真理标准问题大讨论。

1978 年 5 月 10 日，《理论动态》刊登了《实践是检验真理的唯一标准》

---

① 中共中央党校年鉴编委会：《中共中央党校年鉴》（1984 年创刊号），中共中央党校出版社 1985 年版，第 5 页。

② 同上。

③ 柴红霞、石碧波、高庆：《胡耀邦谋略》，红旗出版社 1997 年版，第 4 页。

④ 金春明：《真理标准大讨论的一支前奏曲》，载《金春明自选文集》，四川人民出版社 2002 年版，第 242 页。

的一文。文章经胡耀邦亲自审定，强调"实践是检验真理的唯一标准"，不论谁的理论、谁说过的话，都必须经受实践标准的检验。时任中央党校理论动态组组长的王聚武说："胡耀邦还提出，这篇文章的主旨是，要把真理标准问题加以扩展，引导广大干部在自己实际工作中自觉坚持实践标准，坚持马克思主义的思想路线。克服有些实际工作者思想薄弱、眼界狭窄，认为真理标准只是理论问题、与己无关的错误认识。使拨乱反正不仅在思想路线上展开，而且在政治路线、组织路线上展开，进而深入到各条战线的实际工作中去。"① 5 月 11 日，《光明日报》以特约评论员的名义刊登《实践是检验真理的唯一标准》，新华社转发了此文；12 日，《人民日报》、《解放日报》同时转载了该文，在全国引起巨大反响。

这篇文章冲击了"两个凡是"理论，得到广大干部和群众支持的同时，也遭到"两个凡是"派的反对。5 月 17 日，分管宣传工作的一位中央领导在《红旗》杂志新老主编交接会上说，文章是针对毛主席来的，要求对这篇文章提高鉴别力。甚至还点名批评指责胡耀邦。时任中共中央主席华国锋指示中宣部和一些省、市负责人，对真理标准问题的讨论"不表态"、"不卷入"。胡耀邦根据讨论的进展情况，又指导理论动态组撰写了多篇文章，推动了全国范围内关于真理标准问题大讨论的开展。

三是推动真理标准问题大讨论的"补课"。

"实践是检验真理的唯一标准"的大讨论，推倒了"两个凡是"，确立了实事求是的思想路线。但正如邓小平所说："在我们的干部特别是领导干部中间，解放思想这个问题并没有完全解决。不少同志的思想还很不解放，脑筋还没有开动起来，也可以说，还处在僵化或半僵化的状态。"② 为解决这个问题，必须开展真理标准问题讨论的"补课"。

胡耀邦积极领导了这次关于真理标准问题讨论的"补课"。中共十一届三中全会结束的第四天，刘导生被任命为中共北京市委常委兼宣传部部长。就任前，中央组织部部长胡耀邦找他谈话，支持他极力排除"左"的影响，扫除阻力，继续开展真理标准问题的讨论。为开展好真理标准问题大讨论的"补课"，北京市委组织部和宣传部积极配合，恢复了市委党校，开办区、县、局领导干部学习班，组织各区、县、局和高校、工厂、公司、公社、街道的党委领导成员集中学习"补课"。据统计，北京市 18 个区县共举办学

① 王聚武：《拨乱反正是学习真正马克思主义的大学校》，载《实践检验真理，实践发展真理》，中共中央党校出版社 1998 年版，第 60 页。
② 《邓小平文选》第 2 卷，人民出版社 1994 年版，第 141 页。

习班 1144 期，轮训干部 8.58 万多人。① 从 1979 年 5 月开始，全国各地主要负责同志纷纷发表讲话，指出"当前的主要问题仍然是解放思想"，都表示支持开展真理标准问题大讨论的"补课"。

真理标准问题大讨论的"补课"，是马克思主义思想路线的普及教育，深入到各个行业、各个单位，是当时中国政治生活中的一件大事。在胡耀邦的推动下，这次"补课"取得积极成效，到 1979 年秋冬形成大讨论的高潮，1980 年继续推进。1981 年 6 月，党的十一届六中全会通过《关于建国以来党的若干历史问题的决议》，决议指出，党和国家已基本完成指导思想上的拨乱反正。这标志着真理标准问题大讨论"补课"的结束。通过真理标准问题大讨论的"补课"，广大干部和群众接受并自觉贯彻执行中央的方针政策，划清了是非界限。

二 主持平反冤假错案、解决历史遗留问题

"文化大革命"前，由于党在指导思想上的"左"倾错误，就曾造成了一批冤假错案。在"文化大革命"中，林彪、江青反革命集团对广大干部和群众进行残酷迫害，更是制造了一大批冤假错案，给党的事业造成了非常严重的后果。1976 年 10 月粉碎"四人帮"以后，党内外广大群众强烈要求平反冤假错案。1977 年 12 月，中央组织部在胡耀邦的主持下，打开了在全国范围内落实干部政策、平反冤假错案的局面。

一是推动平反冤假错案、落实干部政策工作的全面开展。

早在中央党校工作期间，胡耀邦就以非凡的胆略和勇气为平反冤假错案开展思想理论准备工作。1977 年 3 月 14 日，邓小平与胡耀邦谈话，两人就抓紧落实干部政策、平反冤假错案问题交换了意见。② 随后，胡耀邦组织和指导中央党校的杨逢春、叶扬、陈中等人撰写《把"四人帮"颠倒了的干部路线是非纠正过来》一文。10 月 7 日，《人民日报》发表该文。11 月 27 日，《人民日报》又发表评论员文章《毛主席的干部政策必须认真落实》。这两篇文章为在全国范围内平反冤假错案和落实党的干部政策作了重要的理论和舆论准备。

1977 年 12 月 10 日，中共中央任命胡耀邦为中组部部长。胡耀邦立即开展当时最迫切需要解决的平反冤假错案工作。他对中组部提出三点要求：

---

① 刘导生：《我所经历的北京真理标准问题讨论补课》，《中共党史资料》2009 年第 3 期。
② 《邓小平年谱（1975—1997）》，中央文献出版社 2004 年版，第 156 页。

第一，要恢复党的优良传统和作风，扫除"门难进，脸难看，话难听，事难办"的恶习，将组织部门办成党员之家、干部之家；第二，任何人不得阻拦找他反映问题的受冤挨整的老同志，任何人不得扣压或擅自代行处理寄给他的信件；第三，成立由陈野萍、贾素珍等组成的老干部接待组。① 在胡耀邦的领导下，中央组织部遵照"实事求是、有错必纠"的原则和方针，有组织、有步骤地在全国范围内开展平反冤假错案、落实干部政策的工作。

　　1978 年 1 月 28 日，中共中央组织部召开中央和国家机关的 26 个部、委副部长座谈会，讨论如何加快落实干部政策的问题。胡耀邦在会上强调，对"文化大革命"中的案件，该复查的一定复查，该平反的一定平反。3 月 21 日至 4 月 24 日，中组部又先后召开了中央、国家机关和部分省、市、区研究解决落实干部政策的座谈会。胡耀邦提出四条解决问题的标准：一是没有结论的，尽快作出结论，结论不正确的，要实事求是地改正过来；二是没有分配工作的要分配适当的工作，年老体弱不能坚持正常工作的要妥善安排；三是去世的，要作出实事求是的结论，把善后工作做好；四是受株连的家属、子女问题要解决好。② 由于有些地方和部门的阻力过大、干涉过多，一些平反工作进展异常艰难。胡耀邦又多次组织和指导了一些疑难案例座谈会，对上百个疑难案件提出处理意见，划分清楚具体的政策界限。为顺利在全国开展复查、平反冤假错案工作，胡耀邦从中央机关、国务院、中央军委、全国人大常委抽调了 1000 多名干部，分赴全国各地，纠正错案、落实政策。

　　中共十一届三中全会后，中央和地方都加快了平反冤假错案的步伐。一年之内，召开了十几次各省、市、自治区和中央、国家机关各部门的座谈会，研究了数百件各种不同类型的案件。1980 年，胡耀邦在一次组织工作会议上，又一次就平反冤假错案问题提出了许多指导性意见，他强调："平反冤假错案，哪一天不解决，哪一天就不能安定团结，党心民心就不服。所以我们要抓紧搞。要坚持正确的原则，说服持错误意见的同志。"③ 在胡耀邦的支持下，各部门、各地区排除层层干扰，积极开展平反冤假错案、落实干部政策的工作，取得了可喜的成果。

---

　　①　当代中国研究所：《中华人民共和国史稿（1976—1984）》第 4 卷，人民出版社、当代中国出版社 2012 年版，第 16—17 页。
　　②　同上书，第 17 页。
　　③　柴红霞、石碧波、高庆：《胡耀邦谋略》，红旗出版社 1997 年版，第 28 页。

二是亲自督查大案要案的平反工作。

在平反冤假错案工作中，胡耀邦既指导、部署整体工作，又重视个案的解决。他亲自督查的以下几个大案要案，反映了他在拨乱反正中的魄力和大无畏的精神。

平反"六十一人叛徒集团"案。所谓"六十一人叛徒集团"案，是以薄一波、刘澜涛、安子文、杨献珍、周仲英等为首的 61 个中共干部，1931 年被国民党关押在北平草岚子胡同监狱，于 1936 年 4 月在中共中央北方局和中共中央的指示下，按国民党规定的手续出狱。1967 年 3 月，这 61 人被康生等人诬陷为叛变，将他们定为"叛徒集团"，制造了这起冤案。当时，61 人中仍然健在的有 40 人，其中有 22 人担任副省部级以上的领导职务，13 人为司局级干部。这些同志遭受迫害后，家人子女均受到株连。1978 年 6 月初，胡耀邦征得叶剑英、邓小平的同意，着手平反这一冤案。7 月，胡耀邦安排中组部干审局副局长贾素萍等 4 人，全身心投入"六十一人叛徒集团"案的复查工作。贾素萍等人连续奔波数月，与 61 个人中的所有幸存者联系，调查访问了几十个与此案有关的证人，认真查阅了大量的敌伪档案。每当他们调研回来，胡耀邦都要亲自听取详细的汇报，批阅调查报告，批上"有用"、"这份材料很说明问题"、"送中央常委阅"，等等。1978 年 10 月，贾素萍等人终于完成了"六十一人案"的全部内查外调工作。[①] 胡耀邦与调查组一起研究起草了《关于"六十一人案"的调查报告》，报告在中共十一届三中全会上得到了充分肯定。平反"六十一人案"，是胡耀邦亲自经手的第一件平反冤假错案大案，对党的拨乱反正工作产生了积极的影响。

为 55 万"右派分子"落实政策。新中国成立后，由于"左"的思想路线影响，有一大批敢于直言的知识分子被戴上了"右派"的帽子。1957 年，反右派斗争严重扩大化，被戴上右派分子帽子的竟达 55 万人之多，他们或被关进监牢，或被送去劳教，或被经常批斗，或被开除公职。从 1959 年到 1964 年，虽然分五批陆续给所谓的右派摘了帽子，但全国仍有 10 多万含冤受屈的"右派分子"。而摘了帽子的人，在政治上仍备受歧视，没有从根本上解决问题。为了排除干扰，在思想、认识、行动上达到统一，胡耀邦先后指示中央组织部、中央宣传部、中央统战部、公安部、民政部于 1978 年召开两次联合会议，研究被错划为"右派"的知识分子的政策落实问题。胡

---

① 柴红霞、石碧波、高庆：《胡耀邦谋略》，红旗出版社 1997 年版，第 35 页。

耀邦委托中组部副部长杨士杰在山东烟台主持召开了第一次联合会议，并嘱咐杨士杰，一定要坚持"实事求是、有错必纠"的原则，错多少改正多少。联合会议结束后，以中央统战部和国家公安部的名义，向中央呈报了《关于全部摘掉右派分子帽子的请示报告》。经研究决定，中共中央将此报告作为1978年11号文件转发全国各地。随后，胡耀邦又组织起草了关于真正解决摘帽后落实政策问题的报告给中央。1978年9月17日，中共中央批准并转发了五部门于8月25日呈报的《贯彻中央关于全部摘掉右派分子帽子决定的实施方案》。方案规定：对于过去错划了的人，要坚持有反必肃，有错必纠的原则，做好改正工作。① 在中央的明文规定下，全国各地逐步给"右派分子"恢复工作、职务和名誉。至11月，各地完成摘掉"右派分子"帽子的工作。

　　为"党内头号走资派"刘少奇昭雪。在"文化大革命"中，国家主席刘少奇被诬陷为"党内头号走资本主义道路当权派"。因刘少奇一案受株连而造成的冤假错案达22000多起，有28000多人被判刑，制造了"文化大革命"中最大的冤案。在"六十一人叛徒集团"案调查即将结束时，胡耀邦布置中组部有关部门着手复查刘少奇的案子。1978年12月，刘少奇的子女联名写信给中共中央，要求释放王光美。1979年1月下旬，王光美拜访时任中共中央秘书长的胡耀邦，要求对刘少奇一案重新审查，作出结论。胡耀邦表态说，刘少奇的案子是党的历史上最大的冤案，这个案子是一定要平的，要逐一逐条地反驳，还少奇同志以清白。1980年1月，邓小平正式宣布"不久就要为刘少奇同志恢复名誉"，胡耀邦在一次会议的讲话中指出："少奇同志不是什么叛徒、内奸、工贼，而是我们党和国家最优秀的领导人之一。"② 邓小平和胡耀邦的公开表态，有力地支持了给刘少奇平反的工作。在胡耀邦的组织安排下，为刘少奇平反的工作进展顺利。1980年2月23日至29日，中共十一届五中全会在北京举行。全会经过认真严肃的讨论，一致通过了《关于为刘少奇平反的决议》，新中国成立以来党内最大的冤案得以平反。1980年5月17日，中共中央为刘少奇举行了万人追悼大会。

　　在胡耀邦的主持和推动下，大批蒙受冤屈和迫害的干部、知识分子、民主人士和人民群众得到平反昭雪、恢复名誉。据不完全统计，从1979年到1982年，经中共中央批准平反了大的冤假错案30多件，全国共平反了约

　　① 《中共中央通知中发〔1978〕55号文件转发〈贯彻中央关于全部摘掉右派分子帽子决定的实施方案〉》，1978年9月17日。
　　② 满妹：《父亲胡耀邦平反的第一个冤案》，《传记文学》2006年第2期。

300万名干部的冤假错案，为47万多名共产党员恢复了党籍，使数以千万计受牵连的干部和群众受到公正待遇。

三　推动党的工作重点转移

在发动真理标准问题大讨论、平反冤假错案的同时，胡耀邦积极推动党的工作重点转移到社会主义现代化建设上来。早在中共中央党校主办《理论动态》时，胡耀邦就强调搞好经济建设、发展生产力。《理论动态》先后发表了《按劳分配是否必然产生资产阶级分子问题的探讨》、《经济建设不是阶级斗争吗?》、《现代科学技术概况》、《揭穿"四人帮"对生产力在历史发展中所起决定作用原理的篡改》等文章，从多方面阐述经济建设与发展生产力的问题。随着形势的好转，胡耀邦在平反冤假错案、拨乱反正的同时，更积极地推动党的工作重点转移到经济建设上来。

一是积极筹备中共十一届三中全会，决定把党的工作重点转移到社会主义现代化建设上来。

1978年12月18日至22日，中共十一届三中全会在北京举行，全会果断地停止了"以阶级斗争为纲"的错误方针，讨论决定把全党的工作重点转移到社会主义现代化建设上来。胡耀邦承担了这次会议的组织工作，积极联络中央常委和各组之间的工作，对会议的成功召开起到重要的作用。①邓小平在全会上作了《解放思想，实事求是，团结一致向前看》的主题报告，胡耀邦参加了这篇报告的研究和起草工作。胡耀邦还组织起草了叶剑英在全会上的讲话。胡耀邦积极筹备、参与的中共十一届三中全会，标志着中国共产党从根本上冲破了长期"左"倾错误的严重束缚，端正了党的指导思想，在思想上、政治上、组织上全面恢复和确立了马克思主义的正确路线，党的工作重点自此转移到经济建设上，实现了伟大的历史转折。

二是坚持党的工作以经济建设为中心。

1979年6月上旬，中纪委召开了常委扩大会。会议把整顿党风与建设四个现代化提到了并列的高度，并作为当前全党工作的两个中心。6月14日清晨，胡耀邦约新华社的戴煌、赵永西等人谈关于修改中纪委会议新闻稿的事。他强调："我们的工作只能有一个中心。按照小平同志的说法，就是同心同德，一切为了奔向四个现代化。"②把国民经济搞上去，是党和国家

①　于光远：《我亲历的那次历史转折》，载《十一届三中全会的台前幕后》，中央编译出版社1998年版，第159页。
②　戴煌：《一次无拘无束的谈话》，载《胡耀邦》，中外文化出版公司1989年版，第99页。

今后的中心任务，"一切都要围绕这个中心转"①。胡耀邦建议新闻稿把会议上强调的两个中心改成一个中心，改成整顿党风是为了使全党更好地为四个现代化齐心协力。后来，考虑到新闻稿不能随意增删会议内容，这次会议的新闻没有发出，但新华社的同志到中纪委向王鹤寿转达了胡耀邦这次谈话的意见。这件事，体现了胡耀邦坚持以经济建设为中心的工作思路。

1982 年 9 月 1 日，中共第十二次全国代表大会在北京隆重开幕。这次会议对中国新时期历史有着重要的影响。胡耀邦代表中共第十一届中央委员会向大会作《全面开创社会主义现代化建设的新局面》的报告，他在报告中正式宣布："我们已经在指导思想上完成了拨乱反正的艰巨任务，在各条战线的实际工作中取得了拨乱反正的重大胜利，实现了历史性的伟大转变。"② 拨乱反正工作取得胜利后，"我们果断地把党和国家的工作重点转到了经济建设上来，坚决清除经济工作中长期存在的'左'倾错误，认真贯彻执行调整、改革、整顿、提高的正确方针。现在我国经济已经渡过最困难的时期，走上了稳步发展的健康轨道"③。

三是推动改革开放和社会主义现代化建设。

要坚持以经济建设为中心，必须实行相应改革。胡耀邦反复强调要进行改革，他指出："我们要革命，就得改革。不但经济体制、财政体制要改革，干部体制也要改革。"④ 为此，中共中央实事求是地确定了中国经济建设的战略目标、战略重点、战略步骤和一系列正确方针。1981 年 6 月 27 日到 29 日，中共十一届六中全会召开，选举胡耀邦担任中央委员会主席。胡耀邦在 29 日向出席会议的中央委员发表讲话，他说："在过去的几年里，我们花费了大量的精力来处理历史上遗留下来的问题，我们也花费了大量的精力来总结历史经验。""今后，我们应该把主要精力花在研究如何来提高国民经济的实力，研究如何发展生产力。"⑤ 胡耀邦的讲话，为社会主义现代化建设事业指明了方向。胡耀邦在中共十二大报告强调："在全面开创新局面的各项任务中，首要的任务是把社会主义现代化经济建设继续推向前进。"⑥

---

① 戴煌：《一次无拘无束的谈话》，载《胡耀邦》，中外文化出版公司 1989 年版，第 100 页。
② 《十一届三中全会以来重要文献选读》（上），人民出版社 1987 年版，第 469 页。
③ 同上书，第 470 页。
④ 戴煌：《一次无拘无束的谈话》，载《胡耀邦》，中外文化出版公司 1989 年版，第 100 页。
⑤ 杨中美：《胡耀邦传略》，新华出版社 1989 年版，第 125 页。
⑥ 《十一届三中全会以来重要文献选读》（上），人民出版社 1987 年版，第 476 页。

在推动党的工作重点转移的过程中，胡耀邦还主持制定了其他方面的方针政策。为充分调动农民群众的积极性，他主持制定了农村改革的一系列方针政策，并抓紧各项政策的落实执行，推动了我国农村经济的迅速发展。为推动以城市为中心的整个经济体制改革，胡耀邦参与并主持制定了《中共中央关于经济体制改革的决定》，将改革的重心转向城市。胡耀邦还鼓励和支持沿海地区对外开放，推动沿海地区发展社会主义商品经济，为我国的全面改革开放和社会主义现代化建设打下基础。

真理标准问题的大讨论，冤假错案的平反，党的工作重点的转移，标志着"文化大革命"后拨乱反正工作的胜利完成。胡耀邦积极参与、指导的拨乱反正工作，具有重要的理论意义、现实意义和历史意义。中共中央在胡耀邦追悼会上的悼词中说："他按照实事求是、解放思想的精神，组织和推动了关于真理标准的讨论，为冲破'两个凡是'的严重束缚，重新确立党的马克思主义思想路线，作了理论准备。""他以非凡的胆略和勇气，组织和领导了平反冤假错案、落实干部政策的大量工作，使大批受到迫害的老干部重新走上领导岗位，使其他大批蒙受冤屈和迫害的干部、识分子和人民群众得到平反昭雪、恢复名誉。"① 胡耀邦以大政治家的战略远见和宏大气魄，成功地开展的拨乱反正工作，为中国的改革开放事业产生了积极而深远的影响。

（作者系中国社会科学院当代中国研究所政治史研究室主任、研究员、博士生导师）

（原载《毛泽东研究》2015 年第 5 期）

"一身正气、两袖清风"：胡耀邦
清正特质的文化之源

夏远生

一身正气、两袖清风，是党和人民对中共中央总书记胡耀邦清廉作风的精湛评价，深刻揭示了他党性、品德、人格、风范的精神特质、价值精髓和

---

① 《赵紫阳总书记在胡耀邦同志追悼大会上致的悼词》，《中华人民共和国国务院公报》1989 年第 7 期。

文化意义。

一　"苦寻屈子魂"：胡耀邦清正人格之源

胡耀邦的诗句"苦寻屈子魂"，精辟概括了其一生自奉廉洁、持身正直的文化渊源。追溯而言，首先是湖湘文化的滋养哺育，可以说湖湘文化构筑了胡耀邦人生成长的性格基因，"苦寻屈子魂"凝聚了胡耀邦求索与创新的精神内涵，弘扬"先忧后乐"精神成为胡耀邦的人生信条；其次是革命斗争的人生历练，炼铁成钢，锻造了胡耀邦金刚不坏之身、正直廉洁之心、正气清白之风；再次是毛泽东思想的教育、毛泽东同志的教导，使胡耀邦受益终身，虽然走上党中央主要领导人的高位，仍然保持一颗赤子之心、一身公仆情怀、一腔忠诚热血。

1. 湖湘文化构筑了胡耀邦人生成长的性格基因

上下求索，先忧后乐，湖湘文化，湖南精神，筑就了胡耀邦锻炼成长的性格基因和精神家园。湖湘文化有关的心性内涵、乡土风物及世事人情对胡耀邦产生了最初的影响，湖南人的生活习俗，湖南人的个性特质，湖南人的人格精神，既对他的人生历程、理想追求、精神修养产生了深刻、广泛的影响，又在他的身心中、言行里、人生旅途上体现得淋漓尽致，发扬光大。在他74载的春秋年华中，学习和发扬了湖湘优秀文化传统中屈原大夫的"路漫漫其修远兮，吾将上下而求索"的求索精神，范仲淹先生的"先天下之忧而忧，后天下之乐而乐"的忧乐情怀，湘军左宗棠的"上相筹边未肯还，湖湘子弟遍天山"的抗敌意志，谭嗣同烈士的"我自横刀向天笑，去留肝胆两昆仑"的献身精神，近现代仁人志士"天下兴亡，匹夫有责"的爱国精神，太平天国将士、辛亥革命先驱的牺牲奋斗精神，丰富多彩的乡土文化，独特坚强的山民血性，毛泽东为代表的湘籍无产阶级革命家"心忧天下，敢为人先"的湖南精神，创造性地形成了"胡耀邦精神"——以变革创新为显著特征，"尘步当年谭嗣同，鼎新革旧气恢弘"；以人本民本为精神实质，"以民为本贯平生，赤胆一腔公仆风"；以刚正清廉为人格风范，"无私无畏一身正，光明磊落两袖清"，树立了改革开放时代共产党人的清廉作风和人格典范。

2. "苦寻屈子魂"凝聚了胡耀邦求索与创新的精神内涵

古人讲，"修身、齐家、治国、平天下"。对出身于湖湘文化之地的胡耀邦来说，故乡的历史文化传统和先贤，对他的影响和教育也是巨大的。他曾在一首诗中写道："明知楚水阔，苦寻屈子魂。"

"苦寻屈子魂"，透露出胡耀邦人格追求的高尚与廉洁，这是他上下求索、改革创新精神的文化根源。

湖南百姓也是这样看的，民间一首缅怀诗赞颂道：

"明知楚水深千尺，屈子忠魂看耀邦。"

3. 弘扬"先忧后乐"精神成为胡耀邦的人生信条

胡耀邦的家乡湖南，有一篇千古名篇《岳阳楼记》。范仲淹此作，留给中华文明的主要成果，就是"忧乐"精神和民生情怀，充满为民办事、为民请命和为民除弊的意识，用现代语言讲，为民办事就是"利为民所谋"，为民请命就是"情为民所系"，为民除弊就是"权为民所用"。古往今来，一个清明政治家的政治行为的背后都有人格精神的支撑。范仲淹的人格思想，具有"无奴气，有志气"的独立精神，"实事求是，按原则办事"的理性精神，"为官不滑，为人不奸"的牺牲精神，"不以物喜，不以己悲"的公仆精神，"居庙堂之高则忧其民"的为民精神。特别是"先天下之忧而忧，后天下之乐而乐"的为人、为政理念，成为体现爱国思想、进步价值的人生信条。千百年来，对于修养中华民族仁人志士的人格精神，产生了潜移默化的深刻影响。胡耀邦清廉作风和高洁人格的哺育和修养，就深受"岳阳楼记"思想文化精髓的熏陶和激励。

胡耀邦一生中至少 3 次登上岳阳楼，与岳阳楼结下了不解之缘，演绎出青出于蓝的人生佳话，印证了他与湖湘文化传统的深厚渊源。

登上岳阳名楼，心系天下苍生。千年名楼、万载湖水作证，《岳阳楼记》所抒写的伟大的人生忧乐观，早已深深渗透了胡耀邦高洁的灵魂和清廉的精神，化作当代共产党人正直廉洁的风范。

4. 革命人生历练是胡耀邦清廉作风的实践渊源

1926 年，11 岁的山村少年胡耀邦，从 20 里地之外的苍坊村，来到文家市里仁学校念书，就读第十班。里仁学校的历届校长都是同情和倾向革命的进步人士，聘请的教师大多是德高望重、学识渊博的知识分子，很注重对学生进行维新、民主、爱国、求索的思想教育。浏阳河边的山沟里，能够涌现出胡耀邦等一批国家栋梁之材，不为无因。

文家市，并不是"市"，而是当地群山环抱中的一个集镇。到学校去的20 里山路，是对胡耀邦的最初锻炼。为了读书求知，胡耀邦每天往返跋涉40 多里山路，风雨无阻，从不间断。

整整 4 年，至少 1200 个来回，艰苦求学的胡耀邦默默地走过了一天又一天。可以说，在投身红军、参加两万五千里长征前，他已经在艰苦求学的山路上跋涉一个两万五千里。

60 年后，胡耀邦在长沙回忆往事时深情地说："我的爷老子是靠做苦力挑煤卖养大我们的，我的石姐没日没夜织麻攒了两块银花边供我读书，我至今还记得。我爷老子他老人家因长期担脚，两只肩膀肿了两个好大茧包哟！"

大革命在浏阳蓬勃兴起，共产党、共青团和农民协会开展革命斗争和社会宣传，少年胡耀邦开始懂得一些革命道理，明白原来只有农民团结起来，同土豪劣绅作斗争，才能够争得政治上、经济上的权利，获得扬眉吐气的机会。

在共产党员陈世乔和甘恩藻等人的培养下，胡耀邦担任了里仁学校少年先锋队队长、宣传组组长。他的志同道合的表兄杨勇，还参加了著名的湖南农军攻打长沙的斗争。

20 世纪 20 年代，十几岁的九伢子胡耀邦，就是在苍坊、文家市、浏阳这块红色土地上度过了少年时代。他的儿童经历，他的启蒙教育，他的求学生涯，他的人生奋斗，在中共中央总书记胡耀邦的档案中写下了历历在目的记录。

"千锤万凿出深山，烈火焚烧若等闲。粉身碎骨浑不怕，要留清白在人间。"革命人生的历练，人民斗争的磨炼，千锤百炼，终得精钢。胡耀邦这块合金钢的本质和成色，最初形成于湖南人民革命斗争熔炉的锻炼。

胡耀邦从投身革命斗争之日起，就体现了可贵的品质和精神，那就是"真"、"实"、"严"三个字——讲真话，做实事，严律己。在湘赣苏区工作期间，胡耀邦曾受到委屈，蒙冤"AB 团"，差一点革命到底。这一段革命生涯中的插曲式遭遇，对胡耀邦来说，留下了刻骨铭心的记忆，引为难忘的教训。所以，后来一生中，他都特别谨慎地处理党内斗争问题，以"真"、"实"、"严"为座右铭。

延安时期，是毛泽东思想的成熟期。一代共产党人深受毛泽东思想和延安精神的哺育，成长为党、军队和国家的栋梁之材。1945 年 8 月，中国人民抗日战争胜利。根据党中央的部署，延安许多领导干部意气风发，奔赴全国各地去开辟中国革命的新局面。陶铸、胡耀邦、王鹤寿在王家坪桃园"约法三章"：三位志同道合、一身正气的挚友郑重相约，终生要做到三件事：永远跟着毛主席；永不叛党；永不做吹吹拍拍的事。这一年，陶铸 37 岁，王鹤寿 36 岁，胡耀邦 30 岁，正是青春华年。延安"约法三章"，这三位都信守终生，始终践行，真正做到了全心全意为人民服务，一身正气，做人清白，大公无私，廉洁奉公。

1981年胡耀邦当选中共中央主席后，主持召开一次家庭会议。胡德平回忆父亲当时说的话："他说想问题、动手动脑、工作方法我们要学毛主席。工作精神我们要学总理，因为总理是全党的楷模。研究大问题，不搞烦琐哲学，我们学邓小平。"

二 "心在人民，利归天下"：胡耀邦清廉作风之本

"心在人民，利归天下"，奠定了胡耀邦厉行为民务实清廉作风的根本基因。他的清廉作风，着眼于党风政风和社会风气的根本好转，以身作则，率先垂范，体现在他的思想作风、工作作风、领导作风和生活作风的方方面面。仅从他与湖南有关的几则事例，滴水映光辉，足以反映胡耀邦清廉作风的特质、本质、特色、本色。

1. 一封信与一面镜子——映射清廉本色

浏阳市中和乡苍坊村胡耀邦故居，收藏一封信，是胡耀邦在20世纪60年代初写给家乡党总支书记龚光繁的。他写道：

"我曾经给公社党委详细地写了一封信，请求公社和你们一定要坚决阻止我哥哥、姐姐和一切亲属来我这里。因为：第一，要妨碍生产和工作；第二，要浪费路费；第三，我也负担不起。但是，你们却没有帮我这么办。这件事我不高兴。我再次请求你们，今后一定不允许他们来。"

这封信，还附了一张退款清单，胡耀邦将家乡人送给他的诸如油茶、豆子之类的土特产一一折价，要求哥哥将这笔钱带回，"偿还生产这些东西的社员"。

半个世纪过去了。现在，这封信的原件放在胡耀邦故居陈列馆的玻璃柜中。信，语言朴实，字迹清秀，展示着一位真正的共产党人的高尚情操、磊落胸襟和清廉作风。在全面深化改革、全面从严治党的今天，这封信应该说是一份极为生动的践行群众观点、做到"三严三实"的廉政教材。它使人们看到了胡耀邦的崇高人格、浩然正气和廉洁品德，更看到了真正的共产党人的政治本色和廉正本质。

2. 一堂课与"两个务必"——重在身体力行

1962年，胡耀邦兼任湘潭地委第一书记。到任33天时，给全地区机关干部讲了一次党课。行署大礼堂，挤满了人。他上台后，给大家作了一首来湘潭33天的七律诗，然后就"艰苦奋斗，共渡难关"为题发表演讲。台下有人递条子，问"为什么要搞计划供应，按计划发粮票、布票？"

胡耀邦看了条子，背诵了《资本论》中的一段话，背诵了毛泽东在西柏坡七届二中全会上的指示："务必使同志们继续地保持谦虚、谨慎、不骄、不躁的作风，务必使同志们继续地保持艰苦奋斗的作风。"然后说：我们的国家虽然解放十多年了，底子太薄，一穷二白，7 亿多人口，要穿衣吃饭，他边讲边做手势，说一个人两寸宽的嘴巴，排成一字形队伍，连接起来，要绕地球一圈多，中华民族是一个伟大的民族，但又是个有这么多嘴巴的国家，一年要吃多少粮食啊！要吃饭还要搞建设，毛主席当这个家不容易呀！不艰苦奋斗，不节衣缩食，行吗？

1962 年 12 月 5 日，胡耀邦和华国锋来到酃县。听取了县委书记汇报。工作之余，胡耀邦索要《酃县志》阅看，并专程到炎帝陵，绕陵园走一走，了解炎帝陵的规模、建筑结构和原貌。在县直机关党员干部会上，胡耀邦作了"要为人民多做好事"的讲话。他说："同志们，今天我们共产党人的事业更伟大，我们应该具有比前人更大的志气、毅力和才智，多为人民办好事，办实事，人民也是永远不会忘记我们的。"

3."胡耀邦不吃鸡！"——严于律己表率

1963 年 7 月上旬，骄阳似火，胡耀邦前往家乡浏阳北盛公社调研。

得到地委通知后，浏阳县委派办公室主任坐镇公社，准备午餐及其他事项，而县委书记则率常委一班人在县委办公楼等候。将近 10 时，还不见胡耀邦踪影。

此时，胡耀邦正顶着烈日，头戴一顶麦秆编织的草帽，身着蓝布衣，径直往北盛公社走去。原来，胡耀邦在湘潭至浏阳途经永安岔路时，途中下车步行，沿线察看农村生产生活的真实情况。

当走到北盛公社门口时，胡耀邦已大汗淋漓。他看见公社厨房内，厨师正忙碌，案板上摆着各类菜肴。胡耀邦一进门就问："弄这么多菜，搞什么？"

厨师不认识胡耀邦。旁边一人扫了一眼，对胡耀邦说："你不认得字呀！墙上写着哩！"

胡耀邦问："是招待胡耀邦的吗？"

一位厨师高兴地说："那当然，中央首长回家乡，还是为了工作，做几样家乡菜是应该的呀！"

胡耀邦用竹棍指了指待杀的鸡说："胡耀邦不吃鸡！"

厨师一愣："什么？他不吃鸡？"

胡耀邦又指了指案板上的一条鲤鱼说："胡耀邦也不吃鱼！"

厨师生气了，说："人家老远跑来能不招待吗？家里来了客人也要准备几道菜嘛，何况他是中央领导！你是什么人，怎么把他比作一般的勤务员！"

胡耀邦给厨师递上一支烟，边为他点火边说："鸡不要杀了，我就是胡耀邦啊！"

"胡耀邦不吃鸡！"的故事传开了，往后，地委领导再下县乡调研，杀鸡杀鱼搞招待的事就少多了。

胡耀邦严于律己作表率，使各级干部深受教育和鞭策。

三 "准则"、"表率"、"力行"——胡耀邦端正党风之魂

"准则"、"表率"、"力行"，铸就了胡耀邦端正党风的原则和灵魂。人们对胡耀邦端正党风的深刻印象，可以说是 20 世纪 80 年代初中期在全党全国产生重大影响的三篇文献：《关于党内政治生活的若干准则》，《中共中央关于整党的决定》，《中央机关要做全国的表率》。为了贯彻执行中央文献精神，胡耀邦在中央主席和中央总书记任上，为全党作出了遵守准则、全面整党、要做表率的典范。他端正党风，为政清廉，身先士卒，以身作则，"一身正气深得人民敬爱，两袖清风堪称为人楷模"。胡耀邦给党和人民留下宝贵的精神财富，在协调推进"四个全面"战略布局、加强党风廉政建设方面，将发挥如同习近平总书记所说的"最好的教科书、最好的营养剂"的功用。

1. 一篇《准则》划时代

为了全面恢复和进一步发扬党的优良传统和作风，健全党的民主生活，维护党的集中统一，增强党的团结，巩固党的组织和纪律，提高党的战斗力，中央根据目前党的状况，向全党重申党内政治生活的准则。胡耀邦领导制定和实施了在中国共产党廉政建设、作风建设史上具有里程碑意义的文献《关于党内政治生活的若干准则》。其十二条准则，虽然过去 35 年了，拿到今天，每一条都仍具有强烈的现实针对性和理论指导性。

在党风廉政建设方面，"在干部工作中要坚持正派的公道的作风，坚持任人唯贤，反对任人唯亲。严禁以派性划线。严禁利用职权在党内拉私人关系，培植私人势力。共产党员应该忠于党的组织和党的原则，不应该效忠于某个人。任何人不得把党的干部当作私有财产，不得把上下级关系变成人身依附关系"。言犹在耳，振聋发聩。

"恢复和发扬党一贯倡导的讲真话，不讲假话，言行一致的优良作风。"

"各级领导干部都是人民的公仆，只有勤勤恳恳为人民服务的义务，没有在政治上、生活上搞特殊化的权利。按照工作需要，对领导人提供某些合理的便利条件并保证他们的安全是必要的，但绝不允许违反制度搞特殊化。"

中央规定，"《关于党内政治生活的若干准则》是党的重要法规，全体党员要认真学习，自觉遵守，要对照《准则》的规定，认真检查自己的工作和作风。党的各级领导机关和领导干部要带头执行。任何党员如果有违反本准则的行为，要进行批评教育，情节严重的必须按照党的纪律给予处分，直至开除党籍。"

历史有惊人的相似。1997 年、2010 年中央政治局两次制定和修订《中国共产党党员领导干部廉洁从政若干准则》，可以说是《关于党内政治生活的若干准则》的升级版和具体化。为党员干部的"廉洁从政行为规范"，为重申和弘扬毛泽东、邓小平、胡耀邦为全党倡导的清廉作风，奠定了基础。

也可以说，第十八届党中央政治局关于改进工作作风、密切联系群众的八项规定，与《关于党内政治生活的若干准则》，具有本质上的一致性和精髓上的融会贯通性。既是《关于党内政治生活的若干准则》精神的继承与发展，又是新的历史起点上全面从严治党的创新成果。

2. 全面整党开新风

陈云指出："执政党的党风问题是有关党的生死存亡的问题。"胡耀邦对此有着更为清醒而深刻的认识。1980 年他在《搞好党风的几个问题》中提出"要坚定不移地把党风搞好"的要求，强调"党内的不正之风，是个腐蚀剂，腐蚀我们党的肌体"，"党风不正，严重破坏了党和群众关系，损害了党的威信，削弱了党的战斗力，助长了社会不良风气的泛滥"。他重申毛泽东的警告，强调说"执政以后，我们一些革命意志薄弱的同志很容易被糖衣炮弹击中，腐败下去"。

在中共十二大上，胡耀邦向全党全国人民提出了三个根本好转的任务，要求实现财政经济状况的根本好转，社会风气的根本好转，党风的根本好转。他对端正党风一直高度重视，并身体力行，倾心推动。他主持制定了《中共中央关于整党的决定》，决定从 1983 年下半年开始用三年时间对党的作风和组织进行一次全面整顿。他担任中共中央整党工作指导委员主任，组织领导"统一思想，整顿作风，加强纪律，纯洁组织"的艰巨斗争，为改变党内存在的思想、作风、组织严重不纯的状况，为全面推进改革开放条件下的党风廉政建设和反腐败斗争，进一步端正党风，纯洁政风，改善社会风气，不断地提高党的创造力、凝聚力、战斗力，使其始终成为建设中国特色社会主义的坚强领导核心，作出了重大贡献。

3."中央机关作表率"

为了把我们的伟大事业推向前进，中央机关担负着特殊重大的责任。在我们整个事业中，中央机关起着枢纽的作用。这个枢纽运转得好不好，对于我们事业的兴衰成败，关系极大。因此，必须尖锐地向中央机关提出一项重大的政治任务，这就是：要以自己高尚的精神面貌和优良的工作作风，做全国的表率。

这是中共中央总书记胡耀邦的大声疾呼。30 年了，言犹在耳。当时，笔者参加湖南省委农村整党工作，整党联络组下到祁东县归阳区，听到总书记的重要讲话，耳目一新，精神大振，感觉从严治党动真格的了，党风廉政建设抓到关键环节上了。

1986 年 1 月 9 日，胡耀邦在中央机关干部大会上作了《中央机关要做全国的表率》的讲话。他严肃强调"克服不正之风，一要坚决、二要持久"，"需要愚公精神"，用挖山不止的精神来克服不正之风，端正党风。"愚公精神是中华民族的宝贵精神财富，是我们革命队伍的优良传统。"

胡耀邦痛心疾首地强调说："端正党风，关键是各级领导要带头，为政清廉，艰苦奋斗，为党员作表率！"

胡耀邦逝世时，中央的悼词高度评价他"光明磊落""廉洁奉公的高贵品德"。

湖南省委送的挽联是："一身正气两袖清风；三湘哀悼四水悲歌。"

"赤子情怀，鞠躬尽瘁，肝胆长如洗。"今天，我们纪念胡耀邦，不仅是因为他曾经担任中共中央主席和总书记，为中国的改革开放和党的建设作出过历史性的贡献，更是因为他一身正气，能够正己正人；两袖清风，能够端正党风；清廉如水，执政美德的象征；光明似玉，做人理想的表率。

党的十八大提出，围绕保持党的先进性、纯洁性，在全党深入开展以为民务实清廉为主要内容的群众路线教育实践活动。这是新形势下坚持党要管党、从严治党的重大决策，是加强马克思主义执政党建设的重大部署，是推进中国特色社会主义伟大事业的重大举措。胡耀邦革命一生，践行为民务实清廉，树立和弘扬清廉作风，给党和人民留下了宝贵的精神财富，在协调推进"四个全面"战略布局、加强党风廉政建设方面，将发挥如同习近平总书记所说的"最好的教科书、最好的营养剂"的功用。这也是湖南党组织和各族人民，至今仍深深地为有这样的中央领导人而倍感自豪、充满思念的原因之所在。

（作者系湖南省委党史研究室巡视员）
（原载《新湘评论》2015 年第 21 期）

蔡和森对早期中共党史研究的贡献

郭国祥　余　薇

　　蔡和森，湖南双峰人，中国共产党早期的重要领导人，我党杰出的理论家、宣传家、革命活动家。青年时期，他与毛泽东一起求学于湖南省立第一师范并共同创建了新民学会。五四运动后，他组织并参加了赴法勤工俭学活动。留法时期，他接触了马克思主义，成为我国较早的具有初步共产主义思想的知识分子。1921 年年底回国，不久，加入中国共产党。1922 年 5 月，蔡和森当选为团中央第一届执行委员。在党的二大至六大会议上，蔡和森当选为中共中央委员，五大、六大时为中央政治局委员、常委，先后任中共中央宣传部部长、《向导》周报主编等职务。八七会议后，蔡和森担任中共北方局书记。1931 年秋，蔡和森在组织广州地下工人运动时遭叛徒出卖被捕，英勇就义，终年 36 岁。蔡和森把自己的生命献给了党的事业，他一生著述丰富，先后写了数十万字的著作，发表在党的刊物上。他在著述中对早期中共历史作了叙述和点评，如《中国共产党史的发展》（1926 年）、《党的机会主义史》（1927 年）、《论陈独秀主义》（1929 年）三篇著作，对中共早期历史特别是党内的思想斗争史进行了系统的回顾与思考，成为“党史研究的开山之作，奠定了中共党史研究的基础”①，蔡和森也被誉为中共党内“党史研究第一人”。蔡和森对党史研究的开创性贡献可以概括为：明确了中共党史的研究对象，阐明了中国共产党产生的历史背景和历史必然性，揭示了中共党史研究的基本立场和主要方法，指出了中共党史研究的意义。

一　明确了中共党史的研究对象

　　蔡和森认为，中共党史的研究对象主要是党的创立、党的发展阶段、党

---

　　①　王继平、李永春、王美华：《蔡和森思想论稿》，湖南人民出版社 2003 年版，第 313 页。

的发展道路以及经验教训等。深入地说，党产生的历史背景和现实条件，党发展的前景和环境，党员及其党组织的发展状况，党的路线方针政策，党内生活运动，党对革命运动的指导作用等，都是党史研究的对象。这就指出了党史研究的基本对象和内容，为后来规范的党史研究提供了一个可资参考的模板和范本。

蔡和森认为研究中共党史，不能仅仅局限于中国共产党自身，还必须从一个更广阔的空间维度来研究，这样才能更深刻地明白中国共产党成长历程及其特点。"蔡和森研究中共党史不只是研究共产党领导和革命斗争，不只是将中共党史和中国工运史、农运史、学运史结合起来研究，还将中国经济史、思想文化史、国民党史、军阀史等和中共党史结合起来研究；不只是研究共产党的两条路线的斗争、组织发展的情况，还研究了党内生活的各个方面。"① 他在《中国共产党史的发展》中提到党的政治生活与劳动运动之进展，就明确提出 "政治生活是不能离开经济事业的"②。在谈到第二次大会召开到第三次大会召开这一时间段中，蔡和森分三个部分阐述了中国工人运动的潮流由兴起到渐渐消沉，其中就谈到了 "职工运动"、"内部生活"③，并且专门谈到了党内生活和精神面貌。在谈到中国共产党的活动背景时，蔡和森指出，"故中华民国，乃是革命阶级羽毛未丰，将就封建的旧支配阶级势力，与之调和妥协而后苟且成立的"，"自然新政权不得不完全落于封建的军阀与官僚之手"④。资产阶级的软弱性，对封建势力、帝国主义的妥协，导致了军阀割据，四分五裂的惨状。他最后得出结论 "打倒军阀割据的第一步在民主的革命"⑤。蔡和森致力于拓宽中共党史的研究范围，结合国民党史、军阀史，这种史学理论和研究方法都值得史学工作者深入学习和探讨。

蔡和森指出，对中共党史的研究，不仅仅只限于中国共产党成立之后的历史，而应该从一个更广阔的时间维度来分析。《中国共产党史的发展》把中共党史的研究追溯到了第一次鸦片战争。蔡和森认为："要明白中国共产党的责任，不仅明白其政治的环境还须知道各阶级的力量如何、关系如何，如此才能得到明确的观念。"帝国主义入侵以后，才促成了中国的买办阶级

---

① 王继平、李永春、王美华：《蔡和森思想论稿》，湖南人民出版社 2003 年版，第 319 页。
② 《蔡和森的十二篇文章》，人民出版社 1980 年版，第 17 页。
③ 同上书，第 29 页。
④ 《蔡和森文集》，人民出版社 1980 年版，第 101 页。
⑤ 同上书，第 105 页。

形成，"买办阶级渐渐形成商业资产阶级"，阶级的变化对于当时的政治格局变化是有深远影响的。① 第一次鸦片战争使中国国门大开，自封"天朝上国"的中国却遭受着殖民主义的掠夺，一纸条约的签订，中国开始走向半殖民地半封建社会之路。"自鸦片战争，英法联军，八国联军及中日战争等役以来，中国已被国际帝国主义夷为半殖民地。"② 数十年来，中国一直压迫于帝国主义之下。终于 1917 年十月革命成功后，中国爆发了思想解放运动——新文化运动。蔡和森考察和研究了五四运动以前的历史现状，明确指出中国共产党的真正使命是在半殖民地半封建社会里，作为先进性的代表，应该把民族革命进行到底。"无产阶级的真正解放是应该夺取政权，建设无产阶级专政的国家，建设共产主义社会。"③ 蔡和森扩宽了研究党史的时间维度，这样不仅科学地把中共党史列入近代史的长河中，而且通过以党史为根据，总结党的历史经验教训，为党的发展指明正确的方向，从而使中共党史的研究有了深度和广度。

　　蔡和森认为应该从革命的角度来看待中国共产党历史。从中国革命史的宏大视域来研究中共党史，就能更鲜明地发现中国共产党历史与以前历史、以前革命的前后承续关系。蔡和森对近代中国爆发的太平天国运动、义和团运动、辛亥革命及五四运动等都作过一些分析，站在无产阶级的立场上，运用马克思唯物史观作出正确的评价。在评价太平天国时，蔡和森认为太平天国革命运动"完全是破产了的农民革命运动"④。同时也给予了高度评价，其他民主革命都寄希望帝国主义的资产阶级的帮助，"这种昏谬在洪杨革命中是没有的（洪杨李秀成等皆耻求助于外人——侵略者），这正是洪杨革命的卓越"⑤。太平天国、义和团运动都是反对帝国主义侵略的农民运动，但是后者却更为严重更为悲壮。"义和团排外的精神，是中国国民革命精神头一次充分的表现。"⑥ 他辩证地看待农民革命，在当时中国历史发展条件下，农民运动也具有历史限定性。他认为义和团失败在于"没有近代的知识和方法"和中国当时经济落后。⑦ 义和团失败后，中国大地上爆发了具有历史纪念意义的辛亥革命，推翻了清王朝的统治，结束了封建帝制。蔡和森认为

---

① 　中央档案馆：《中共党史报告选编》，人民出版社 1982 年版，第 19 页。
② 　《蔡和森文集》，人民出版社 1980 年版，第 107 页。
③ 　《蔡和森的十二篇文章》，人民出版社 1980 年版，第 18 页。
④ 　同上书，第 12 页。
⑤ 　《蔡和森文集》，人民出版社 1980 年版，第 639 页。
⑥ 　同上书，第 637 页。
⑦ 　同上书，第 638 页。

"义和团是因为没有近代化而失败，辛亥革命却反因为效颦近代资产阶级化而失败。这是怎样说呢？因为革命党不知按照殖民地革命运动的性质和人民群众反帝国主义的忠实需要去把革命弄实在，他们只知拘守从前欧美资产阶级改革内政的目的，一天一天的把革命弄虚空。因此，他们只知以军事行动，建立政府，求援'友邦'为惯用方法，而不知道这些方法都是离开群众的需要而得不到结果的"①。蔡和森认为"旧阶段的革命"都没有成功，农民运动失败了，辛亥革命也失败了，归其原因是缺乏有着先进思想的领导阶级，"而只有无产阶级可领导这革命"②。伴随着先进的无产阶级登上政治舞台，中国革命走向了光明道路，中国共产党应运而生。蔡和森研究党史，注意把中国革命与中国共产党的发展有机地结合起来，把党肩负的历史使命与中国共产党的先进性巧妙地联系起来，是党史研究与马克思唯物史观的有机统一，是革命发展普遍性和中国实际特殊性的有机统一。

二 阐明了中国共产党产生的历史背景和历史必然性

蔡和森第一次科学地阐述了中国共产党产生的社会政治环境，他在《中国共产党史的发展（提纲）》中这样写道："中国共产党的政治环境是资产阶级德莫克拉西尚未成功，而是半殖民地半封建的。"③ 也就是说，中国共产党产生的社会政治环境是中国依然处在半殖民地半封建社会，他又分析"帝国主义入侵中国后，中国旧的统治阶级的统治状况及一般的革命运动"④ 的历史背景，把历史的镜头拉到鸦片战争的近代史起点，给人们提供了宏大宽广的社会历史视野。

"一个政党的发生，必有其阶级的、政治的、经济的背景的。""他是工人阶级的党，他主要的组成分子是产业无产阶级。"⑤ 蔡和森认为党的产生同无产阶级登上历史舞台密不可分，无产阶级队伍庞大了，才会出现中国共产党。一战时期，帝国主义忙于战争，无暇东顾，中国工业（特别是轻工业）迅速发展，工人阶级也随之发展壮大。工人阶级逐渐觉醒，他们不甘心被帝国主义奴役，他们开始引发自然的罢工运动。后来，俄国十月革命的世界洪流，使科学的马克思主义传播到中国，工人阶级与青年学生一起开展

---

① 《蔡和森文集》，人民出版社 1980 年版，第 639—640 页。
② 中央档案馆：《中共党史报告选编》，人民出版社 1982 年版，第 16 页。
③ 《蔡和森的十二篇文章》，人民出版社 1980 年版，第 10 页。
④ 同上书，第 11 页。
⑤ 同上书，第 2 页。

罢工罢课运动。一场思想革命冲击引发了轰轰烈烈的五四运动，揭开了新民主主义革命的序幕，又成为中国新民主主义革命的开端，为中国共产党的成立创造了阶级上、思想上和干部上的条件。蔡和森根据中国工业的发展、工人罢工运动、五四运动、十月革命的影响与先进无产阶级的形成等一系列基本线索，得出了结论：十月革命与中国工人阶级发展造就了青年的中国共产党。

关于中国共产党产生的历史必然性的论证上，蔡和森回顾了自鸦片战争后中国旧的统治阶级统治状况及一般的革命运动，它们都失败了，为无产阶级的革命运动指明了正确方向。他认为，太平天国、义和团运动说明买办阶级是反动的，农民虽然是革命的动力，但缺乏正确的领导，最终失败了。辛亥革命推翻了清朝的封建阶级，它是资产阶级性的，"领导革命为代表小资产阶级的国民党"，但革命仍然是失败了。"我们的结论是：辛亥革命也是因为缺乏了领导阶级，故失败了。"[1] 屡次的革命失败为无产阶级领导革命奠定了现实基础。他认为"由中国革命历史上的分析，客观主观都要求一强固的阶级做中国革命领导的势力，尤其是在五四以后，证明过去指导革命的党是不行了，要求有新的政党、新的方法来团结组织各种各派反帝国主义、反军阀的群众，以使中国革命运动进行到底，并领导无产阶级得到解放，这即是中国共产党在历史上所应担负的使命，所应有的政治的责任"[2]。过去各阶级努力的失败决定了中国共产党产生，它的政治责任是"领导无产阶级参加民族革命不是为资产阶级利益而参加，附属于资产阶级，而是为本阶级的利益而去参加民族革命，所以无产阶级在民族革命中不仅是独立的，并且为民族革命的领导阶级"[3]。

三 揭示了中共党史研究的基本立场和方法

蔡和森在党史研究上坚持马克思主义唯物史观。他在《中国共产党史的发展》中突出说明，中国问题必须按照马克思主义理论为指导，这一理论不仅可以指导中国革命，对于中共党史的研究也具有伟大的意义。《中国共产党史的发展》文章开头就指出："我们都是马克思主义者，所以我们绝对不会把一个政党的产生当作是脑筋中幻想出来的或者是几个学者创造出来

---

① 中央档案馆：《中共党史报告选编》，人民出版社1982年版，第1页。
② 《蔡和森的十二篇文章》，人民出版社1980年版，第17页。
③ 同上书，第54页。

的。一个政党的发生，必有其阶级的、政治的、经济的背景的。"① 中共党史研究除了要有坚定的马克思主义立场外，蔡和森在中共党史的研究方法上也给党史学者作出了优秀的榜样。

历史分析法的运用是蔡和森党史研究的重大突破。历史分析法是用发展观点来看待具体的历史人物和历史事件，把他们放到当时当地去思考与研究，尊重历史条件和历史事实，拒绝唯心主义，拒绝凭空臆造，更不能用今天的思想、今天的现实条件去要求前人和前事。蔡和森认为要对党的历史脉络进行科学的阐述，"必须以历史的方法答复"②。谈到中国共产党成立这一问题时，蔡和森运用历史分析法从国内背景和国际背景两点出发来研究党成立的历史环境，不仅揭示了国内工人运动的兴起和无产阶级的壮大为中国共产党的成立奠定阶级基础，又指出了俄国爆发十月革命后，国际社会主义运动欣欣向荣，马克思主义思想撒遍了中国大地这一国际背景。他深刻地阐明了党的成立与半殖民地半封建社会的中国历史现状之间的内外因关系，从而得出中国共产党是十月革命与中国工人阶级相结合的产物这一科学论断。

蔡和森中共党史研究的另一个主要方法是一分为二法。他认为，用一分为二的态度去分析和评判中国共产党，去评沦历史人物、历史事件，不因其所犯的过错就抹杀其成绩，也不因其成绩就忽视其所犯错误。对党的早期活动进行评价时，他在《党的右倾机会主义史》中指出，中国共产党在大革命后期犯了右倾机会主义路线的错误，党主动放弃了对军队的绝对领导权，从而使中国革命事业遭受了巨大的挫折。但是，他在《中国共产党史的发展》中写道："我们的党虽然犯了种种严重的机会主义错误，然而党在中国革命史上的功绩是非常伟大而不可磨灭的。"他辩证地指出了"中国共产党的年龄不过八岁……以这样幼稚的党领导这样伟大的迅速的争斗，错误是必然难免的"③。蔡和森科学地对待中共党史，一分为二地分析党的是非功过，这有助于人们了解中国共产党从幼稚到成熟曲折发展的艰难历程。蔡和森在评价党史人物时，也运用了一分为二的方法，比如他批评陈独秀的右倾机会主义，"可见在陈独秀的心目中'对于革命动力的估量不正确，忽视无产阶级的领导，忽视农民的重要，而偏向于与资产阶级联盟'"④。但也肯定了陈独秀为中国共产党的成立作出的巨大贡献，肯定他是"欧战后中国资产

① 中央档案馆：《中共党史报告选编》，人民出版社1982年版，第3页。
② 同上书，第2页。
③ 《蔡和森的十二篇文章》，人民出版社1980年版，第103—104页。
④ 《蔡和森文集》，人民出版社1980年版，第790页。

阶级文化革命运动的主唱者，美国式的'科学'和'民主主义'（《新青年》杂志的两个主要口号）的宣传者"，"在'五四'时期确是起了不少革命作用"，① 他还高度评价陈独秀是"中国共产党的发起者和组织者之一"②。他对共产国际和苏联代表罗易、鲍罗廷也进行了坦率的批评，"始终要拉拢汪，是老鲍和鲁易相同的；但鲁易始终愿做汪的头，老鲍始终愿做汪等的尾"③。对戴季陶、李汉俊等人也作了实事求是、一分为二的评价，狠狠批判了戴季陶主义、李汉俊主义，也对他们曾做的事作出了客观评价，戴季陶、沈玄庐、李汉俊创办的《星期评论》，作为党创办的早期杂志，在宣传党的思想方针上具有历史价值。"他们以前都是我们的同志，但现在完全反对我们而成为国民党右派的首领或反革命派了。"④

史论结合的方法，夹叙夹议，是蔡和森研究中共党史的又一法宝。蔡和森长期担任党的高级领导，长期致力于党的一线工作，这就决定了他可以征集和掌握大量材料。他总能恰如其分地运用这些材料，结合其党史理论，分析中国的现状和问题。例如，在谈到罢工运动，他认为之前的罢工大多失败了，"至于真正对政治、经济有影响的，并引起社会上出来注意的，则是一九一四年起"。他根据手中的资料，统计 1920 年至 1921 年罢工 47 次，参加罢工人数四万四千人，认为这些罢工是"自动的、普遍的"，他通过资料总结得出结论"在此自动罢工期中，工人阶级已形成工人初步的组织"，高度评价工人运动是"由不行动到有行动，而且是很激动、很勇敢的行动了"⑤。蔡和森对党早期历史的亲身经历，确保了历史的真实性，而他作为一个富有激情的文人和政治家，又喜欢对过往历史进行总结和评价，这样他的著作就成为史论结合的典范。比如，他对中共五大的评价，就特别深刻："五次大会主要的任务便是接收国际决议，改掉过去一切机会主义的政策，及根本的错误观念。"他认为"五次大会的本身是正确的"，但是，会议没能改变陈独秀的右倾投降主义路线，他又深刻地指出其错误，"没有执行政治纪律，没有解决党的组织问题，没有征服机会主义首领的基本观念和思想。因此让机会主义继续其生命和发展"⑥。有史有论，客观、辩证地从历

---

① 《蔡和森文集》，人民出版社 1980 年版，第 804 页。
② 同上书，第 805 页。
③ 《蔡和森的十二篇文章》，人民出版社 1980 年版，第 90 页。
④ 同上书，第 9 页。
⑤ 同上书，第 4 页。
⑥ 中央档案馆：《中共党史报告选编》，人民出版社 1982 年版，第 98 页。

史事实中发表自己的看法，使得蔡和森的党史研究既有丰富的材料，又有理论的说服力，从而走在同时代人的前列。

四　指出了中共党史研究的意义

蔡和森重视党史研究，他对研究党史的意义有深刻的理解。在《中国共产党史的发展》一文中，他从三个方面概括了党史的功能：一是有利于把握党的事业的发展规律。党的事业是宏伟的事业，是百年大计乃至千年大计，只有确切地知道它是从哪里来的，现在处在什么位置，才能深刻地把握它的发展道路和前进方向。因此，"要知道中国革命及我党要如何发展及发展的道路如何，故须明白我党的历史"①。二是对于党员个人成长的帮助。党员个人成长进步是与党的事业发展紧密相连的，党是党员的集合体，党员是党的集体的一分子，党员的工作做得越好，党的事业就越兴旺。党员要做好党的工作，必须了解党的事业，了解党的历史，而且这种了解越多，使命感就越强，个人成长进步的空间也就越大。"同志们都是要做一个好党员，忠实的无产阶级先锋队……就必须亲切的深刻的知道党的历史了。"② 三是有利于弄清复杂的历史真相。中国共产党是中国革命的领导者、组织者，自从有了中国共产党，中国社会的发展就跟党的历史紧密联系在一起。从历史研究的角度来看，要准确地把握当代中国社会发展的历程，就不能不研究党的历史。"吾党虽只有五年短的历史，而仍在幼稚的时代。可是就在五年中间已能领导中国无产阶级由经济的争斗走到政治的争斗，由日常生活的争斗，又走到一般的争斗了。……故我党虽仍青年，但是已经有了很多的复杂的事实，而值得我们研究了。"③ 学习和研究中共党史就是为了总结过去的经验教训，推动党的建设和党的事业不断向前发展。

蔡和森认为，研究中共党史，要用科学的理论武装中国共产党，以史为鉴，为无产阶级革命事业服务。国共第一次合作的国民革命失败后，蔡和森对右倾机会主义在思想理论上进行了深刻批判，指出了它对党造成的巨大危害，"要由此次的改组，获得丰富的经验和教训，建立中国无产阶级列宁党的自己的理论，成为真正布尔什维克的组织，来完成中国工农革命的任务"④。

"蔡和森的党史研究提出了中国共产党早期历史的基本线索；提出了中

---

① 《蔡和森的十二篇文章》，人民出版社1980年版，第1页。
② 同上书，第2页。
③ 同上书，第1—2页。
④ 同上书，第109页。

国共产党是十月革命影响和中国工人运动相结合产物的科学论断，肯定了‘五四’运动开创了中国革命的新纪元，为中国共产党的诞生创造了条件，初步提出了中共‘一大’到‘六大’的发展线索。以后的中共党史研究者接受了这样一条线索，而深度却往往不及蔡和森。"① 蔡和森作为早期中共党史研究的第一人，著述丰硕，特别是他的党史著作《中国共产党史的发展》、《党的机会主义史》、《论陈独秀主义》，掀起了党史研究的新浪潮。他还为后人研究党史提供了史料基础，其理论和方法的科学性和先进性都对中共党史的发展作出了开创性贡献。蔡和森对于重大历史事件和历史问题的立场、观点是基本正确的，也为党史研究树立了正确的导向。蔡和森的中共思想研究，虽然是初步的，但是却形成了一定的脉络体系，拥有深厚的马克思主义理论修养。"蔡和森为早期中共党史研究建立了科学体系，称他为中国或中共党内的中共党史研究开山祖、党史研究之父，是一点也不过分的。"②

（作者郭国祥系武汉理工大学马克思主义学院教授、博士生导师）

（原载《学习与实践》2015 年第 8 期）

一个革命家庭的世纪追求

纪亚光

在中国共产党历史中，葛健豪、蔡和森、向警予、李富春、蔡畅等组成的革命家庭，颇为引人注目。这不仅因为五位革命家庭成员者都是中共党史中的著名人物，葛健豪以"革命的母亲"著称，蔡和森、向警予、李富春、蔡畅均为中国共产党的创始人，曾担任党的重要领导职务，更为重要的是，将他们联结在一起的，与其说是血缘与亲情，不如说是革命理想。不仅如此，他们对真理的追求，既未因革命年代腥风血雨的残酷斗争而动摇，也未因革命成功位高权重而减弱，这个革命家庭在近乎整个 20 世纪的岁月中，不怕牺牲、前赴后继、始终如一地踩着时代的步伐奋力前行，体现出中国共产党人最为珍贵的品质。而他们把最深沉的爱奉献给民族振兴、人民解放事业的同时，并不意味着他们缺少面向世界的胸怀，更不表明他们缺失对亲人

---

① 中央档案馆：《中共党史报告选编》，人民出版社 1982 年版，第 319 页。

② 周一平：《中共党史研究的开创者——蔡和森》，上海社会科学院出版社 1994 年版，第 121 页。

的挚爱。他们内心深处的博大爱心，是他们能够长期坚守理想信念的深厚底蕴，也是他们令人景仰同时倍感亲切的原因所在。

因理想而相聚

葛健豪、蔡和森、向警予、李富春、蔡畅是同一家庭的两代人。其中，葛健豪是蔡和森、蔡畅的母亲，而向警予与蔡和森、李富春与蔡畅是革命的伴侣。与许许多多普通的家庭不同，这是一个革命的家庭，除了血缘与亲情，救国救民的共产主义理想信念是将他们凝聚在一起的精神纽带。

革命家庭的理想树立，始于"革命的母亲"葛健豪在 20 世纪初的觉醒。

葛健豪是湖南双峰县荷叶镇桂林堂人，家境殷实，五六岁时便开始在家馆读书习字。生长于国运衰微、思潮激荡的晚清，知书达理的葛健豪年轻时便十分关注社会。1894 年，秋瑾嫁至双峰县荷叶镇王家，秋葛二人一见如故，"情同手足，亲如姐妹"，她们和唐群英"经常集聚在一起，或饮酒赋诗，或对月抚琴，或下棋谈心，往来十分密切"，留下"潇湘三女杰"的佳话。葛健豪敬佩秋瑾是一位"智仁勇兼备的女子"，赞其为忧国忧民的革命先驱，感叹其创办女学以唤醒妇女觉悟的义举，经常勉励自己和教育儿女，做人就要做秋瑾那样的人。在葛健豪的影响下，蔡和森和蔡畅自幼便在心里种下了革命的种子。

受时代的感染和秋瑾的影响，葛健豪认定知识能够改变人的命运。在后来家道中落、生活日渐窘迫的情况下，她不仅卖掉了私藏几十年的首饰，支持蔡和森到湘乡县城和省城长沙求学，还在 1914 年春携女儿和外孙女到长沙与蔡和森一起求学谋生，迈开了追求理想的第一步。

在革命家庭理想树立的过程中，蔡和森发挥了重要的引领作用。在长沙，蔡和森先后入湖南公立第一师范学校、湖南高等师范学校读书，收获知识的同时遇到了杨昌济等多位良师和毛泽东等一群益友。他们时常一起讨论治学、做人，谈论国家大事。在与师友的互动交流中，蔡和森的思想发生了深刻变化，他坚信青年学生应该承担起宣扬新思想、启迪民智、激励民气的责任。为深入了解社会，1918 年春，蔡和森与毛泽东"沿洞庭湖南岸和东岸，经湘阴、岳阳、平江、浏阳几县，游历半个多月，了解社会情况"。这次游学经历使蔡和森意识到失业、贫穷不是个人问题，而是社会问题。要想改变这种状况，只能彻底变革社会。1918 年 4 月 14 日，为"集合同志，创造新环境，为共同的活动"，蔡和森、毛泽东、萧子升等发起成立新民学会，"以革新学术，砥砺品行，改良人心风俗"为宗旨，成为彻底变革社会实践的起点。新民学会不仅是革命家庭以理想凝聚的纽带，也为中国共产党培育了优秀的人才。

新民学会成立后，以发展新会员和向外发展作为主要工作。蔡畅回忆，"和森是会友中主张'向外发展'的最激进的代表之一"。1918 年 6 月 23 日，受新民学会委托，蔡和森只身赴京筹办新民学会赴法勤工俭学事宜。在北京，蔡和森的工作卓有成效，不仅为新民学会会员留法勤工俭学创造了良好条件，还通过新民学会发动楚怡学校、长郡中学以及一师的一批学生或毕业生参与其中。长郡中学毕业生李富春就是其中之一。此外，蔡和森还将留法勤工俭学与"女界同时进化"结合在一起，动员母亲和妹妹同时赴法。对此，母亲虽有客死他乡的顾虑，但很快便欣然同意。据蔡畅回忆："我们非常相信他的这一目标，因为我们一家之所以能搬来长沙，三代同堂，一起学习，正是和他共同奋斗，同时进步的结果。"葛健豪以五旬高龄赴法勤工俭学在全国引起轰动，长沙《大公报》称其"到法国去做工，去受中等女子教育，真是难得哩!"

除了动员母亲和妹妹赴法，蔡和森还特意嘱咐蔡畅邀请向警予到长沙，共同组织湖南女子赴法勤工俭学。向警予是湖南溆浦人，与蔡畅同为周南女校的同学，少年有大志，誓言"振奋女子志气，励志读书，男女平等，图强获胜，以达教育救国之目的"，"在学校有'圣人'之称"。在周南女校读书时，经蔡畅介绍，向警予与蔡和森、毛泽东相识，很快便成为好朋友。他们在一起阅读进步书刊，一起探讨救国之路，一起讨论国事，针砭时弊，指点江山，激扬文字。新民学会成立之时，向警予正在溆浦办学，并未参与学会事宜，但通过蔡畅等挚友，不断得到新民学会的消息，很受鼓舞，外出寻求真理、找寻出路的心情也更加迫切了。因此，接到蔡畅的邀请，向警予立即赴长沙，与蔡畅成立女子留法勤工俭学会，有力促进了湖南女界赴法勤工俭学运动。

经过蔡和森等人的艰苦努力，1919 年 10 月 31 日，19 岁的李富春与李维汉等 42 名湖南青年，乘坐法国轮船"宝勒茄"号由上海启程前往法国。同年 12 月 25 日，葛健豪、蔡和森、向警予、蔡畅等登上法国轮船"盎脱来蓬"号启程赴法。革命家庭由此踏上了为理想而共同奋斗的新征途。

在为留法勤工俭学而奔波期间，蔡和森的思想进一步升华。1918 年 7 月，受陈独秀、李大钊等思想的影响，蔡和森开始接受列宁学说。带着对马克思主义和俄国革命的憧憬之情，蔡和森在法国期间既不勤工，也不愿入学校学习，"'日惟手字典一册，报纸两页。'以'蛮看'报章杂志为事。在短时间内收集了大量关于马克思主义和各国革命运动的小册子，择其重要急需者'猛看猛译'"。随着"猛看猛译"的深入，蔡和森对社会主义和无产阶级革命的认识渐趋成熟，进而明确提出组建中国共产党的主张。1920年7月，在法国的新民学会会员于蒙达尼开会，决议"改造中国与世界"为学会方针，蔡和森"主张组织共产党，使无产阶级专政，其主旨与方法多倾向于现在之俄"。随之，蔡和森在同毛泽东、陈独秀的书信往来中，系统阐述了中国为什么要建党、怎样建党、建党的原则是什么等问题。

在留法勤工俭学群体中，蔡和森是具有很大影响力的传奇人物。新民学会会员受他影响，普遍接受了马克思主义，原本信奉"工学主义"的"工学世界社"的很多社员也在1920年九十月间赞成以信仰马克思主义和实行俄国式的社会革命为宗旨。据郑超麟回忆，"关于他的故事，勤工俭学学生中流传很多，我听到的也不少。据说，他不洗脸，不理发，整天读马克思主义的书，'囚首丧面而谈马克思主义'。据说，工学世界社的人都服从他，他叫做什么，他们就做什么"。作为"工学世界社"创始人的李富春，就是受蔡和森的指导、帮助与启发，于1920年冬离开工厂到蒙达尼公学学习，研究马列主义著作，阅读宣传十月革命的书刊，"政治认识提高得很快"。而那个时期树立的马克思主义价值观更成为他的终身信仰。他的价值观和人生观是利他主义的，为人民求解放、谋利益也成为他一生的工作宗旨。他勤恳工作，吃苦耐劳，被同志们称为"革命的毛驴"。

共同的马克思主义信仰，促使蔡和森与向警予、李富春与蔡畅擦出爱情的火花，建立起革命的家庭。

蔡和森和向警予在赴法之前，都曾表示要把自己的所有时间和精力投入革命事业，不考虑个人问题。但是，对未来社会的美好追求，激发了蔡和森、向警予的爱情种子。正如蔡和森于1928年为向警予所做的传记中所言："警予与和森多次谈话之后，开始抛弃教育救国的幻想而相信共产主义，同时警予与和森之恋爱亦于此发生。这是1920年1月15日在印度洋船中的事情。"1920年5月28日，蔡和森与向警予结婚。对此，蔡和森表示，"与向警予已'有一种恋爱上的结合'，在蒙达尼缔结'向蔡同盟'"。向警予给父母写信也说："和森是九儿的真正所爱的人，志趣没有一点不同的。"两人的结婚照是肩并肩地坐着，共同捧着一本打开的《资本论》，宣告马克思主义是他们爱情的红线。

与蔡和森、向警予一样，李富春和蔡畅也在共同的理想下走到一起。

1922 年 8 月 1 日，旅欧中国社会主义青年团创办了理论刊物《少年》（月刊，1924 年 2 月改为半月刊《赤光》），李富春兼负发行任务，蔡畅负责旅欧支部一个党小组的宣传教育工作，两人经常在《少年》杂志编辑部碰面，逐渐萌发爱情。1923 年年初，在邓小平的见证下，李富春和蔡畅结婚，开启了他们相知相守 50 年的革命新历程。对于这一情节，李富春记忆深刻，他后来对他的侄儿、侄女说："我们三个人喝了一点酒就完成了婚礼，那可是革命化的哟！小平同志还是我们的证婚人哩！"一时间，"李蔡联姻"亦在留法勤工俭学学生中传为佳话，以理想凝聚的革命家庭形成。

忘我的"圣徒"

纵观革命家庭近百年为理想而奋斗的历程，给人以至深印象的，是其家庭成员默默奉献、不计名利的高尚品格，以及勇往直前、不怕牺牲的忘我奉献精神。

默默奉献、不计名利的高尚品格，是革命家庭成员的突出特征。新民学会是青年人的社团，它的成立，为一批有志青年搭建了成长的舞台。在这批青年"挥斥方遒"、"粪土当年万户侯"的豪迈背后，是"革命的母亲"葛健豪默默的支持。新民学会的会址刘家台子，就是葛健豪的家。在这里，蔡和森经常与毛泽东、罗学瓒、张昆弟、陈绍休等切磋自学，纵论改造国民性等问题。他们每次来蔡家，都像回到自己家里，一起劳动、一起吃饭，他们时常借宿蔡家，有时甚至"连宿三晚"，"从此晨夕相亲，如家人兄弟"。当时的蔡家，并非衣食富足，一度仅靠长女蔡庆熙的微薄收入维持一大家人的生活，因此时常断炊。即便如此，在新民学会成立当天，葛健豪和女儿蔡庆熙、蔡咸熙（蔡畅）从早饭后就动手择菜、淘米、煮饭、做菜，特意为 13位新民学会创始人做了一顿丰盛的午餐，以示庆祝。

无论在新民学会还是留法勤工俭学群体中，蔡和森都是走在时代前列的思想先锋和行动巨人，但同时也是从不争权夺利的谦谦君子。在组建新民学会领导机构时，萧子升被选为总干事，作为新民学会发起人的蔡和森则甘居人后。在留法勤工俭学群体中，蔡和森是革命思想的引领者，但同时从不出面担任领袖，而是在幕后默默支持。据郑超麟回忆："他自己从不在群众面前讲话，蒙达尔集团代表李维汉、王泽楷说的话都是他事先指示的。"

蔡畅生性豪爽，为人慷慨大方，乐于助人。在轰动世界的万里长征中，蔡畅被誉为"长征中的圣徒"。长征出发时，上级给蔡畅配备了一头骡子，还派有饲养员和勤务员，但她一路上很少骑。骡子不是用来驮载行李和粮食，就是给病号骑上一程，而自己则和战士们一起徒步行军，有时一天要走百多里路，十分劳累。对此，勤务员小曹和饲养员老萧，都多次向她提过意见。蔡畅深情地说："伤病员比我更需要它啊！他们要是掉队落到敌人手里，我们怎么对得起这些为革命受伤的兄弟呢？再说我和同志们走在一起，说说笑笑，更容易解除疲劳。"长征过程中，粮食尤为紧缺。蔡畅经常把战利品分送给病弱的同志及怀孕的战友，同志们都很尊重她。不仅如此，蔡畅还"在漫长的二万五千里崎岖道路上进行宣传鼓动，提高长征战士们的士气。康克清把蔡畅讲的故事和笑话称为'精神食粮'"。

　　而李富春在党内更是有名的"忠厚长者"，很多领导都称其为"大哥"。李富春在党内历次斗争中都没有"红得发紫"。他在历次党内斗争中从不偏激。在延安，他和一些同志领导下的组织部成为真正的"党员干部之家"，干部们有什么问题都愿意找组织部来谈。他在延安整风审干时始终是谨慎的。在新中国成立后"三反"、"五反"、"打老虎"期间，他提出要查账、算账，不能搞逼供，他的意见得到毛泽东的肯定。反右期间，李富春时任国家计委主任和党组书记，朱镕基被划为右派，他后来说："但是对我的处理还是非常宽的……我非常感谢国家计委党组织对我的关怀，始终没有把我下放，使我有继续为党工作的机会。"但李富春并不是"和事佬"，在一些大的问题上，例如在批判"左"倾机会主义路线的斗争中，在坚持按照经济规律办事的工作中，他始终都是坚持原则的。

　　革命成功后，身居高位的李富春和蔡畅依然保持着默默奉献的精神，将其贯穿始终。1975年1月9日，李富春因病逝世。遵照他的生前遗愿，蔡畅将他们省吃俭用积蓄的10万元存款作为党费交给了党。1977年4月8日，蔡畅将她的3万多元存款，连同利息，再次全部作为党费交给了党。当秘书询问是否给子孙们留一点时，蔡畅毫不犹豫地回答："不！这钱是党和人民给我们的，富春去世了，我应当把它交还给党和人民。孩子们要靠他们自己去劳动。子孙长大了应当自食其力，自力更生。钱留给他们没有好处。我们共产党人留给子孙后代的，应该是革命的好思想、好传统。"蔡畅曾多次满怀深情地向身边的工作人员讲："在中国共产党建党的初期，党的经费没有来源，是靠党员挣钱来养党。党员只要有了职业，有了工资收入，每月除了留下必需的生活费用，都自觉地把省下来的钱交给党，充作党的活动经费，这是党员应尽的义务。为了实现共产主义的远大理想，共产党员连生命都舍得牺牲，更何况一点钱。"

　　正如蔡畅所言，不怕牺牲，为理想勇往直前，是革命家庭的普遍信念。

为理想的实现，革命家庭中的向警予和蔡和森先后献出了宝贵的生命，而李富春和蔡畅乃至葛健豪，也是抱着必死的信念，在九死一生的环境下奋斗终生。

1927年七一五反革命政变后，武汉处于白色恐怖之中。作为公开身份的中共妇女领袖，向警予处境极度危险。但她坚决留在武汉坚持地下斗争。她常说："人总是要死的，但要看为什么而死，为革命为人民而死是光荣的。"经过研究，向警予被分配到汉口市委当宣传部长，主抓工人运动，兼管学生运动。对于一直在党中央担负领导工作的向警予而言，这一工作安排，明显地位下降了。向警予没有任何抱怨，而是满怀热情地继续开展工作，其主编的《长江》在武汉地区的影响力越来越大，也引起了敌人的重点关注，向警予的处境越来越危险。一天晚上，向警予正在撰写稿件，几名同志匆忙赶来，劝她离开武汉暂时避下风头。对自身的危险处境，向警予心知肚明，但她考虑到工作实际，明确表示："武汉三镇是我党重要的据点，许多重要负责同志牺牲了，我一离开，一时无人支撑，《长江》一停刊，就是说我党在武汉失败，这是对敌人的示弱，我决不能离开！"1928年3月20日，向警予因叛徒告密而被捕入狱。在狱中，反动派用尽了手段，丝毫未能动摇向警予的坚定信念。万般无奈之下，反动派决定在五一劳动节杀害向警予，以此"杀一儆百"。在刑场上，向警予高唱《国际歌》，大声呼喊："同胞们，起来吧！反动派的日子不会太长了，革命很快就要胜利！""宪兵们凶狠地殴打她，想使她不再说话，但她仍然滔滔不绝地讲下去，因此他们在她嘴里塞了石头，又用皮带缚住她的双颊，街上的许多人看了都哭泣起来。"

蔡和森的牺牲，同样决绝而悲壮。需要说明的是，他是在接替李富春担任两广省委书记时被捕牺牲的。某种意义上讲，他的牺牲，不仅是为了党，在客观上也是保护了李富春和蔡畅。

1930年年初，中共中央决定派李富春到香港负责广东省委工作。那时的香港，工厂繁多，工人集中，同时反动势力也极其强大，处于白色恐怖之中。在李富春的带领下，广东省委的工作在屡遭破坏的情况下，一直坚持斗争，遭到反动派的忌恨，到处追捕化名"李一秋"的李富春和蔡畅。由于李富春不会说粤语，开展工作存在困难，同时极易暴露身份。考虑到实际情况，李富春向中共中央提出建议，希望中央能派广东籍的并且会讲粤语的同志去接替他。中共中央研究了李富春的意见，决定让李富春先回香港主持工作，待中央选出合适人员再接替他。1931年3月25日，中共中央决定派蔡和森担任两广省委书记，接替李富春工作。对此，刚从香港回上海的刘昂劝蔡和森不要去香港，但"舅舅对我说的这些，并不在意，甚至不耐烦，他对我说：'干革命，哪里需要就去哪里，不能只考虑个人的安危'"。就这样，同样不会说粤语的蔡和森明知危险就在前方，但还是义无反顾地投身其中。在白色恐怖异常严重的香港，蔡和森每天不是在省委机关办公，就是到工人群众中去，对工人进行阶级教育，恢复和重建党组织。对蔡和森来说，每次外出工作他都已经作好了被捕牺牲的心理准备。6 月 10 日，蔡和森出席海员工会的一次重要会议，刚进入会场，就被叛徒顾顺章会同港警逮捕，随即被引渡给广东军阀陈济棠。在狱中，蔡和森受尽了严刑拷打，但他大义凛然，坚强不屈，从容镇定地与敌人展开针锋相对的斗争。据与蔡和森同一个监狱的同志回忆："狱中的同志见他被打得死去活来，皮开肉绽，一边替他喂饭，一边落泪。敌人百般折磨他的肉体，摧残他的筋骨，但和森同志的斗争意志却更加坚定。他勉励同志们继续斗争，增强信心，说最后胜利一定是属于我们的。"

蔡和森牺牲时，年仅 36 岁。特别值得说明的是，蔡和森是在政治上遭到不公平对待的背景下决然赴死的。1928 年 10 月，在向忠发的主持下，蔡和森被解除中央政治局委员、中央政治局常委职务。在他被捕前，共产国际执委会已经通知中共中央，同意恢复其中共中央政治局委员职务。但是，此时蔡和森已动身赴香港。直到牺牲，蔡和森都不知道这个消息。在其被捕入狱后不久，向忠发也被捕，旋即叛变。两相比较，以蔡和森为代表的中国共产党人为理想不惜牺牲、不计名利、不怕误解、甘于奉献的可贵品质更加凸显。

在家国之间

在革命家庭中，亲情是难以言说的一个词语。其中既包含着满满的幸福，与常人无异；同时也写满了难以割舍却不得不割舍的辛酸，又极不寻常。李特特（李富春、蔡畅之女）曾说："我是父母唯一的女儿，但我始终觉得自己是一个孤儿。家庭的温馨对我而言似乎是生命中最大的奢望。我生长在一个革命的大家庭，'让人们过幸福的生活'，这句话对我而言，是浸着两代亲人激情和热血的信念。"当我们重新体味革命家庭中的亲情时，何为共产党人的大爱，也就清晰而易懂。

实际上，革命家庭从来就不缺少亲情。葛健豪决心赴法留学，亲情是很重要的动力。

1919 年 6 月底，蔡和森从北京回到长沙，专门与母亲、蔡畅商议赴法勤工俭学事宜。但是，当蔡和森动员葛健豪赴法勤工俭学时，葛健豪充满了顾虑。她考虑到自己已年过半百，担心增加子女的负担，更怕自己死在异国他乡，连尸体都找不回。蔡和森则担心母亲一人在家，无人照顾，执意希望母亲同行。因此，他对葛健豪说："妈妈！你老别的不愁，倒愁的几根老骨头不能回祖国吗？'到处黄土好埋人'，法国难道没有埋你老的地方吗？假若埋在巴黎万国公墓中，我国留学生和侨民，每年春秋佳节，会都替你上坟，送鲜花，比你老死在永丰，埋在永丰万山中要热闹得多哩！"他还表示：母亲在身边，儿女就免了牵挂。在蔡和森的鼓励下，葛健豪决定赴法。对此，蔡畅回忆道："不管我们怎样饱一餐、饿一餐，对于前途，我们与和森一道，是充满信心的。"

当然，对革命家庭而言，浓浓的亲情，只能用短暂相逢的喜悦与痛苦别离的默默思念来表达。

1927 年 4 月，向警予随北伐军由广州向武汉进发。因已有三年未回家，她决定这次路过长沙时去看望日思夜想的家人。

为支持儿子和女儿安心从事革命事业，葛健豪担当起抚育蔡和森、向警予的女儿蔡妮、儿子蔡博，以及李富春、蔡畅的女儿李特特的任务。由于与父母聚少离多，三个孩子搞不清家里人的关系，有一个爸爸回来，大家都争着叫爸爸，回来一个妈妈，又抢着叫妈妈，大家熙熙攘攘，好不热闹。向警予来时，三个孩子又一起蹦蹦跳跳，兴高采烈地来抢"妈妈"了。这次向警予回家，仅住了一个晚上，和孩子们还没有亲热起来，第二天便踏上革命的归途。到武汉后，她一直惦记着长沙的亲人。她在一封家信中写道："甚念家中的人，伯母、庆熙姐、昂昂、特特、妮妮、博博，我多么想念你们啊！真想飞到你们跟前来。"在另一封信中，她给孩子们附了几首儿歌。有一首是这样开头的："小宝宝，小宝宝，妈妈忘不了！"对亲人的思念之情跃然纸上。

对革命家庭而言，为革命而牺牲的，不只是革命者，也包括他们的子女。由于长年与父母分离，在父母的关爱下成长这一寻常之事，对革命者的子女而言，往往成为难得的奢望。

在李特特的成长过程中，母亲蔡畅只给她买过一件新衣服。据她回忆："那时我们家住在一幢三层小洋楼里，我和爸爸、妈妈住三楼，聂荣臻和张瑞华阿姨带着聂力住在二楼。有一天两家人准备给聂力过周岁生日，妈妈送给聂力一套新衣服，也顺便给我买了一件连衣裙。到现在我还记得那件粉红色小白花的裙子，那是我最最高兴的一天，因为那时我都 7 岁了，还从来没穿过一件新衣服。"由于长年没有得到渴望的母爱，因此当李特特留学苏联与母亲蔡畅在异国他乡的莫斯科见面时，禁不住向母亲表达了不满的情绪。据李特特回忆："当时，我忍不住对妈妈说，你不爱我，你从来没对我表示过一点亲热。妈妈瞪大眼睛愣住了，她说'妈妈是爱你的。不过现在我们国家还被日本帝国主义侵略着，妈妈还有很多事要做，没有精力和你亲热，你不要怨恨妈妈，要恨日本帝国主义'。我说，我现在就在你的身边，你都没表示，这和日本帝国主义有什么关系？妈妈的表情很复杂，她说'中国人的性格是暖水瓶，外边冷里边热'。我说，那我感受不到你的内部，接触的就是一个冰冷的壳！妈妈沉默了许久，说：'这就是长期的革命斗争磨炼出的性格，我是很多孩子的母亲，不可能只有你一个。'我一言不发，泪水浸湿了脸颊。"

这番争论清晰地折射出革命者为担负大任而不得不有所割舍的真实情怀。李富春和蔡畅虽然不能亲手将女儿抚养成人，但他们对革命烈士的儿女视如己出，有的从小就由他们直接抚养。革命年代的生活极其艰苦，为了让烈士的后代健康成长，李富春和蔡畅节衣缩食，将难得的营养品留给孩子们；工作再忙再累，也要抽空为孩子们缝补衣裳，有时还把自己的旧衣服改了给孩子们穿。李富春和蔡畅对烈士后代的深情厚爱，滋润着烈士子女的心灵，使他们享受到家庭的温暖，健康成长。

革命家庭的无疆大爱，体现出中国共产党人理想信念所蕴含着的人文情怀。正如蔡畅对李特特所言，革命者不是没有亲情、没有爱，只是他们的爱和亲情并未局限在家庭之中。他们怀抱着更加深沉与博大的爱心，担负起救国救民、传递革命理想的伟大使命。对此，李特特的理解真切而深刻。她说："母亲虽然生育了我，但母亲从来都不是我一个人的母亲，母亲的生命早已属于国家这个大家，属于中国千千万万的妇女和儿童。"

（作者系南开大学马克思主义教育学院教授、博士生导师）

（原载《百年潮》2015 年第 5 期）

学会用马克思主义指导史学研究
——纪念刘大年先生诞辰一百周年

王伟光

今天，我们共同纪念我国杰出的马克思主义史学家刘大年先生诞辰一百周年，回顾、缅怀他的生平业绩，也引发我们跨越时代的思考。

刘大年先生生于1915年，于1999年12月逝世，可以说与20世纪共始终。20世纪，是中国历经激荡变动、充满艰难曲折、跨越多个时代的大变革时期，刘大年先生从湖南乡间走出，在刚刚成年、满怀理想、开始人生之际，遭遇日本侵略中国的战争，在国家民族危亡关头，他没有袖手旁观，而是毅然投笔从戎，奔赴陕北，加入抗战行列，从此开始了投身于国家民族的独立、解放、建设事业而终生不懈奋斗的人生道路。他的爱国情怀、以天下为己任的责任感及战士般的激情，一直贯穿着他此后整个的人生历程，因此他被誉为战士型的学者。

刘大年先生在新中国成立前就进入史学工作岗位。作为我国马克思主义史学的开拓者和奠基人之一，他在史学领域奋力开拓和辛勤耕耘半个多世纪，为马克思主义历史学在中国的发展，为1949年以后新中国历史学科的创建与发展，作出了杰出贡献。

刘大年先生是优秀的史学学术领导者和组织者，长期担任近代史研究所实际负责人、所长、名誉所长。新中国成立初期，百废待兴，他作为新中国史学界第一代领导人之一，协助郭沫若院长，参与筹建本院前身——中国科学院哲学社会科学部，参与组建中国科学院三个历史研究所，筹办《历史研究》杂志，参与制定哲学社会科学发展规划，为新中国历史学的创建和发展奠定了基础。此后他长期担任史学界的领导和组织工作，以其出色的领导和组织才能，主持中国史学会的工作，创建中国孙中山研究学会及中国抗日战争史学会，创办《近代史研究》、《抗日战争研究》杂志。他主持举办一系列大型学术会议，在国内外史学界产生了广泛影响。自新中国成立初至改革开放以后，他参与或率领中国历史学代表团出访多个国家，结交各国史学同行，开展国际学术交流，为中国史学走向世界开辟了道路。

刘大年先生是著名的马克思主义史学家。他真诚服膺马克思主义唯物史观，以追求真理和科学的态度，执着不懈地探索史学诸问题，在探讨历史研究的指导思想、历史研究对象、历史前进动力、历史发展规律、中国近代史发展主线，以及在时代变动下史学研究如何突破等重要理论问题上，都提出过独到创见、富有新意的见解，引起学界的高度重视，引领了史学发展的潮流。他是我国哲学社会科学领域首批学部委员之一，在学术界享有盛名。

刘大年先生是视野广阔、在多个领域作出开拓性研究成果的史学大家。他以强烈的现实关怀探索历史重要问题，以求真求实的态度从事学术研究。他在新中国成立前后撰写的《美国侵华史》，是最早研究近代中美关系的论著，出版后多次重印，翻译成各和外文文本，产生了广泛的社会影响。他主持编写《中国史稿》第四册和《中国近代史稿》（1—3 册），力求构建新的中国近代史学科体系。他在 20 世纪 60 年代撰写的《论康熙》和在 90 年代撰写的《评近代经学》，横跨 30 年的研究时空，但都以其深厚学养和宏阔视野，大气磅礴，研究专深，深得学界的敬佩与好评。他对辛亥革命和孙中山的研究，突破教条主义的束缚，力求客观评价其历史地位。他在晚年又致力于抗日战争研究，组织撰写《中国复兴枢纽——抗日战争的八年》，突破旧观念形成的偏颇成说，强调共产党领导抗日战争的核心地位，提出抗战是中国复兴枢纽的核心观点，以及共产党与国民党共同抗战、正面战场与敌后战场相互配合等突破性观点，成为抗日战争史的开拓创新之作。他的学术论著和学术观点，不仅在国内学界，也在海外学界引起高度的重视和好评。

（作者系中国社会科学院院长、党组书记）

（原载《中国社会科学报》2015 年 8 月 4 日）

为中国近代史学科立个框架
——刘大年先生对史学理论建设的贡献

张海鹏

在刘大年先生诞辰 100 周年的时候，我们编辑了《刘大年全集》。阅读这部全集，我深以为，刘大年先生是一个真正的马克思主义者，他一辈子坚持马克思主义，坚持历史唯物主义，坚持在历史唯物主义指导下创新中国的历史学理论，他所取得的成就值得学术界重视。刘大年先生一生承担的工作任务甚多，我这里主要结合他对史学理论的贡献谈一点体会。

史学研究中自觉地贯彻历史唯物主义精神

新中国成立后，中国近代史这个学科首先建立起来，一改旧社会中国近代史学科不受重视的情况，很快成为显学。中国共产党成为执政党，中国摆脱半殖民地半封建社会而迅速走上社会主义道路。中国社会的这个变化是几千年所未见的。这个变化促使中国学术界思考发生变化的原因，许多西方国家也在思考这个变化的原因，美国学术界尤其把中国近代史研究列为首选。所谓思考这个变化的原因，实际上就是寻找近代中国选择中国共产党、选择社会主义道路的历史根据。

刘大年先生的中国近代史研究和史学理论研究，首先是为了推进中国历史学的学科发展，建设中国近代史研究的学科体系，建立历史唯物主义指导下的历史学理论。在这些方面的工作做好了，就等于回答了近代中国历史发展规律问题，回答了上述那种思考。

大年先生研究中国近代史上人民群众问题，研究中国历史上领袖与群众关系问题，研究康熙、孙中山、李秀成的历史作用，都是为了说明是什么力量推动了历史的前进，以及领袖人物在推动历史前进中的作用。他既重视人民群众的作用，也不忽视少数领袖人物在推动历史前进中的作用。这样的研究，既符合辩证唯物主义，也符合历史唯物主义。

专门著文研究私有制时代历史前进的动力

大年先生在"文革"后针对当时反思阶级斗争问题，专门著文研究私有制时代历史前进的动力。大年先生认为：生产力和阶级斗争两者之间是矛盾的统一，既有统一的一面，又有对立的一面。他结合中外历史上的大量事例，研究阶级社会里生产力与阶级斗争之间的关系。他指出，私有制社会里，生产力的发展要通过阶级斗争来变革历史。他说：在中国，"新民主主义经过30年，才取得了胜利。110年的斗争加在一起，就解决了一个反帝反封建问题。在这个时间里，中国出现了民族工业，社会生产力多少有些增长。但显然只有推翻了帝国主义、封建主义统治，才从根本上解决了社会生产力发展的问题"。

他还指出："生产力与阶级斗争，其中只有一个是推动历史前进的动力呢，还是两个都是？如果只能有一个，它是生产力还是阶级斗争？如果两个都是，它们的关系到底怎么样？对此我们需要有统一、完整的理解。生产力是最终起作用的，阶级斗争是直接起作用的。它们的关系不是一个排斥一个，一个代替一个。它们紧密联结，又各立门户。生产力与生产关系的矛盾运动，生产方式的变化和发展，决定整个社会的变化和发展。在私有制历史上，这种变化发展，是通过阶级矛盾与对抗，通过阶级间的斗争来实现的。"

我认为，大年先生关于历史前进动力问题的研究结论，是对社会发展史动力问题的一个科学回答，是在马克思主义理论基础上的创造性的发挥。在我阅读的经历中，很少见有人这样透彻地研究历史前进动力问题，这样辩证地研究生产力与阶级斗争关系问题。

为中国近代史学科树立一个合理的框架

大年先生在学术上的思考，是把握历史发展的大方向，把一切人和物以及中国与外国的关系，都放在历史发展大方句的前提下来思考，来研究。这样的研究，既是在论证 1949 年后中国历史发展道路的历史前提，也是在为中国近代史学科树立一个合理的框架。

大年先生非常关注史学理论这个学科的建设。20 世纪 80 年代，史学理论研究会差不多每年举办一次学术研讨会。大年先生应邀出席了 1986 年 5 月在安徽歙县举办的历史学理论讨论会，在会上作了发言。他认为，不能把历史唯物主义当作历史学的专门理论，历史唯物主义绝非单讲历史学或历史研究的理论。凡以人类社会生活、社会活动为对象的学术研究、学理探讨，历史唯物主义对它们一概适用。历史唯物主义是一切人文社会科学的指导理论。因此，他主张历史学应该有自己的专门理论。他说："历史学理论研究，其目的，在于使马克思主义的历史唯物主义普遍原理具体化，和用古今中外的广泛事实、经验充实这个普遍原理，回转来，更准确地认识、解释历史和应用于历史科学研究实践。"对于如何推进中国历史学理论，他在会上提出了三点建议：一是制定长远一点的规划或设想，切实办好历史学理论讨论会；二是重点翻译、介绍一批国外历史学理论书籍，准确了解外界；三是出版一个专门的马克思主义旗帜鲜明的历史学理论刊物。他关于历史学要有自己的专门理论，以及推进历史学理论建设的三点主张，得到了与会学者的重视。会后，这三条建议都得到了具体落实。

对历史研究的对象进行了专门研究

在歙县会议前后，大年先生把自己的精力和时间，大多放到历史学理论研究上。关于历史研究对象的问题，没有人专门研究过。大年先生大量阅读国内外史学理论著作，根据国内外学者的认识，对以往的说法作了三种概括：第一种，历史研究不存在一定的客观对象；第二种，凡过去的一切事物全部都是历史研究的对象；第三种，历史上某些事物、领域或某种状况是历史研究的对象。第三种中又包括人事对象说、社会对象说、结构对象说、文化对象说、"综合史观"与"分散史"说、规律对象说、"历史科学的对象不是一成不变"说等。大年先生的研究就是针对这三种观点逐一展开的。

大年先生根据历史唯物主义基本原理，从社会关系及其运动来考察历史研究的对象。历史研究的对象应当是全面、集中体现人创造历史的，他认为社会关系和联系就是这样的东西。社会关系集中体现为阶级、阶级相互间的关系，表现出历史上各种现象、事件、人物等的关系和联系。在私有制社会中，历史的中心始终是社会阶级的社会和政治的统治。阶级状况、势力怎样，历史的基本面貌就怎样。

大年先生总结他研究历史研究对象的结论时指出："根据历史唯物主义观点，确认历史研究的对象是社会阶级、阶级斗争以及由此构成的社会关系客观体系及其运动……它找到了历史研究如何成为科学的前提。社会阶级，社会关系体系不但是客观地存在的，它的范围明确，内容主次分明。以前人们有时拿历史唯物主义的一般规律、社会经济的规律来说明历史的运动。它们或者失于宽泛，或者失于狭窄。辨明研究的对象以后，就可以确切去探寻历史运动本身的规律了。"这个研究结论，不同于上面指出过的三种说法，明确了历史研究的对象，就是明确了历史研究的方向。这个问题固然还可以继续讨论，但大年先生关于历史对象的研究，在我国史学理论研究中是第一家，对史学理论学科建设是一个大贡献。

（作者系中国社会科学院近代史研究所研究员）

（原载《北京日报》2015 年 8 月 17 日）

第三编
附　录

一　湘学研究机构选介

（一）湖南师范大学湘学研究基地

　　湖南省湘学研究院湖南师范大学研究基地于 2012 年 12 月 26 日揭牌，正式成立。但湘学与湖湘文化研究在湖南师大有悠久的历史，林增平先生在改革开放后便启动了这一领域的研究。1999 年，经国家计委批准立项，"湖湘文化研究"成为湖南师大"211 工程"重点学科建设项目，主要由中国语言文学、中国近现代史两个学科专业承担建设任务，后来又增加外国语言文学。2002 年 5 月又获准成为湖南省社会科学研究基地，进一步整合学校文史研究方面的优势资源，围绕这一研究领域，两大学科交叉、融合，形成充满创新活力的学科群体。

　　基地建设的基本思想是，充分发挥现有师资力量和学术研究的优势，以师资建设为根本，以学术研究为中心，提高学科建设的水平，努力建成湘学和湖湘文化学术研究、人才培养与学术交流基地，促进其他领域的研究，为湖南乃至全国的社会主义精神文明建设和文化产业发展提供高质量的研究成果，达到国内领先水平。

　　近几年基地建设取得显著成绩，以历史学科为例，作如下简要介绍。据不完全统计，本学科依托中国近现代史国家重点学科、中国史一级学科博士点的研究力量，发挥学科优势，对近现代湖湘文化与湖南社会发展展开系统研究，在各个研究领域上取得了重要成就。

　　关于课题立项，新增各类科研项目 50 余项。其中，承担国家社科基金项目 12 项，包括国家社科重大招标项目，一般项目和青年项目。此外还有国家出版基金项目，等等。涉及研究领域有湘学研究，如张晶萍"近代船山符号的产生与运用研究"。其他包括慈善史和社会史、中外关系史和条约研究、思想文化研究、社会建设研究、乡村研究、制度研究，等等。

　　承担省部级社科研究项目 24 项，其中教育部 9 项，省级 15 项。其中涉及湘学暨湖湘文化研究的课题有：张晶萍承担的教育部人文社科项目"近代'湘学观'的形成与嬗变研究"，郑大华承担湖南省社科基金重大委托项目"'湘军'与近代以来湖湘文化发展研究"、一般项目"地域文化学理论下的湖湘文化研究"，周秋光承担的湖南省社科基金"湖南省工资收入分配制度改革研究"，张绍春承担的湖南省社科基金"黄克诚与新中国成立初期的湖南研究"，钟声承担的湖南省社科基金项目"抗战胜利后湖南省善后救济与重建工作研究（1945—1949）"，以及周秋光承担的湖南省科技厅"湖南省农村地区社会保障制度研究"，等等。

　　承担厅级社科研究项目 12 项，涉及湘学和湖湘文化研究的有：钟声"生态视野下的洞庭湖区历史时期环境变迁"，方慧"近代湖南外交人物的国际意识研究"，张晶萍"近代'湘学观'的形成与嬗变研究"，谷秀青"县级教育行政机构与近代湖南社会变迁——以湖南省劝学所为中心"。

　　承担湘学研究院项目 4 项。李育民承担的"近代湘人对外观念研究"，周秋光承担的"湖湘文化的传承与发展"，方慧承担的"近代湘籍外交人物的国际意识研究"，郭辉承担的"国庆节与民国以来湖湘政治文化变迁研究"。

　　出版学术专著 30 余部，涉及湘学和湖湘文化研究的著作有 16 部，包括：周秋光的《湖南社会史》、《谭延闿集》、《湖南慈善史》，饶怀民的《图录湖南辛亥革命》、《刘揆一与辛亥革命》、《蹈海志士杨毓麟传》，莫志斌的《毛泽东的青春风采》、《湘籍近现代文化名人：史学家传》、《周谷城传》（修订本），范忠程的《近代湖南与近代中国文史论集》、《近代湖南社会转型纪要》、《湖湘文库·湖南历史图典》（一、二、三卷），李育民的《湖南近现代外交人物传略》，朱发建的《慷慨三湘：辛亥革命在湖南》，张晶萍《守望斯文：叶德辉的生命历程和思想世界》、《书生襟抱本无垠：近代风云人物杨度》。

（二）湖南文理学院湘学研究基地

　　2013 年，湖南文理学院成为第二批基地成员单位，基地负责人：李民书记，首席专家：陈致远教授。承担课题《常德历史文化与湘学》。2015

年，经学校分管科技领导和学科建设等部门负责人商议，本基地相关成员调整如下：基地负责人：曾言教授（纪检书记），首席专家：陈致远教授、周星林教授（见附表）。

附表　　　　　　　　湖南文理学院湘学研究基地组成人员表

姓名	性别	年龄	职称/学位	备注
曾　言	男	49	教授	负责人
陈致远	男	62	教授	首席专家
周星林	男	52	教授	首席专家
曹卫平	男	62	教授	区域史
熊　英	女	49	教授	湘军研究
梁颂成	男	61	教授	古籍整理
李云安	男	42	博士	民俗文化
朱清如	男	52	副教授	抗战文化
柳　毅	男	52	副教授	抗战文化
罗运胜	男	44	博士	民族史
张　华	男	45	博士	现代史
朱　卫	女	37	博士	民族史
张东洋	男	28	博士	世界史

2015 年湘学研究主要成果主要有：陈致远教授带领侵华日军细菌战罪行研究团队于 2015 年 5 月成功举办了"第三次侵华日军细菌战罪行国际学术研讨会"，来自美国、日本，以及国内有关高校、科研机构和细菌战受害组织代表 90 多人参加了会议，北京大学徐勇教授在闭幕式上称赞这是一次"规模空前"的会议，也是"具有真正学识水平的国际学术交流会"。中央电视台、香港《大公报》、湖南电视台等多家境内外媒体进行了立体式报道。在此基础上，陈致远教授的《侵华日军常德细菌战纪实》、朱清如副教授的《侵华日军常德细菌战受害者控诉》、张华博士的《侵华日军常德细菌战史料集成》、聂莉莉（日本）教授的《中国常德民众的细菌战记忆》同时由中国社会科学出版社出版，并入选"中宣部纪念中国人民抗日战争暨世界反法西斯战争胜利 70 周年重点出版物"，在全国出版发行。该课题组 2015 年在 CSSCI 源刊发表论文 3 篇，在其他刊物发表论文 5 篇，其中，张

华博士的《对日军兽医部队参加滇西细菌战的历史考察》被人大复印资料《历史学文摘》转载，罗运胜博士的《731 部队的建立与侵华日军细菌战罪行》被《中国社会科学文摘》转载。另外，陈致远教授、朱清如副教授参与了中共常德市委党史办《常德抗战实录》的编写工作，该书由湖南人民出版社正式出版。5 月 12 日，常德市社科联与常德市历史文化研究会、常德抗战文化研究会联合举办"纪念抗战胜利 70 周年征文"活动，6 月 30 日，本基地推荐 7 篇论文，8 月 21 日征文揭晓，周星林的《草坪之战为何未解常德之围》、朱清如的《"荣"1644 部队与常德细菌战》、罗运胜博士的《日军常德细菌战的社会经济危害与影响》、张华博士的《美国对常德细菌战情报的收集》、周勇博士的《近 70 年常德会战研究统计与评析》均获优秀奖。湖南湘学研究院常德基地，以陈致远教授领衔的侵华日军细菌战罪行和常德会战精神研究团队业已形成，并且成绩斐然。以周星林、熊英教授领衔的地方历史名人研究团队取得一定成效。其中，熊英教授主编的《宋教仁精神研究》由湖南人民出版社出版，该书也是熊英 2013 年省教育厅课题"宋教仁精神研究"成果的集中体现，课题组 9 月 22 日，在桃源县举行了首发式和学术交流会，部分省内外学者和台湾专家参加了会议。周星林教授撰写的《孙开华评传》、梁颂成教授的《朱景英集》已经完成初稿，正在联系出版社准备出版。

（三）湖南城市学院湘学研究基地

湖南城市学院研究基地研究队伍日渐齐整。在首席专家李建华教授的带领下，基地成员有 10 余人，其中教授 4 人，博士 6 人，2015 年评聘教授 1 人，博士毕业回校工作 1 人。基地顺利完成年度工作计划，并研究方向明确，主要集中于益阳历史文化语言与湖湘文化两个方面。

2015 年，湖南城市学院研究基地主要湘学研究成果有：全年共有成员参加各级各类学术会议 10 余次，进一步宣传了湘学、湖南文学。研究成果喜人，基地成员共发表论文 10 余篇。如湖湘文化研究方面有张大联的《湖湘文化中的忧患意识与范仲淹的"先忧后乐"观》、《湖湘文化中的忧患意识源自屈原》，龚德宽的《魏源诗文里的海洋意识》，刘堂春的《论永州八记的山水美学思想》等；益阳历史文化方言方面有刘祥友的《湘方言复句研究的新成果》、彭小球发表于《湖南大学学报》的《湖南益阳方言的 XA

式状态形容词考察》、王竹良教授的《益阳市民詈语中的生殖崇拜文化》等。

（四）湘商文化院湘学研究基地

湘商文化研究基地与整合湘商资源的创新平台，将为湘学研究院与湘商企业的交流搭建新的桥梁。湘商文化院牵头组建了一支由湖南商务职院专业带头人、湖南省社会科学院湘商研究中心专家、湘商企业专家组成的高水平研究团队，立项了多个省级重点课题，编辑出版《湘商文化教程》系列教材面向各大高校公开发行。近年来，学院在湘商文化研究领域取得了一定的成果，获得与湘商文化相关的立项课题 8 项，其中《提升湘商文化影响力的对策研究》获得湖南省情决策与咨询研究重点课题立项；《传承湘商文化成就青春梦想——湖南商务职院开展"湘商文化主题教育活动"的探索与实践》获得省高校校园文化建设优秀成果一等奖；学院老师从事湘商文化研究，公开发表湘商文化领域相关论文 28 篇；学院举办了"湘商前行"的专题报告会，开展了与湘商文化相关学术活动。

湘商文化研究基地的文化交流成果是打造三大载体，物化湘商文化：（1）"一院"，即湘商文化院。投资 200 余万元，建设了湖南省商业文化领域第一个集教学（培训）、研究、展示于一体的大型文化设施——湘商文化院，占地 680 平方米，由"厚重历史"、"百年砥砺"、"继往开来"、"经营之道与湘商精神"四个部分组成。自开馆以来每年接待校内外学生参观6000 人次以上，每年接待各级领导及社会各界人士参观近 1000 人次。（2）"一廊"，即湘商文化长廊。在长达两百米的校园长廊内，悬挂各行各业当代湘商代表人物的画像，并配以事迹介绍和经典格言，图文并茂地展示他们的人生历程和突出业绩，成为了大学生领略湘商精神的"活"素材。（3）"一网"，即湘商文化专题网。精心打造了极具湖湘特色的湘商文化专题网站，分为"聚焦湘商"、"魅力湘商"、"湘商论坛"、"项目推荐"等八大板块，全方位汇集湘商精华，多角度诠释湘商力量，年访问量达 100 万余次。

二 湘学研究纪事

纪念蔡和森同志诞辰 120 周年学术研讨会在湖南举行

3 月 30 日，为纪念蔡和森同志诞辰 120 周年，由中共中央党史研究室第一研究部、中共湖南省委党史研究室和中共娄底市委共同主办的"纪念蔡和森同志诞辰 120 周年学术研讨会"在湖南双峰召开。来自全国各地的 140 余位专家学者参加了研讨会，共同缅怀蔡和森同志光辉业绩，弘扬其崇高精神，推进党建理论学术交流。省委常委、省委宣传部部长许又声为全国爱国主义教育示范基地蔡和森同志纪念馆揭牌。全国人大常委、中央党史研究室原主任欧阳淞致贺信并在学术研讨会上作书面发言。参加纪念活动的代表、蔡和森和蔡畅同志亲属及娄底各界群众向"蔡和森同志光辉一家"雕像敬献花篮，并参观了蔡和森同志纪念馆。孙金龙在纪念蔡和森同志诞辰 120 周年座谈会上说，蔡和森同志是湖南这块红色土地上孕育和成长起来的一代英杰，他短暂而光辉的一生，为民族独立和人民解放事业建立了不朽功勋，湖南人民永远热爱和怀念他。在下午举行的纪念蔡和森同志诞辰 120 周年学术研讨会上，省委党史研究室、娄底市委、双峰县委负责同志和蔡和森同志亲属代表分别作了发言，有关方面专家学者在会上进行了深入研讨交流。

"任弼时与中央苏区"学术研讨会在赣州召开

4 月 17 日，由中国中共文献研究会任弼时研究中心与赣南师范学院联合主办的"任弼时与中央苏区"学术研讨会在江西赣州召开。中央文献研究室副主任、中国中共文献研究会副会长陈晋出席会议并讲话。来自全国各地的 80 多位专家学者围绕任弼时在中央苏区时期的革命实践、思想理论和精神风范以及苏区精神的内涵和意义等，展开了深入研讨。与会学者认为，任弼时在中央苏区奋斗探索的两年，对他的革命生涯具有特殊意义，中央苏区时期是中国共产党探索马克思主义中国化的关键时期。与会学者呼吁，要紧密结合党的十八大以来以习近平同志为总书记的党中央关于中国道路和中国梦的论述，关于社会主义核心价值观的论述，关于"四个全面"的战略布局，来深入推进任弼时等党的第一代中央领导集体的思想生平研究，在新的历史条件下把任弼时研究推上一个新台阶。

"刘少奇与抗日战争"展览在湖南举行

5月18日，为纪念中国人民抗日战争暨世界反法西斯战争胜利70周年，缅怀刘少奇同志为抗日战争作出的巨大贡献，由刘少奇思想生平研究会、中共长沙市委宣传部主办，中共宁乡县委、刘少奇同志纪念馆承办的以"铭记历史、缅怀先烈、珍爱和平、开创未来"为主题的"刘少奇与抗日战争"展览开展。中共中央文献研究室副主任、中国中共文献研究会副会长、刘少奇思想生平研究会会长张宏志，中共湖南省委宣传部副部长宋智富，相关单位负责人以及刘少奇同志的亲属代表等出席了开展式。

蔡和森李富春革命家庭与中国革命和建设学术研讨会

5月20日，由南开大学和富研究中心、《党的文献》杂志社共同主办的蔡和森李富春革命家庭与中国革命和建设学术研讨会在明珠园举行。会前，南开大学校长龚克会见了部分参会代表。南开大学党委副书记、和富研究中心副主任刘景泉，天津经济技术开发区管委会顾问、天津市和富文化发展基金会理事长、南开大学和富研究中心主任李勇，和富文化发展基金会秘书长刘寅年，中央文献研究室原室务委员、第二编研部原主任廖心文，科研管理部副主任、《党的文献》杂志社常务副主编李琦，第三编研部副巡视员宋毅军，中央党史研究室第一研究部原副主任李蓉，国内有关高校、研究机构和期刊的专家学者及师生代表出席会议。研讨会开幕式、闭幕式分别由南开大学党委宣传部、马克思主义教育学院负责人主持。

湖湘财政论坛——2015 PPP 国际论坛在长沙召开

6月10日，湖湘财政论坛——2015 PPP 国际论坛在长沙召开，财政部副部长史耀斌、湖南省副省长张剑飞出席并致辞，著名主持人张丹丹主持会议。世界银行、亚洲开发银行、英国财政部专家、财政部政府和社会资本合作（PPP）中心负责人、国内 PPP 业内知名学者等 6 位作主题演讲。英国财政部基础设施局国际合作局商务主管科里娜·格里商利女士分享了英国

PPP 管理经验，中国财政部 PPP 中心副主任焦小平介绍了中国 PPP 政策前瞻与财政工作思路；国务院发展研究中心宏观研究部副部长孟春和北京大学经济研究所研究员洪振挺分别就 PPP 的应用、项目融资、风险管理作主题演讲。湖南就湘潭九华污水处理厂等 PPP 示范项目作了经验分享。湖南省财政厅厅长郑建新致答谢词。

湖南省散文学会成立

6 月 27 日，湖南省散文学会成立大会暨第一次会员代表大会在长沙召开。中国作协副主席谭谈，中国散文学会会长王巨才，作家白描，湖南省文联主席谭仲池，湖南省作协主席唐浩明、党组书记龚爱林、专职副主席王跃文等参加会议。来自湖南各地的 115 名散文作家聚集一堂，共商湖南散文事业发展的大计。梁瑞郴当选为会长，方雪梅等 16 人为副会长，赵晨为秘书长。谭仲池、谭谈、叶梦、刘克邦为学会名誉会长。

永顺老司城遗址成为湖南首个世界文化遗产

7 月 4 日，在德国波恩举行的第 39 届世界遗产大会上，由湖南永顺老司城遗址、湖北唐崖土司城遗址和贵州播州海龙屯遗址联合代表的中国土司遗产，成功入选世界文化遗产名录，成为中国第 48 个世界遗产项目。永顺老司城遗址也成为湖南首个世界文化遗产。

"毛泽东思想与中华民族解放和复兴"学术研讨会在南京召开

7 月 25 日至 27 日，由全国毛泽东哲学思想研究会主办、中共南京市委党校承办的"毛泽东思想与中华民族解放和复兴"学术研讨会暨全国毛泽东哲学思想研究会第 22 次年会在中共南京市委党校召开。来自中央党史研究室、中央文献研究室、教育部社科司、南京市委党校、湖南社科院、山东社科院、南京大学、武汉大学、华南师范大学、中国人民大学、中央党校、湘潭大学、广州大学等 50 余家科研院所、高校、党校近 70 名专家学者汇聚一堂，就"毛泽东思想与中华民族解放和复兴"这一主题展开了深入、热烈的研讨。

成中英访问《船山学刊》杂志社

8 月 5 日，国际中国哲学会创始会长、国际易经学会会长，美国夏威夷大学哲学系终身教授成中英到访湖南省社会科学界联合会《船山学刊》杂志社。早在 2014 年 8 月，成中英就曾为刊物题词："弘扬船山开六经生面之精神，创新夫之解四书大全之学统。"此次到访《船山学刊》，再次为刊物题词"祝贺《船山学刊》创刊百年，精益求精，尽善尽美"。成中英还深情寄语《船山学刊》："《船山学刊》是百年名刊，希望它做'船山思想研究第一刊'的基础上，以船山先生心忧天下、通古今之变的时代自觉为精神榜样，继续倡扬湖湘文化，传承和发展中华优秀传统文化。"

湖南省汉文化研究会成立

8 月 12 日，湖南省汉文化研究会成立大会暨第一次会员代表大会召开。参会人员有来自湖南大学、中南大学、湘潭大学、湖南师范大学等省内外的专家、学者及汉文化研究人员 120 余人。研究会的宗旨是在中国共产党的领导下，团结湖南省汉文化研究人士，大力开展汉文化的研究，促进会员之间及本会与其他学术机构的交流与合作，继承、弘扬中华优秀传统文化，为促进汉文化的发展和繁荣，构建和谐湖南、服务文化强省战略，为实现"中国梦"和文化强国助力。

"毛泽东与抗日战争"学术研讨会在韶山召开

8 月 19 日至 21 日，由全国毛泽东思想生平研究会主办，湘潭大学、毛泽东思想研究协调创新中心承办的"毛泽东与抗日战争"学术研讨会暨毛泽东哲学思想生平研究会 2015 年年会在韶山召开。来自中央文献研究室、湘潭大学、湖南社科院、韶山毛泽东同志纪念馆、韶山毛泽东图书馆、湖南省委党史研究室、中国社科院、山东社科院、北京大学、同济大学等 30 余家科研院所、高校、党校 100 余名专家学者会聚一堂，就"毛泽东与抗日战争"这一主题展开了深入、热烈的研讨。

《船山学刊》创刊百年暨船山思想与中华优秀传统文化学术研讨会在长沙召开

8 月 20 日，《船山学刊》创刊百年暨船山思想与中华优秀传统文化学术研讨会在长沙召开。湖南省委常委、宣传部长、省社科联主席许又声发表书面讲话，省人民政府副秘书长陈小春致开幕词。省人大常委会原副主任、《船山学刊》原顾问唐之享，省委宣传部巡视员李湘舟等出席会议。武汉大学国学院院长郭齐勇教授、北京大学哲学系张学智教授、南京大学哲学系杨明教授、中国人民大学哲学系肖群忠教授、《光明日报》国学版梁枢主编、

《新华文摘》王善超副总编等专家学者代表共 140 余人参加会议，回顾百年前的 1915 年 8 月 20 日，我国近代著名学者刘人熙（改革志士谭嗣同的老师）创办《船山学报》走过的百年风雨历程。

《中国传统文化之"中"与"和"思想研究》丛书出版

8 月 25 日，《中国传统文化之"中"与"和"思想研究》丛书出版座谈会在长沙举行。该丛书由省委原副书记文选德主编，包括《源流篇》、《阐释篇》、《启示篇》三部著作，共 65 万字，是国家社科基金重大委托项目《中国传统文化之"中"与"和"思想研究》的最终成果。该项目是湖南省首个国家社科基金特别委托项目、首个由省级领导领衔的项目，集省内十来位专家学者之力历时三年潜心研究而成，价值非同一般。

"湖南出土商、西周青铜器国际学术研讨会"在长沙召开

8 月 27 日至 29 日，"湖南出土商、西周青铜器国际学术研讨会"在长沙市谭国斌当代艺术博物馆举行。来自美国旧金山亚洲艺术博物馆、明尼阿波利斯艺术博物馆、加州大学、台湾大学、北京大学、中国科学院、上海博物馆等 30 余家国内外机构的 80 余位专家、学者、同行参会。湖南是中国南方发现商周青铜器最多和最重要的地区之一，出土地点遍及三湘四水。作为中国古代青铜文化的重要组成部分，湖南出土的商周青铜器有其独具地域特色的器物特征和历史内涵，件件堪称古代青铜艺术宝库中的精品。

"残雪国际学术研讨会"在长沙召开

9 月 21 日，由湖南省社会科学院、湖南省作家协会联合主办的"残雪国际学术研讨会"在长沙召开。中共湖南省委宣传部巡视员魏委、湖南省社会科学院院长刘建武、湖南省作家协会主席唐浩明致辞。来自中国、美国、日本、瑞典等地 30 多名学者出席了大会。残雪本人特地从北京赶来参加会议。开幕式由湖南省作家协会副主席王跃文主持。

"依法治国与舜文化"研讨会在宁远县召开

9 月 24 日下午，由湖南省社科院舜文化研究会主办，九嶷山舜文化研究会承办的"依法治国与舜文化"研讨会在宁远县召开。来自中国社科院、山东大舜文化研究会、永州市舜文化研究会、九嶷山舜文化研究会、湖南省社科联、陕西历史博物馆、山东大学、山东师范大学、烟台大学、中南大

学、湖南师范大学、湘潭大学、湖南科技学院、湖南永州职业学院等研究机构及高校的 70 余位专家学者齐聚一堂，共同探讨虞舜文化在依法治国中的作用和价值。湖南省人大常委会原副主任、湖南省舜文化研究会会长唐之享以"舜文化传统与依法治国的文化借鉴"为题作主题讲话。著名的历史学家、古文字学家，清华大学历史系教授李学勤发来贺信。

2015 年岳麓书院祭孔大典举行

9 月 28 日上午 9 时 28 分，新修复的岳麓书院文庙大成殿前，钟鼓齐鸣，古乐飘扬，气氛庄严肃穆，"2015 年岳麓书院祭孔大典"隆重举行。今年是孔子诞辰 2566 周年，来自岳麓书院、湖大附中及湖大附小师生及湖南社会各界人士代表 500 余人向至圣先师孔子行礼，活动现场还齐诵儒家经典"四书"：《大学》、《中庸》、《论语》、《孟子》以及《岳麓书院学规》。

湖南道县发现东亚最早的现代人化石

10 月 15 日出版的国际权威刊物《自然》杂志刊登了我国科学家的研究成果：在湖南省道县发现 47 枚具有完全现代人特征的人类牙齿化石，证明 8 万至 12 万年前该地区已经出现现代人遗存。这是目前已知最早的具有完全现代形态的人类，对于深入探讨现代人在东亚大陆的出现和扩散具有重要意义。

向警予诞辰 120 周年纪念活动在溆浦县举行

10 月 16 日，湖南溆浦县隆重举行向警予诞辰 120 周年纪念活动，追思和缅怀这位忠诚的无产阶级革命家、中国妇女运动的先驱和杰出领袖。全国妇联、省委宣传部、省委党史研究室、省妇联、省社科联、怀化市及溆浦县的领导和向警予亲属代表等出席了纪念活动并向向警予铜像敬献了花篮。

晚清重臣刘长佑墓启动修缮

10 月 29 日，湖南新宁县对位于白沙镇泉田村木集的刘长佑墓启动修缮工程。刘长佑系楚勇的代表人物，先后担任两广总督、直隶总督和云贵总督，晚清重臣，谥武慎，葬于新宁县白沙镇泉田村木集塘西侧。

湖南张家界发现汉晋时期炼铁遗址

11 月 2 日，湖南省文物考古研究所专家称，在对张家界市桑植县官田遗址进行抢救性考古发掘中，发现一处汉晋时期的炼铁遗址，并出土了铸有"半两"、"五铢"、"货泉"等文字的多枚古钱币，以及陶器、铁器、青铜器、石器等文物。

湖南省儿童文学学会成立

11月7日，湖南省儿童文学学会成立大会暨第一次会员代表大会在湖南少年儿童出版社举行。湖南省省人大常委会副主任谢勇，湖南省政协副主席、省文联主席谭仲池，中共湖南省委宣传部巡视员魏委，湖南省新闻出版广电局副局长尹飞舟，中南出版传媒集团总经理张天明出席大会并作讲话。大会审议通过了学会《章程》与会费标准，并选举产生了湖南省儿童文学学会第一届会长、副会长、秘书长、理事。著名作家汤素兰任会长。

"生态诗学、绘画诗学暨加里·斯奈德研究"国际研讨会在湖南大学举行

11月13日至15日，"生态诗学、绘画诗学暨加里·斯奈德研究"国际研讨会在湖南大学举行。来自国内以及来自美国、日本、韩国、葡萄牙、芬兰的近两百位专家学者参会交流。首次尝试将生态诗学与绘画诗学进行架构的国际会议，也是目前国内唯一一次将生态理念融入图案设计和实践的国际会议。大会旨在扩建文学、生态与文化的跨学科研究平台，传播前沿的生态批评研究趋势与学术信息，同时全方位关注"深层生态桂冠诗人"加里·斯奈德及其作品的研究进展，为生态批评学者们创造高效合作的学术氛围。加里·斯奈德寄来视频以表祝贺。全球知名的相关领域专家 Anthony Hunt 教授、Patrick Murphy 教授、Mark Gonnerman 教授、James Warren 教授、Shigeyoshi Hara 教授、Julia Martin 教授及 Julianne Warren 教授作为特邀专家围绕主题分享了各自的研究成果。22位受邀专家及学者以主题发言、大会发言、专题发言等不同形式进行了发言。

"酌彼金罍——皿方罍与湖南出土青铜器精粹展"在上海举行

11月18日，由湖南省博物馆和上海博物馆联合举办的"酌彼金罍——皿方罍与湖南出土青铜器精粹展"在上海博物馆举行。展览是湖南省博物馆以2014年"皿方罍"回归这一重大文化事件为契机而举办的，共精选了包括皿方罍在内的11件湖南出土著名青铜器珍品，希望通过这个展览让广大观众领略三湘四水所出中国古代青铜器的独特魅力。

纪念胡耀邦同志诞辰 100 周年座谈会在京举行

11 月 20 日，中共中央在北京人民大会堂举行纪念胡耀邦同志诞辰 100 周年座谈会。中共中央总书记、国家主席、中央军委主席习近平发表重要讲话强调，一切伟大的成就都是接续奋斗、接力探索的结果，一切伟大的事业都需要在承前启后、继往开来中推进。我们要团结一心、锐意进取，努力创造无愧于时代、无愧于人民、无愧于先辈的新业绩。习近平、李克强、张德江、俞正声、刘云山、王岐山、张高丽等出席座谈会。部分中共中央政治局委员、中央书记处书记，中央党政军群有关部门、湖南省负责同志，各民主党派中央、全国工商联负责同志和无党派人士代表，胡耀邦同志亲属、生前友好、原身边工作人员和家乡代表等出席了座谈会。

湖南湘潭举办第四届齐白石国际文化艺术节

11 月 28 日，第四届齐白石国际文化艺术节在湖南湘潭开幕。主题被定为"艺术与世界和平"。本届艺术节由湖南省人民政府和中国文联主办，包括开幕式、"艺术与世界和平"论坛、大型花鼓音乐剧《齐白石》演出、"美丽中国乡村行——走进湘潭齐白石故里"等多场书画展览和文艺演出活动。

"中国简帛书法艺术研究学术研讨会"在岳麓书院召开

11 月 28 日至 29 日，由岳麓书院和湖南大学简帛文献研究中心联合主办的"中国简帛书法艺术研究学术研讨会"在岳麓书院中国书院博物馆召开。来自清华大学、北京大学、复旦大学、中山大学等高校和北京、上海、山东、河南、湖北等地书法研究和出版机构的专家学者出席了此次研讨会。大家分别就有关简帛书法的源流、字体演变的研究等问题进行了热烈讨论，对如何推动简帛文字研究与书法研究的结合、如何进一步增强学术界与书法界的联系以及有关简帛书法艺术的推广等问题提出了许多宝贵的建设性意见。

"纪念杨度诞辰 140 周年学术座谈会"在湖南大学岳麓书院召开

12 月 11 日，在湖南大学岳麓书院召开了"纪念杨度诞辰 140 周年学术座谈会"，来自湖南省社会科学院、中南大学、湖南师范大学、湖南商学院、湖南广播电视大学、湖南省图书馆、湖南省历史学会、湖南省政府外事侨务办、湘潭市政协、湘潭市文联和湖南大学等单位的 20 多位专家学者出席了座谈会,对杨度的生平经历和著述、思想作了审视与评述。

第八届全国"毛泽东论坛"在韶山召开

12 月 19 日,为纪念毛泽东同志诞辰 122 周年,由全国毛泽东哲学思想研究会、湘潭大学毛泽东思想研究中心、韶山毛泽东同志纪念馆等单位联合主办的第八届全国"毛泽东论坛"在韶山召开。来自中共中央党校、中国社会科学院、中国人民大学、吉林大学、湘潭大学等高校和科研机构的 70 余位专家学者参加论坛。与会学者一致认为,毛泽东思想研究不仅是学科上的一个研究领域,更是一个关涉到我国未来发展方向、发展道路以及理论指导的重大实践问题,因此毛泽东研究应以毛泽东思想的当代价值为研究主题。与会学者强调,坚持和发展毛泽东思想应同坚持和发展中国特色社会主义理论体系结合起来,在当前应特别注意与学习、研究、贯彻落实习近平总书记系列重要讲话精神结合起来。

湖南省伏羲文化研究会成立

12 月 20 日,湖南省伏羲文化研究会成立大会在岳阳市平江县南江镇召开。贺刚当选为会长,周行易为常务副会长,何旭红、席道合、张劲松、陈黎明、钟志平、宋炼钢、张曙光、刘俊男为副会长,肖敬东为秘书长。会上还举行了"湖南省伏羲文化研究会天岳幕阜山研究基地"揭牌仪式。

湖湘文化研究会第二届会员代表大会召开

12 月 22 日,湖南省湖湘文化研究会第二届会员代表大会在长沙市召开。湖南师范大学周秋光教授当选为湖湘文化研究会第二届理事会会长。省领导和老同志袁新华、文选德及来自有关部门、高等院校、科研机构、社会团体等单位的 200 多位专家学者及各界人士参加会议。湖湘文化研究会自成立以来,在省市领导和社会各界人士的关心支持下,取得了一系列研究成果。《湖湘文库》、《湖湘文化》等相继出版,麓山文化、梅山文化等研究有了新一步进展,各类学术论坛陆续开展,湖湘文化的影响力得到进一步传播。

《毛泽东影响中国的 88 个关键词》出版座谈会举行

12 月 23 日,由中国青年出版社出版的作家胡松涛新作《毛泽东影响中国的 88 个关键词》出版座谈会在北京举行。中央文献研究室副主任陈晋，武警政治部副主任张继钢，中国作协副主席、书记处书记李敬泽，团中央宣传部副部长张健为，中国青年出版总社社长郭美荐、总编辑韩亚军，以及李琦、张颐武、朱秀海、柳建伟、王久辛、杨敏等专家学者出席座谈会，座谈会由中国青年出版总社副总编辑李师东主持。座谈会上，专家学者们对《毛泽东影响中国的 88 个关键词》一书给予高度评价，认为作者另辟蹊径，独具匠心，首次较为系统地梳理了毛泽东影响中国的一系列词汇。对每个词汇，作者一一旁征博引，细致考察其来龙去脉，并给予公允评说。大家一致认为该书材料扎实，文字活泼生动，对学习和研究毛泽东的思想及语言艺术很有价值，对当前改进话风文风也有启发性，是近年来在通俗理论读物方面一部别开生面的优秀图书。

秦陵博物院展出湖南里耶秦简

12 月 25 日，由陕西省文物局、湖南省龙山县政府主办，秦始皇帝陵博物院、里耶秦简博物馆承办的"破译秦朝：里耶秦简中的帝国真相"展在秦陵博物院展出，展期 3 个月。这次展出的 100 余件组展品大部分为里耶秦代木简牍，内容涵盖秦朝职官设置、签署公文、人口管理、经济管理、司法管理、物资管理等内容。里耶秦简发现于湘西龙山县里耶镇里耶古城 1 号井，共 37000 多枚、20 多万字，真实记载并完整体现了秦始皇治理国家、保证国家机器正常运转的秘密。主要是秦洞庭郡迁陵县的祠先农简、地名里程简、户籍简等档案。

"还原大师——何绍基的书法世界"展在长沙举行

12 月 31 日，由湖南省博物馆联合上海博物馆、南京博物院等共同举办的"还原大师——何绍基的书法世界"展在长沙谭国斌当代艺术博物馆开幕。湖南省文化厅党组书记、厅长李晖等出席开幕式。作为全国收藏何绍基作品最多、时间跨度最长、品种最齐全的博物馆，湖南省博物馆在本次展览中特地遴选了 153 件（套）展品，包括书法、绘画、碑帖、印章、古籍、墓志等，全方位展现何绍基丰富的艺术生涯。展览从何绍基其人、其书两大方面进行诠释，还原了何绍基所处时代的历史情境、何绍基本人丰富而立体的精神世界以及何绍基真实、全面的书法面貌。本次展览还增设了以观众体验为中心的数字化展示，数字展示系统由湖南省博物馆开发，力求给观众提供完美的参观体验。

三 湘学研究院纪事

湘学院 2015 年工作会议

3 月 26 日下午，湘学院召开工作会议。会议由湘学院常委副院长刘云波主持。伍新林、王国宇、周建刚、李斌、杨畅、王安中、袁男优、姜灿慧、陈漫涛参加了会议。会议在 2014 年年底召开的"2014 年工作总结和 2015 年工作计划"讨论会的基础上，进一步讨论并布置了 2015 年的主要工作任务。

2015 年湘学丛书编撰工作会议

4 月 22 日上午，省湘学研究院召集所有参与丛书编撰的作者举行了第一次丛书编撰工作会议，会议由刘建武院长主持。为深入贯彻习近平总书记关于实现传统文化的创造性转化与创新性发展的精神，阐释与宣传中国共产党人是中华优秀传统文化的承继者与创新者，挖掘整理中华优秀传统文化中有关"修身、清廉、家风"等方面的思想文化精粹，为提升当代共产党人修养提供思想理论支撑，省湘学研究院策划编撰《中华优秀传统文化与当代共产党人修养》丛书。丛书设计为《中华传统修身文化与当代共产党人的品德修养》、《中华传统清廉文化与当代共产党人的廉洁操守》、《中华传统家教文化与当代共产党人的家风建设》三卷。会上，省湘学研究院办公室主任伍新林就编写目的、丛书风格、作者分工与进度安排等方面作了说明；省湘学研究院常务副院长刘云波强调了丛书编撰的通俗化、生动化、浅显化要求；湖南师范大学博导蒋国海教授、省社科院历史所所长王国宇研究员等编撰作者就提纲设计展开了深入交流。最后，省湘学研究院院长刘建武在总结讲话中，围绕内容与形式、传统与当代、深入与浅出的结合问题，对丛书编撰提出了高标准、严要求。根据计划，丛书将于 2016 年 1 月出版。

刘建武院长一行赴桂阳调研基地开展调研

4 月 23 日至 24 日，省社科院党组书记、院长、湘学研究院院长刘建武，省社科院党组成员、副厅级纪检员、湘学研究院常务副院长刘云波一行赴湘学研究院桂阳调研基地开展调研。调研期间，刘建武院长一行听取了桂阳基地的工作汇报、与桂阳基地研究人员开展了座谈，并对阳山古村、桂阳文化园与桂阳矿冶文化进行了实地考察。刘建武院长在座谈会上提出，湘学研究与桂阳历史文化研究大有可为，一定要做好传统文化与当代社会发展的结合工作，研究、宣传、利用好历史文化资源，为当地经济社会发展服务。

《湘学传统与求是担当》一书出版

4 月，由湖南省委宣传部理论处和省湘学研究院共同编写的《湘学传统与求是担当》由中国社会科学出版社出版。该书由时任省委常委、宣传部部长许又声担任编委会主任，省社科院院长、党组书记、省湘学研究院院长刘建武担任主编，省湘学研究院常务副院长刘云波、省委宣传部理论处处长邓清柯任执行主编。该书是在"湘学溯源媒体行"活动报道的基础上，再度加工整理、拓展提升而成的成果，旨在勾勒湘学发展脉络，阐释湘学优良传统，弘扬湘学求是担当精神，展现湖南"文源深、文脉广、文气足"的人文优势，发挥湘学优良传统对培育和践行社会主义核心价值观的重要作用。

《湖南日报》推出"湖湘文化：抗战精神的重要源泉"为主题的纪念抗战理论专版

8 月 15 日，《湖南日报》理论版以"湖湘文化：抗战精神的重要源泉"为主题集中刊发了荣维木、刘建武、萧栋梁、王国宇、陈致远五位专家的文章。在纪念世界反法西斯战争和中国抗日战争胜利 70 周年之际，为弘扬伟大抗战精神、助力湖南当代发展，湖南省湘学研究院约请省内外专家学者分别撰写了《湖南抗战与抗战精神》、《湖湘文化是抗战精神的重要源泉》、《湖南人民在抗战中的四大贡献》、《论湖南民众作为抗战主体之作用》、《弘扬抗战精神　力促湖南崛起》等文章缅怀湖南在抗战中所作的重大贡献，探讨湖南如何弘扬抗战精神、担当民族复兴时代责任。

《英勇抗战的桂阳人》出版

9月，由省湘学研究院桂阳调研基地、桂阳县历史文化研究中心、文广新局、史志办编辑的内部读物《英勇抗战的桂阳人》出版。该书收集了八年抗战中涌现出来的桂阳英烈曹克人、刘放吾、陈暄、李木庵的故事，讲述了军民同心、御敌于县境之外的九龙关、五虎关抗日事迹，介绍了抗日老兵的故事，回顾了日军的铁蹄踏进桂阳之后的情景，反映出抗日战争时期千千万万热血的桂阳儿女不屈不挠的抗争意志，展现出了湖南人"忠诚、担当、求是、图强"的精神。

《湘学普及读本》出版

10月，湖南省湘学研究院在湖南人民出版社出版《湘学普及读本》，该书以图文并茂的形式、生动活泼的文风，较为全面、精当地介绍了湘学的历史渊源、发展脉络和基本走向，介绍了湘学的独特创造、价值理念和鲜明特色。为传承弘扬湘学，宣传普及湘学知识，解读湖南提供了一个重要"窗口"。

《湘学年鉴（2015）》提纲讨论会

10月16日下午，湘学院召开《湘学年鉴（2015）》提纲讨论会。刘云波、李育民、肖永明、王国宇、黄海、向志柱、周建刚、伍新林、李斌、姜灿慧、陈漫涛等人参加了会议。原《湘学年鉴》主要以"著作选介"、"论点摘编"为主要内容。此次会议讨论《湘学年鉴》主要内容改为"湘学源流"、"湘学思想"、"湘学历史文化"、"湘学人物"等，体例改为研究概述形式。

《湘学新论》出版

11月，湖南省湘学研究院在湖南人民出版社出版《湘学新论》一书。湖南省湘学研究院为达到宣传湘学精神、扩大湘学影响、培养湘学新人的目的，面向全省社科理论界招标或委托了一批课题。《湘学新论》是部分优秀课题成果结集而成，主要是围绕湘学与湖湘历史文化、湖湘理学、湖湘文学、湖南精神、中国共产党人的实践和当代湖南发展展开研究，旨在宣传湘学研究的新成果、反映湘学研究的新动态、展示湘学学者的新风采，吸引更多具备责任意识和担当精神的专家学者关注湘学、研究湘学、宏大湘学。

《光明日报》推出"挖掘湘学传统法治思想服务社会主义法治建设"为主题的湘学专版

12 月 17 日，《光明日报》以"湘学传统法治思想与社会主义法治建设"为主题，在"论苑"版面整版刊登了五位专家学者的文章，分别是李捷的《挖掘湘学传统法治思想 服务社会主义法治建设》、曹文泽的《魏源的法治思想与时代价值》、刘建武的《王船山的法治思想及其启示意义》和刘云波、马延炜的《谢觉哉关于领导干部楷模作用与社会主义法治建设关系的思想》。文章深入挖掘并正确解读湘学传统中的法治思想，为当今法治中国建设提供可资借鉴的宝贵思想资源。

《湘学年鉴（2014）》出版

12 月，《湘学年鉴（2014）》由中国社会科学出版社出版。该书着重收录、评介 2014 年有关湘学研究的重要成果，整理与湘学研究有关的重要会议和活动，旨在为学界提供比较详细的湘学研究成果及资讯。主要内容包括：选载有关湘学研究的重要讲话稿和重要文章，评介湘学研究重要著作、重要文献资料，对重要论文予以摘要或评介，提供重要著作、文献资料和论文目录索引，整理湘学界重要的学术会议和学术活动，介绍省湘学研究院及湘学研究基地的机构设置、重要活动、科研成果等。

《中华优秀传统文化与当代共产党人修养》丛书完成初稿撰写

12 月，《中华优秀传统文化与当代共产党人修养》（三卷本）已完成初稿撰写。该丛书包括《中华传统修身文化与当代共产党人的品德修养》、《中华传统清廉文化与当代共产党人的廉洁操守》、《中华传统家教文化与当代共产党人的家风建设》三卷。该丛书在思想上坚持用马克思主义的思想观点指导对传统文化的辨析与运用；在内容上追求既对传统文化相关内容有较为科学系统的理论论述，又对当代共产党人的修养具有较为管用的实践指导性；在语言上注重通俗易懂、生动好读；在形式上讲求夹叙夹议、图文并茂。

四　论著目录索引

（一）湘学研究著作目录索引

张晶萍：《近代"湘学观"的形成与嬗变研究》，知识产权出版社 2015 年版。

陈书良：《湘学史略》，中华书局 2015 年版。

湖南省湘学研究院主编：《湘学普及读本》，湖南人民出版社 2015 年版。

赵载光、洪梅：《湖湘学统与宋明新儒学》，湘潭大学出版社 2015 年版。

方红姣：《现代新儒学与船山学》，中国社会科学出版社 2015 年版。

陈赟：《回归真实的存在：王船山哲学的阐释》，广西师范大学出版社 2015 年版。

[美] 裴士锋：《湖南人与现代中国》，黄中宪译，社会科学文献出版社 2015 年版。

屈原：《中华经典名著·全本全注全译丛书：楚辞》，林家骊译注，中华书局 2015 年版。

潘斌：《皮锡瑞学术研究》，四川大学出版社 2015 年版。

朱汉民主编：《湖湘文化通史》，岳麓书社 2015 年版。

黄娟：《湖南近代航运业研究》，湖南人民出版社 2015 年版。

叶利军、刘登科：《湖南近代选举史（1908—1949）》，湖南人民出版社 2015 年版。

曾主陶：《湖南会馆往事》，岳麓书社 2015 年版。

郑大华主编：《湖南时务学堂研究》，民主与建设出版社 2015 年版。

田中阳：《承先启后的历史坐标——湖湘文化精神与"五四"时期湖南

报刊互动关系研究》，湖南人民出版社 2015 年版。

张志军主编：《湖南剿匪实录》，民主与建设出版社 2015 年版。

田茂军主编：《非物质文化遗产保护的湖南本土经验与探索》，湖南人民出版社 2015 年版。

周志勇、孙文辉、窦雪松、胡敏编：《湖南省非物质文化遗产资源分布图集》，湖南人民出版社 2015 年版。

周湘编：《美丽潇湘·茶事卷》，湖南人民出版社 2015 年版。

湖南图书馆编：《湖南抗战亲历者口述录》，湖南人民出版社 2015 年版。

夏远生编著：《中国抗日战争全景录》（湖南卷），湖南人民出版社 2015 年版。

中国人民政治协商会议平江县委员会编：《平江抗战》，湖南人民出版社 2015 年版。

湖南省地方志编纂委员会编：《洞庭湖志》，湖南人民出版社 2015 年版。

《长沙通史》编写组：《长沙通史》（当代卷），湖南人民出版社 2015 年版。

张湘涛主编：《长沙人与长沙精神》，湖南人民出版社 2015 年版。

长沙县文联主编：《长沙县民俗》，湖南人民出版社 2015 年版。

翁光龙主编：《毛泽东与周南中学》，湖南人民出版社 2015 年版。

陶旅枫：《明德学校史话》，社会科学文献出版社 2015 年版。

尚立昆主编：《从远古走来的热土——澧水上源地区民族考古新成果》，湖南人民出版社 2015 年版。

刘勇：《古城·古国——城头山遗址亮点聚焦》，湖南人民出版社 2015 年版。

李慧星：《衡山窑》，湖南人民出版社 2015 年版。

刘海潮：《湖南邵阳布袋戏研究》，湖南人民出版社 2015 年版。

麻美垠：《湘西苗族地区堂根文化研究》，湖南人民出版社 2015 年版。

张建安：《湘西想象的民族特征与文化精神》，湖南人民出版社 2015 年版。

彭司礼主编：《湘西州土家族辞典》，湖南人民出版社 2015 年版。

中共邵阳县委党史研究室、中共邵阳县委党史联络组编著：《中国共产党邵阳县历史》第二卷（1949—1978），湖南人民出版社 2015 年版。

怀化市洪江区史志档案局编著：《中国共产党怀化市洪江区历史

（1978—2010）》，湖南人民出版社 2015 年版。

张建国、杨少勇主编：《通道文化遗产图典》，湖南人民出版社 2015 年版。

湖南省湘学研究院编：《湘学新论》，湖南人民出版社 2015 年版。

许顺富主编：《湘籍无产阶级革命家群体的党性修养》，湖南人民出版社 2015 年版。

周忠新主编：《湘商文化教程》，湖南人民出版社 2015 年版。

（清）王夫之：《王船山仿拟诗笺注》，朱迪光注，湘潭大学出版社 2015 年版。

（清）王夫之：《王船山〈落花诗〉〈和梅花百咏诗〉笺注》，朱迪光注，湘潭大学出版社 2015 年版。

陶澍研究学会编：《陶澍诗文选注》，岳麓书社 2015 年版。

唐浩明：《唐浩明点评曾国藩诗文》，岳麓书社 2015 年版。

何荣誉：《王闿运与光宣诗坛研究》，中国社会科学出版社 2015 年版。

彭清等译：《盘王大歌》，湖南人民出版社 2015 年版。

张湘涛主编：《迁客骚人潇湘情》，国防科技大学出版社 2015 年版。

圣辉、刘安定、何漂：《爱国诗僧八指头陀》，湖南地图出版社 2015 年版。

杨长江主编：《长沙弹词优秀作品选》，湖南人民出版社 2015 年版。

向延寿编著：《溆浦向家人》，湖南人民出版社 2015 年版。

胡静怡主编：《湖湘联话》，湖南人民出版社 2015 年版。

刘超邦编：《湖湘文学经典赏读》，湖南人民出版社 2015 年版。

陈书良主编：《梦想与践行》（湖南应用美术研究），民主与建设出版社 2015 年版。

墨香满楼：《中兴名臣曾国藩》，中国铁道出版社 2015 年版。

张宏杰：《给曾国藩算算账——一个清代高官的收与支（湘军暨总督时期）》，中华书局 2015 年版。

孙光耀编著：《左宗棠传》，中国书籍出版社 2015 年版。

杨东梁：《左宗棠》，人民文学出版社 2015 年版。

汪衍振：《乱世能臣左宗棠》，北京大学出版社 2015 年版。

王维江编：《王先谦、叶德辉卷》（中国近代思想家文库），中国人民大学出版社 2015 年版。

汤仁泽编：《谭嗣同卷》（中国近代思想家文库），中国人民大学出版社

2015 年版。

郭汉民编：《宋教仁卷》（中国近代思想家文库），中国人民大学出版社 2015 年版。

钟发喜：《宋教仁精神研究》，湖南人民出版社 2015 年版。

邓江祁：《护国元勋蔡锷传》，岳麓书社 2015 年版。

左玉河编：《杨度卷》（中国近代思想家文库），中国人民大学出版社 2015 年版。

易新农、夏和顺：《近代湖南藏书家王礼培》，岳麓书社 2015 年版。

于平主编：《杜心五年谱》，湖南人民出版社 2015 年版。

〔美〕丽贝卡·卡尔：《毛泽东传》，龚格格译，湖南人民出版社 2015 年版。

赵志超主编：《涟水之光——赵甄陶先生纪念文集》，中国文化出版社 2015 年版。

湖南省档案局（馆）编：《湖南省档案馆珍藏铜器铭文拓片集录》，湖南人民出版社 2015 年版。

张勇主编：《湖南文献撷珍》，湖南人民出版社 2015 年版。

陈先枢：《湖南慈善老档案》，湖南人民出版社 2015 年版。

张湘涛主编：《长沙名胜文选》，陈先枢辑注校点，湖南人民出版社 2015 年版。

邹欠白编著：《民国长沙市指南》，陈先枢校点，湖南人民出版社 2015 年版。

游俊编撰：《明史、明实录湘西土家族苗族自治州史料钩沉》，湖南人民出版社 2015 年版。

田仁利编：《湘西土家族苗族自治州金石通纂》，湖南人民出版社 2015 年版。

祁阳县史志办编：《清康熙十九年祁阳县志校注》，湖南人民出版社 2015 年版。

易新农、夏和顺编校：《王礼培辑》，民主与建设出版社 2015 年版。

《湘潭谭半农先生诗集笺注》，释圣辉主编，刘安定、曾俊甫笺注，湖南地图出版社 2015 年版。

《胡林翼家书》，中国长安出版社 2015 年版。

吴仰湘编：《皮锡瑞全集》（全十二册），中华书局 2015 年版。

（二）湘学研究论文目录索引

李捷：《挖掘湘学传统法治思想 服务社会主义法治建设》，《光明日报》2015 年 12 月 17 日。

朱汉民：《湖湘文化的诠释与建构》，《湖南大学学报》（社会科学版）2015 年第 6 期。

高文：《山水文化格局视阈中的湖湘文化特质述略》，《湖南工业大学学报》（社会科学版）2015 年第 3 期。

锺兴永、鲁涛、刘红麟：《屈学与湘学》，《云梦学刊》2015 年第 1 期。

方红姣：《梁启超与近代湘学的兴起》，《湘潭大学学报》（哲学社会科学版）2015 年第 3 期。

朱汉民：《"神农炎帝"与湖湘文化》，《社会科学战线》2015 年第 6 期。

罗山：《屈原爱国精神及其对湘学的影响》，《云梦学刊》2015 年第 6 期。

胡正耀：《论濂学与湘学的关系》，《湖南科技学院学报》2015 年第 3 期。

陈安民、周欣：《湖湘学派对周敦颐的推尊考论——以南宋时期濂溪祠记为中心》，《广西师范大学学报》（哲学社会科学版）2015 年第 4 期。

陈代湘、周接兵：《文化冲突与湘学的近代转型》，《湘潭大学学报》（哲学社会科学版）2015 年第 3 期。

田光辉：《对湖湘文化融入湖南高校文化建设的思考》，《怀化学院学报》2015 年第 3 期。

周娉：《李东阳的书法理论与创作研究》，硕士学位论文，湖南师范大学，2015 年。

陈继丽：《李东阳政治思想研究》，硕士学位论文，湘潭大学，2015 年。

赵可君：《明书家李东阳研究》，硕士学位论文，南京艺术学院，2015 年。

陈力祥、王志华：《"太和分殊"——"四因说"视域下的船山天地和合思想之形上学批判》，《衡阳师范学院学报》2015 年第 4 期。

陈志斌、朱毅：《强论王船山词学观》，《南华大学学报》（社会科学版）2015 年第 1 期。

杨斌：《论屈原诗廉文化的内在特质》，《三峡大学学报》（人文社会科学版）2015 年第 3 期

何茂勋、钟慧容：《孕育"百年清官村"的"爱莲文化"探赜 》，《廉政文化研究》2015 年第 2 期。

李利：《靖康之难到绍兴和议时期的胡寅诗文研究》，硕士学位论文，重庆师范大学，2015 年。

胡皓萌：《胡宏理学政治思想研究》，硕士学位论文，四川师范大学，2015 年。

彭传华：《王船山关于分配正义的论说》，《武汉大学学报》（人文科学版）2015 年第 4 期。

王向清、李浩淼：《魏源〈默觚·治篇〉政治哲学思想及当代价值》，《湘潭大学学报》（哲学社会科学版）2015 年第 1 期。

韩毓海：《魏源论治疆》，《南风窗》2015 年第 1 期。

江泳辉：《曾国藩的养廉方法浅探》，《湖南行政学院学报》2015 年第 3 期。

邱涛：《论清廷与湘军集团的筹建长江水师之争》，《军事历史研究》2015 年第 4 期。

雷慧杰：《探析曾国藩对金陵书局的影响》，《传播与版权》2015 年第 5 期。

陈国标：《晚清"中兴名臣"曾国藩的军事体育思想考略》，《运动》2015 年第 8 期。

王聪延：《略论近代"海防"与"塞防海防"并重思想——以左宗棠、李鸿章为个案》，《边疆经济与文化》2015 年第 4 期。

姚婧、董萍、林华：《左宗棠军事体育观及其对军事体育发展的贡献》，《兰台世界》2015 年第 10 期。

何绍基：《隶书七言联》，《中国书法》2015 年第 19 期。

卿省吾：《何绍基行草书法的嬗变》，《艺术品鉴》2015 年第 7 期。

傅亮：《刘坤一与第二次四明公所事件交涉》，《近代中国》（第二十四辑）2015 年。

孟华：《对曾纪泽使法日记的形象研究——以语词为中心》，《中国比较文学》2015 年第 2 期。

欧阳红：《曾纪泽的"中西合璧"诗》，《中华读书报》2015 年 4 月

22 日。

　　许静文：《杨度和嘉纳治五郎教育思想比较》，硕士学位论文，湖南师范大学，2015 年。

　　王明前：《曾国藩船政与海防思想评析》，《河南商业高等专科学校学报》2015 年第 2 期。

　　郝倩楠：《左宗棠的荒政实践及其思想》，硕士学位论文，宁夏大学，2015 年。

　　周建刚：《郭嵩焘基于晚清世变的"富强论"和"民主观"》，《求索》2015 年第 4 期。

　　林东梅：《浅析郭嵩焘的外交思想》，《城市学刊》2015 年第 5 期。

　　裴庚辛：《从力行到反对：郭嵩焘厘金思想研究》，《湖南社会科学》2015 年第 3 期。

　　焦明：《郭嵩焘铁路思想初探》，《杭州文博》2015 年第 1 期。

　　蒋跃波、宋俐频：《论曾纪泽的国家主权观念》，《丽水学院学报》2015 年第 3 期。

　　阳宏润：《论曾纪泽在中法战争时期的外交思想及其变化》，《黑龙江生态工程职业学院学报》2015 年第 5 期。

　　陈代湘、周接兵：《冲决网罗：谭嗣同、唐才常向封建制度宣战及其对民主自由的追求》，《船山学刊》2015 年第 2 期。

　　陈任远：《试析熊希龄的抗日救亡思想》，《湖南大学学报》（社会科学版）2015 年第 2 期。

　　宋麟：《从"金铁主义者"到筹安会"六君子"之首——浅析杨度的宪政思想及其转变》，《湘江青年法学》2015 年第 1 期。

　　高力克：《寻求文明与富强：杨度的现代中国想象》，《南京大学学报》（哲学·人文科学·社会科学）2015 年第 2 期。

　　马慧珍：《"变法修律"与杨度的国家主义法律思想》，《兰台世界》2015 年第 4 期。

　　曾长秋、高科：《论宋教仁政治思想的多重矛盾》，《中南大学学报》（社会科学版）2015 年第 6 期。

　　杨同营：《宋教仁的政党内阁思想与实践》，硕士学位论文，吉林大学，2015 年。

　　万红霞：《试论宋教仁的民主宪政思想》，《决策论坛——政用产学研一体化协同发展学术研讨会论文集》（上），2015 年。

罗霄：《论〈独立评论〉时期胡适与蒋廷黻政见之异》，《黑龙江史志》2015 年第 5 期。

王春龙：《蒋廷黻善后救济思想述论》，《山西师大学报》（社会科学版）2015 年第 4 期。

曾维君：《蒋廷黻的善后救济思想与实践》，《邵阳学院学报》（社会科学版）2015 年第 5 期。

张闯：《李达与〈共产党〉月刊六"短言"》，《学术研究》2015 年第 5 期。

赵士发、李亮华：《李达对马克思主义中国化前提问题的反思及其重要启示》，《湖北社会科学》2015 年第 4 期。

宋镜明、吴向伟：《1930 年前后李达对马克思主义中国化的历史贡献》，《深圳大学学报》（人文社会科学版）2015 年第 4 期。

杨建兵、陈绍辉：《李达的思想政治教育理论与实践研究》，《理论界》2015 年第 11 期。

罗红希：《浅论李达的统一战线思想》，《湖南省社会主义学院学报》2015 年第 1 期。

郎廷建：《马克思主义经济学中国化的标志性成果——李达的〈经济学大纲〉探论》，《武汉大学学报》（人文科学版）2015 年第 2 期。

裴庚辛：《论李达对中国近代经济研究的贡献》，《学习与实践》2015 年第 9 期。

汪信砚、郎廷建：《马克思主义经济学中国化的开启之作——李达的〈中国产业革命概观〉探论》，《湖北社会科学》2015 年第 4 期。

邹进文、张夏青：《中国马克思主义货币理论的早期开拓——李达的货币思想研究》，《江汉论坛》2015 年第 9 期。

夏远生：《毛泽东与蔡和森对湖湘文化取精用宏》，《湘潮》（下半月）2015 年第 3 期。

陈代湘、周接兵：《毛泽东、蔡和森走向马克思主义的思想历程》，《怀化学院学报》2015 年第 9 期。

刘一楠：《以"大本大源"动天下之心——毛泽东关于党内生活思想的历史文化基础探析》，《岭南学刊》2015 年第 2 期。

朱耀斌：《蔡和森的革命价值观研究》，《湘潮》（下半月）2015 年第 3 期。

郑凤娇：《论谭嗣同及其〈仁学〉对蔡和森救国思想的影响》，《湘潮》

（下半月）2015 年第 3 期。

刘建武：《王船山的法治思想及其启示意义》，《光明日报》2015 年 12 月 17 日。

曹文泽：《魏源的法治思想与当代价值》，《光明日报》2015 年 12 月 17 日。

刘云波、马延炜：《谢觉哉关于领导干部楷模作用与社会主义法治建设关系的思想》，《光明日报》2015 年 12 月 17 日。

杨婷：《蔡和森对"陈独秀主义"的批判》，《黑龙江史志》2015 年第 3 期。

林绪武、常华：《"主义明确"：蔡和森对党内早期机会主义的认识和分析》，《南华大学学报》（社会科学版）2015 年第 2 期。

纪亚光：《蔡和森建党思想的形成与影响》，《南华大学学报》（社会科学版）2015 年第 2 期。

徐方平、金飞：《蔡和森与恽代英的"纸老虎"理论辨析》，《马克思主义研究》2015 年第 2 期。

贾凯：《论蔡和森与国民党的"再革命化"——以〈向导〉周报为例》，《南华大学学报》（社会科学版）2015 年第 4 期。

宁曼荣：《论蔡和森的群众思想及其历史贡献》，《南华大学学报》（社会科学版）2015 年第 2 期。

张龙、王佳：《蔡和森担任〈向导〉主编的宣传思想》，《党史文苑》2015 年第 10 期。

李永春、黄海林：《论蔡和森提出和宣传的反帝口号》，《湘潭大学学报》（哲学社会科学版）2015 年第 6 期。

朱雪芳、黄莹：《论周敦颐月岩悟道初期的思想》，《湖南科技学院学报》2015 年第 3 期。

张培高、杨莉：《论周敦颐对〈中庸〉的诠释》，《中州学刊》2015 年第 7 期。

蔡经纶：《周敦颐三种可能本体论反思》，《科学中国人》2015 年第 12 期。

丁晓、解光宇：《周敦颐"孔颜乐处"思想探微》，《黄山学院学报》2015 年第 1 期。

周忠生：《周敦颐社会管理思想探析》，《山西档案》2015 年第 1 期。

蒋伟、文美玉：《试论周敦颐以"诚"为本的道德本体思想》，《船山学刊》2015 年第 6 期。

朱惠芳：《周敦颐与〈太极图说〉》，《湘南学院学报》2015 年第 6 期。

刘茜茜：《周敦颐"诚学"思想研究》，硕士学位论文，安徽大学，2015 年。

肖永奎、舒也：《张栻的性论思想辨析》，《湖北大学学报》（哲学社会科学版）2015 年第 3 期。

吴根友、Peng Ping：《简论宋儒"一体之仁"的思想及其现代意义——以张载、二程、朱子的"一体之仁"思想为例》，《孔学堂》2015 年第 2 期。

王雷松：《胡安国思想发展脉络探析》，《河南社会科学》2015 年第 3 期。

陶俊：《游九言诗歌特色与理学关系探赜》，《齐齐哈尔大学学报》（哲学社会科学版）2015 年第 10 期。

李敬峰：《湖湘学派的仁学及朱子对其的批判》，《深圳大学学报》（人文社会科学版）2015 年第 5 期。

常慧敏：《谢良佐〈论语说〉思想研究》，硕士学位论文，陕西师范大学，2015 年。

廖建平：《王船山修身学说的基本理论与特征》，《衡阳师范学院学报》2015 年第 2 期。

曾长秋、罗序明：《论王船山的道德教育思想》，《船山学刊》2015 年第 6 期。

李相勋：《尚义之道——王船山尚义思想展开的四个逻辑层次》，《船山学刊》2015 年第 1 期。

龚韬：《王船山对程朱理欲思想的扬弃及其当代价值》，《求索》2015 年第 1 期。

王林伟：《王船山理气论阐微》，《船山学刊》2015 年第 1 期。

朱迪光：《民国时期的文化思潮与王船山学术思想研究范式》，《船山学刊》2015 年第 2 期。

章启辉、申健：《王夫之"习与性成"人性论之补见——论"习"字的"习行"义》，《船山学刊》2015 年第 1 期。

方红姣：《现代新儒家学者对船山人性论的理解与诠释》，《船山学刊》2015 年第 2 期。

杨明：《论王船山的君子与小人之辨》，《船山学刊》2015 年第 4 期。

吕锡琛：《论王船山对道家治道的衍解与吸收》，《中国哲学史》2015年第 4 期。

陈力祥、王志华：《王船山遵礼之理的逻辑显达与度越》，《船山学刊》2015 年第 2 期。

陈赟：《王船山对〈礼运〉大同与小康的理解》，《船山学刊》2015 年第 4 期。

易燕明：《王船山的天人合一思想探微》，《船山学刊》2015 年第 2 期。

邓辉、陈伟：《论王船山的"理势"观》，《湘潭大学学报》（哲学社会科学版）2015 年第 3 期。

谢芳、王学锋：《试论王船山生态伦理思想及其存在论基础》，《衡阳师范学院学报》2015 年第 2 期。

姜斌：《曾国藩天命观中的中庸之道》，《兰台世界》2015 年第 28 期。

孙钦香：《王船山对"古今之争"的思考及其当代意义》，《哲学分析》2015 年第 2 期。

冯琳：《实践哲学视域中的王船山体用论》，《哲学研究》2015 年第 10 期。

王宇丰：《浅探王船山晚年工夫论思想——以〈庄子解〉的"凝神"与〈张子正蒙注〉的"存神"为例》，《常州大学学报》（社会科学版）2015 年第 4 期。

毛靖宇、陈婉：《谭嗣同〈仁学〉思想浅探》，《湖南工程学院学报》（社会科学版）2015 年第 4 期。

程志华、张学敏：《谭嗣同之"仁本体论"的建构》，《河北大学学报》（哲学社会科学版）2015 年第 2 期。

丁立磊：《谭嗣同之"仁本体论"的解构》，《河北大学学报》（哲学社会科学版）2015 年第 2 期。

王瑞良：《谭嗣同之"仁本体论"的儒学还原》，《河北大学学报》（哲学社会科学版）2015 年第 2 期。

李训昌、付清爽：《从"仁"与"学"到"仁之学"——谭嗣同〈仁学〉的两个维度及其关系》，《平顶山学院学报》2015 年第 3 期。

王向清：《谭嗣同的"两三世说"历史进化论》，《中国矿业大学学报》（社会科学版）2015 年第 3 期。

魏义霞：《"盖儒家本是孔教中之一门"——谭嗣同对孔教与儒家的区分及其意义》，《河南社会科学》2015 年第 7 期。

罗来玮：《谭嗣同思想理论渊源研究》，《长江丛刊》2015年第34期。

叶后坡：《论李达对唯物史观和实践唯物论的阐释》，《传承》2015年第12期。

汪信砚、李禾风：《新中国马克思主义哲学中国化的开启之作——李达〈《实践论》、《矛盾论解说》〉探论》，《武汉大学学报》（人文科学版）2015年第2期。

余卫国、张培培：《李达马克思主义哲学中国化范式的基本内涵和本质特征》，《理论观察》2015年第1期。

汪信砚、李侦：《"实践的唯物论"：实践唯物主义在中国话语中的初始开显——李达〈社会学大纲〉的独特理论贡献》，《学习与探索》2015年第5期。

许苏民：《论金岳霖的中西哲学比较研究》，《江海学刊》2015年第5期。

崔治忠：《金岳霖是否解决了休谟问题——对金岳霖归纳理论的分析》，《西安建筑科技大学学报》（社会科学版）2015年第5期。

崔治忠：《浅析康德与金岳霖时空观的异同》，《甘肃理论学刊》2015年第5期。

崔治忠：《金岳霖的知识概念及相关比较》，《吉首大学学报》（社会科学版）2015年第4期。

谢霄男、王让新：《毛泽东对历史合力论的自觉运用与创新发展》，《经济与社会发展》2015年第4期。

曾亦：《论朱子与湖湘学者关于知行问题的讨论》，《船山学刊》2015年第1期。

高晓锋：《从〈知言疑义〉看朱熹与胡宏儒学思想之歧异》，《社会科学论坛》2015年第4期。

马思思：《李东阳论杜研究》，硕士学位论文，西南大学，2015年。

萧晓阳：《船山学术路径：楚文化诗性视域中的儒家理性批判》，《衡阳师范学院学报》2015年第5期。

肖永明、陈峰：《清代前中期的湖湘经学述略——以李文炤、王文清、余廷灿为例》，《北京大学学报》（哲学社会科学版）2015年第1期。

王雪玲、梁妮：《严如熤的经世思想与实践》，《唐都学刊》2015年第6期。

孙凤英：《浅析曾国藩的人才思想》，《黑河学刊》2015年第12期。

杨铮铮：《曾国藩家庭教育思想探析》，《湖南人文科技学院学报》2015年第 2 期。

田晓平：《曾国藩治家之道与价值观教育》，《广西社会主义学院学报》2015 年第 1 期。

荆世群、邹彩娟：《曾国藩自我教育观初探》，《中国矿业大学学报》（社会科学版）2015 年第 4 期。

陈汉威：《曾国藩治学思想研究》，《山东农业工程学院学报》2015 年第 4 期。

欧德良：《论胡林翼理学经世思想的形成》，《特立学刊》2015 年第 4 期。

许彬：《郭嵩焘与梁启超教育思想比较研究》，《新余学院学报》2015 年第 3 期。

曹凯云：《郭嵩焘眼中的西方博物馆形象》，《博物馆研究》2015 年第 3 期。

李柳情：《湖南音韵学发展述略》，《图书馆》2015 年第 6 期。

尹喜清：《曾运乾音韵学思想与方法论》，《铜仁学院学报》2015 年第 5 期。

尹喜清：《曾运乾音韵学研究》，博士学位论文，福建师范大学，2015 年。

吴仰湘：《罗诸子学研究评析》，《求索》2015 年第 4 期。

王继平、周苇：《论李剑农的史学观》，《金陵科技学院学报》（社会科学版）2015 年第 3 期。

陈阅平：《论黎锦熙的语文教材编选标准与体例观》，《黑龙江生态工程职业学院学报》2015 年第 4 期。

陈阅平：《试析黎锦熙的语文教材观》，《语文学刊》2015 年第 14 期。

陈阅平：《黎锦熙中小学语文教材观摭谈》，《课外语文》2015 年第 12 期。

肖峰：《杨树达彝铭本字研究刍议》，《铜仁学院学报》2015 年第 6 期。

肖峰：《论杨树达的"通借"研究》，《古汉语研究》2015 年第 4 期。

卞仁海：《杨树达文字语源学研究述评》，《中国文字研究》2015 年第 1 期。

还玉婷：《刍议蔡和森开创党史学的研究方法——基于〈中国共产党史的发展〉的分析》，《党史文苑》2015 年第 10 期。

姬丽萍、陈帅：《蔡和森对中共党史研究的开拓性贡献》，《南华大学学报》（社会科学版）2015 年第 2 期。

郭国祥、余薇：《蔡和森对早期中共党史研究的贡献》，《学习与实践》2015 年第 8 期。

纪宁：《蒋廷黻的史学思想及学术实践》，《青海师范大学学报》（哲学社会科学版）2015 年第 1 期。

薛莹：《蒋廷黻教育救国思想研究》，硕士学位论文，聊城大学，2015 年。

黄文丽：《唯物史观与实验主义的交锋——翦伯赞对胡适实验主义史学的批判》，《中共党史研究》2015 年第 4 期。

贾益：《翦伯赞的台湾"番族"考——兼论 20 世纪三四十年代马克思主义史学中的民族史研究》，《兰州学刊》2015 年第 9 期。

李健美、周毛：《翦伯赞民族关系史观探析》，《湖南工程学院学报》（社会科学版）2015 年第 3 期。

罗运胜：《翦伯赞对中国经济史的研究探析》，《兰台世界》2015 年第 28 期。

刘永祥：《"新史学"与周谷城的通史编纂》，《人文杂志》2015 年第 2 期。

鲁涛：《李达对史学理论的探索》，《湖北社会科学》2015 年第 4 期。

鲁涛、汪信砚：《论李达的史学修养》，《江汉论坛》2015 年第 9 期。

鲁涛：《李达与中国传统史学》，《马克思主义哲学研究》2015 年第 2 期。

鲁涛：《李达对历史人物的评价》，《学习与探索》2015 年第 5 期。

周可：《从翻译到创新——李达的法理学探索及其启示》，《江汉论坛》2015 年第 9 期。

李白鹤：《李达的文化思想探析》，《学习与探索》2015 年第 5 期。

杜国平：《金岳霖的教育思想及其启示》，《重庆理工大学学报》（社会科学版）2015 年第 12 期。

张剑平：《刘大年对马克思主义史学发展的理论贡献》，《淮阴师范学院学报》（哲学社会科学版）2015 年第 3 期。

张海鹏：《刘大年史学思想散论》，《近代史研究》2015 年第 1 期。

王建朗：《求真求实　学者本色——追忆大年同志与抗战史研究》，《近代史研究》2015 年第 1 期。

李建、傅永聚：《刘大年〈评近代经学〉的学术价值》，《近代史研究》2015 年第 1 期。

黄仁国：《刘大年史学思想的当代价值》，《近代史研究》2015 年第 1 期。

刘宏伟：《浅析徐特立的社会教育思想》，《文史博览》（理论）2015 年第 11 期。

白玉：《自由主义思潮对沈从文创作的影响》，《新丝路》（下旬）2015 年第 8 期。

齐亮：《浅析沈从文小说对中国乡土小说的独特贡献》，《科技创新导报》2015 年第 27 期。

李德义、盛春艳、于倩：《梭罗与沈从文的生态共鸣》，《理论观察》2015 年第 12 期。

杨建民：《沈从文的音乐自信》，《读书》2015 年第 1 期。

王伯男：《革命家的文人本色——纪念中国戏剧运动奠基人田汉先生》，《上海戏剧》2015 年第 4 期。

李思遥：《论湖湘工笔人物画的传承与发展》，硕士学位论文，湖南师范大学，2015 年。

彭世华：《关于徐特立研究的现状、趋势和设想》，《特立学刊》2015 年第 3 期。

菅兵兵：《论谭延闿督湘对长沙城市文化的影响》，硕士学位论文，湖南师范大学，2015 年。

朱浩云：《民国楷书大家谭延闿》，《美术报》2015 年 8 月 29 日。

江盼盼：《蒋廷黻步入仕途的缘由》，《文史天地》2015 年第 10 期。

宁史：《翦伯赞促成国共南京和谈始末》，《人民公仆》2015 年第 3 期。

章开沅、周娜：《怀念杨东莼先生》，《武汉文史资料》2015 年第 1 期。

于继增、魏新政：《毛泽东与章士钊的书信往来》，《武汉文史资料》2015 年第 12 期。

唐立：《试论杨昌济对蔡和森的影响》，《湘潮》（下半月）2015 年第 3 期。

陶佑钦：《毛泽东承续三代师生情》，《教师》2015 年第 7 期。

成积春：《刘大年〈论康熙〉的学术贡献及对清史研究的启示》，《近代史研究》2015 年第 1 期。

赵庆云：《刘大年与学术组织工作》，《近代史研究》2015 年第 1 期。

智烁：《论改革开放后刘大年的史学理论研究》，硕士学位论文，河北大学，2015 年。

王伟光：《学会用马克思主义指导史学研究》，《中国社会科学报》2015年 8 月 4 日。

张海鹏：《为中国近代史学科立个框架》，《北京日报》2015 年 8 月 17 日。

张广智：《守望在马克思主义史学理论研究的阵地上——由刘大年的〈论历史研究的对象〉说开去》，《近代史研究》2015 年第 1 期。

李蓉：《蔡和森开拓中共党史研究之路》，《上海党史与党建》2015 年第 5 期。

唐诗：《新民学会与湖南共产党的早期组织建立》，硕士学位论文，东北师范大学，2015 年。

王慧敏：《蔡和森党建思想浅析》，《湘潮》（下半月）2015 年第 11 期。

习近平：《在纪念胡耀邦同志诞辰 100 周年座谈会上的讲话》，《中共党史研究》2015 年第 11 期。

李正华：《胡耀邦在拨乱反正中的历史贡献》，《毛泽东研究》2015 年第 5 期。

夏远生：《胡耀邦清廉作风的文化意义》，《毛泽东研究》2015 年第 5 期。

沈宝祥：《耀邦同志倡导并推进社会主义的研究》，《理论视野》2015 年第 11 期。

苗枫林、潘鹏：《胡耀邦与组织路线的拨乱反正》，《百年潮》2015 年第 11 期。

罗盛齐：《试析胡耀邦马克思主义理论教育思想》，《党史文苑》2015 年第 10 期。

李建一：《胡耀邦团建思想及现实意义》，《江西青年职业学院学报》2015 年第 4 期。

胡厚坤：《胡耀邦家风二三事》，《毛泽东研究》2015 年第 5 期。

高天鼎：《胡耀邦与新时期平反冤假错案研究》，博士学位论文，中共中央党校，2015 年。

黄志坚：《胡耀邦共青团建设思想研究》，《江西青年职业学院学报》2015 年第 3 期。

贺全胜：《胡耀邦人格风范探微》，《毛泽东研究》2015 年第 5 期。

刘建平、王昕伟、董文敏：《胡耀邦调查研究思想探析》，《湘潭大学学报》（哲学社会科学版）2015 年第 6 期。

徐平华：《湖湘治学思想对毛泽东的影响》，《湖湘论坛》2015 年第 3 期

黄燕玲：《毛泽东的传统文化观研究》，硕士学位论文，山东大学，2015 年。

郝振楠：《吴相湘与民国人物传记研究》，硕士学位论文，华东师范大学，2015 年。

蔡伟：《屈原楚辞中香草美人意象分析》，《齐齐哈尔师范高等专科学校学报》2015 年第 1 期。

薛杨虹：《〈永州八记〉审美意蕴探析》，《开封教育学院学报》2015 年第 12 期。

戴金波：《贾至湖湘贬谪诗略论》，《长江大学学报》（社会科学版）2015 年第 12 期。

刘新敖：《论船山诗学的时空蕴藉及其审美效应》，《湖南科技大学学报》（社会科学版）2015 年第 3 期。

杨宁宁：《气度声情，敛纵含蓄：船山之诗歌情感节奏论》，《中国文学研究》2015 年第 2 期。

黄水平：《王船山悼亡词浅析》，《衡阳师范学院学报》2015 年第 4 期。

全华凌、曾立林：《论王船山词中的遗民情怀》，《南华大学学报》（社会科学版）2015 年第 3 期。

朱新亮：《破法与立法——王船山的诗歌结构论》，《贵州文史丛刊》2015 年第 2 期。

徐姜汇：《李东阳〈怀麓堂诗话〉格调诗学研究》，硕士学位论文，广西民族大学，2015 年。

唐晓勇、李知恕、黄开国：《魏源论孔子与〈诗经〉》，《社会科学研究》2015 年第 2 期。

刘再华、梁寒：《魏源〈诗古微〉论〈诗经·小雅〉》，《中国文学研究》2015 年第 1 期。

俞樟华、沈灵超：《曾国藩论〈史记〉为文之法》，《渭南师范学院学报》2015 年第 3 期。

黄文丽：《从翦伯赞的历史剧评看文史关系》，《史学月刊》2015 年第 3 期。

　　黄文丽：《历史与文学互动中的〈红楼梦〉——以翦伯赞的〈红楼梦〉研究为中心》，《东岳论丛》2015 年第 2 期。

　　吴怀祺：《吕振羽：史与诗熔铸的情怀》，《北京日报》2015 年 5 月 25 日。

　　程振兰：《从〈看虹录〉看沈从文的都市叙事和想象》，《淮南师范学院学报》2015 年第 6 期。

　　李萍、钟璞：《论沈从文故乡题材作品中的信仰崇拜文化》，《吉首大学学报》（社会科学版）2015 年第 S1 期。

　　王青：《沈从文小说〈萧萧〉中美与哀的诗意抒写》，《安徽工业大学学报》（社会科学版）2015 年第 4 期。

　　杨一泓：《隐匿在翠竹林中的一个梦——以〈边城〉为例浅析沈从文的社会理想》，《教育观察》（上半月）2015 年第 7 期。

　　袁倩：《批判的另一种可能——浅析沈从文短篇小说〈新与旧〉》，《美与时代》（下旬）2015 年第 10 期。

　　吴伟：《理想与现实的流转——从〈边城〉到〈长河〉看沈从文的"蜕变"》，《湖南广播电视大学学报》2015 年第 4 期。

　　李承辉：《沈从文〈边城〉的写作思维分析》，《常州大学学报》（社会科学版）2015 年第 6 期。

　　罗秋香：《从情感缺失到人性缺失的孤独意识——从沈从文〈神巫之爱〉说起》，《现代语文》（学术综合版）2015 年第 12 期。

　　卫小辉：《族裔身分视域中的新文学史图景——以萧乾和沈从文为中心》，《民族文学研究》2015 年第 6 期。

　　黄代美、刘蕾：《从时间形态看归乡形式——沈从文返乡期间的创作研究》，《宜宾学院学报》2015 年第 10 期。

　　邱明淑：《沈从文独特的伤情哲思》，《新疆社会科学》2015 年第 6 期。

　　任志刚：《渐行渐远的"美丽乡愁"总是挥之不去——对沈从文艺术作品审美个性的再认识》，《阴山学刊》2015 年第 6 期。

　　褚连波：《沈从文乡土小说的背景及其文化共同体意蕴》，《教育现代化》2015 年第 16 期。

　　袁欢：《论沈从文 20 世纪 40 年代诗学建构》，《枣庄学院学报》2015 年第 1 期。

　　秦建伟：《毛泽东对苏辛豪放词的继承与创新》，硕士学位论文，信阳师范学院，2015 年。

周美玉：《湖湘音乐文化中的湖湘女性特点分析》，《艺术科技》2015年第 10 期。

黄高锋：《论田汉话剧〈获虎之夜〉的艺术交融特色》，《戏剧文学》2015年第 3 期。

袁丽梅：《"欲"于"望"中消解——田汉译介〈莎乐美〉的文字玄机》，《戏剧文学》2015年第 2 期。

马琳：《不薄今人爱古人——从〈白蛇传〉和〈谢瑶环〉看田汉的戏曲追求》，《戏剧文学》2015年第 2 期。

曹隽平：《近现代湖湘名门书法考》（上），《书法》2015年第 7 期。

袁文甲：《何绍基行草笔法研究》，硕士学位论文，中国艺术研究院，2015年。

赵杨：《祁寯藻、何绍基唱和论书诗书学观点比较研究》，硕士学位论文，山西大学，2015年。

谢建华：《曾熙的书法艺术》，《荣宝斋》2015年第 3 期。

刘师健、陈健强：《湖湘流寓文人的文化结晶》，《城市学刊》2015年第 1 期。

潘健：《略论马楚的文化政策》，《才智》2015年第 14 期。

聂立申、赵京国：《南宋胡安国与秦桧关系探析》，《山东社会科学》2015年第 4 期。

丁芮：《现代舆论控制与清末湖南社会变革》，《理论与现代化》2015年第 2 期。

陈代湘、周接兵：《湖南守旧士绅的翼教与维新运动的转向》，《湖湘论坛》2015年第 4 期。

方同义、陈正良：《试论浙东学术的精神特质和民间影响——兼述浙东、湖湘、岭南地域文化的异同》，《浙江社会科学》2015年第 8 期。

胡友慧：《长沙窑装饰艺术与湖湘文化关系简论》，《文艺生活》（艺术中国）2015年第 3 期。

唐朝辉、黄胜军：《湖湘体育文化之渊源探究》，《文体用品与科技》2015年第 4 期。

张烨：《论湘西土家族苗族祭祀对〈九歌〉的继承》，《怀化学院学报》2015年第 7 期。

刘铁峰：《论屈原楚辞创作中的巫觋色彩——以当今湖湘巫术信仰民俗为参证》，《湖南人文科技学院学报》2015年第 4 期。

何桂芬、吴广平：《屈赋舟船意象的文化阐释》，《云梦学刊》2015 年第 3 期。

钱征：《唐诗里的屈原与汨罗》，《云梦学刊》2015 年第 1 期。

熊辉、谭诗杰：《早年毛泽东在湖南省立第一师范探求古籍的原因分析》，《学理论》2015 年第 36 期。

刘云波：《湖湘文化精华与毛泽东的群众路线》，《毛泽东研究》2015 年第 4 期。

管桂翠：《毛泽东群众路线思想形成过程中对中国优秀传统文化的承继——以湖湘文化为研究视角》，《理论与改革》2015 年第 4 期。

王向清、朱晓珣：《论影响毛泽东群众观形成的因素》，《湘南学院学报》2015 年第 3 期。

张峰铭：《毛泽东的湖湘文化情结》，《新西部》（理论版）2015 年第 13 期。

许屹山、彭大成：《毛泽东"实事求是"思想的湖湘文化探源》，《山东理工大学学报》（社会科学版）2015 年第 4 期。

姜正君：《湖湘哲学知行观与毛泽东的实践观》，《马克思主义哲学研究》2015 年第 1 期。

胡艳辉：《论湖湘文化与毛泽东爱国思想的互动关系》，《湖南科技大学学报》（社会科学版）2015 年第 6 期。

翁光龙主编：《毛泽东与周南中学》，湖南人民出版社 2015 年版。

贺全胜：《刘少奇与湖湘文化"经世致用"理论》，《湖南行政学院学报》2015 年第 2 期。

雷国珍、祁雪春：《向警予与湖湘文化》，《湘潮》（下半月）2015 年第 10 期。

周君燕：《理学与南宋初中期辞赋研究》，博士学位论文，山东大学，2015 年。

王继平、黄琴湘：《淮军与区域文化》，《湘潭大学学报》（哲学社会科学版）2015 年第 5 期。

郭力宜：《清代湘潭郭氏诗人世家及其家族》，《珠江论丛》2015 年第 2 期。

何湘：《清代湖湘文人社群研究》，博士学位论文，苏州大学，2015 年。

张勇：《试论天岳书院文化的时代特征及其背景》，《教育教学论坛》2015 年第 51 期。

凌飞飞：《石鼓书院与湖湘文化的历史互动》，《衡阳师范学院学报》2015年第2期。

吴小珍：《清代石鼓书院式微原因探析——以书院祭祀变迁为视角》，《南华大学学报》（社会科学版）2015年第4期。

刘石林：《屈原在汨罗考——兼评凌智民先生屈原投江郎阳论》，《云梦学刊》2015年第2期。

周秉高：《屈原放逐考》，《职大学报》2015年第4期。

周欣：《周敦颐道学宗主地位的确立》，《学海》2015年第4期。

潘攀：《论儒家道德本体构建的三次演进》，《绵阳师范学院学报》2015年第9期。

邓辉：《船山之"五经"关系论——兼析船山思想由崇朱而尊张之原因》，《船山学刊》2015年第4期。

陈力祥：《从经典诠释管窥王船山厚德隆礼的家风情愫》，《湖南大学学报》（社会科学版）2015年第5期。

王玉德：《钱基博笔下的王夫之——读〈近百年湖南学风〉》，《船山学刊》2015年第5期。

夏光弘：《不能遗忘的维新志士刘善涵》，《书屋》2015年第8期。

陈华丽：《历史转折点上湖湘士子的矛盾与蜕变——馆藏唐才常家书手札小议》，《湖南省博物馆馆刊》2015年第00期。

邓昭辉：《谭嗣同伉俪的佛家情缘——湖南省博物馆藏谭嗣同致其妻李闰的信札释读》，《文艺生活》（艺术中国）2015年第3期。

陈红民：《"蒋廷黻资料"中的"中国自由党"》，《江苏师范大学学报》（哲学社会科学版）2015年第1期。

林海：《周鲠生：难以逾越的法律人生》，《江淮法治》2015年第10期。

李永春：《〈向导〉周报上的笔名"致中"与蔡和森、陈独秀考辨》，《党的文献》2015年第6期。

陈立旭：《毛泽东与胡耀邦》，《党史博采》（纪实）2015年第11期。

薛泉：《李东阳与台阁体》，《海南师范大学学报》（社会科学版）2015年第4期。

张智炳：《论李东阳格调论诗学对韩愈诗歌的接受》，《宜春学院学报》2015年第2期。

温凯、王艳颖：《为官惟德：陶澍的从政为官之德》，《牡丹江师范学院学报》（哲学社会科学版）2015 年第 5 期。

陈蒲清：《严禁鸦片的疆臣领袖——陶澍》，《长沙大学学报》2015 年第 1 期。

倪玉平：《清道光朝黄玉林私盐案研究》，《安徽史学》2015 年第 1 期。

温凯：《陶澍与漕政改革》，《佳木斯大学社会科学学报》2015 年第 3 期。

温凯、王艳颖：《陶澍与道光六年的漕粮海运改革》，《吉林省教育学院学报》（下旬）2015 年第 9 期。

陈邵桂：《魏源与中国近代化进程》，《邵阳学院学报》（社会科学版）2015 年第 6 期。

姚武：《魏源与"华夷之辨"的近代嬗变》，《邵阳学院学报》（社会科学版）2015 年第 6 期。

成赛军：《略论曾国藩对西方的认识》，《湖南人文科技学院学报》2015 年第 6 期。

王蓉：《"立德"与"立功"的统一及其与曾国藩和湘军廉政建设的关系》，《社科纵横》2015 年第 2 期。

王显成：《曾国藩治军中的保举之策》，《岭南师范学院学报》2015 年第 1 期。

杨帆：《郭嵩焘与中国近代化的外交》，《黑龙江史志》2015 年第 7 期。

贺朝霞、赵新华：《郭嵩焘在阿古柏入侵新疆过程中的外交活动》，《兰台世界》2015 年第 25 期。

薛莉：《论左宗棠平定陕甘回民起事与善后治理问题》，《湖北民族学院学报》（哲学社会科学版）2015 年第 6 期。

张玉山：《谈左宗棠经营西北的环境保护意识》，《农业考古》2015 年第 3 期。

薛莉：《左宗棠西北屯田述略》，《农业考古》2015 年第 4 期。

杨丽、成湘丽：《从左宗棠的西域诗看其对新疆稳定统一的贡献》，《芒种》2015 年第 23 期。

阳宏润：《左宗棠晚清西北外交策略研究》，《伊犁师范学院学报》（社会科学版）2015 年第 3 期。

陈正贤：《中国女学会的倡办者李闰》，《文史春秋》2015 年第 2 期。

胡门祥：《熊希龄与清末盐政中央集权改革》，《兰台世界》2015 年第 18 期。

粟荣孟：《熊希龄内阁"减政"研究》，硕士学位论文，华中师范大学，2015 年。

陈安民、周欣：《湖湘学派对周敦颐的准尊考论——以南宋时期濂溪祠记为中心》，《广西师范大学学报》（哲学社会科学版）2015 年第 4 期。

蒋璐：《试论曾国藩对桐城派的传承和超越》，《淮南师范学院学报》2015 年第 6 期。

张煜：《同光体与桐城诗派关系探论》，《苏州大学学报》（哲学社会科学版）2015 年第 2 期。

周欣：《周崇傅生平事迹考》，《湖南科技学院学报》2015 年第 3 期。

尹文汉：《王船山与方以智的交往——兼及船山相关诗作之分析》，《船山学刊》2015 年第 6 期。

王立新：《船山评白沙述论》，《船山学刊》2015 年第 2 期。

孟诗杨：《论吴宽与茶陵派之关系》，《艺术科技》2015 年第 2 期。

赵增越：《陶澍、林则徐与左宗棠——三位两江总督的忘年交》，《中国档案报》2015 年 7 月 31 日。

刘雪平：《孙衣言与曾国藩交游考》，《蚌埠学院学报》2015 年第 6 期。

谢作拳：《孙衣言与曾国藩的交往》，《温州职业技术学院学报》2015 年第 4 期。

刘明：《曾国藩、李鸿章西洋武器观念差异之分析》，《安徽史学》2015 年第 2 期。

贾熟村：《曾国藩与郭嵩焘兄弟的情谊》，《湘南学院学报》2015 年第 1 期。

陈程：《王柏心与晚清"中兴名臣"》，《滨州学院学报》2015 年第 5 期。

尹铁：《胡雪岩左宗棠关系考——以癸未金融风潮为视角》，《浙江大学学报》（人文社会科学版）2015 年第 4 期。

李文兴：《晚清湖湘诗僧寄禅的诗歌交游考》，《沈阳师范大学学报》（社会科学版）2015 年第 2 期。

李文兴：《晚清诗僧寄禅研究》，博士学位论文，吉林大学，2015 年。

魏义霞：《梁启超视界中的谭嗣同》，《江淮论坛》2015 年第 4 期。

邓江祁：《蔡锷与樊锥》，《邵阳学院学报》（社会科学版）2015 年第 3 期。

周秋光、曾宪斌：《黄兴与熊希龄的乡谊及其党见》，《湖南社会科学》

2015 年第 2 期。

谢俊美：《从"相见恨晚"到"两情分手"——黄兴与孙中山关系述论》，《历史教学问题》2015 年第 4 期。

陈云：《左舜生与中国近代史研究》，硕士学位论文，华东师范大学，2015 年。

费美林：《梁嘉彬学术所受蒋廷黻之影响》，《合肥学院学报》（社会科学版）2015 年第 1 期。

陈代湘、周接兵：《毛泽东、蔡和森走向马克思主义的思想历程》，《怀化学院学报》2015 年第 9 期。

郑大华：《湖湘文化的精神特质》，《新湘评论》2015 年第 6 期。

朱汉民：《圣贤未有不豪杰——湖湘士人的精神气质研究》，《湖南社会科学》2015 年第 3 期。

周婕好、熊丽英：《论湖湘文化精神及其现实意义》，《岳阳职业技术学院学报》2015 年第 3 期。

朱汉民：《狂狷：湖湘士人的精神气质——以王夫之、曾国藩、左宗棠为重点》，《求索》2015 年第 4 期。

黄亦君：《周敦颐与修身教育》，《教育文化论坛》2015 年第 4 期。

张大联：《湖湘文化中的忧患意识与范仲淹的"先忧后乐"观》，《文学教育》（下）2015 年第 3 期。

高漫漫：《曾国藩的读书学习观新探》，《教育文化论坛》2015 年第 3 期。

彭法：《论曾国藩的教孝观》，《教育文化论坛》2015 年第 4 期。

彭大成：《曾国藩的树人育才之道及其当代启示》，《湖南师范大学社会科学》2015 年第 4 期。

王明前：《诚信与自强：曾国藩近代民族意识的哲学基础与精神特质》，《暨南史学》2015 年第 2 期。

彭大成、杨浩：《左宗棠的家教思想及其当代启示》，《湖南师范大学教育科学学报》2015 年第 3 期。

蔡建满：《左宗棠和左氏家风》，《湖南大众传媒职业技术学院学报》2015 年第 2 期。

蔡建满：《社会主义核心价值观背景下的左宗棠家风》，《湖南科技学院学报》2015 年第 7 期。

张松才：《谭嗣同就义精神的文化解读》，《成都理工大学学报》（社会科学版）2015 年第 5 期。

莫志斌：《论周谷城对湖湘文化人文精神的践履》，《云梦学刊》2015 年第 5 期。

雷国珍：《湖湘文化与湘籍无产阶级革命家群体》，《毛泽东研究》2015 年第 3 期。

杨松菊、曹娟：《论湖湘文化对贺龙个性品格的影响》，《当代教育理论与实践》2015 年第 5 期。

夏远生：《毛泽东与向警予共同的文化精神》，《湘潮》（下半月）2015 年第 10 期。

周亚平：《湖湘文化与向警予的大无畏献身精神》，《湘潮》（下半月）2015 年第 10 期。

彭文忠：《论向警予妇女解放思想及实践的湖湘文化特性》，《湘潮》（下半月）2015 年第 10 期。

夏远生：《一身正气　两袖清风——胡耀邦清正特质的文化之源》，《新湘评论》2015 年第 21 期。

刘明丽：《从湖湘文化看湖南现代女作家的"辣"味风格——以丁玲、白薇、谢冰莹为代表》，《三峡论坛》（三峡文学·理论版）2015 年第 2 期。

荣维木：《湖南抗战与抗战精神》，《湖南日报》2015 年 8 月 15 日。

刘建武：《湖湘文化是抗战精神的重要源泉》，《湖南日报》2015 年 8 月 15 日。

萧栋梁：《湖南人民在抗战中的四大贡献》，《湖南日报》2015 年 8 月 15 日。

王国宇：《论湖南民众作为抗战主体之作用》，《湖南日报》2015 年 8 月 15 日。

陈致远：《弘扬抗战精神　力促湖南崛起》，《湖南日报》2015 年 8 月 15 日。

罗宇红：《湖湘文化与湖南崛起》，《改革与开放》2015 年第 24 期。

李平贵、姚文静：《基于湖湘文化底蕴的湖南文化软实力建设战略思考》，《湖北科技学院学报》2015 年第 9 期。

刘建武：《从天下湘军到天下湘商》，《新湘评论》2015 年第 7 期。

史海威、雷菁：《湖湘文化创新与湖南经济发展》，《湖南大学学报》（社会科学版）2015 年第 6 期。

龙璞：《曾国藩行政伦理思想及其现代价值》，《求索》2015 年第

11 期。

王静琦：《湖湘文化对中国侨务政策的影响及其当代价值》，《长沙理工大学学报》（社会科学版）2015 年第 1 期。

胡娟：《湖湘文化的精神特质与当代湖南文化产业的发展》，《江西广播电视大学学报》2015 年第 1 期。

谢欣池、尹治国、刘奕：《试述湖湘体育人文精神对我国体育文化的建设价值》，《教育现代化》2015 年第 13 期。

何君辉：《湖南高校校园文化建设必须突出湖湘文化的精神内涵》，《湖南科技学院学报》2015 年第 1 期。

田光辉：《湖湘多民族文化对湖南高校文化建设的影响研究》，《民族论坛》2015 年第 2 期。

袁双龙：《弘扬湖湘文化，培育湖湘精神》，《湘潮》（下半月）2015 年第 5 期。

鲁智才：《曾国藩管理思想对当代学校管理者的启示》，《教师教育论坛》2015 年第 12 期。

陈慧：《论曾国藩家教思想对湘中近现代女性人才的影响》，《湖南人文科技学院学报》2015 年第 5 期。

华婷、王匀：《毛泽东教育思想对打造"湖湘语文"的启示》，《现代语文》（教学研究版）2015 年第 2 期。

胡国强：《论湖湘文化与当代教育思潮的碰撞与链合》，《湖南社会科学》2015 年第 6 期。

刘晓玲、黎娅玲：《岳麓书院批判性思维培养途径及其现代意义》，《现代大学教育》2015 年第 3 期。

陈安民、周欣：《永州濂溪文化产业旅游开发与构建》，《云梦学刊》2015 年第 3 期。

马妮：《湖湘文化在常德旅游景区建筑设计中的应用探讨》，《艺术科技》2015 年第 11 期。

鲁宁：《土文化图形元素在湖湘旅游纪念品创新设计中的研究价值》，《艺术教育》2015 年第 4 期。

吴尚君、吴佳桉：《湖湘视觉文化纵横谈》，《创作与评论》2015 年第 16 期。

朱咏北、姜珊珊：《湖湘传统音乐传承的多维建构》，《求索》2015 年第 11 期。

胡嫔：《湖湘文化审美的"根"和"魂"——马王堆艺术语言的现代转换》，《湖南社会科学》2015 年第 1 期。

伍丹：《振兴和重塑：湖南动画的湖湘文化底蕴及其创作策略》，《湖南工业大学学报》（社会科学版）2015 年第 1 期。

许又声：《让湖湘文化香飘万里》，《新湘评论》2015 年第 10 期。

周湘智：《做好湘学"翻译"发挥化育功能》，《湖南日报》2015 年 4 月 18 日。

伍先禄：《论湖湘文化的"类"文化资源及其对外传播》，《科技资讯》2015 年第 2 期。

王战：《湖湘文化对外传播策略与路径研究》，《湖南师范大学社会科学学报》2015 年第 1 期。

吕锡琛、吴争春：《全球化语境下湖湘文化的对外传播》，《求索》2015 年第 3 期。

陈四清：《湖湘文化与文化旅游产业的发展及企业精神塑造》，《求索》2015 年第 4 期。

李琳：《南岳朝香与当代女性宗教信仰调查与思考》，《民俗研究》2015 年第 6 期。

张齐政：《王夫之〈南岳赋〉之南岳宗教考》，《衡阳师范学院学报》2015 年第 1 期。

田泥：《论湘西的苗传道教》，《吉首大学学报》（社会科学版）2015 年第 4 期。

张泽洪：《中国西南少数民族梅山教的神灵系统》，《宗教学研究》2015 年第 3 期。

罗兆均：《神明认同的建构——飞山公信仰之"靖州总庙"话语的历史人类学研究》，《原生态民族文化学刊》2015 年第 1 期。

刘博：《湘东地区的包公信仰》，《黑龙江史志》2015 年第 5 期。

彭牧：《记忆与想象：神堂上的家与世界》，《民俗研究》2015 年第 2 期。

石甜、刘冰清：《民间信仰、国家秩序与历史记忆——湖南沅水流域苗族地区的关公信仰》，《湖北民族学院学报》（哲学社会科学版）2015 年第 4 期。

杜娟：《蓝山瑶族道教仪式的文化内涵及表演民族志考察》，《贵州民族研究》2015 年第 11 期。

杜靖、余梁：《湖南平江县闵氏宗族祭仪研究》，《民族论坛》2015 年第 12 期。

赵书峰：《湘中地区"和娘娘"音乐文化研究》，《云南艺术学院学报》2015 年第 1 期。

熊晓辉：《辰河高腔传承谱系与科仪》，《艺海》2015 年第 3 期。

周大鸣、李陶红：《侗寨水资源利用的影响因素分析——以湖南通道独坡乡上岩坪寨为例》，《广西民族研究》2015 年第 3 期。

刘日升、曾且成：《试述水府席的文化传承及当代价值》，《湖南人文科技学院学报》2015 年第 2 期。

肖宇强、肖琼琼：《湖南瑶族女性的服饰特征及其文化成因》，《南通大学学报》（社会科学版）2015 年第 5 期。

佟士枢：《湖南郴州地区传统民居形式浅析》，《南方建筑》2015 年第 1 期。

周相卿：《松桃县南部及与湘西交界处苗族习惯法调查与研究》，《贵州民族大学学报》（哲学社会科学版）2015 年第 3 期。

黄佳熙：《湘西苗疆汉人风俗习惯差异及原因——以〈苗防备览〉为研究对象》，《民族论坛》2015 年第 8 期。

姜又春：《从"移民"到"土著"——坪坦河申遗侗寨的历史记忆与社会建构》，《民族论坛》2015 年第 8 期。

喻渘源、彭在钦：《长沙火宫殿庙会的文化审美及传承》，《城市学刊》2015 年第 5 期。

瞿州莲、瞿宏州：《明代永顺土司的婚姻习俗及其特点——以湖南永顺老司城碑刻为中心的历史人类学考察》，《广西民族研究》2015 年第 1 期。

彭秀祝：《婚嫁圈结构变动与哭嫁习俗变迁思考》，《吉首大学学报》（社会科学版）2015 年第 1 期。

阳姣丽、刘林芳：《女性心理在民间婚俗文化中的表达——嘉禾伴嫁歌研究》，《衡阳师范学院学报》2015 年第 4 期。

龙晓添、萧放：《丧礼知识传统的当代民俗实践——以湖南湘乡礼生"喊礼"为例》，《中央民族大学学报》（哲学社会科学版）2015 年第 5 期。

艾红玲：《晚清湘籍名人日记中的民间祭祖礼考察》，《求索》2015 年第 8 期。

熊少波、周平：《湖南传统节庆体育流变研究》，《吉林体育学院学报》2015 年第 4 期。

徐晓琴、陈敏：《非物质文化遗产视角下湖南民俗体育流变及发展前景研究》，《民族传统体育》2015 年第 30 期。

彭泽润、周鑫琳：《地理语言学和湖南方言地理》，《湖南师范大学社会科学学报》2015 年第 1 期。

李冬香：《湖南方言古浊上今读的地理语言学研究》，《广东技术师范学院学报》2015 年第 3 期。

蒋协众：《湘语邵阳话中动词的"VXVX"式重叠——兼谈湖南方言动词"VXVX"式重叠的类型学意义》，《湖南师范大学社会科学学报》2015 年第 4 期。

陈山青：《湖南汨罗方言的话题标记助词"硬"及其语法化来源》，《中国语文》2015 年第 1 期。

程佳雪：《湖南汨罗方言中鼻音和边音的声学特点》，《开封教育学院学报》2015 年第 1 期。

王海姣：《湖南津市方言"N+一+V+起"句式研究》，《现代语文》（语言研究版）2015 年第 1 期。

夏伊：《湖南武冈市方言俗语及民俗研究与分析》，《现代语文》（学术综合版）2015 年第 2 期。

田晴岚：《湖南凤凰沱江方言音系特点》，《现代语文》（学术综合版）2015 年第 3 期。

刘斌：《湖南攸县方言的两字组连读变调》，《湖南工业大学学报》（社会科学版）2015 年第 2 期。

李康澄：《湖南绥宁汉语方言的接触现象》，《云梦学刊》2015 年第 3 期。

赵迎：《湖南汉寿话"VV 得"语义分析》，《广西职业技术学院学报》2015 年第 3 期。

尹春艳：《湖南永兴方言归属之争及成因分析》，《重庆理工大学学报》（社会科学版）2015 年第 8 期。

夏俐萍、尹艳群：《湘赣语小称标记"唧"的主观化及形态演变——以湖南益阳方言为例》，《方言》2015 年第 3 期。

曾文青：《湖南洞口县高沙方言体貌助词"倒"》，《现代语文》（语言研究版）2015 年第 9 期。

李星辉：《湖南江华平地瑶话端组字今读 [1] 声母》，《语言研究》2015 年第 4 期。

龙国贻：《湖南攸县赣方言的清鼻音》，《中国语文》2015 年第 4 期。

陈山青：《湖南汨罗方言的体貌助词"开"》，《方言》2015 年第 4 期。

肖晶：《南岭瑶族盘王传说的历史变迁与文化寓意——以广西贺州瑶族盘王文化为考察对象》，《民族文化研究》2015 年第 3 期。

周大鸣、廖子宜：《烧蛋：对于一种湘西边城民间医疗习俗的探究》，《民俗研究》2015 年第 4 期。

田红云：《湘黔边区山地民族的"面具之道"——兼与列维·斯特劳斯的面具观对话》，《中央民族大学学报》（哲学社会科学版）2015 年第 6 期。

吴晓东：《湘西苗族吃鼓藏仪式辨析》，《广西民族师范学院学报》2015 年第 5 期。

曾娜妮：《湖南礼俗仪式音乐研究》，《艺海》2015 年第 4 期。

杨金花：《湖南民歌的特点及演唱要领探析》，《戏剧之家》2015 年第 23 期。

柳青、徐小茜：《湖南夏商音乐文化初探》，《人民论坛》2015 年第 33 期。

黄雪晴：《浅谈湖南花鼓戏的润腔》，《音乐时空》2015 年第 3 期。

谭瑶：《湖南江永县"女书"音乐的传承与创新》，《黄河之声》2015 年第 22 期。

龙仕平、李玉香：《湖南江华瑶歌文化探微》，《重庆三峡学院学报》2015 年第 1 期。

欧琴、匡泓锦、陆霞：《湖南城步苗族婚嫁歌曲的音乐特征及文化内涵研究》，《音乐时空》2015 年第 20 期。

石盼：《湖南益阳南县地花鼓音乐的传承和发展》，《当代音乐》2015 年第 7 期。

陆雯：《浅谈湘乡民间丧葬仪式音乐》，《乐府新声》2015 年第 4 期。

刘芳：《湘西苗歌与苗族自我认同——以古丈翁草村为例》，《教育文化论坛》2015 年第 3 期。

任慧婷：《湖南南县地花鼓的舞蹈艺术形态研究》，《甘肃高师学报》2015 年第 5 期。

伍谚彦：《梅山文化中的民族民间舞蹈略论》，《创作与评论》2015 年第 12 期。

向烨炜：《浅谈湖南湘西土家族"茅古斯"歌舞》，《戏剧之家》2015 年第 5 期。

喻佳：《湖南土家族摆手舞的起源及形态特征》，《艺海》2015 年第 12 期。

张同标：《湖南滩头木版年画的初步调查与研究》，《创意与设计》2015 年第 3 期。

王蓓：《滩头木版年画在湖南美术创作中的地位》，《美与时代》2015 年第 9 期。

陈彦卿：《"滩头年画"手工艺产业转型与发展研究》，《美术观察》2015 年第 1 期。

贺军玲：《湘陕花鼓戏腔调结构比较研究——以长沙花鼓戏川调和商洛花鼓戏筒子戏为例》，《安康学院学报》2015 年第 3 期。

洪晨：《论我国花鼓戏的音乐特色——以湘、皖两地花鼓戏比较研究为视角》，《美与时代》2015 年第 8 期。

龙逸：《谭盾钢琴曲〈看戏〉中的湖南花鼓戏元素分析》，《齐齐哈尔大学学报》（哲学社会科学版）2015 年第 8 期。

熊晓辉：《论辰河高腔的"开台"与"扫台"》，《长江师范学院学报》2015 年第 3 期。

侯新兰：《区域音乐文化视野下的岳阳巴陵戏研究》，《贵州民族研究》2015 年第 2 期。

潘丽：《岳阳巴陵戏的音乐特征研究》，《音乐创作》2015 年第 10 期。

刘茂林：《巴陵戏声腔特点与传承》，《艺海》2015 年第 8 期。

王彩丽等：《邵阳布袋戏艺术风格探究》，《老区建设》2015 年第 12 期。

潘魏魏、杨帆：《试论祁剧寿戏的闹热性特征》，《学理论》2015 年第 21 期。

蒋海军：《武陵山片区非物质文化遗产保护性旅游开发探讨——以湖南新宁八峒瑶族"跳鼓坛"为例》，《文化遗产》2015 年第 5 期。

罗钏雯：《土家族传统村落生态性研究——以石堰坪村为例》，《建筑节能》2015 年第 8 期。

刘冰清、吴静黎：《略论侗族文化生态保护——以湖南省通道侗族自治县为例》，《铜仁学院学报》2015 年第 1 期。

李敏、郭继荣：《少数民族文化变迁的困境与路径选择——基于湖南瑶族实证研究》，《贵州民族研究》2015 年第 11 期。

刘洁、王印英：《湖南土家族"地花鼓"文化传承探索》，《贵州民族研究》2015 年第 5 期。

杨琼、陈娟：《论湖南嘉禾县乡村旅游节事活动的开发》，《城市旅游规划》2015 年 2 月下半月刊。

蒋兴荣：《民俗视野下沅陵山歌的传承和发展研究》，《大众文艺》2015年第 6 期。

肖溪格：《文化生态视域下毛古斯舞的生存现状探析》，《贵州民族研究》2015 年第 8 期。

徐仪明、刘胜、吴喜悦：《和合学视野下的少数民族传统生态文化——以湖南江华壮族为例》，《湖湘论坛》2015 年第 4 期。

许志云：《区域文化背景下的当代湖南文献发展特色》，《图书馆界》2015 年第 6 期。

洪秀娟：《论〈离骚〉中的巫文化特质》，《山东商业职业技术学院学报》2015 年第 6 期。

叶当前：《屈原〈卜居〉与嵇康〈卜疑〉的互文性解读》，《武陵学刊》2015 年第 4 期。

林振园：《从"二湘"再创造看屈子之理想主义》，《名作欣赏》2015年第 36 期。

赵竹：《〈楚辞·九歌〉中人神相恋模式透视》，《沧州师范学院学报》2015 年第 4 期。

程丹：《子厚楚地多骚怨——试析柳宗元贬谪永州后的几首诗歌》，《牡丹江大学学报》2015 年第 3 期。

朱新亮：《王船山〈唐诗评选〉亡佚考探》，《衡阳师范学院学报》2015 年第 1 期。

刘荣：《王船山〈读通鉴论〉考论》，《东方论坛》2015 年第 2 期。

朱新亮：《论王船山〈姜斋诗集〉对唐诗的继承》，《武夷学院学报》2015 年第 4 期。

陈志斌、李聪、于晓臻：《王船山〈潇湘怨词〉用典析论》，《南华大学学报》（社会科学版）2015 年第 3 期。

陈明：《王船山"己"、"物"关系视野中的儒家认识论立场——以〈尚书引义·尧典一〉为中心》，《河南师范大学学报》（哲学社会科学版）2015 年第 5 期。

谷继明：《船山占〈易〉的分析——以〈章灵赋〉为例》，《平顶山学院学报》2015 年第 4 期。

黄建军：《论魏源〈诗比兴笺〉的诗学阐释范式》，《求索》2015 年第 7 期。

任文利：《魏源〈书古微〉所论"微言大义"考》，《国学学刊》2015 年第 2 期。

黄建军：《论魏源〈诗比兴笺〉的诗学阐释范式》，《求索》2015 年第 7 期。

唐飞凤、黄建军：《魏源〈诗比兴笺〉稿本与刻本之比较》，《邵阳学院学报》（社会科学版）2015 年第 5 期。

郭平：《清朝监狱改良的第一步——以郭嵩焘〈伦敦与巴黎日记〉为中心》，《新西部》（理论版）2015 年第 9 期。

丁伟：《〈申报〉左宗棠收复新疆的报道分析》，《塔里木大学学报》2015 年第 2 期。

刘增合：《"舆论干政"：〈申报〉与同光之际的西征新疆举债》，《新闻与传播研究》2015 年第 7 期。

吴烨舟：《左宗棠致阎敬铭信函考释》，《文献》2015 年第 4 期。

钱松：《何绍基致李星沅信札册考释》，《文献》2015 年第 1 期。

李婷：《论〈边城〉的湖湘文化特色》，《现代语文》（学术综合版）2015 年第 10 期。

张双智：《〈清史稿·西藏传〉正误》，《史学史研究》2015 年第 3 期。

苏精：《南京图书馆藏〈澳门新闻纸〉考订》，《新世纪图书馆》2015 年第 4 期。

傅敏、陈红民：《哈佛燕京图书馆藏蒋廷黻为组建中国自由党与胡适等人来往函件》，《民国档案》2015 年第 3 期。

陈红民：《"蒋廷黻资料"中的"中国自由党"》，《江苏师范大学学报》（哲学社会科学版）2015 年第 1 期。

邹锦良：《张栻研究四十年：成就与不足》，《西华大学学报》（哲学社会科学版）2015 年第 1 期。

司马周：《20 世纪以来茶陵派学术史研究——茶陵派历史地位研究之回顾》，《名作欣赏》2015 年第 8 期。

司马周、张玉娟：《20 世纪以来茶陵派学术史研究——茶陵派成员构成情况研究之回顾》，《名作欣赏》2015 年第 8 期。

司马周、廖素云：《20 世纪以来茶陵派文学创作研究综述》，《长春师范大学学报》2015 年第 9 期。

李永春:《蔡和森研究述评》,《毛泽东研究》2015 年第 1 期。

贾凯:《近十年来国内蔡和森研究动向》,《湖南行政学院学报》2015 年第 2 期。

纪亚光、杨晓成:《革命家庭研究:一个新的研究视角和方式——"蔡和森李富春革命家庭与中国革命和建设学术研讨会"综述》,《党的文献》2015 年第 6 期。